Gertrud Höhler
DAS GLÜCK

Gertrud Höhler

DAS GLÜCK

Analyse
einer Sehnsucht

ECON

Sonderausgabe 1996
Copyright © 1981 by Econ Verlag GmbH, Düsseldorf
Alle Rechte der Verbreitung, auch durch Film, Funk und Fernsehen, fotomecha-
nische Wiedergabe, Tonträger jeder Art, auszugsweisen Nachdruck oder Ein-
speicherung und Rückgewinnung in Datenverarbeitungsanlagen aller Art, sind
vorbehalten.
Gesetzt aus der Times der Fa. Hell
Satz: Dörlemann-Satz, Lemförde
Papier: Papierfabrik Schleipen GmbH, Bad Dürkheim
Druck und Bindearbeiten: Ebner Ulm
Printed in Germany
ISBN 3 430 14726 3

Für Abel, den ich glücklich wünsche.

Der Mensch ist unglücklich, weil er
nicht weiß, daß er glücklich ist.
Nur deshalb. Das ist alles. Wer
das erkennt, der wird glücklich sein,
sofort, im selben Augenblick.

Fjodor M. Dostojewski

Inhaltsverzeichnis

Einleitung   15

I Glücksverluste

Kapitel 1
Das scheue Glück   20

Die Göttin des Glücks   20
Glück – Spiel der Götter   24
Glück und Verzicht   29

Kapitel 2
Goldene Käfige für das Glück   34

Gefährliches Liebesglück   34
Glücksansprüche   38
Glück als Ware   42

Kapitel 3
Glücksversprechen   47

Verlorene Spielräume des Glücks   47
Kollektivierung des Glücks   52

Kapitel 4
Glücksangebote der Werbung   56

Der Wunsch nach Anerkennung   56
Käufliche Tugenden   57

Angst, Image und Sex 61
Die Frau als Glücksobjekt 64

Kapitel 5
Verfehltes Liebesglück 68

Glückshoffnung ›Liebe‹ 68
Mißlungene Glücksprogramme 70
Glück oder Erfolg in der Liebe? 73
Zuflucht bei Fleisch und Blut 77

Kapitel 6
Erfahrungsverluste 79

Enteignete Erfahrung 79
Erlebnishunger 83
Fühlen statt Denken 88

Kapitel 7
Grenzverluste 92

Zertrümmerung eines Weltbildes 92
Grenzenlose Vernunft 95
Selbstverluste 97
Zweck statt Sinn 100
Haben und Sein 102
Gewißheit und Sicherheit 105
Privates und Öffentliches 111
Glück ist Grenzüberschreitung 114

II Künstliche Paradiese

Kapitel 8
Heimweh nach Glück 118

Das vergangene Glück 118
Zartbitteres Glück: Nostalgie 120
Scheu vor dem Glücksrisiko 123

Kapitel 9
Die Macht der Bilder 126

Leben aus zweiter Hand 126
Bilder statt Sprache 129
Zeigen statt Deuten 131
Glücksbetrug 133
Abbilder statt Vorbilder 139
Rückzug auf magische Zeichen 141
Wandel der Wahrnehmungsmuster 143

Kapitel 10
Jugendrituale 148

Fluchtburg Musik 148
Trivialität als Schicksal 151
Ein Traum, aus dem man nicht erwachen will 156
Verständigungsverlust 159

Kapitel 11
Glücksdifferenzen 164

Glücksversuche der Jugend 164
Widersprüche und uneingelöste Versprechen 168
Sprachmauern 173
Magie der Mehrdeutigkeit 178
Sprache als Versteck 182

Kapitel 12
Rückzug vor dem genormten Glück 187

Generationen-Schnitt 187
Abschied vom großen Glück 191
Verwaltetes Jugendglück 195

III Auf den Spuren des Glücks

Kapitel 13
Glückskultur 202

Die Spirale der Bedürfnisse 202
Inflation der Glücksmittel 204
Revision des Belohnungssystems 208

Kapitel 14
Bedingungen des Glücks 212

Glück: Befreiung vom Vergleich 212
Nutzbare Vorräte des Glücks 215
Göttliche Glückszustimmung 218
Kosmisches Liebesglück 221
Glück ist Maß 225

Kapitel 15
Glück im Schauen 229

Glück als Distanz 229
Das Glück und das Gute 232
Glück: Überwindung von Gut und Böse 236
Glück ist Daseinsfülle 239

Kapitel 16
Klima des Glücks 244

Kultur der Bedürfnisse 244
Alternative Glücksspur 247
Glück: Produktivität unserer Wünsche 251

Kapitel 17
Glück und Spiel 255

Kinderspiele: Schule des Glücks 255
Glücksvorspiele 260
Rohstoffe des Glücks 264
Glücksrhythmus im Spiel 268
Glücksgleichnis Garten 273

Kapitel 18
Kontrastharmonien des Glücks 276

Das Glück, verschieden zu sein 276
Ergänzungsglück 279
Schwierige Lektionen des Glücks 282
Glücks-Sprung über den eigenen Schatten 287

Kapitel 19
Glücksimpulse 291

Glücksübungen 291
Das Glück der Wiederholung 293
Glücksenergien 297

Kapitel 20
Das Glück und das Schöne 302

Das Schöne – sichere Glücksspur? 302
Neue Fundorte des Glücks 304
Das Glück: allgegenwärtig 307

Anhang

Anmerkungen 308
Fremdwörterverzeichnis 315
Literaturverzeichnis 319
Namensregister 327
Sachregister 329

Einleitung

Zeitlose Sehnsucht: glücklich zu sein. Niemand weiß so recht zu beschreiben, was das sei: Glück. Der Glückliche findet keine Worte, die das Geheimnis lüften. Die Götter geben das Glück, meinten die Griechen und Römer. Wie einen Ball werfen sie es hierhin und dorthin; ohne Verdienst trifft es arm und reich. Unberechenbar und flüchtig ist das Glück: kaum geschmeckt, schon wieder zerronnen. Wer länger von ihm begünstigt wird, zieht nach antikem Glauben den Neid der Götter auf sich: je größer das Glück, desto tiefer das Unglück.

Glück folgt dem Tüchtigen, meinten andere Philosophen des Altertums; es belohnt den Tugendreichen, begünstigt den Tapferen. Aber allzu viele Widersprüche ergaben sich auch für diese Regel. Schon antike Stoiker rieten deshalb zur weisen Bescheidung: Glück in der Abgeschiedenheit schien krisenfest.

Aber die Sehnsüchte der Menschen lassen sich nicht beschwichtigen mit Tugendregeln. Die Lust selbst zum Glücksprinzip zu machen gelang jedoch ebensowenig; das Glück entzog sich auch den Prassern und Glücksspielern, den Liebessüchtigen wie den religiösen Eiferern immer wieder. Dennoch wird der Mensch der Suche nach dem Glück nicht müde: Er will vergessen, was ihn plagt, will seine gegebenen Lebensbedingungen hinter sich lassen, frei sein wie ein Vogel, wendig wie ein Fisch, von allen Zweifeln frei, die ihn an die eigene Unzulänglichkeit ketten.

Das gleichverteilte Glück für alle – stolze Forderung der Neuzeit, Fanfare der Französischen Revolution, als Idee vorbereitet in der Aufklärung: ist es endlich erreicht im Zeitalter der Glücksindustrien, der Sozialgeschenke, der käuflichen Sicherheiten? Oder müssen wir verwundert erkennen, daß die End-

15

summe des Glücks nicht größer geworden – gar, daß sie kleiner geworden ist? Unser subjektives Glück scheint unverhältnismäßig schmal ausgefallen, verglichen mit den objektiven Glücksmitteln, über die wir verfügen. Daseinsfürsorge, soziale Politik, Technik und Wissenschaft spannen ein Netz, das unzählige Abstürze verhindert, die in die Unglücksbilanz früherer Jahrhunderte gehörten. Glücksversprechen betören uns, wohin wir blicken. Die Werbung, die Politik, die Vergnügungsindustrie saugen unsere Glücksträume auf und winken mit Erfüllungen. Supermärkte des Glücks verwalten unsere Sehnsucht, Glücksangebote kanalisieren unseren Hunger nach dem Unverwechselbaren, nach dem eigenen Glück, das auf uns persönlich paßt.

Die Massenartikel des Glücks versorgen uns mit Reizen, die viele mit dem Glück verwechseln. Medien füttern uns mit Abziehbildern des Lebens, die wir gierig aufnehmen, als seien sie unsere eigenen Erfahrungen. Die Gleichschaltung der Gedanken und Empfindungen hindert uns an Glücksausflügen auf eigene Faust. Unsere Sinne verkümmern, wenn wir überwiegend aus zweiter Hand leben.

Die Jugend zeigt uns mit der Wahl ihrer Rauschdrogen, zu denen auch die Discomusik gehört, wie unbändig ihre Sehnsucht nach dem Glück ist. Sie baut Sprachmauern zwischen sich und den Erwachsenen, weicht aus in sprachloses Fühlen, in stumme Solidarität. Die Glücksindustrien betrügen diese Sehnsüchtigsten besonders gründlich. Was als Ausweg aus der tristen Realität angeboten wird, ist im Grunde ihre Kehrseite: Die Profite aus den Glücksträumen der Jugend sind unübersehbar. Ebenso unübersehbar sind Ratlosigkeit und Unverständnis der Erwachsenen gegenüber dieser »ihrer« jungen Generation.

Ist das Glück verloren? Zugemauert, vergiftet, verbaut, verplant wie unsere Städte? Ist es erstickt im Kunstdünger unserer Äcker, in den Abwässern unserer Flüsse? Ist es verendet wie ein Paradiesvogel im sterilen Formelwald der Technokraten? Verhungert und verdurstet an den uneingelösten Versprechungen der Politiker?

Das scheue Glück ist zäh. Es verbirgt sich in jeder selbstgewählten Aktivität, in jedem eigenen Entschluß, in jeder selbstbetriebenen Beschäftigung. In den Fugen der Glückspläne blüht es auf für jeden, der seine kostbaren Sinne schont, um wieder wahrnehmungsfähig zu werden. Nicht in der Sensation wohnt das Glück, sondern im Unscheinbaren. Ein Windhauch kann es bringen, wenn wir unsere Wange hinhalten, ein Wimpernschlag der Geliebten, ein ausgeruhter Blick auf die sanfte Rundung einer Schulter oder eines Hügels. Unser Lauschen, Tasten und Schauen führt zu den unverbrauchten Rohstoffen des Glücks. Glück ist eine Sache der Bereitschaft, ja sogar des Willens. Dem Maß näher als dem Überfluß, hat es mit materiellen Gütern nur am Rande zu tun; viel mehr mit unserer Entschlossenheit, aus den Wettläufen und Rivalitäten auszusteigen: die Spirale der Bedürfnisse zu verlassen.

Glück braucht Hingabe und Distanz zugleich. Es spendet jene Freiheit von den Umständen, die uns aus der Knechtschaft der äußeren Zwänge löst. Glück ist die Gewißheit vom Gleichgewicht unserer Kräfte. Der Glückliche ist der Liebende: Lieben ist mehr als Besitzen. Glück hebt den Zwiespalt auf, der unser Wollen und Können trennt, es setzt Phantasien und Träume frei. Glück macht uns schöpferisch für neue Glücksaugenblicke. Der Glückliche erscheint deshalb als der freieste aller Menschen. Glück ist nicht in der Angleichung aller an alle, in der Nivellierung der Schwellen und Grenzen, in der Einebnung der Geschlechterunterschiede zu finden. Glück ist auch: die Lust, verschieden zu sein. Nur Verschiedenheit setzt das Glück der Ergänzung frei, zwischen Männern und Frauen, Erwachsenen und Kindern. Das Spiel ist nichts als ein unerschöpfliches Übungsfeld für Glück. Der Spieler ist glücklich im Regelwerk beschäftigt: Die Regel schützt ihn und setzt ihm eine Grenze, die sein Glück gegen Eindringlinge abschirmt. Spielregeln sind Glücksregeln. Kinder wissen das noch. Sie lehren uns auch die Glücksimpulse der Wiederholung des Alltäglichen, die den abstumpfenden Reizen der Glücksindustrien überlegen sind.

Das Glück auf eigene Faust: in der beginnenden Ermüdung aller Glückstechniken des reichen Westens wird es wieder greifbar. Wer die Glücksquellen im Kosmos kennt, der wird seiner Zerstörung entgegentreten. Wer die Glücksenergien des Menschen erkannt hat, der wird auch den Menschen vor den Verführungen eines verwalteten Glücks zu schützen wissen.

I.

Glücksverluste

Jetzt, da wir den nach unserer Meinung glücklichen Staat formen, wollen
wir das Glück der Gesamtheit, nicht
einiger weniger . . .

Platon, Der Staat, 4. Buch.

Kapitel 1
Das scheue Glück

Die Göttin des Glücks

Glück: Füllhorn der Widersprüche. Ewiger Augenblick, göttliche Vorläufigkeit, ruhender Sturm, flüchtige Dauer. Kaum einer, der von ihm redet, hat es. Auf seinen Wogen schwimmend, zeitenthoben und trunken, ruft niemand seinen Namen: Glück. Nur das entflohene wird gerufen: Weit vorn, in der Zukunft, sehen wir es leuchten. Oder weit rückwärts, vergraben im Schutt der Jahrhunderte, umschlossen von Mauern: der schimmernde Garten, das Paradies.

Glück: es floh aus allen Zäunen seiner Häscher, ehe diese sich schlossen. Es schwand wie ein Hauch des Göttlichen vor der ehrfurchtslosen Wissenschaft; kein Destillat gelang. Frei ist der Glückliche, weil das Glück sich nicht rechnen läßt und nicht messen.

Das großangelegte Experiment des zwanzigsten Jahrhunderts, kollektive Spielarten des Glücks wiederzufinden, beruht auf dem unbeugsamen Willen der Menschen, diese scheue Kostbarkeit zu greifen und berechenbar zu machen. Nach welchen Gesetzmäßigkeiten überschüttet und entflieht es uns? Gibt es ein Klima, in dem das Glück gedeiht? Wenn das Glück Abwesenheit von Ängsten bedeutet, so konnte die Moderne hoffen, mit dem Abbau von Aberglauben und Tabus die geistig-seelischen Wetterlagen so durchgreifend zu verbessern, daß die empfindliche Blüte des Glücks sich öffnen müßte. Wenn Glück die Befreiung von Not bedeutet, Beherrschung von Krankheit, Stillung von Hunger und Durst, ein Dach über dem Kopf, Arbeit mit Maßen: dann könnten wir ihn einfangen, diesen schillernden Vogel Glück.

Die Wissenschaft, Überwinderin des Mythos, hat das überlegen spielende Glück auch nur in solchen Randbedingungen umschreiben können. Eine Wissenschaft des Glücks und des Unglücks konnte unsere Epoche schon deshalb nicht hervorbringen, weil sie vom Glauben an die Überwindbarkeit jedes Unglücks beseelt ist – dem die utopische Hoffnung auf die Herstellbarkeit des Glücks lange Zeit zur Seite trat. Dem Glück Kanäle zu bauen, dies schien die einzig nötige Vorbereitung: Dann müßte es einschießen wie ein Strom, aus dem alle trinken könnten. In die Erforschung der Randbedingungen des Glücks teilen sich die Medizin und die Psychoanalyse, die Soziologie und die Philosophie – Verwalter der menschlichen Sehnsüchte nach dem Glück, die sich in den Rock der erkaltenden Religion geteilt haben.

Jene scheue Distanz, mit der götterverbundene Kulturen das Glück verehrten, entspricht seiner Aura: flüchtig und unerforschlich. Im griechischen Götterhimmel gerinnt es nicht einmal zur Gestalt. Aufblühend aus Gunst und Neigung wechselnder Götter für wechselnde Sterbliche und verlöschend, wo Götterraum verletzt wird. Erst die Philosophen erdachten ihm eine Gestalt, weiblich wie die unberechenbaren Frauen, schillernd zwischen verschwenderischer Zuneigung und räuberischem Entzug. Sie ist eine künstliche Gottheit, die *Tyche* der frühen Philosophen,[1] Personifikation des Ungreifbaren, das sich schillernd verändert. Der Name als Bändigungsversuch, wo Unberechenbarkeit verwirrt und Gesetzmäßigkeiten fehlen: Zufall und Schicksal sind in ihm beschlossen. Glück und Unglück der Menschen spiegelten Göttergunst und Götterzorn, aber die Geheimnisse dieser Verteilung von Höhen und Tiefen verlangten nach einer Erklärung. Daß die Denker dem unerforschlichen Wechselspiel der Göttergunst wiederum den Namen einer Gottheit geben, zeugt von jener Ohnmacht und Ehrfurcht, die sich mit der Sehnsucht nach dem Glück verband, solange Menschen an Götter glaubten. Kein Geringerer als *Zeus* ist *Tyches* Vater. Ihre Entscheidungsgewalt über das Schicksal der Sterblichen ist von ihm verliehen. Unberechenbar, mit dem Füllhorn des Überflusses und dem Ball des Zufalls spielend, erscheint sie im griechischen Mythos.

Aber der Gedanke, daß die Unerforschlichkeit der Glücksverteilung nicht als Ungerechtigkeit und Willkür gering geachtet wird, spiegelt sich schon in den göttlichen Gruppierungen um diese Glücksgöttin: *Nemesis*, an genealogischem Hintergrund und Alter der *Tyche* überlegen, rächt den Mißbrauch der Glücksgüter, den Menschen treiben. Ein Bewußtsein moralischer Verpflichtung des Begünstigten wird in ihr Gestalt. Das Glück der Götterlieblinge führt also nicht in Räume jenseits der Sittlichkeit. Die Gaben der *Tyche* sind verpflichtend, sie verlangen wertbeschwertes Handeln. In *Nemesis* erkennen wir schon Züge der römischen *Fortuna*; das Sonnenrad begleitet beide. *Nemesis*, Göttin des Todes im Leben,[2] trägt aber auch den Apfelzweig, der Zugang zu den Gefilden des *Elysiums* verschafft. Die Rachegöttin verfügt also auch über Einlaßzeichen zum Paradies. Die Gestalt dieser göttlichen Wächterin über die menschlichen Schwächen im Glücksgenuß schillert in verschiedenen mythischen Versionen. Ihre Schönheit reicht dicht an jene der *Aphrodite*; in manchen Erzählungen erscheint die *Nemesis* deckungsgleich mit dieser. Vater der *Nemesis* ist *Okeanos*, Herr des Weltstromes, den man als weltumfließenden Ozean dachte.

Die Macht der *Tyche* ist also wahrhaft weltumspannend; von mächtigsten Garanten wird ihr unberechenbares Tun sittlich überwacht. Der Widerspruch löst sich für den antiken Götterglauben in der Freizügigkeit der göttlichen Handelnden auf. Zumindest gewinnen Unruhe und Angst der Menschen um ihr wechselvolles Glück in solchen Götternamen für das Undurchdringliche des eigenen Schicksals beschwichtigende Gestalt.

Den Zufallscharakter des Glücks bestätigt im Mythos auch der weise *Palamedes*, als Erfinder von Leuchtturm und Waage, von Diskus und Alphabet bewundert; *Palamedes*, der auch die Technik des Wachenaufstellens erdachte und die Maße erfand: er war der Schöpfer des Würfelspiels und weihte die ersten Würfel der Glücksgöttin *Tyche* in ihrem Tempel zu Argos.[3] Das Glück als ein Spiel, als ein Wurf im Spiel göttlicher Mächte; ein Gedanke, der weiterlebt bis ins zwanzigste Jahrhundert.[4]

Die *Tyche*, Geburt aus Ratlosigkeit und Vernunft, kontrolliert von der moralisierenden *Nemesis*, hat nicht die Vitalität einer Göttin erreicht. Der alte Glaube, daß alle Götter sich in die Verantwortung für Glück und Unglück teilen, blieb mächtiger. Undurchschaubar blieb das Wirken des Glücks, und die *Tyche* erschien eher als eine Verwalterin der menschlichen Geschicke im Guten wie im Bösen.

Tyche bleibt das Irrationale im Leben, nicht nur ... das Glück, sondern auch diejenige Tyche, die die Pläne des Menschen kreuzt ... Sie ist blind und neidisch, sie spielt mit den Menschen und durchkreuzt alle Berechnungen – die alte Vorstellung von dem Neide der Götter wird ganz auf sie übertragen –, sie wirft aber auch das Glück dem Schlafenden zu. Sehr stark tritt es hervor, daß die Tyche ohne das Zutun des Menschen kommt ...
Tyche ist nichts als der Glaube an den irrationalen Zufall, höchstens das unverdiente Glück, eine offenbar irreligiöse Vorstellung, die die sterbende griechische Religion nicht umzuschmelzen ... vermochte.[5]

So sieht es der Religionshistoriker Martin P. Nilsson. Im Auflösungsprozeß der griechischen Götterwelt ist die Unterordnung unter göttliche Schickungen, die ohne erkennbaren Sinn bleiben, nicht mehr selbstverständlich. Resignation oder Askese, Fatalismus oder weise Beschränkung können solchen Auflösungsprozessen folgen – oder aber Hedonismus, Lustgewinn als herrschendes Prinzip aller Bemühungen.

Die bürgerliche Zeit der griechischen Religion, die dieser Phase der Auflösung vorausging, sah im Wechsel von Glück und Unglück eine Gesetzmäßigkeit: Je größer das Glück, um so schwerer das Unglück, das ihm folgen müßte. Von Pindar, dem 522 oder 518 geborenen griechischen Dichter, blieb ein Trostgedicht über das Glück erhalten, das er einem Kranken sandte:

Für ein Glück teilen die Unsterblichen den Menschen zwiefaches Leid zu. Das können die Toren nicht mit Anstand ertragen, wohl aber die Edlen, die ihren Adel nach außen wenden ... Wenn einer der Sterblichen den Weg der Wahrheit im Sinne trägt, soll er sich's wohl sein lassen bei den Gaben der Götter. Bald hierhin, bald dorthin wehen die hochfliegenden Winde. Nicht auf eine lange Strecke zieht das Glück der Menschen unvermindert einher, wenn es ihnen in wuchtender Fülle nachfolgt. Klein will ich sein im Kleinen und groß im Großen.[6]

Nicht anders haben die beiden großen Tragiker der Griechen, Aischylos und Sophokles, etwas älter als Pindar, die Souveränität der Götter beschrieben. Ödipus, der vom Glück ins Unglück gestürzt wird, hat keine subjektive Schuld. Nicht von ungefähr bleibt es dem rationalistischen Zeitalter vorbehalten, auch in diesem Schicksal ein abwendbares, ein überflüssiges Übel zu erkennen, statt die Allmacht unbefragbarer Gottheiten.

Schon Pindar gibt zu erkennen, daß die weise Unterordnung unter die Glücksspiele der Götter nicht volkstümlich gewesen sein, kann. Der Staat zwar duldete ebensowenig Rückfragen seiner Bürger wie die Götter; er war keine Rechenschaft schuldig. Antigone, Tochter des Ödipus, deren Schicksal bis ins zwanzigste Jahrhundert die Dramatiker beschäftigt hat, muß sich dem Todesurteil des Königs Kreon beugen, weil sie die ungeschriebenen Gebote der Religion über die geschriebenen des Staates gestellt hat.[7] Der Philosoph Sokrates unterwarf sich ebenso entschieden dem Urteil des Staates, als er seinen Giftbecher trank.

Glück – Spiel der Götter

Das volle Glück aber gehört den Göttern. Sie besitzen es und teilen davon aus; der Mensch soll seine Erwartungen mäßigen. Das berühmte Wort »Erkenne dich selbst!«[8] bedeutet die Aufforderung zur Beschränkung mehr denn zur Selbsterkenntnis: Bedenke, daß du ein Mensch bist! Die Grenze zwischen Göttern und Menschen ist unüberschreitbar, und wer sich den Göttern nähert, muß um so tiefer abstürzen.[9]

Auch die bürgerliche Religion der Griechen bekräftigt so die Unzuverlässigkeit des Glücks. Glück folgt nicht dem Verdienst eines Menschen, es knüpft sich nicht an ethische Qualitäten. *Nemesis*, die Göttin der moralischen Kontrolle, die den Glücksmißbrauch bestraft, entspricht dem Bedürfnis, wenigstens formal einen Ausgleich zwischen Glück und Unglück zu entdecken. *Hybris*, der Hochmut, der zur Überschreitung der Schwelle zu den Göttern reizt, spielt bei Aischylos, dem Tragiker des sechsten Jahrhunderts, eine besondere Rolle. Er betont die Gerechtigkeit und knüpft Unglück an das Verbrechen; jedes Verbrechen erzeuge eine weitere Untat. Nicht für das Glück werde im Unglück bezahlt, sondern für Schuld.

Der Wunsch, einen ethischen Wert in der Verteilung von Glück und Unglück zu finden, eine Gesetzmäßigkeit, die auch dem Menschen erkennbar ist, hat sich in allen Religionen immer wieder Geltung verschafft.

Frühe Christen der römischen Kaiserzeit, wie der Neuplatoniker Plotin, folgen demselben Muster wie die antike Göttervorstellung der Griechen: In Gott sammelt sich alles Glück, deshalb, so Plotin, ist der ganz in Gott Versenkte der glücklichste aller Menschen.[10] Die Steigerungstechniken, die in diesen Glückszustand führen, sind geistige Verzückungsprozesse und mystische Entrückung. Das Glück hat also sein irdisches Gewand weitgehend abgestreift; unabhängig von seinen materiellen Schicksalen wird der Mensch beglückt. Die Berührung mit den Sphären Gottes ersetzt jede mögliche irdische Lust.

So, losgelöst von der Materie, sahen auch antike Stoiker wie der Römer Seneca die höchste Glücksfülle. Seneca, Erzieher und späteres Opfer des Kaisers Nero, pries als Moralphilosoph die Bescheidung und die Unabhängigkeit von weltlichen Gütern als Quellen des Glücks. Askese als die Ausschaltung der Verführungen schenkt mit dem niedrigeren Pegel der Erwartungen nicht nur maßvollere Genüsse; der begrenzte Erwartungshorizont bedeutet auch Unabhängigkeit von Einbrüchen des Unglücks, weil man weniger zu verlieren hat.

Die Anhänglichkeit an Besitz und Reichtum macht anfälliger gegen die Wechselfälle des Lebens; Religionen und philosophische Systeme haben deshalb die Überlegenheit des Besitzlosen gepriesen oder doch ihre freundlichere Variante honoriert: zu haben, als hätte man nicht; das Zentrum des Lebensglücks jenseits der Güterwelt zu verankern. Selbst das Reisen als eine Kette von Gastrollen bei den Schätzen dieser Welt gerät dann unter das ethische Verdikt: Als Kette der Zerstreuungen bedeutet es nur die Selbstflucht; der Vielgereiste wird es nicht nur schwerhaben, im Gleichmaß des heimischen Alltags glücklich zu werden; er muß auch die Selbstbegegnung fürchten, weil er die Selbstversenkung gemieden hat.

Das Christentum saugt alle diese Beschränkungstechniken auf, um das Spielfeld der Verführungen klein zu halten. Wieweit die christlichen Autoritäten, die Testamente, der Kirche solche

Kanalisierung des Glücks vorschreiben, dies wäre im zwanzigsten Jahrhundert erneut zu prüfen: Das ›Glück in Gott‹ scheint nur noch kleinsten Minderheiten aktuell; irgendwo, so scheint es, ist den kirchlichen Glücksverwaltern ein Fehler unterlaufen. Vielleicht liegt dieser Fehler schon in den ersten nachchristlichen Jahrhunderten, als die Heiterkeit der Dialog-Kultur in moralisierendem Mißtrauen untergeht, das sich christlich kostümiert.[11]

Glück in der abgeklärten Bescheidung, wie es die Philosophen der Stoa entwarfen, Glück auch wie es Plotin als Vereinigung mit dem Christengott beschwört, konnte nur eine Angelegenheit Weniger sein. Glück also als elitäre Frucht vorbildlicher Geisteshaltung; Duldung des Unglücks in fatalistischem Gleichmut: das sind Regeln der Lebenskunst, wie sie Philosophen für ihre Schüler ersinnen, nicht aber Rezepte des Wohllebens für die ›Menge‹ (Seneca). Tatsächlich fühlen die Philosophen der Stoa ein gewisses Vorrecht auf das diszipliniert errungene Glück jenseits der begangenen Wege. Seneca preist in seinen Briefen an Freunde wie in seinen philosophischen Schriften unermüdlich dieses selbstgeschaffene Glück, das er keinem Gott mit Bangen abzubitten braucht.

Glücklich zu leben, wünscht jedermann, so beginnt er seine Schrift ›Vom glückseligen Leben‹; aber die Grundlagen des Glücks erkennt fast niemand. Freilich ist ein glückseliges Leben keine ganz einfache Sache. Wer einmal den Weg verfehlt hat, entfernt sich immer weiter davon ... Solange wir aber da und dort herumschweifen, von verworrenen Stimmen bald da- und dorthin gezogen, wird unser Leben nur ein steter Irrweg sein ... Nichts bringt uns in größere Übel, als wenn wir uns nach dem Gerede der Leute richten, für das Beste halten, was ›allgemein angenommen‹ ist ...
Wenn es sich um ein glückseliges Leben handelt, darfst du mir nicht wie bei Senatsabstimmungen antworten: »Auf dieser Seite scheint die Wahrheit zu sein« ... Es steht mit der Sache der Menschheit nicht so gut, daß das Bessere der Mehrzahl gefiele, ein großer Haufen ist Beweis des Schlechtesten ... Zum großen Haufen aber rechne ich ebensowohl Leute mit Kronen als Leute im schlechten Kittel ... Glückselig ist ein Leben, welches mit seiner Natur im Einklang steht; dies aber kann uns nicht anders zuteil werden, als wenn zuerst der Geist gesund und in beständigem Besitz seiner Gesundheit ist; sodann wenn er kräftig und entschlossen, zudem sittlich rein und geduldig ist, sich den Umständen

fügt, für den Körper und seine Bedürfnisse besorgt ist, jedoch ohne Ängstlichkeit . . . bereit, die Gaben des Glückes zu benutzen, nicht aber ihnen zu frönen.[12]

Sein Glück nicht fremder Macht zu unterwerfen, das ist Senecas stets wiederholter Ratschlag an den, der sich die Fähigkeit zum Glück aneignen will. Das Glück, so mahnt er einen Freund, ist eine ernste Sache. Von außen kommend, glättet es die Stirn nur flüchtig, es muß innen wohnen, um von Dauer zu sein. Die Freuden des Körpers sind flüchtig, sie schlagen meist in ihr Gegenteil um, wenn sie nicht mit äußerster Kraft gemäßigt werden, fährt Seneca fort. Stetigkeit des Alltags ist die Quelle der Glücksfähigkeit, Einheit des Lebensortes entspricht der besonnenen Anordnung der Handlungen: Reisen, zeitloser Versuch zur Zerstreuung der Alltagswolken, hat der Philosoph mit einem berühmt gewordenen Zitat eines Sokrateswortes ungeeignete Glücksmittel genannt.

Den Sinn mußt du wechseln, schreibt er dem Freunde Lucilius, nicht den Himmelsstrich. Magst du über das weite Meer schiffen, mögen dir . . . Länder und Städte entschwinden: wohin du auch immer kommst, deine Fehler werden dir folgen. Zu einem, der über ganz dasselbe klagte, sagte Sokrates: »Was wunderst du dich, daß deine Reisen dir nichts nützen, da du dich selbst mit herumschleppst? Derselbe Umstand, der dich forttrieb, verfolgt dich . . . Du fragst, warum dir diese Flucht nichts hilft? Du fliehst mit dir selbst. Die Last deiner Seele muß erst abgelegt werden; eher wird dir kein Ort gefallen.«[13]

Sinnlich gesättigt ist diese Philosophie: Du rüttelst einen Kranken, wenn du dich mit deiner Last wie ein Schiff mit schwerer Ladung von Ort zu Ort umhertreiben läßt, sagt Seneca weiter. Nicht wohin, sondern wie du kommst, entscheidet. Das ›Glücklich-Leben‹ ist an jedem Ort zu finden, dir gehört die ganze Welt, nicht irgendein Winkel; eben deshalb kannst du überall glücklich leben.

Diese Sätze, einem kosmopolitischen Jahrhundert vorgelegt, gewinnen zeitgenössische Aktualität, wo die Glücksversprechen des Massentourismus die Einlösung aller Glückshoffnungen anbieten. Unerwartete Parallelen werden sichtbar: Glückssuche im Verzicht auf die luxuriösen Rauschzustände in exotischen Räumen ist auch heute die Angelegenheit weniger. Im Zeitalter des gleichverteilten Glücks gelten sie als Toren, ein Titel, der häufig genug auch den Philosophen verliehen worden ist.

Das einsame Glück im Weltverzicht markiert in der Tat die Übergangslagen. Als die griechische Philosophie Resignation und Fatalismus vor den unerforschlichen Glücksschwankungen zum Ideal erklärte, war die Vitalität der Hochkultur schon gebrochen. In Seneca spricht ein auswählender Erbe, der den Rückzug vor den Glücksprinzipien der breiten Mehrheit als abgeklärter Denker und Staatsmann auch unter dem Eindruck der zunehmenden Grausamkeit des jungen Kaisers Nero antritt. Das strahlende Glück im Gleichklang mit der Gottheit, das die Neuplatoniker preisen, setzt ebenfalls Entsagungsleistungen voraus; Weltverleugnung ist die Voraussetzung einer erfolgreichen Versenkung in die immaterielle Gottheit.

Glück als Gemeinschaftserlebnis: ist es nicht das, was die Menschen, solange sie unbefangen sind, suchen? Glück in der Liebe zum Menschen, Erfüllung, miteinander genossen, nicht auf komplizierten Askesepfaden als Einzelkämpfer errungen: Glück in Fest und Spiel als den Steigerungsräumen des Alltags – und Glück im Alltag selbst, das ist es, was die germanischen Stämme unter ›Glück‹ verstanden haben. Die Gemeinschaft selbst bedeutet Glück, weil sie Gegenwart und Zukunft aller Mitglieder zusammenschließt in einem einzigen Organismus.

Was im Schlagwort des zwanzigsten Jahrhunderts ›kollektiv‹ lautet, das wird im germanischen Sippenbewußtsein übertroffen: Alle zusammen sind eine psychologische Einheit,[14] und das Glück der Zusammengehörigkeit wird bestätigt im gemeinsamen Gelingen von Saat und Ernte, von allen Aktivitäten, die das Leben ausmachen. Das Handlungsprinzip gehört zum Glücksbegriff der Germanen; nur tätig kann sich der Einzelne und die Sippe in ihrer Lebendigkeit glücksbetont erleben.

›Glück‹, das germanische ›lykke‹, scheint zuweilen mit dem Leben, ja mit der Seele deckungsgleich; das Siegesglück eines Königs entspricht seiner Kraft, so wie der Nutzen einer Waffe ihren ›glücklichen‹ Gebrauch einschließt. Gefäß von Leben und Glück ist der Name des Menschen; im Namen eines Glücklichen und Mächtigen zu kommen bedeutet, von ihm selbst begleitet und Teilhaber seines Glücks zu sein. ›Glück‹ scheint hier noch einmal von vitalsten Qualitäten durchtränkt; philosophisches Zweifeln vor seinen Wechselfällen wird durch kultische Glücksvorbereitungen für die Zukunft ersetzt.[15]

Im Fest, wo Kulminationen des Glücks geschaffen werden sollen, handeln die Götter der Germanen; Fehler der Handelnden rächen sich zwar, aber die Stimmung der ganzen Sippe ist entscheidendes Zeichen, daß die Glücksbeschwörung gelingt. Hier gilt der Einzelne nur für das Glück der Gemeinschaft mit seinen Taten; für sein Geschlecht, nicht für sich selbst erwirbt der Held Ruhm. Auch hier kehrt der Gedanke wieder, die Summe des Glücks sei bei den Göttern. Als Unbegrenztes übertreffen sie den begrenzten Menschen; in ihrer Existenz aber sind sie abhängig von der Energie der Lebenden. Etwas und Jemand zugleich, sind diese Götter ganz abhängig von den Sterblichen. Stirbt ein Geschlecht, so siechen auch die Götter dahin. Und die Klage lautet dann: Eure Götter sind tot, das Glück ist dahin.[16]

Der Christengott wird von den Germanen an diesen Kriterien ihrer Götterwelt geprüft, als die Missionare von ihm berichten. Kann er das Glück der Sippe, kann er ihr Leben schützen? Kann er die Männer stärken und für Saat und Ernte sorgen? – Die Aufnahme des neuen Gottes geschah leicht, wenn er sich diesen Erwartungshaltungen angleichen ließ.

Glück und Verzicht

Das christliche Abendland vermochte seine Glückssehnsucht nie wieder so fest mit dem Kult zu verknüpfen; schon Fest und Şpiel, glanzvolle Institutionen des Glückserlebens, gewannen nicht jene strahlende und befreiende Macht, die das scheue Glück einläßt. Pracht und Würde mittelalterlicher Umzüge, gleich üppig Freude und Trauer feiernd, standen zwar immer unter dem Schutz der Kirche; ob sie offizielle Glücksräume schufen, bleibt nur schwer erkennbar. Haben am Ende die Philosophen und die Heiligen recht, die Glück nur außerhalb der irdischen Lustbarkeiten und abseits von der Menge finden? Wenn sie recht hätten: was wäre dann das Glück, wenn es die menschliche Substanz verleugnete, seine Sehnsucht nach Gemeinschaft, nach Geborgenheit und Liebe, nach Austausch zu mißachten zwänge?

Sind womöglich die Lehren vom elitären Glück in Einsamkeit und Entsagung schon Notlösungen, Reaktionen auf Glücksverluste in der Gemeinschaft?

Und in der Tat: Das Christentum, so scheint es, hat den irdischen Glückssehnsüchten der Menschen keinen hohen Rang eingeräumt. Der Glückshunger der Abendländer wurde im Christentum eher die negative Folie für transzendente Hoffnungsangebote, die irdischen Glücksmangel zur Einlaßgarantie für das ewige Glück im Jenseits erklärten. Lebensglück als greifbaren Beweis göttlichen Wohlgefallens zu verstehen: auch dieser Gedanke kommt im Christentum auf. Die antike Idee der Göttergunst für denjenigen, der die Götterzonen nicht verletzt, kehrt wieder: Sie entspricht dem Wunsch, Gerechtigkeit in der Verteilung des Glücks zu erkennen. Daß aber auch die heiligen Schriften des Juden- und Christentums unerbittlich die Allmacht und Unerforschlichkeit des Gottes vertreten, dies zeigt der ins Unglück gestürzte Hiob. Seine Rechnungen mit Recht und Unrecht gehen nicht auf; sie werden nicht widerlegt, sondern übergangen: Die Kategorie ist verfehlt, so läßt der allmächtige Gott ihn wissen. Hybris beginnt also, ganz wie bei den antiken Tragikern, schon dort, wo der Mensch sich zu begreifen anmaßt, warum ihn Unglück trifft.

Glück als Sinnenfreude und zur Lust geronnener Augenblick, Glück als eine Ahnung der Ewigkeit im zerbrechlichen Moment hat in den Lehren des christlichen Abendlandes überwiegend im dämpfenden Schatten einer leibfeindlichen Lebensdeutung Raum gefunden. Konnte der Schöpfergott des Christentums aber ein Feind des Leibes sein, den er geschaffen hat? Wie ältere Mythen, so schaltete auch die christliche Religion die Sünde zwischen jenen gottähnlichen Menschen, der in der Glücksfülle lebte – im Paradies, das der antike Mythos Elysium nannte –, und seinen geplagten Nachfahren.[17]

Ist die Verbannung des Glücks aus der christlichen Lehre nicht wieder der Irrtum jener, die vor der Mäßigung ihrer Glücksgier ins Extrem der Askese fliehen und von ihrem sicheren Ort aus allen andern den eigenen Weg zum disziplinierten Glück anpreisen? Müssen wir nicht im Augenblick, da die Rückbesinnung auf die Würde und Unersetzlichkeit des Kosmos zum ethischen Gebot erklärt wird, in den lebenserhaltenden Qualitäten einer gesunden Erde auch die glückspendenden Kräfte der bedrohten Natur rehabilitieren? Daß Menschenwürde auch Glück bedeutet – eben nicht ein nachweisbares Recht auf Glück, sondern Glücksräume, Spielfelder der Entlastung von Materie in kostenloser Luft, das scheint bei den Glücksplanern des zwanzigsten Jahrhunderts oft in Vergessenheit zu geraten.

Müssen die Kulturen, die den schönen Körper feiern und seine Anmut studieren, um sie in dauerhaften Stein zu meißeln, müssen jene Kulturen, die der Sprache die Würde einer hohen Kunst zumessen, heidnische Kulturen sein? Welcher Mutlosigkeit verfällt der Mensch, das Wunder unter den Lebewesen, als er die hohe Kultur der Gastmähler fahren läßt, die überlegene Heiterkeit der Gesprächskunst moralistischen Zersetzungsprozessen überläßt? Ist es die Autorität des einen einzigen Gottes, die schon mit den hebräischen Traditionen des weisen und törichten Redens die sozial beglückende Kraft des Gesprächs verzehrt?

Das Schweigen des Mönches setzt die griechische Gesprächskultur in ein neues Licht. Das Predigen als die einzig legitime Form des Redens drängt alle anderen geselligen Formen des sprachlichen Austauschs in den Schatten.

Neben der weisen Weltverleugnung des Christentums erscheint die antike Kultur der Griechen wie ein jugendlicher Abschnitt der Geschichte. Ist es der Zuwachs an Wissen, dem das Wachstum der Trauer des Menschen entspricht? *Scientia auget dolorem*: das Wissen vermehrt den Schmerz, sagt schon die antike Überlieferung. Auch die Verletzung von Götterraum, die in der griechischen Antike den Glücksverlust nach sich zog, entspricht dem Wissensdurst des Menschen. Das Christentum nährt diese Vorstellung aus weit älteren Quellen; Adam und Eva verletzen den göttlichen Bezirk, als sie wissen wollen, wie Gott ist, nämlich sein wollen wie Er. Folge dieser Grenzüberschreitung ist der Verlust des dauerhaften und verläßlichen

Glücks, und dieses Glück erscheint auch im Christentum als Besitz Gottes. Künftig leben die Kinder der beiden nur noch mit Glückspartikeln, Erinnerung und Abglanz des vollkommenen Glücks.

Glücksverlust als Folge der Grenzüberschreitung – eine Fülle historischer und philosophischer Ereignisse des Glücksverlustes läßt sich begreifen unter diesem Motto. Ist das geheimnisvollflüchtige Glück nur in begrenzten Zonen zu genießen? Die überlieferten Vorstellungen vom Glücksort, dem Elysium oder Paradies, scheinen diese geistig-sittliche Erfahrung ins Räumliche zu übersetzen: Diese Lustgärten und lieblichen Örter umgeben Schwellenzauber oder Mauern, die nur von Glückskindern überwunden werden können.

Auszeichnung und Verdienst verquicken sich in jenen Gestalten, denen Eintritt in diese Orte der vollkommenen Beglückung gewährt wird. Nur die Randbedingungen zu solchen Schwellenüberschreitungen werden von anderen Menschen vermittelt; der Zutritt selbst öffnet sich ohne fremdes Zutun, an die Stelle des ›Gemachten‹ tritt blindglückendes Gelingen. Diese Erfüllungsorte der Glückssehnsucht liefern uns umfassende Auskünfte über pauschale Vorstellungen vom Glück. Ihre zeitlich-räumliche Entrückung aus dem durchschnittlichen Alltag ist Abbild der Erfahrung, daß Glück den Alltag aufbricht. Unsichtbare Schwellenzauber und magische Verhüllungen des Lustortes stehen für die Unberechenbarkeit des Glücks, die von jeher die Menschheit beschäftigt hat. Wer in diesem glückseligen Bezirk gewesen ist, darf häufig nichts mitnehmen, wenn er ihn verläßt: Vögel und Blumen, Bäume und ihre verlockenden Früchte bleiben im Garten zurück, wenn der Fremde, der hier Gast war, entlassen wird.

Die deutschen Dichter der höfischen Zeit haben in solche Paradiesgärten gelegentlich ihre Helden vordringen lassen. Der Dichter Hartmann von Aue beschreibt in seinem Versroman ›Erec‹ gegen Ende des zwölften Jahrhunderts einen solchen Glücksgarten; ich folge seinem Text sinngemäß:

Nur wenige Leute wissen, daß es diesen Garten gibt; den Zugang finden nur auserwählte Helden. Frühling, Sommer und Herbst herrschen hier gleichzeitig: die Bäume tragen Früchte und Blüten, je zur Hälfte. Köstlicher Vogelgesang bezaubert den Fremden. Der Boden ist mit Blumen dicht überwachsen, die betörend duften. Jedes Leid wird in diesem Garten augenblicklich vergessen. Der Fremdling kann von den herrlichen Früchten essen, soviel er mag; aber er darf nichts mitnehmen. Ein Zauber, Nebel oder Wolke, umgibt den Garten; ohne Mauer, ohne Graben, bleibt er auf unerklärliche Weise unauffindbar für die meisten.[18]

Dieser Schwellenzauber des Gartens entspricht der Verborgenheit des Glücks. Daß der Traum vom vollkommenen Glück immer wieder als Naturausschnitt beschrieben wird, Triumph des Geschaffenen über das Gemachte, daran darf sich der Leser erinnern, wenn wir uns den Glücksvisionen der technisierten Menschheit zuwenden.

Kapitel 2
Goldene Käfige für das Glück

Gefährliches Liebesglück

Im Zwiespalt mit Alltagserfahrung und Vernunft, verlegen die Religionen in nachmythischer Zeit den Ort der Glückseligkeit zeitlich in jene Räume, die niemand von den Lebenden betritt: in die ferne Vergangenheit und in die unendlich gedachte Zukunft. So verfährt auch die christliche Lehre nach dem Muster der Genesis: Vollkommenes Glück ist in der Zeitlichkeit unerreichbar; es war einmal und wird nach dem Zerbrechen der Zeitlichkeit wieder sein. Glück auf dieser Erde wurde als ein Vor- und Nachgeschmack aus Glückserinnerung und Glücksversprechen von Paradies und Ewigkeit verstanden. Wie das endgültige Erlösungsversprechen, so verband sich daher auch das vorläufige Glück im Christentum mit ethischen Forderungen. Anders als die menschenähnlichen Götter der Antike ist der Christengott ein gerechter Gott, der keine Willkür kennt. Deshalb konnte das christliche Zeitalter nicht an der Vorstellung vom blinden Zufallsglück festhalten. Gegen den dennoch unleugbaren Anschein der Ungerechtigkeit in der Glücksverteilung sicherte man sich zwiefach: Das Verteilungssystem mußte eine göttliche Gerechtigkeit sein, die dem Menschen unerforschlich wäre; und: auf zeitliches Glück könne es, nach dem Zeugnis der Heiligen Schrift, nicht ankommen – im Gegenteil: Dürftigkeit im zeitlichen Leben sei die beste Ausstattung für reichen Lohn in der Ewigkeit.

In der Tat finden wir im Mittelalter Zeugnisse der Weltverachtung, die nicht das Unglück zu fliehen auffordern, sondern – das Glück. Die Liebe, durch alle Jahrhunderte gepriesene Glückspenderin, mußt du fliehen, mahnt im zwölften Jahrhundert der Cluniazensermönch Bernhard von Morlas.[19] Mit der Liebe werden die Frauen verflucht, die Liebe im Mann erwecken: Glücksverachtung um den Preis einer risikolosen Madonnenminne, die Bernhard von Clairvaux preist. Diese Absicherung gegen den Glücksgenuß entspricht eben jener Ungewißheit, die sich mit dem Glück erfahrungsgemäß verbindet: Ohne Maß genossen, reißt es die Beschenkten ins Unglück. Die verschiedensten Reaktionen auf diese riskante Gratwanderung Glück mischen sich gerade im zwölften Jahrhundert. Liebesglück und die Liebesmacht *Eros* werden verehrt und verteufelt, gemieden und geweiht. Dieser Zwiespalt gegenüber dem verführerischen Glückshunger entsteht aus der Vermischung und Verschmelzung antiker und christlicher Weltsicht: Noch bevölkern das allegorische Denken die leidenschaftgesättigten Verkörperungen der Tugenden und Laster, den griechischen und römischen Göttergestalten ähnlich: Die ›Frau Welt‹ ist von vorn verführerisches Glücksversprechen, von hinten fressen die Würmer ihre Eingeweide. So steht sie noch heute, in Stein gemeißelt, an der Straßburger Domfassade.

Das Glücksproblem wird kenntlich als ein Problem des Maßes. Glücksquellen werden verflucht, Wunschobjekte der Glückssehnsucht werden gemieden unter dem Motto eines dauerhaften Glücks in der Entsagung oder im Jenseits, das gefahrlos ist, weil irreal und immateriell. Alle Denk- und Glaubenssysteme der Menschen haben aber, mehr oder weniger resignativ, einen Abglanz jener Jenseitshoffnungen ins Diesseits geholt. Daß sie irdisches Glück für möglich hielten, beruhte auf der menschlichen Glückserfahrung. Sich mit Unglück oder Glück nicht mehr auf überirdische Mächte zu beziehen, dies ist eine Errungenschaft der neuzeitlichen Jahrhunderte, die sich von den Götterkontakten im Glück wie im Unglück lossagen, um ihre Geschicke selbst zu verantworten.

Nicht nur die Ausgrenzung der Glückserfüllungsorte aus der Zeitlichkeit wird für die emanzipierte Menschheit des aufgeklärten Abendlandes zweifelhaft wie ein Willkürakt; auch den Götterschatten über dem unberechenbaren Flug des scheuen Paradiesvogels Glück möchte man nun wegblasen wie ein lästiges Gewölk. Wer sich vom Menschen alles verspricht, der will ihm auch das Paradies auf Erden zutrauen. Glück muß berechenbar gemacht werden, so ermuntern auch die aufblühenden Wissenschaften. Der Verdacht kommt auf, die ungerechte Glücksverteilung könne, statt göttlicher Schickung, ein Instrument der gehobenen Klassen sein, um andere zu unterdrücken – ein Instrument der Religionen auch, um die ängstlichen Menschen auf ein unerreichbares Jenseits festzunageln, das ihnen im irdischen Leben Geduld, Demut und Verzichte abfordert. Mit den menschengläubigen Ideologien der jüngsten Neuzeit verbindet sich folgerichtig der Optimismus, auch im Glückshaushalt aller Ordnung zu schaffen. Die Vorstellung, Glück sei nur als etwas ›Zugefallenes‹, als eine Gabe ohne Verteilungsgesetz abzuwarten und hinzunehmen, gilt als eines unter vielen Tabus in dem Augenblick, als der Glaube an übermenschliche verordnende Mächte erschüttert wird.

Zeitlos dagegen erscheint die Bindung von Glück und Unglück an die Liebe: Wo im zwölften Jahrhundert die Mönche in den Schutz des Zölibats flohen, da entziehen sich die Menschen des zwanzigsten Jahrhunderts den Glücksabstürzen in der Liebe durch Promiskuität, die ihr Fühlen abstumpft. Glück in der Liebe ist dennoch ein geflügeltes Wort geblieben; keinem anderen Begriff als der Liebe verbindet sich das Glück so selbstverständlich: Glück in der Arbeit, Glück in der Muße oder in der Natur hören wir selten loben; hier gelten Mittelwerte wie Zufriedenheit, Erquickung, Labsal – nicht Glück, nicht gleich das Äußerste. Liebe aber, ein Superlativ in unserem Fühlen, fordert auch den Superlativ im Effekt: Sie soll Glück bringen. Wir hoffen das von ihr, und wir wissen, daß sie ebensooft Unglück mitbringt: Auf hohe Wünsche steht ein hoher Preis.

Der Weise – die Philosophen als die Freunde der Weisheit bezeugen es – sucht das Glück nicht dort, wo es mit der Erfüllung auch die Enttäuschung, Verwirrung und Verstörung bringen kann, er sucht es nicht in der Liebe. Aber die gewöhnlichen Sterblichen tun es; davon zeugt schon der griechische Mythos. Liebe heißt auch die höchste Form des Umgangs der Götter mit den Menschen in vielen Religionen; das Christentum macht sie zum Prinzip der Heilsgeschichte. Die Macht des *Eros* wird getauft in den Mythen des Alten Testaments, sie wird zum Gleichnis für die Liebesbindung des Erlösers zu seiner Kirche. Die stärkste Macht zwischen den Menschen soll geläutert werden im heiligen Feuer des Kultus.

Welche weltumspannende Macht dem *Eros* schon bei den Griechen zugedacht wurde, zeigen einige Mythen, die ihn zum allerersten der Götter erklären, da ohne ihn keine weiteren Götter hätten geboren werden können. Sein Alter gleiche dem von Erde und Unterwelt. Er hat in diesen Berichten weder Vater noch Mutter; die Göttin der Geburt selbst ist seine einzige Abstammung. Vielgestalt und Widersprüchlichkeit von Liebe und Glück zeichnen aber auch des *Eros* Abkunft und Spuren: Andere Mythen sehen ihn als den Sohn der schönen *Aphrodite*, wieder andere als ein Kind des Westwindes. Wild und unbezähmbar treibt er seine Spiele, auf goldenen Flügeln umherfliegend und wahllos mit Pfeilen verwundend, mit Fackeln entzündend, ohne Rücksicht auf Rang und Alter.

Ares, der Kriegsgott, sei sein Vater gewesen, so erzählen einige Quellen. Sein Ruf wechselt je nach den herrschenden Idealen der Gesellschaft und den philosophischen Strömungen. Als Verkörperung der Leidenschaft stört er das geordnete Zusammenleben, deshalb galt er den frühen Griechen als geflügelte Bosheit. Auch die inzestuöse Abstammung von *Aphrodite* und ihrem Vater *Zeus* wird ihm nachgesagt: ein Hinweis auf die rücksichtslose Gewalt der Leidenschaft, die keine Grenze achtet. *Eros* ist niemals im griechischen Mythos als voll verantwortlich beschrieben worden; er gehört in keinem Bericht zur olympischen Familie der herrschenden Zwölf.[20]

Das Schillern von Herkunft und Charakter verbindet den *Eros* mit der Glücksgöttin *Tyche*, die auch ›Schicksal‹ heißt, so wie sein Name ›Leidenschaft‹ bedeutet. *Eros* ist auch ein Würfelspieler, und er betrügt beim Würfeln seine Mitspieler.[21] Vergessen wir nicht, daß der Hirtenjüngling *Paris* der Liebesgöttin *Aphrodite*, nicht *Athene* und nicht *Hera*, den goldenen Apfel zuspricht, weil *Aphrodite* ihm verspricht, durch ihren Sohn *Eros* *Helenas* Liebe für *Paris* zu gewinnen! Paris, so war der Auftrag, sollte den Apfel der schönsten der drei Göttinnen geben. Er gab ihn bedenkenlos jener, die ihm Liebe versprach. ·*Eros*, der immer mit der Liebe auch Leiden bringt, wird gefürchtet und benutzt, wie diese Geschichten zeigen. Er wird ersehnt, weil sich mit dem Durst nach Liebe und der Begierde auf schöne Frauen die Hoffnung auf das Glück verbindet.

Blind wie das Glück ist die Leidenschaft der von *Eros* Getroffenen. Wie das Glück, so entfacht auch die Liebe derer, die sich des *Eros* bedient haben, den Neid der anderen Götter. Den *Paris* verfolgt der Zorn der beiden Göttinnen, denen er den Apfel zugunsten von *Aphrodite* verweigert hat.

Frei, wie das Glück in seiner Personenwahl, frei wird auch der Glückliche. Ethische Kriterien in den Glücksgenuß einzuführen, dies haben die Philosophen immer wieder versucht. Die Religionen zogen die Zäune um das irdische Glück noch enger und boten himmlische Glückserwartungen zum sichernden Tausch an. Sich wenigstens im Glücksgenuß, der unerforschlich verteilt wird, zu bewähren, dieser Gedanke entspricht dem Versuch, die blinde Wahl zu bestätigen und die gefürchteten Unglücksfolgen zu bannen. Glück als Göttergeschenk, als ein Anhauch ihrer Ewigkeit, als flüchtige Teilhabe am Überirdischen; Glück auch als eine Auszeichnung ohne Verdienst, als ein Pfand der Götter, als eine Probe auf die sittliche Substanz: das sind Deutungsversuche, die in der Geschichte abwechseln.

Glücksansprüche

Glück aber als Anrecht, als Forderung, als Anspruch: das ist die Glücksvariante, die sich das aufgeklärte Abendland zutraut.

Das Glück, gleichmäßig verteilt für alle, ist Forderung der Französischen Revolutionszeit, die schon aus dem Anfang des achtzehnten Jahrhunderts stammt.[22]

Um ein so verfügbares Glück zu haben, das sich austeilen läßt, muß man freilich viel von seinem metaphysischen Geheimnis vernachlässigen. Glück ans Machbare zu koppeln, das bedeutet es mit greifbaren Gaben zu verbinden; zu deren Gunsten müssen die geistig-seelischen Wirkstoffe zweitrangig bleiben. Das gleichmäßig verteilte Glück als ein Anspruch aller: das bedeutet auch das Vorrücken dieses Anspruchs vor unsere Pflichten. Wenn der moderne Staat uns vor allem unser Glück schuldet, so schulden wir ihm zunächst gar nichts, bis er diesen Anspruch einlöst. Glück in dieser direkten Form einzufordern, das heißt zu brechen mit einer mehrtausendjährigen Geschichte der Glückshoffnungen und -beschwörungen, der Askese und der Verehrung glückspendender Mächte. Das Glück in Verteilungsplänen zu domestizieren, das bedeutet neben dem Verlust der Ehrfurcht vor seiner göttlichen Abkunft aber auch, das bislang Unerforschliche seiner Substanz für erkannt und erforschbar zu halten. Wetteiferten in früheren Jahrhunderten noch die Philosophen mit den Prassern, Spielern und erotischen Abenteurern, wer von ihnen die höchsten Glücksgenüsse koste, so scheint der nachaufklärerische Plan der Glücksverteilung wie selbstverständlich eine Idee des Glücks zugrunde zu legen, die in gleicher Gestalt für alle gleich beglückend wäre.

Tyche, die Glücksgöttin der Philosophen: Verarmt tritt sie unter die jüngste Menschheit; ihren Ball, das Schicksals-Spielzeug, hat sie verloren, und *Nemesis*, die moralische Wächterin über den Dank der Begünstigten, ist überflüssig, wo jeder begünstigt und niemand moralisch verpflichtet wird. Auch *Eros*, der wild Betörende, hat seine Flügelschuhe abgelegt; vor seinen Pfeilen und Fackeln weiß der aufgeklärte Glücksanwärter sich zu schützen.

Viele unter den Randbedingungen des Glücks ließen sich nun tatsächlich herstellen. Ja, was es überhaupt an materiellen Komponenten enthalten mag, erwies sich als erreichbar. In der Mehrung der materiellen Glücksgüter fortschreitend, diskutierte man die abenteuerliche Vereinfachung zunächst kaum, unter deren Motto diese Glücksverteilung begonnen hatte: daß Glück ein greifbares Etwas sei, das sich fangen, zähmen, zurichten, kaufen und verkaufen, handeln und horten lasse. Denkt man zurück, so hängt der Verlust der Geistgestalt des Glücks mit dem Verlust der Götter zusammen. Da es auch ohne Götterschutz so überzeugend – ja: soviel besser, schneller, aufgeklärter – weiterging, wollten Aufklärer und Gleichheitsträumer dem götterlosen Glück ebensoleicht den Dunstschleier der Göttergabe ausbürsten. Wer Glück verteilen will, muß es als seinen eigenen Besitz verstehen; bei den Griechen aber und bei den Römern, bei den Germanen und bei den Christen war es Besitz der Götter gewesen.

Seit die gleichmäßige Verteilung des Glücks weitgehend gelungen sein müßte, haben wir Zeit, die Ergebnisse zu betrachten. ›Glück‹ hat nicht in dem Maße Platz gegriffen, wie die Optimisten des Fortschritts gehofft haben mochten. Daß Unglück verbannt sei aus unserem Leben, können wir ebenfalls nicht behaupten. Gemeinsam scheinen die Vielen in Glücksvorbereitungen, sozusagen in optimalen Voraussetzungen, steckengeblieben. Macht es nun doch geltend, das scheue Glück, daß es mehr ist als seine materiellen und sozialen Randbedingungen? Oder gelingt es eben deshalb nicht kollektiv, weil die Steigerung der Glücksmittel kontinuierlich die Schwellen unseres Wünschens weiterschiebt? Ein Mengenbesitz an Glücksmitteln würde damit zur ewigen Unerreichbarkeit des Glücks, zur Frustration im Überfluß führen. Wieviel von dieser geheimnisvollen Göttin Glück ist also reiner Geist, unkörperliche Seele?

Es muß ein mengenbezogenes Denken verblüffen, daß es Güter gibt, die sich dem Mengenwachstum entziehen. Glück vermehrt sich zwar ein Stück weit, wenn wir soziale und wirtschaftliche Polster schaffen. Aber sein Eintreffen bleibt weiterhin nur Ahnung, und wo es gelingt, bleibt es uns letzte Nachweise schuldig, warum es *hier*, warum es *so* eintraf. Es sei denn, wir verstünden uns dazu, unsere Methoden und Maßstäbe zur Messung des Glücks zu ändern. Der Fehlbetrag in der nachaufklärerischen Glücksbestimmung entspricht genau jenen Anteilen des Glücks, die schon in früheren Jahrhunderten ungreifbar und unerforschlich blieben: Deshalb unterstellte man sie, ohnmächtig, dem Handeln der Götter. Wer nicht mehr an Götter glaubt, wird dieser Geheimnisse des Glücks ebensowenig teilhaftig, das haben wir unterdessen erfahren.

Glück, so entdecken wir, ist vor allem dann manifest und wirklich, wenn es empfunden wird. Es entzieht sich zu großen Teilen der objektiven Beurteilung und Messung. Glück, so ahnen wir, ist auch an die Disposition des Glücklichen gebunden. Es kommt nicht fertig in sein Haus, sondern es wird auf einem bereiteten Boden empfangen. Sowenig es machbar ist, so sehr scheint das Glück doch an ein Klima gebunden, in dem Wunsch und Erwartung mit dem Willen zum Glück zusammentreffen. Anhauch der Götter nannten die früheren Religionen das Glück auch deshalb: Seine Anwesenheit strahlt auf jene aus, die mit dem Glücklichen umgehen.

Was ist es, das Glück? Es will in die Systeme unseres Denkens besonders schlecht passen, weil es viele von den Kategorien ausläßt, mit denen wir gewohnt sind, unsere Welt und unser Leben zu deuten. Glück ist nicht Belohnung, wie es die leistungsbezogene Gesellschaft wünschen möchte; Glück ist die Erlösung vom Vergleich, und das ist mehr.[23] Glücksfähig zu werden, das hieße also auch, der Bedürfnisspirale nicht mehr nach oben oder unten, sondern in Richtung auf andere Kategorien zu entkommen. Daß die Götter vor das Glück den Verzicht gesetzt hätten: diese alte Vorstellung muß Gründe haben. Nicht um das Glück in der Entsagung geht es dabei, sondern um ein Klima für Glück, das sich in der Unabhängigkeit von drückenden Sachwerten entwickelt. Glück, als Erlösung vom Vergleich, ist eben deshalb Götterraum genannt worden, weil es auch von der Rivalität befreit, vom Neid – und in diesem Sinne den Glücklichen vom Wettstreit erlöst: gottähnlich macht. Askese spielt auf diesem Wege die Rolle eines Stimulans, eines Ansporns, der Disziplinierung des Außen- und Innenlebens. Seneca wird begreiflicher mit seiner Erfahrung, das Glück sei eine ernste Sache.

Wenn das Glück subjektiv ist, wie sich nun andeutet, jedenfalls teilweise nicht objektivierbar, so kann es nur zum Teil objektiv festlegbaren Erfordernissen und Umständen folgen. Dies ist die Lehre, die wir in den reichen westlichen Staaten gegenwärtig zu buchstabieren beginnen. Wenn nun Qualitäten des Glücks subjektiv sind, wie verhält es sich mit seiner Dauer? Ist es das Aufflammen von Wonne im Augenblick oder kennt es Dauer? Gibt es nicht Auskünfte, nach denen jemand sein Leben glücklich nennt, seine Lage, sein Geschick, und damit offenbar lange Fristen meint – mit Sicherheit doch unter Vernachlässigung weniger glücklicher Stunden während dieser Fristen?

Da es diese Auskünfte gibt, muß das Glück auch mit Auswahlentscheidungen zu tun haben, mit der Organisation von Wahrnehmung in Richtung auf das Gelingen; sonst gäbe es nicht die Entscheidung für eine Gesamtbilanz ›Glück‹, wo sich weniger Glückliches untermischt.

Glück aber, das wie der Orkan über den Beschenkten kommt, der es allenfalls erhofft hat, ist Extremsituation. *Les extrèmes se touchent,* die Extreme berühren sich: Der Traurige weint; auch der Glückliche vergießt Tränen. Randbezirke des Erträglichen sind berührt, Zonen der Erschütterung betreten. Das alltägliche Gleichmaß entgleitet, der Mensch verliert den Boden unter den Füßen, er weint.

Glück ist aber nicht nur überwältigende Gegenwart unfaßlicher Freude, es strahlt auch aus in die Zeit. Erinnerung, so meinen viele Dichter, sei durch ihre verklärende Macht die wirksamste Glücksquelle. »Die Probe eines Genusses ist seine Erinnerung«, sagt der Dichter Jean Paul. Das Glück werde erst ›süß‹ als Erinnerung, meint auch der Spätromantiker Emanuel Geibel. Und Jean Paul bestätigt den Paradiesesabglanz des Glücks: Erinnerung sei das einzige Paradies, aus dem wir nicht vertrieben werden können. Ob Erinnerung eher als Paradies oder mehr als Gefangenschaft des Menschen im Vergangenen gilt, das hängt von der ideologischen Orientierung der Zeitalter ab. Unsere Gegenwart ist erinnerungsfeindlich; sie räumt dem Erleben einen höheren Rang ein als der Verarbeitung des Erlebten.[24] Nostalgie und neues historisches Interesse widersprechen diesem Befund nur scheinbar.[25]

Glück als Ware

Dieser Haltung, die das Gegenwärtige dem Vergangenen und Künftigen vorordnet, entspricht die Glückslehre unserer Tage: Glück als Anrecht und Ziel aller stimmt die Menschen auf das Streben nach Genuß ein, wo sie unter Führung der Religionen nach ›Sinn‹ gestrebt haben. In Zeiten der instabilen politischen Verhältnisse, in Epochen der Unfreiheit lassen sich die Glücksbedürfnisse leicht auf ein absolutes Wohlbefinden in der Zukunft, auf ein Jenseits ablenken. Bietet das politische und soziale Leben aber viele Entfaltungschancen, so richtet sich auch das Glücksstreben auf die nähere Umwelt. Je mehr Glücksangebote uns erreichen, desto weniger neigen wir zur Kontrolle unserer Glücksmöglichkeiten am Maßstab transzendenter Glücksversprechen, die zugleich Lebenssinn verheißen.

Jeglicher praktische Eudaimonismus, das heißt jede Sittenlehre, die als Motiv und Ziel allen Strebens die Glückseligkeit ansieht, wird zum Hedonismus, das heißt Genußstreben. Denn die sinnlichen Gefühle sind jene, die am leichtesten herzustellen sind. »Wo immer nämlich der Mensch in einer zentralen und tieferen Schicht seines Wesens unbefriedigt ist, da gewinnt sein Streben die Einstellung, diesen unlustvollen Zustand durch eine Strebensintention auf Lust, und zwar auf Lust der jeweilig peripheren Schicht, d. h. zugleich der Schicht der leichter herstellbaren Gefühle, gleichsam zu ersetzen.« Aus dem Zustand ›innerer Unseligeit‹ (Verzweiflung) entsteht das Streben nach Lust und ›Glück‹. Für ganze Zeitalter, schreibt Max Scheler, sei der »gesteigerte praktische Hedonismus stets sicheres Zeichen der vitalen Dekadenz«. Nicht Ursache, wie so viele Moralprediger meinen, sondern Folge von ›Niedergang des Lebens‹ sei der praktische Hedonismus: »Ja, man kann sagen, daß das Aufgebot der Mittel, die sinnliche Lust hervorzurufen und sinnlichen Schmerz zu beseitigen vermögen (z. B. Narkotika), um so größer zu sein pflegt, als die Freudlosigkeit und negative Bestimmtheit des Lebensgefühls überhaupt zur inneren Grundhaltung der Gesellschaft wird.«[26]

Schwinden die offiziell gewährten Glücksmöglichkeiten, so gewinnt die Glücksfähigkeit des Einzelnen an Gewicht: Nicht anders ist die Aufforderung der Stoa zu verstehen, das Glück, das sich außen verweigert, in sich selbst zu suchen.

In totalitären Staaten könnte sich folglich eine ganz andere Variationsbreite des ›inneren‹ Glücks finden als in den freiheitlichen Demokratien. Freiheit, die zum Glück unabdingbar gehört, wird also innen um so vitaler, je dürftiger ihre äußeren Chancen sind. Diese Spannung kennzeichnet das Glück, seit Menschen von ihm kosten: Es hebt den Menschen über sich und über die Verhältnisse hinaus; es bringt ihn aber zugleich ganz zu sich selbst und läßt ihn für Augenblicke die Identität beider Zustände empfinden: Über sich selbst hinausragend, nimmt er sich als Teilhaber einer höheren Ordnung wahr, die ihm Staunen und Ehrfurcht einflößt.

Jahrtausendelang hat er auf dieses Staunen mit Götternamen geantwortet. Mit der zunehmenden Materialisierung des Glücks schien dessen Göttlichkeit abzunehmen: Die Wunder der Medizin und der Technik dankte der Mensch sich selbst. Auch das Glück schien durch Entgötterung endlich verfügbar zu werden. Die Popularisierung des Glücks mußte schließlich ohnehin die geistigen, die philosophischen Komponenten des Glücks vernachlässigen. Das elitäre innere Glück mußte zu einem genießbaren Massenartikel umgeschmolzen werden.

Interessant ist für uns Heutige die Beobachtung, daß in den sechziger bis achtziger Jahren dieses Jahrhunderts, also nachdem die Glücksmittel materieller Art vollzählig bereitstehen, ein Rückzug der Intelligenz und der Sensibilität aus dieser Glückslandschaft begonnen hat. Wer von den Geistesarbeitern sagt schon: Ich möchte glücklich sein –? Welcher Philosoph lehrt das Massenglück und partizipiert an ihm? Viele lehren es, aber sie leben nicht nach dem Glücksprogramm, das sie den Massen verordnen. Unter Geistesarbeitern gilt es als vordergründig, wenn jemand glücklich sein möchte. Dieser Rückzug vor dem materialisierten und gleichmäßig verdünnten Glück sagt mehr über dessen Trivialisierung aus als die Texte der Glücksideologen.

Die Mischungsverhältnisse von Sach- und Geistwerten, von Sittlichem und Materiellem scheinen in der zeitgenössischen Variante des offiziellen Glücks gestört. Antizyklisch gewissermaßen, müßten wir uns daran gewöhnen, unser Glück nach dem Muster totalitär regierter Kulturgemeinschaften abseits der offiziellen Angebote zu suchen; wir hätten also die totalitäre Herrschaft nicht unseres Staates, sondern der Glücksprogramme und Glücksversprechen zu überwinden. *Les extrèmes se touchent:* Der Überfluß produziert ähnliche Notlagen in der menschlichen Substanz wie die Unfreiheit. An Bedürfnisse gekettet, leidet der Mensch nicht minder als dort, wo ihm bescheidenste Bedürfniserfüllungen versagt sind. Wahrscheinlich ist auch das Glück in der endlichen Welt, wo nichts rein und unvermischt vorkommt, an Mischungsverhältnisse gebunden: So wie reine Tugend grausam wird, würde unvermischtes Glück uns vernichten.

»Der Schrecken ist kein besonderes Prinzip für sich«, sagt Robespierre, »sondern nur der Ausfluß der Tugend.«[27]

Scientia auget dolorem: Das Wissen mehrt den Schmerz. Ist die Differenzierung der Kulturen als Mehrung von Wissen glücksfeindlich? Entspricht dem diffusen Bild der pluralistischen Glückschancen eine Zerstäubung der Glückspartikel, die

›Glück‹ nur noch jenseits der offiziellen Lebenssysteme, hochprivat im Zeitalter der Vermassung, aufblühen läßt? Oder sind sogar unsere Empfangsorgane für Glück nivelliert?

Mit der Senkung der Reizschwellen wurden unsere Glückszugänge komplizierter; die Genüsse werden schwieriger zugänglich, eben weil so viele erreichbar sind: Unsere Bedürfnisse wuchern den Erfüllungen voran. Ausruhen im Glück ist nirgends. Das Glück ist ein empfindliches und zartes Gut geblieben; es hat sich nicht auf die robusteren Appelle einer reizgeschwächten Menge eingelassen.

Fast könnte man sie wieder ahnen, spät und fernab von den mythischen Räumen: die Rache der Götter, deren Bezirke durch die Falschmünzer des Glücks verletzt wurden. Wenn das Glücksproblem ein Problem des Maßes ist – was die Lösungsextreme Askese und Hedonismus vermuten lassen –, dann wäre mit dem Ausverkauf des Glücks das Maß verletzt. Nicht im Sinne der Mengenwerte, sondern im Verlust von *Qualitas* wäre das Maß mißachtet: denn vollzählig lassen sich die Bestandteile des Glücks nicht handeln, weil sie nur zum Teil den Gesetzen der Zahl gehorchen.

... in der Tat: Die Rationalität der Berechenbarkeit ist die Rationalität des Kaufmanns. Eine Rationalitätsauffassung, die Qualität in Quantität auflöst, die die Sinnfrage durch die Methodenfrage ersetzt, kann erst in einer Überflußgesellschaft Verbindlichkeit erlangen.
... Der ›Sinn‹ dieses Anhäufungsprozesses aber ist, gemäß der Abstraktheit seines Gegenstandes, seine eigene Beschleunigungsrate. Deshalb korrespondiert dem Übergang von der wertgebundenen zur berechnenden Rationalität der Wechsel vom zyklischen zum linearen Denken ... Die Rationalität der modernen Gesellschaft ... setzt die Annahme einer sich fortsetzenden Expansion ihres Erfolges absolut, unter weitgehendem Verzicht auf qualitative Sinn-Kriterien. Deshalb kann dieser Expansion von nirgendwoher ein Grenzpunkt gesetzt werden ... Diese Rationalität, die sich selbst als ultima ratio versteht, gerät somit in ein Paradoxon. Um es zu illustrieren, stelle man sich eine kompaßlose Wüstenwanderung vor ...[28]

Eine andere Gesetzmäßigkeit scheint sich geltend zu machen: Während die äußeren Glücksmittel fast vollzählig wurden, scheint die Glücksfähigkeit der Einzelnen zu schwinden.

Warum sonst wurde mit immer mehr Freiheit und Wissenschaft, Wohlstand und Sicherheit nicht immer mehr Glück verfügbar?

Die Krise unseres Menschenbildes ist eine Krise der Glücksfähigkeit, nicht der Glücksmittel. Das Heimweh, das sich in den Versuchen geltend macht, der totalitären Massen- und Medienkultur zu entkommen, ist Glückserinnerung und Glückssehnsucht zugleich.

Kapitel 3
Glücksversprechen

Verlorene Spielräume des Glücks

Epoche der Glücksversprechungen: das ist unser Zeitalter vor allem deshalb, weil es das Glück nicht als Mittel zu einem weiteren Ziel anbietet, sondern als Lebenszweck schlechthin. Die neuzeitliche Glücksidee unterscheidet sich auch dadurch von den früheren, daß sie enger wird: Das Unberechenbare der individuellen Glückszustände wird vergessen; wie selbstverständlich verbindet man Wohlleben und Glück. Ohne diese Vereinfachung wären Glücksversprechungen kaum möglich geworden.

Die Wirklichkeit des Glücks ist die Wirklichkeit der Freiheit als der Selbstbestimmung der befreiten Menschheit;[29]

so faßt Herbert Marcuse den Optimismus unseres Jahrhunderts zusammen, das Glück festzulegen und einzukreisen, es auszuteilen an jedermann.

Freiheit und Selbstbestimmung: sie führen mit Sicherheit in die Nähe des Glücks; aber wir wissen inzwischen, daß beide vom Genießer mehr verlangen als die passive Geste des Beschenkten.

Objektive Indikatoren für Lebensqualität, wie soziale Sicherheit, Freiheit und Selbstbestimmung, gehören zu den großen Glücksversprechen der Neuzeit. Sie bringen nur Näherungswerte des Glücks; ihr Zusammenspiel scheint eine höhere Kunst zu sein, als die Techniker des Glücks, unter ihnen auch die Politiker, angenommen haben. Die Verstaatlichung des Wohlbefindens schluckt die individuelle Komponente des Glücks. Die

Sehnsüchte nach Entrinnen aus dieser kollektiven Glücksversorgung werden von Drogen besonders gründlich beantwortet: Arnold Gehlen beschreibt, warum das Nichtalltägliche die Glücksgelüste auf sich zieht.

Nur der Erwerb, nicht der Besitz ist lustbetont. Es treibt uns, ... aus dem bestenfalls lustneutralen, wenn nicht unlustbetonten Zustand des alltäglichen Hantierens im gewohnten Kreise hinaus bis hin zu neuen Anreicherungen des Erlebens oder des Handeln-Könnens. Dies sind im Vergleich zu den gewohnten unwahrscheinliche Zustände, zu denen im übrigen die Glücksempfindungen selbst gehören. Daher der unwiderstehliche Reiz außeralltäglicher Eindrücke, Erfahrungen und Begegnungen, denen nun von innen her die Neugierde entgegenkommt, ein selbst intellektueller Trieb nach dem Unwahrscheinlichen und Neuen ... Deshalb haben schon die Menschen der Steinzeit glitzernde Steine und farbige Mineralien als Glücksfunde aufgehoben und bei sich behalten. Und wenn wir uns heute über die Verbreitung von Rauschmitteln wundern, so sei daran erinnert, daß es kaum eine noch so primitive Gesellschaft gegeben hat, die nicht Gifte oder Rauschmittel beliebiger Art in der Umwelt aufgespürt hätte, um von Zeit zu Zeit den Erlebnisraum durchgreifend zu verändern ... Der Trieb zur Selbststeigerung steckt auch in diesen Räuschen ...[30]

Die glitzernden Steine machen es deutlich: Reize nutzen sich ab und unterliegen dem Prinzip der Steigerung. Wo das ›Neue‹, ein schon im achtzehnten Jahrhundert von den Erziehern ernstgenommenes Prinzip, die menschliche Aufmerksamkeit zu fesseln, in so jagendem Tempo ›alt‹ wird wie in diesem Jahrhundert, da müssen die Neuheitsreize in Extremen gesucht werden. Das Glück selbst scheint einer Abnutzung zu unterliegen, die jedes neue Glücksversprechen fragwürdig macht. Aber der Hunger nach lustbetontem Erleben bleibt; er vergrößert sich mit der Zahl der Erfüllungen, solange wir kein anderes Prinzip des Glücksgenusses erlernen.

Die Trivialisierung des Glücks ist zunächst nur eine Trivialisierung der Glücksangebote; schon das objektivierte Glück zu versprechen bedeutet, sein individuelles Geheimnis für jeden Einzelnen zu leugnen. Glück als Massenware wird reduziert auf allgemeinste Kennzeichen, wie ein Produkt, das massenhaft nur auf Kosten besonderer Feinheiten hergestellt werden kann. Umgeben von Glücksverheißungen, sehen wir die Glücksspielräume des Einzelnen schmaler und enger werden. Parallel zur Warenvermehrung hat in den jüngsten hundertfünfzig Jahren eine Multiplikation scheinbarer oder wirklicher Glücksquellen, jedenfalls aber eine solche der Glücksanträge an den Menschen gewirkt. Daß der Glaube an so viele säkulare, innerweltliche Glücksvarianten möglich wurde, dies hatte schon die Aufklärung vorbereitet.

Es hatte einen tieferen Grund, daß derjenige, der 1725 das Prinzip vom größten Glück der größten Zahl formulierte, der Dissenter Priester und spätere Professor der Philosophie in Glasgow, Francis Hutcheson, das Gefühl für das Schöne an einen ›inneren Sinn‹, ›eine Art sechsten Sinn‹ knüpfte und damit demokratisierte wie den Glücksanspruch, der jener auf Sicherheit ist. Knapp zweihundert Jahre später schrieb Thomas Mann:»Was ich unter Zivilisation verstand, war (...) Sicherheit und Schlaffheit.«[31]

Monopole der Glücksverteilung entglitten seither den Kirchen. Es läßt sich beobachten, wie die von ihnen zuvor verwalteten Glückspotentiale im weltlichen Raum zerstäubt werden. Epidemisch wuchernde Angebote für irdisches Glück entwickeln sich im Klima der neuen Mündigkeit als weltliche Pendants zu den geistlichen Hoffnungen.

Die unveränderten Sehnsüchte der Menschen lesen wir noch heute in der Kostümierung der Glücksentwürfe ab: Im Versicherungswesen degeneriert das Bedürfnis nach Schicksalsgewißheit,[32] die den wechselnden Glücksfällen des Lebens überlegen ist. In der Werbung wird die Erfüllung aller heimlichen Vollkommenheitswünsche, die Erlösung von Neidkomplexen, die Steigerung der persönlichen Lebensräume und, in ihnen, unserer selbst suggeriert. Alle diese Glücksprogramme sind nur teilweise erfüllbar. Sie steigern unsere Unzufriedenheit schon deshalb, weil sie die Einlösung fast aller Versprechen schuldig bleiben.

Solchen Vorwürfen konnte die Religion besser steuern: versprach sie doch Glück hauptsächlich als eine innere Verfassung des Menschen, deren Anteile an Hoffnung und Zuversicht so hoch blieben, daß sich die realen Enttäuschungen stets nur als vorläufig ausnahmen.

Das gleichverteilte Glück präsentiert sich durchaus unter hohen moralischen Ansprüchen: Es will die gerechte Versorgung aller und ist deshalb unmittelbar an die Gleichheits- und Freiheitsforderungen als ein Erfordernis gelebter Brüderlichkeit gebunden. Glück ist von diesem historischen Augenblick an nicht mehr sichtbares Zeichen des Götterinteresses an uns, sondern Ausweis unserer eigenen Perfektion. Der moderne Staat fordert tatsächlich dazu auf, ihn an seinen Glückszuteilungen zu messen: Die Politiker als Techniker des sozialen oder juristischen – oder einfach des Konsumglücks – erscheinen dem Bürger als die Adressaten seiner Glücksansprüche. Die Leistung, der Verzicht, den die Götter vor das Glück setzten, scheint von unseren Genüssen abgekoppelt.

Daß Glück die Ausnahme, die punktuelle Kulmination von Hoffen und Erinnern, von Jetzt und Immer, von Raum und Zeit sei, dieser Vorstellung wurde in dem Augenblick schneidend widersprochen, als man sich an die Parzellierung dieser Paradieseszipfel heranmachte. Heute steht zur Debatte, ob das unter uns wohnende Glück allein unseren überhöhten Ansprüchen als dürftig erscheint oder ob es entflohen ist vor diesem nüchternen und gierigen Zugriff. Ist nur der Optimismus enttäuscht worden, die Gesamtsumme des Glücks könne bei entsprechender Geschicklichkeit historisch erhöht werden? Oder sind Strukturen des empfindlichen Glücks so gründlich gestört durch unser Experimentieren, daß die Verlustbilanzen, die wir im Zunehmen der Fluchtimpulse aus unserem Alltag erkennen, Korrekturen in unserem Menschenbild erzwingen?

Die Fluchtwege führen alle in die Richtung besonders hoch angesetzter Glücksversprechen. Drogen und Sekten, die Glück eben nicht mehr im System der gängigen Glücksversprechen feilbieten, sondern als Ausstieg aus diesem, beweisen mit ihrer Anziehungskraft, daß die Varianten von Freude und Genuß, die unsere Kultur zu bieten hat, entweder, von falschen Wünschen ausgehend, unzulängliche Antworten geben oder in ihren Erfüllungen enttäuschen.

Die Experimente, ›alternativ‹ zu leben, sprechen ebenfalls für Glücksverluste, wo das Netz von Glücksstrategien besonders dicht scheint: Die Randbedingungen des Glücks, die jedem von uns erreichbarer sind als unseren Vorfahren, ja als unseren Eltern und Großeltern, wollen nicht zwangsläufig zum Glückserlebnis zusammenfließen. Welche Essenz fehlt hier? Welcher Wirkstoff wurde vernachlässigt, geringgeschätzt, vergessen?

Ist unsere Desorientierung im Supermarkt des Glücks vergleichbar mit jener des konsumfrustrierten Käufers, der vor der Fülle der Angebote kapituliert? Dieser Befund wäre noch harmlos. Da wir wissen, wie brüchig und unwahr die meisten der geltenden Glücksangebote sind, können wir uns nicht mit Verharmlosungen aufhalten. Unsere Mißverständnisse über das Glück – oder ist es Mißbrauch der Glückshoffnungen, der sich hier ausbreitet? – klären sich, wenn wir beobachten, in welchen Bereichen unseres Lebens am häufigsten vom Glück gesprochen wird: in der Werbung und in der Versicherungsindustrie.

Glücksvokabeln häufen sich auch in Politikerreden: Der Politiker als Wahlredner ist selbstverständlich auch ein Glücksbote, weil er über unser Glücksverlangen an unser Herz rührt – unseren Verstand beurteilt er, wie die Wirtschaft, wie die Werbung, wie die Versicherungen, häufig genug als zweitrangig. Wo es um unser Glück geht, hat er damit sogar recht. Die Glücksversprechen der Politik hat Arnold Gehlen in ihren historischen Vorbedingungen erklärt:

Der Zustand der Entbehrung oder gar des Leidens an ihr soll nicht sein und darf nicht sein. Da nun alle diese physiologischen und auch die vitalen Zustände von außen her durch Andienung von Gütern in hohem Grade lenkbar und steigerbar sind und da ferner die modernen Industriegesellschaften über die entsprechende Kapazität für Produktion und Verteilung verfügen, wird der Staat zum Adressaten der Erfüllungswünsche und die Politik ihrer Idee nach zu einer Technik des Glücks. Damit ist der Sieg der Moral der Aufklärung beendet...[33]

»Das Glück ist eine neue Idee in Europa«, hatte der Franzose Saint-Just zur Zeit der Revolution gesagt.[34] Diese neue Idee erst macht jene weitere möglich, daß es Instanzen und Personen gebe, die uns unser Glück schulden, Personen, die man haftbar machen kann. Der Politiker vertritt heute solche Ideen des Glücks, die seine Partei formuliert. Haftbar wird er nur insofern, als er die Wählergunst einbüßt, also an der weiteren Verwirklichung seiner Glücksideen gehindert wird, wenn er nicht überzeugend genug für seine Glücksversion werben kann – oder wenn er die Beweise schuldig bleibt.

Der weitverbreitete Unwille gegen den Staat, der im reichen bundesdeutschen Teil Deutschlands zum guten Ton gehört, kann ja nicht darauf beruhen, daß wir Mangel litten. Er gründet in dem Mißverständnis, Politik könne Glück vermitteln und es dem unpolitischen Prasser frei Haus anliefern. Zwangsläufig muß eine solche Glücksgefräßigkeit, wie Arnold Gehlen diese Appetitsteigerung genannt hat, sich von Genuß zu Genuß weiter steigern. Schon die geistigen Führer der Französischen Revolution wußten dies; sie entwarfen deshalb ein Glück der Mittelmäßigkeit, *le bonheur de médiocrité,* das eigentlich auf Beschränkung beruhen sollte. Aber das Maß ließ sich nicht erzwingen, das Prinzip der Glücksrechte des Einzelnen war nicht mehr zu brechen.

Das private Glück wird zum öffentlichen Anspruch im gleichen Augenblick, als das Recht auf Privilegien endet. Glückszugänge sind, nach dem Verständnis der Revolution und der neuen Ideologien des neunzehnten Jahrhunderts, Standesprivileg gewesen, bis man die gleichmäßige Verteilung dieses Reichtums beschloß. Das Glück, so wünschten die Fortschrittsdenker, müsse sich aufteilen lassen wie der Besitz des Adels.

Kollektivierung des Glücks

Im neunzehnten Jahrhundert wird diese verflachte Vorstellung vom Glück weitergetragen durch den Liberalismus: Individualismus aller, Ideal einer kommenden Epoche, müsse das kollektive Glück der Gemeinschaft garantieren. Diese Fehleinschätzung der Glücksstrukturen geht von der optimistischen Annahme aus, der Mensch könne sein Glück nur unter anderen Glücklichen finden; folglich könne Glück der Einzelnen nur steigernd auf die Glücksgemeinschaft der Vielen wirken.

Für alle Formen des Glückssozialismus haben sich die Tore in der Aufklärung geöffnet: Die Aufforderung des Christentums, Unregelmäßigkeiten in der Lustbilanz demütig hinzunehmen, wird zur Zumutung für den mündigen Menschen. Seine

Selbstentdeckung in Wissenschaft und Technik macht schließlich im neunzehnten Jahrhundert so aufregende Fortschritte, daß die anhaltende Multiplikation der Glücksmittel ihn vermuten läßt, er könne dieses scheuen Wunders schließlich ganz habhaft werden.

Daß die Gleichheit, die *égalité* der Französischen Revolution, eine im Glück und nicht im Unglück der Dürftigen, dem vermeintlichen, sein sollte, verstand sich in der Forderung nach Freiheit, Gleichheit, Brüderlichkeit von selbst. Daß der Glückliche frei ist, war ein altes, philosophisch und pragmatisch gesichertes Wissen. Aber nicht die Freien sind zwangsläufig glücklich, wir sehen es in den Staaten der freien westlichen Welt. Die Freiheit des Glücklichen ist nur gelegentlich und zufällig begleitet von äußerer Freiheit; die Gleichheit kann Glückschancen sogar vermindern, weil sie die inneren Glücksenergien der Menschen lähmt: Für viele Gleiche gibt es nur verdünntes Glück zu kosten. Glück, als die Erlösung vom Vergleich, stellt sich unter dem ideologischen Programm der Gleichheit eben deshalb nur geschmälert her, weil die Menschen an Vergleiche gekettet bleiben, Vergleiche, mit denen sie oder ihre Funktionäre ständig das Gelingen des Massenglücksprogramms kontrollieren.

Das Glück siecht in unseren goldenen Käfigen dahin wie ein edles Raubtier, dessen schimmernder Pelz rauh und fahl wird, wenn es in Gefangenschaft gerät. Daß Menschen dennoch immer wieder den Glücksgarantien ihrer Politiker glauben, hat seinen Grund in ihrer Sehnsucht nach dem Glück. Als Geschenk mit Garantie geboten, läßt dieses sterile Sozial- und Wohlstandsglück vergessen, daß Glück sich nur beim Erwartungsvollen und Hoffenden einstellt, nicht beim Fordernden. Hoffnung ist Glücksarbeit, weil sie einen Teil des Glücks vorweg herbeiphantasiert. Hoffnung und Erwartung, das sind unbrauchbare Kategorien für die Politik unserer Tage. Sie gehören in Gesellschaften, die mit Göttern rechnen. Das garantierte Glück unserer Tage ist eine fest kalkulierte Ware. Wer sie uns im Bereich der Politik verspricht, gewinnt unser Vertrauen, wie die glückspendenden Götter Griechenlands das wechselnde Zutrauen ihrer wechselnden Glückskinder fanden. Im Glück auch das Unerklärliche zu verehren, dies vermehrt den Genuß; als

Glücksberechtigter dagegen bleibt der Bürger unfrei, weil er ständig die seinem Glück verpflichteten Instanzen kontrollieren muß.

Unser Glück hat sich auf verwunderliche Weise dem Nutzen verbunden: nicht so, wie in den asketischen Glücksveredlungen der stoischen Philosophen oder des Christentums, sondern in einer neuzeitlichen Umkehrung, die den Rang von Glück und Nutzen, von Lust und sittlichem Wert vertauscht: Von Nutzen scheint danach jedes Objekt, das uns Glück bringt. Lust als Zielprinzip führt ganz von selbst zu einer Herrschaft des Lustprinzips, unter der dann Inhalte, Anlässe und Wege, Gründe und Werturteile zweit- und drittrangig werden. Die Herrschaft eines Lustprinzips verfehlt das Glück, weil sie Freiheit vernichtet. Wie solche Lustprinzipien sich als Lebensentwurf ausnehmen, das hat Andreas Henatsch beschrieben. Er nennt die Lebensform vieler junger Leute der beginnenden achtziger Jahre den neuen Hedonismus:

Sei dir selbst der Nächste, so wird auch dein Nächster er selbst. Tu dir soviel Gutes wie möglich, rate deiner Umwelt ebenso. Übernimm keine Aufgaben, die dir Zwang und Unlust abverlangen. Liebe die, die du wirklich liebst. Hasse die, die du wirklich haßt. Lasse die in Ruhe, die dir gleichgültig sind. Wenn Erfolg dir Spaß macht, sei erfolgreich. Wenn dein Erfolg andere verletzt, überlege, ob die Verletzung dir mehr Unlust macht als ein möglicher Erfolg Spaß. Arbeite nicht, um zu leben; und lebe nicht, um zu arbeiten. Sondern lebe und arbeite, wie es dir Spaß macht. Das rate auch anderen. Macht dir deine Aufgabe keinen Spaß, dann räume den Platz für einen anderen. Denke nie, es wird etwas schlechter gehen, weil du weg bist. Du bist unwichtig. Aber du hast das Recht zur Lust. Dein einziges.[35]

Henatsch meint, dies sei die Mentalität der achtziger Jahre, wie sie sich bei Teilen der ›Alternativen‹ durchsetzen werde.

Als Rezept, als Glücksanweisung trifft dieser Katalog jedenfalls eine weitverbreitete Stimmung, die eine hochkomplizierte und verführerische Mischung von Glücksversprechen und Genuß-Ethik darstellt: eine Ethik des persönlichen Nutzens, die sich als höchste Vernunft und streckenweise sogar als eine überlegene Form der Toleranz tarnt.

In dieser Glücksversion ist das Element der Selbstüberschreitung getilgt; ein Mensch, der nicht mehr über sich hinauswill, weil er von sich und seinesgleichen alles Heil erwartet, kann nur Lustprinzipien für das Glück einsetzen. Und doch wird in diesem Glücksplan deutlich, daß er eine Alternative zu den herrschenden Neid- und Rivalitätsmechanismen bieten will: die Erlösung vom Wettkampf, vom glücksfeindlichen Vergleich, wird in einer unausgewogenen Mischung von Zynismus und Egozentrik gesucht. Als Alternative zum Wohlleben im Konsum wird Libertinage empfohlen. Nicht wertbeschwerte Ideen werden aufgeboten, um die Gitter der Konsumkäfige aufzubrechen, sondern Wertnivellierung einer neuen Spielart löst die Wertverluste der Konsumgefangenen ab: aus den Straflagern des Wohlstands in die Verliese der Lust. Dieses Lustkonzept ist in seiner Einseitigkeit all jenen Übeln verpflichtet, gegen die es auftritt; nur die korrupten Glücksversprechen der Überflußgesellschaft können zu solchen Gegenentwürfen führen.[36]

Manches ›alternative‹ Programm der Selbstverwirklichung enthält lediglich Erweiterungen der Lizenzen zur Selbstbehauptung gegen alle anderen: Das abgelehnte Prinzip wird nur verlängert.

Kapitel 4
Glücksangebote der Werbung

Der Wunsch nach Anerkennung

Verräterische Ähnlichkeit hat ein solches Glücksprogramm mit den Strategien der Werbung: »Verwöhnen Sie sich!« – »Gönnen Sie sich einmal...!«, das sind Aufforderungen, einem magischen Zirkel zuzustimmen, der sich als Teufelskreis erweist: Auch diese Glücksversprechen knüpfen an unsere Verlustgefühle an. Wir fühlen uns verwaltet, fremdbestimmt, ohnmächtig, von Wettstreitprinzipien vorwärtsgetrieben. Niemand verwöhnt uns. Die Solidarität ist eine des Konsums – auch von Unterhaltungsware, Informationsware.

Nun meldet uns die Werbe-Industrie eine weitere Ware, die endlich genau auf unsere Lage zu passen scheint. Wir werden belohnt schon dadurch, daß hier jemand zu wissen scheint, daß uns niemand in unserer Erschöpfung und Resignation weich genug bettet. Das dürfen wir selbst, sagt uns die Werbung. Sie reagiert damit auch auf die schwindende Verläßlichkeit und das abflachende Pathos der menschlichen Bindungen: Sein Glück kann sich nur noch jeder selbst verschaffen. Das ist Selbstbefriedigung, wie sie in eine verödende Rivalengesellschaft paßt. Hingabe wird empfohlen als Selbstbeglückung, nicht als Hinwendung zum anderen.

Dieses Angebot der Werbepsychologen, Produzenten unserer eigenen Lust zu werden, teilt die Doppeldeutigkeit mit dem zitierten alternativen Lustgewinnkonzept.[37] Verlockender Ausweg aus den Abhängigkeiten in Richtung auf selbstbestimmte Individualität, richtet es Wände auf zwischen uns und den anderen. Als Selbstverwöhner geraten wir in fatale Isolation; mit unserem privaten Glücksprogramm gelingt höchstens die Genugtuung, alle anderen überlistet und uns selbst beschenkt zu haben, also niemandem danken zu müssen; daß dies das Glück nicht sein kann, ahnen wir.

Eines unserer Grundbedürfnisse ist das nach Anerkennung. Wir werden nur über kurze Strecken damit auskommen, mit uns selbst zufrieden und unserer eigenen Anerkennung gewiß zu sein. Die Werbung reagiert auf dieses Bedürfnis, indem sie Wege zum Erwerb dieser Anerkennung feilbietet. Es sind warenabhängige Wege, die uns da gewiesen werden. Anerkannt zu werden, dies ist eine der Essenzen, die Glück ausmachen. In einer Welt der Waren verbindet sich auch das Versprechen auf Anerkennung mit Waren; man will uns also weismachen, wir könnten unsere eigene Substanz kaufen, könnten überhaupt durch Kaufakte etwas *werden* statt nur etwas *haben,* könnten also nach gezielten Kaufhandlungen jemand anderes *sein,* statt nur unseren Besitz an Sachen zu vergrößern.

Käufliche Tugenden

Die Glücksversprechen der Werbung gehen weiter. Nicht nur die Fassadenreize werden für Substanz ausgegeben, sondern die Tugenden selbst erscheinen käuflich: Großzügigkeit und Gastfreundschaft, Höflichkeit und Opferbereitschaft. Sind wir erst gläubig in ein aufregendes Kleid geschlüpft, haben wir die Haarfrisur der Erfolgreichen gewählt, so folgen wir willig den tiefergehenden Angeboten, uns entspannt, souverän, kontaktfähig und verführerisch, einfach umwerfend attraktiv, selbst eine wandelnde Ware, in den für uns wichtigen Kreisen weiterzuverkaufen. Wir werben für die uns angedienten Produkte mit, ein kleiner, wohlgeordneter Kleiderständer der ersten Boutique am Platze, ein paar Fächer aus der führenden Parfümerie um Ohrläppchen, Hals und Haar, die Coiffure des Starfriseurs um Stirn und Nacken: und glauben, diese lebendige Erfolgsmeldung der allmächtigen Werbung seien – wir selbst!

Ja, es ist richtig, daß solche Verpackungen das Selbstwertgefühl steigern. Das Wort der Dandys trifft ebenfalls zu: daß die Dame, der Herr sich bis in das Styling ihres Autos als Persönlichkeiten ›ausdrücken‹. Freilich nur, wenn sie über Kaufkraft verfügen. Ist ihnen sonst der Ausdruck ihrer Person verweigert? – Es wird darauf ankommen, mit wem sie wetteifern.[38]

Und eben dies, so ist erwiesen, können wir uns seit der Allverkäuflichkeit des Glücks nicht mehr aussuchen. Jeder von uns wetteifert mit dem Nächsthöheren, was seine Bedürfnisstillung angeht. Deshalb bleiben alle unsere im Blick auf den Nächsthöheren kontinuierlich steigenden Bedürfnisse immer unerfüllt; – denn dieser blickt wieder auf einen Nächsthöheren. Bis heute hat auch an der Spitze dieser Pyramide das Mengenwachstum noch nicht haltgemacht. Es wird haltmachen, und wir werden die Chance haben, unser gesamtes Bedürfnissystem umzupolen: auf Qualitäten statt Quantitäten, so meinen die Optimisten. Auch dies führt nicht augenblicklich aus dem Vergleichsdenken heraus, denn längst hat sich die Werbung unserer Qualitätsbedürfnisse bemächtigt, um Quantitäten umzusetzen: »Es hat schon immer etwas mehr gekostet, einen besseren Geschmack zu haben.«

Guter Geschmack: das ist einer jener Tugendreste, mit denen wir gesellschaftliches Prestige verbinden, Aufstieg in der Pyramide. Guter Geschmack bedeutet auch Orientierungsvermögen, Selbstbewußtsein: Er weist es aus und soll es spenden. Sozialprestige, wie es diese Spielart der Mündigkeit vermittelt, kann man kaufen, so behauptet die Werbung. Da es ein gehobener – qualitativer! – Wert ist, muß man – in Quantitäten! – etwas mehr dafür bezahlen. Und das ist nicht neu, sondern solide und konservativ argumentiert: das hat Tradition. An unser nostalgisches Potential, an unser Heimweh nach den guten, alten Zeiten, in denen Geschmack nicht käuflich war, wird appelliert.

In der Tat: Die Macht der Waren und des Geldes scheint objektiv. »Das Gespenst der Verwertung geht umher«, schreibt der Maler Emil Nolde schon 1909. Den Künstler alarmierte schon damals, was größere Gruppen erst zwei Generationen später bemerken. Das Geld, die Ware haben einen hervorragenden Platz unter den Glücksversprechen dieser Zeit errungen. Die Werbung bietet alles auf, um diesen Platz zu halten. Da sie nach Marktlücken suchen muß, kann sie sich nicht mehr bei den Waren aufhalten, die wir alle in Fülle haben. Die Werbung läuft auf einem Wettkampfplatz immenser Größe zwischen Unmengen gleicher Artikel ab wie ein Wettrennen, dessen Zielmarke während des Laufs aller Teilnehmer ständig weiter nach vorn verschoben wird. Vorübergehend vorn kann nur noch jener sein, der in den Seelenraum der ideellen Erwartungen, ins Klima der Glückshoffnungen vorstößt, weil sich dort die wirksamsten Defizite verbergen.

Es ist legitim, die Probe auf diese Behauptung zu machen: Warum wirbt die Welt der Sachen nicht mit Sachargumenten, sondern mit Werten, die im Grunde jenseits der Warenwelt liegen? Nicht nur, weil wir alles haben. Nicht nur, weil viele ideelle Werte sich an Sachwerte knüpfen. Sie tut es in erster Linie, weil im Bereich des nicht Käuflichen unsere unerfüllten Glückshoffnungen liegen. Wie weit ins Vorbewußte die Werbung tatsächlich reicht, macht das von Vance Packard berichtete Beispiel deutlich:

Von an sich gleichen Strümpfen präparierte man ein Paar mit einem Duftstoff, der so dosiert wurde, daß er unter der Wahrnehmungsschwelle lag, d. h. also nicht als Geruch ins Bewußtsein drang. Das Eigenartige war, daß die meisten Versuchspersonen diese Strümpfe wählten. Was ist dabei eigentlich vorgegangen? Von den präparierten Strümpfen gehen beim Betrachten dieses Paares Moleküle aus, von denen eines völlig genügt, um von unserer Riechschleimhaut an das Stammhirn gemeldet zu werden. Ein Geruch ist ein so wichtiges Signal für das Überleben in der Jagdperiode, daß es ›Vorfahrt‹ vor allen anderen Sinnen hat und sofort an das Zwischenhirn weitergegeben wird. Da es in diesem Falle ein angenehmer Geruch war, erzeugte er im Zwischenhirn das Gefühl ›sympathisch‹. Nun wäre alles in Ordnung, wenn der Geruch stark genug, das Bombardement mit Molekülen also dicht genug wäre, um bis zum Bewußtsein durchzuschlagen: »Die Strümpfe riechen gut.« Aber dazu reicht es nicht. Der Geruch bleibt ja unterhalb der Bewußtseinsschwelle. Deshalb entsteht im Bewußtsein nur das unbestimmte Gefühl ›sympathisch‹.[39]

Das Bedürfnis nach Anerkennung konnte deshalb um so sicherer in die Sackgassen des Käuflichen geraten. Die Wünsche nach Glück gewissermaßen auf eigene Faust an diesem System vorbei zu verwirklichen, ist nur Wenigen möglich, jenen, die auf die Anerkennung der anderen und damit auf einen hohen sozialen Wert verzichten können. Daß wir Auswege aus dieser Gleichschaltung der Wege zum Glück suchen, erweisen am besten die Versprechungen, die uns die Werbung macht. In einer Welt der Massenartikel wirbt sie mit Einzigartigkeit der Produkte, also mit einer Gegenwelt, in der Vergleichszwänge deshalb unwirksam werden, weil etwas – Glückstraum: – unvergleichlich ist. Zu den Bereichen unserer unverbrauchten Ehrfurcht und unserer Sehnsüchte, in welche die Werbetechniken vorstoßen, gehört auch die Wissenschaft.

Insgesamt versucht eine solche Werbung den Eindruck zu erwecken, sie übermittle nur das Urteil von Fachleuten an den potentiellen Kunden, um ›objektiv‹ zu informieren. Ziel ist es, den subjektiven, an partikulären Interessen eines Wirtschaftsunternehmens orientierten Standpunkt unkenntlich zu machen und für die Werbebotschaft eine Unabhängigkeit und Objektivität zu reklamieren, wie sie im Bewußtsein der Konsumenten etwa das Urteil unabhängiger Testinstitute besitzt.[40]

Glücksmittel bei der Medizin, bei der Psychoanalyse zu vermuten, lag besonders nahe, seit Wissenschaft in die Erwartungshorizonte einrücken konnte, in denen die unübertrefflichen Angebote der Religion sich stetig verdünnen. Unsere Lust an Wunder zu glauben und irgendwo das Unerforschliche unangetastet zu verehren, geht in die Fallen der Werber, seit sie nicht mehr bei Religionen satt wird. Zugleich wird unsere Ratlosigkeit beschwichtigt, die uns in einer unübersichtlichen wissenschaftlichen Welt quält, wenn wir zum mündigen Partner kleingedruckter Werbewissenschaften werden: Kosmetik, die Lehre von der eigenen Schönheit, wird uns so verkauft; aber auch Ziele ängstlicherer Hoffnungen, unsere Gesundheit, unsere Jugend, werden in irrationalen Bezirken eingefangen, dort wo wir unrealistisch hoffen, wider besseres Wissen wünschen. Werbung bestärkt uns in solcher Wirklichkeitsflucht – macht uns also gerade nicht glücksfähig, sondern realitätsblind und damit unglücksanfällig, wenn die Realität wieder bei uns einbricht. Anders als Religionen trägt sie uns über den Bereich des Stofflichen nicht hinaus.

Angst, Image und Sex

Die psychologischen Werbetechniken sind so zahlreich wie unsere Wünsche – und wie unsere Ängste. Klaus Buske hat mit anderen Autoren zusammen diese Einbruchsmethoden in unser Inneres untersucht.

Untersucht man die Wirtschaftswerbung, die Vielzahl der ›Bilder‹, mit denen geworben wird, so erweist sich, daß besonders häufig mit den Kategorien der Angst, des Images und des Sex geworben wird. Dabei erweist sich – um das gleich vorwegzunehmen – die Angst als die zentrale Kategorie der Konsumentenbeeinflussung, und damit auch der ideologischen Einflußnahme auf den Menschen im Kapitalismus.[41]

Wir dürfen Buske korrigieren; Angst ist als Kategorie des menschlichen Lebens, nicht der Werbung im Kapitalismus, zentral. Jeder Kult gilt der Angstbeschwichtigung, jeder Götterglaube ordnete die Ängste der Menschen, da er sie nur teilweise bannen konnte. Daß sich heute die Werbung dieser Grundverfassung des Menschen bedient, zeigt, in welche Plätze die Waren eingerückt sind: Sie sollen Ängste zerstreuen, die weit über die Konsumwelt hinausgreifen. Eben deshalb müssen die Werbepsychologen vorspiegeln, auch die angebotene Ware greife weit über ihren dinglichen Charakter hinaus, werde quasi zum Glücksinstrument in der Hand des Besitzers.

Es werden verbreitete, jedoch meist verdrängte Ängste gezielt angesprochen, und zugleich wird der Eindruck erweckt, als biete der Konsum des angepriesenen Produkts Befreiung von dieser Angst. Daß dem Konsumenten hierbei eine Scheinlösung suggeriert wird, ist evident: Die Werbung ist darauf angewiesen, Mundgeruch oder Haarausfall für Phänomene wie die soziale Isolation und Vereinzelung von Individuen verantwortlich zu machen, um den Konsum von Zahnpasta und Haarwasser als ›Lösung‹ anbieten zu können. Die Ursachen für angesprochene Ängste liegen aber sehr viel tiefer, und sie können deshalb durch den Gebrauch des angepriesenen Artikels auch nicht beseitigt werden.[42]

Daß wir solchen Versprechungen auch wider unser Wissen verfallen, liegt in unserer emotionalen Bedürftigkeit begründet. Die Idee des Verkaufs von Nichtverkäuflichem lassen wir uns aber auch deshalb ohne merkliche Gegenwehr gefallen, weil wir selbst käuflich sind: Die Mehrzahl der Arbeitsplätze in der Leistungsgesellschaft ist unabhängig von der Eigenart der dort Beschäftigten. Die Deckung von Person und Arbeit ist nur in privilegierten Berufen erreichbar. So tritt als eigentlicher Ertrag der Arbeit das Geld hervor, nicht das Arbeitsergebnis. ›Erfolg‹ und ›Befriedigung‹ verbinden sich daher mit dem gezahlten Geld, nicht mit dem Inhalt der geleisteten Arbeit.

Auf diese Weise an die Käuflichkeit von Lebenswerten gewöhnt, binden wir unsere Bedürfnisse nach sozialer Anerkennung, Nachfolger unserer Liebesbedürfnisse, an Kaufakte. In der Gemeinschaft geborgen zu sein, das bedeutet den anderen ähnlich sein zu dürfen: Vergleichbarkeit schafft Zuflucht. Schon das Kind vergleicht und setzt alle Kraft dafür ein, erwachsen zu werden und alles zu können, was der Erwachsene kann. Schieben wir dieses Bedürfnis nach Geborgenheit im Vergleichbaren nun auf die Einbahnstraße der Sachmerkmale aus der Warenwelt, dann wird der Heranwachsende sein Normensystem an die Welt der Waren binden. Wenn wir das als Einzelne unterlassen: die Werbung tut es an unserer Stelle. Vervielfacht durch die Medien in jedes Haus getragen, treten diese Prinzipien der Warenhörigkeit in einen harten Wettkampf mit wertbezogenen Kategorien, die manches Elternhaus vermitteln möchte. Die Spielräume des Glücks verkleinern sich deshalb ein weiteres Mal, weil die Entwicklung der Individualität, als Programm dieses Jahrhunderts uns allen ins Ohr geblasen, unter dem allmächtigen Motto der Käuflichkeit nicht mehr gelingt.

Unser *Image*, das sind nicht wir, sondern unsere Fassade, unser Abziehbild. Daß Werbung mit dem Unvergleichlichen, noch nie Dagewesenen unsere Glückssehnsüchte stimuliert – und daß wir selbst nur schwer ertragen, ganz anders als andere zu sein: scheinbar gegensätzliche Befunde aus einer einzigen Ursache. Das Glück als Versenkung ins eigene Innere, so zeigte sich, ist eine Angelegenheit der Philosophen und der Heiligen, ein Ergebnis der Askese. Askese benutzt nicht nur die Isolation als Stimulans, sie zieht auch Isolation nach sich, weil sie auf individuellen Leistungen ruht, die nicht unmittelbar in der Gemeinschaft verwirklicht werden können.

Das Glück des Einzelnen knüpft sich in Massengesellschaften an große sittliche Leistungen; es bedeutet den Verlust der Anerkennungserlebnisse und den Verzicht auf Geborgenheit in der Gemeinschaft. Der Glücksbegriff in so unübersichtlichen Kulturverbänden wie den industriellen Massenstaaten wird okkupiert von den Richtwerten, nach denen diese Gesellschaften leben. Handelt es sich dabei um glücksfremde Maximen, so schwinden die Glückschancen rapide, während ihre akute Zunahme suggeriert wird. Da der Glückshunger der Menschen unstillbar ist, wächst er mit dem Schwinden der Hemmungen, sich ohne ethische Kontrollen an möglichst große Ressourcen des Glücks heranzumachen.

Die Vorträumer unseres Glücks sind nicht mehr die Dichter, sondern die Werbepsychologen. Daß sie falsche Propheten sind, weiß beinahe jeder. Schon die Träume, die sie uns verkaufen, wären nicht unsere Träume, wenn wir zum originären Träumen kämen. Über unsere Sehnsucht nach Konsumerlösung wird Konsum erzwungen. So finden in den freiheitlichen Gesellschaften komplizierte Formen der Unfreiheit Eingang, die sich in den Lücken des Systems einfacher Freiheiten jeder Kontrolle entziehen.

Zum Glück gehört Freiheit. Ein so edles Gut wie das Glück hängt aber von den edleren, den inneren Freiheiten ab; nur deshalb kann es sich auch bei äußerer Unfreiheit entwickeln. Die Überredungen der Werbung nisten sich aber tief in unseren inneren Freiheitsräumen ein und verzehren sie. Die psychologisch kalkulierte Bindung an die Ware umgeht alle unsere geistigen Kontrollen; sie setzt unseren Willen matt.

Voraussetzung für die Entwicklung und den Einsatz manipulativer Methoden war die Übernahme und Verwertung von Erkenntnissen aus der Soziologie und vor allem der Psychologie, die zeigen, daß menschliches Verhalten (auch) durch direkte Reiz-Reaktionsbeziehungen steuerbar ist, bei denen keine bewußte gedankliche Verarbeitung zwischen den dargebotenen Reiz und die resultierende Reaktion tritt. Solche Methoden eröffnen einen sehr viel ›direkteren‹ Zugang zum potentiellen Käufer, weil sie willentlich gesteuertes Verhalten zurückdrängen zugunsten automatischer Reaktionen auf genau kalkulierte Auslöser. Zur Illustration sei hier nur ein inzwischen schon klassisches Beispiel erwähnt: »Die Werbewirkung von Packungen, Inseraten und Plakaten kontrolliert die McCann-Schwestergesellschaft Marplan unter anderem mit Hilfe der in den USA entwickelten ›Augen-Kamera‹: einer vierekkigen Holzbox von der Größe einer Kartoffelkiste. Durch einen Sehschlitz blicken die Versuchspersonen in die Kiste hinein, auf deren gegenüberliegender Wand Diapositive mit Pralinenschachteln, Biergläsern oder Schnapsflaschen gezeigt werden. Auf die Sehschlitze ist eine Spezialkamera gerichtet, die das Auge des Betrachters in jeder Sekunde zweimal automatisch knipst. Jedes emotionale Engagement bewirkt eine Veränderung der menschlichen Pupille: Beim Anblick eines Glases Bier oder einer Bikini-Schönen beginnt der Pupillensaum des betrachtenden Mannes zu flattern, und die Pupille vergrößert sich. Je mehr Zuspruch das Objekt findet, desto größer wird die Pupille.

Da die Reaktion des Auges durch Vorgänge im vegetativen Nervensystem des Gehirns bewirkt wird, ist der Einfluß des Willens ausgeschaltet. Emotionen sind meßbar wie die Zimmertemperatur oder der Nitritgehalt von Hackfleisch« (Der Spiegel, 17. 1. 1966, S. 46).[43]

Die Frau als Glücksobjekt

Die Sexualität gehört zu den großen Glücksversprechen dieses Jahrhunderts. Als es gelang, die neurotisierenden Effekte der strikten Sexualmoral wissenschaftlich zu beschreiben, wurde die Legitimation des Ausbruchs aus diesem Tabubezirk allgemein nachvollzogen. Diese wissenschaftliche Autorität des Freispruchs von den jahrhundertealten Normen der Kirche wuchs aber erst, nachdem die Autorität der kirchlichen Richtlinien für größere Gruppen zurücktrat. Wie langwierig solche Ablösungsprozesse von Glaubensgrundsätzen sind, das sehen wir in den zeitgenössischen schweren Auseinandersetzungen vieler Katholiken mit den Maßstäben ihrer Kirche für den Spielraum der Sexualität, für Ehe und Familie. Viele Menschen verteidigen ihre Vorstellungen vom persönlichen Glück, von Freiheitsspielräumen zum Lustgewinn gegen die Restriktionen, die ihnen die Kirche weiterhin auferlegen möchte. Bei seinem Deutschlandbesuch hat der Papst das Konzept der katholischen Kirche noch einmal unerbittlich gegen die Lebenspraxis einer Mehrzahl von Menschen gestellt.

Die sexuelle Revolution im Spiegel der Werbung zu betrachten, die auf Glücksangebote spezialisiert ist, könnte deren wesentliche Züge zutage fördern. Da begegnet uns die Frau als Sexualobjekt, als Lockmittel im Sinne der eben zitierten Ausschaltung unseres Willens, als kalkulierter Appell an ›Auslöser‹. Die Gruppe der Opfer wird geteilt: Die Frau als Objekt ist der kalkulierte Auslöser von geschlechtsspezifischen Reaktionen beim Opfer Mann, dem diese Werbung gilt. Die männliche Gruppe der Opfer fühlt sich hier keineswegs mißbraucht, sondern mit Lustgewinn versorgt: Auf keinem Sektor mag die Täuschung, wir würden wirklich zum Glück geführt, jedenfalls augenblicklich mit Glücksvorgeschmack versorgt, so sicher gelingen wie im Bereich der Sexualität.

Prüft man mit etwas kundigen Augen Plakate oder Anzeigen, so wird man häufig, in entsprechend verdeckter Form, Phallus- oder Vagina-Symbole finden, denn in der Werbung spielt Sex als eines der Grundbedürfnisse des Menschen überall eine Rolle, vor allem dort, wo man – wie z. B. bei der Zigarettenwerbung – mit dem Produkt selbst unmittelbar kein Grundbedürfnis ansprechen kann. Besonders wirksam ist naturgemäß diejenige Werbung, welche, ohne daß es dem Umworbenen bewußt wird, seine Sexualität anspricht und sie auf Umwegen zu befriedigen verspricht.
    Hier gibt es verschiedene Möglichkeiten.
    Man kann z. B. das Produkt selbst, eine Flasche, eine Zigarette, eine Banane oder sogar eine Autokarosserie sexy darstellen, indem man es in der Anzeige aus der richtigen Perspektive abbildet.
    Man kann Tabakblätter wie Phallussymbole wiedergeben, kann nahezu unbekleidete Frauen mit einer Zigarette spielen lassen, so daß orale Lustbetonung sich von dem Plakat auf den Betrachter überträgt.
    Nach Helmut Schelsky setzt eine solche Werbung über sexuelle Auslöser eine ›Standardisierung sexueller Verhaltensweisen‹ voraus . . .[44]

Die Werbung verfestigt mit dieser Benutzung sexueller Auslöser Rollenklischees, die einem Mißbrauch des einen Geschlechts durch das andere entsprechen. Frauen selbst werden umzingelt von Vorbildern für weiblichen Erfolg, der nur in der Männerwelt und nur als Sexualobjekt gedacht und angestrebt werden soll. Diesen Zirkel zu durchbrechen, der sie ans männliche Wohlgefallen bindet und dieses Wohlgefallen wiederum an die äußerlichsten Kennzeichen, gelingt nur wenigen Frauen, weil die besseren Plätze im weiblichen Leben – und die Glücksversprechen! – an männliche Anerkennung geknüpft sind.
    Mit dem Phänomen der Konkurrenz lernt die Frau nicht nur

ein Prinzip der Leistungsgesellschaft kennen, das auch dem Mann vorgebliche Wege zum Glückserfolg beschreibt; sie muß mit ihren angeborenen Merkmalen und unveränderlichen äußeren Kennzeichen in diese schicksalhafte Konkurrenz eintreten: sie kann ihre Position nicht wirksam verbessern. Sie bleibt damit mehr als andere Mitglieder der Gesellschaft an die Gaben der Natur gefesselt, schicksalhaft gebunden an ihre äußere Gestalt. Ihr Glück oder Unglück, so erfährt sie es, hängen in einer Gesellschaft der äußeren Stimulantien und Blicksignale von Äußerlichkeiten ab – das heißt von ihrer Schönheit, von ihrer sexuellen Anziehungskraft, ihrer ›Attraktivität‹. Frauen sind nicht wegen ihrer sittlichen Minderwertigkeit, wie immer noch gern suggeriert wird, die leichteste Beute der Werbepsychologen; sie sind es aufgrund der männlichen Lebenskategorien, die erbarmungslos den doppelten Objektcharakter der Frau dekretieren: Opfer als Werbeobjekt und ein weiteres Mal Opfer dieser Werbung durch Rivalinnen auf dem Markt der Männer. Als verführerische Ware hergerichtet, wetteifern deshalb die Frauen im Straßenbild und auf Partys, bei Empfängen und in den Büros mit lauter unsichtbaren Superkonkurrentinnen. Sie opfern jede individuelle Vorstellung vom Lebensglück dieser Schablone vom weiblichen Glück als Sexualstimulans für die Preisverteilergruppe Mann.

Bei zwischenmenschlichen Beziehungen muß die Zuneigung des anderen Menschen erst ›verdient‹ werden, wobei – gemäß dem tauschähnlichen Charakter dieser Beziehungen – Waren eingesetzt werden, um zum einen für den Partner liebenswert zu erscheinen, zum anderen dem Partner seine Zuneigung zu zeigen. Erst wenn der Partner auf diese Art und Weise ›verdient‹ worden ist, darf er in ›Besitz‹ genommen werden.

Ist der Weg zum anderen Geschlecht versperrt – aus welchen Gründen auch immer –, so bietet sich das Kapital an, diese Bedürfnisse zu befriedigen. Dabei erweist sich die Indienstnahme der abstrakten Sexualität für das Kapital insoweit als vorteilhaft, als diese Scheinbefriedigung – in abstrakter Form kann es nur eine Scheinbefriedigung geben – zugleich eine neue Nachfrage hervorruft. Die Warenbeziehung hat ihren Weg bis in die Tiefenschichten der Psyche des Menschen hinein genommen.

Besonders deutlich wird dies an den Heirats- und Bekanntschaftsannoncen in den Zeitungen. Da wird Persönlichstes in Warenform verschlüsselt. Die Existenz hat sich auf das, was meßbar ist, reduziert.[45]

Der Tabuabbau als Programm hat uns also in einem Ghetto neuer, zum Teil strengerer Tabus eingeschlossen. ›Glück‹ auch im Bruch der Normen, im Ausbruch aus der offiziellen Glücksverordnung zu suchen, eine faszinierende Glücksmöglichkeit in strengen Moralsystemen, das will uns in der permissiven Gesellschaft kaum noch gelingen, weil die Grenzen selbst, die wir überwinden möchten, fehlen. Die Einbahnstraßen zum Glück töten selbst unseren Widerstand, weil sie die Lust zum Widerstand durch schrankenlose Lizenzen lähmen.

Kapitel 5
Verfehltes Liebesglück

Glückshoffnung ›Liebe‹

Heute suchen die Bürger der reichen Gesellschaften der Erfahrung ihrer Austauschbarkeit mehr und mehr oberhalb der Berufsrolle zu entgehen: im Glück persönlicher Liebeserfüllung, im Gelingen des Eros. Natürlich bleibt für viele das andere die Hauptsache, die Selbstverwirklichung durch Leistung ... Bis zum Umfallen produzieren, befriedigt schleckernd konsumieren – saure Wochen, frohe Feste, dies Muster hat sich durchgehalten. Glück, persönliches Glück aber erwartet man von den Beziehungen des Herzens ... Erfüllung ... Erwähltwerden, der Sieg also über die elende Angst, spurlos ersetzbar zu sein, das alles gelingt nur, wenn die Liebe gelingt. Eine romantische Überforderung der Herzensbeziehungen? ... Das Glücksverlangen aber ist rebellisch. Es bleibt anarchisch, wilder als der Kopf.[46]

So hätten wir mit der Emanzipation von den Sexualtabus die Glücksschleusen weit geöffnet? Hätten die Zugangsschwellen eingeebnet, eben weil wir die Intimhöhlen der Liebe zum Schutz vor der kalten Konsumwelt dringender brauchen als unsere Vorfahren? Liebe, die sich nicht dem Lebensglück ein- und unterordnet, sondern als Spenderin dieses Glücks auftritt, eine Göttin nun aber ohne moralisches Korrektiv, ohne ein höheres Prinzip, das eine überwachende Götterfamilie oder eine christliche Sittlichkeit bereitstellen könnten: das muß entweder eine allmächtige Gottheit werden, die schrankenlos herrscht und alle zum Glück führt, oder die Regel des Glücksverlustes vernichtet den Glückscharakter solcher Überflüsse, weil Kontraste zum Alltag fehlen.

Daß sich extreme Glückshoffnungen auf die Liebe richten, ist nicht neu. Gänzlich neu jedoch ist die widerstandslose Zugänglichkeit aller Varianten der praktizierten Liebe – was noch nichts über die Mitwirkung der Seele und des Gefühls sagt. Was die Liebe und die ihr geltenden Erwartungen der Menschen betrifft, so stehen wir heute vor einer Kette von verquickten Paradoxen. Zunächst scheint das Dürfen mit dem Wünschen aufs glücklichste zu harmonieren: Wir dürfen fast alles; unser Gewissen ist so elastisch geworden wie die Normen unserer Umwelt. Wo Konventionen nach Schonung verlangen, werden uns üppige Spielfelder der freien Liebe angeboten, ohne daß wir uns verstecken müßten. Zugleich hungern wir nach privaten Höhepunkten, weil unser berufliches Leben immer unscheinbarer, unser Alltag immer verwechselbarer mit Millionen anderer Alltage wird. Das Bedürfnis nach Anerkennung und Unverwechselbarkeit degeneriert zur Sehnsucht nach dem ganz besonderen inneren Erlebnis, nachdem uns große äußere Erlebnisse nicht mehr gelingen.

Hier öffnet sich das Paradox: Unsere Gefühlssehnsüchte sind ungestillt, so meinen viele Menschen subjektiv, zugleich aber melden sich auch bei starken Sinnes- und Seelenreizen keine deutlich unterscheidbaren Gefühle. Ihre Sehnsucht nach dem großen Gefühlserlebnis entdeckt sich – als der heiße Wunsch *fühlen zu können*.

Die Freistellung aller Liebesabenteuer findet also die befreite westliche Gesellschaft in einem Zustand der seelischen Impotenz. Und endlich scheint sich auch dieses Paradox wieder in Folgerichtigkeit aufzulösen: Die Inflation der sexuellen Möglichkeiten tötet Spannung und Verlangen, sie vernichtet vor allem das, was zum großen Liebes- und Glückserlebnis gehört: die Chance, gegen die herrschende Alltäglichkeit auf riskanten Wegen zum großen Erlebnis vorzustoßen. Glück benötigt Hintergründe. Glückshintergründe sind aber nicht Glücksprogramme. Glück entflieht auch, wo sich plötzlich alle Glückspforten öffnen und uns die freigestellten Möglichkeiten, zum Unaussprechlichen und Kostbaren vorzustoßen, mit Blindheit schlagen.

In Wegwerfbeziehungen verkommt die Emanzipation, zu der man eben gerade enthusiastisch aufgebrochen war. Entfesselte Sexualphantasie, die weit hinausschießt übers Menschenmögliche, läßt eher die Erschöpflichkeit des Menschen spüren. Allmachtswahn im Sexuellen, das deutet hin auf Ohnmacht und Entbehrung in der Realität.[47]

In der Jugend machen sich bereits Reaktionen auf diesen Allmachtswahn bemerkbar. Das Programm der *Coolness* erhebt die Not der Gefühlsverluste zur Tugend der Gefühlstarnung: womöglich eine Schutztechnik, die den strapazierten Sinnen frische Energien zuführt.[48]

Die Entbehrungen in der Realität lassen uns zunächst wie selbstverständlich nach Höhepunkten in der Phantasie und im persönlichen Lebensbereich suchen. Daß die befreite Sexualität die allgemeine Lustbilanz nicht heben konnte, möchten immer noch viele Interessenten den verinnerlichten Hemmungen zuschreiben, die uns zu Anfängern im Reich des Augenblicksglücks machen. Philosophen der sinnlichen Lust machen sich auf, uns einzuführen in die exotischen Gärten der Ekstase. Mehr Unordnung bedeutet höheren Genuß, propagieren solche Lehrmeister. Das Glück im Sinnengenuß sei einfach deshalb noch nicht erreicht, weil wir zu einfallslos in unseren sexuellen Praktiken, weil wir fixiert auf vorgeformte Abläufe liebten – als sei die Liebe zu reduzieren auf Sexualtechniken.[49]

Die Träume vom Durchbruch zur unvermischt glücklichen Liebe, die unser Jahrhundert träumt, entsprechen seinen Freiheits- und Gleichheitsvisionen: Humanität und Bedürfnis, ›spontane Solidarität‹ (Wilhelm Reich) statt Besitzanspruch sollten die Glücksvorräte der Liebe freilegen wie nie zuvor. Die Proben auf dieses Exempel, die in Wohngemeinschaften der siebziger Jahre abliefen, erzwangen, wo der Beweis gelingen sollte, Rückzüge aus jedem Gefühlsengagement. Enttäuscht und überrascht fanden sich viele der Liebesneuerer anschließend in rigideren Zirkeln warenhafter Tauschprozesse wieder als jenen, die sie verlassen hatten.

Mißlungene Glücksprogramme

Das Mißlingen der neuen Liebeskonzepte, die den Einzelnen frei und jeden in einer entspannten disponiblen Liebesfähigkeit verfügbar halten sollten, hat verschiedene Ursachen, die auch für Glücksverluste auf anderen Gebieten unseres Lebens gelten. Emanzipation als ›Selbstverwirklichung‹ kann nicht schon deshalb gelingen, weil jeder seinen Bedürfnissen folgt und ›tolerant‹ die anderen bei ihrer Bedürfnisbefriedigung ungestört läßt. Die Einsamkeit der einzelnen zum egozentrischen Glücksgenuß Befreiten schlägt als Glücksverlust durch, wo man dem Glück die Türen öffnen wollte.

Das Bedürfniserfüllungsprinzip verhilft primären und ungefilterten Bedürfnissen zuerst zur Befriedigung: so entsteht ein Übergewicht sexueller Befriedigungen ohne erotische, ohne geistig-seelische Anteilnahme. Das sexuelle Glück besteht in Spannungsabfall und Augenblicksgenuß, kurzlebigen Sensationen, denen Trauer folgt, solange wir nicht korrumpiert genug sind, um uns ganz der Jagd nach diesen zusammenhanglosen Höhepunkten hinzugeben. Extensive Versuche, das sexuelle Glückssurrogat konsequent für *Eros* und *Agape* mit eintreten zu lassen, führen konsequent in die Pornographie oder in die Prostitution, weil wir steigende Reize suchen müssen, um Höhepunkte der Stimulation zu erreichen. Pornographie vernichtet aber die Phantasie durch kaltes Vorzeigen; sie schmälert damit auf die Dauer auch die Chancen zur sexuellen Lust. Verachtung der Sexualität ist die Folge, ihre Einbindung in den Organismus der Liebe wird immer schwerer gelingen. Der Versuch, in voller Selbstbehauptung der je eigenen Bedürfniserfüllung miteinander zu leben, entspricht nicht nur einem Irrtum über die Wege zum Glück. Er verrät auch unsere Angst vor Risiken des Fühlens. Ein weiteres Paradox: In einer Zeit, da es keine verbotenen Gefühle und diesseits der Kriminalität keinerlei verbotene Handlungen gibt, breitet sich Angst aus, Gefühle zu entwickeln. Bedrohungsängste verbinden sich für viele Menschen mit dem Gefühlsaufwand für einen anderen; Panik überfällt sie, einem anderen durch ihre Liebe ausgeliefert zu sein.

Pragmatische Argumente tarnen dieses irrationale Fluchtverhalten: Die Liebe ist eine unvernünftige Rechnung, weil sie selten aufgeht. Niemand kann uns nötigen, uns ins Ungewisse vorzuwagen. Auf unseren Lebenswegen haben wir dergleichen, bis wir erwachsen werden, nie geübt. Übrigens auch die Liebe nicht: ›Geübt‹ wurde sie immer weniger, seit wir die Partner unserer Eltern sind und die mündigen Gegner unserer Lehrer, die Korrektoren unserer Geistlichen und die Kommentatoren unserer Politiker. Der mündige Bürger ist nicht automatisch ein mündiger Liebender geworden. ›Liebet einander‹ steht in keinem Anstandskatalog dieses Jahrhunderts; wir setzen auf Solidarität, auf Selbstbestimmung. Und haben irgend etwas in dieser Rechnung vergessen, daß die Liebe so glanzlos ausgeraubt zur nackten Sexualität, erniedrigt zur Bedürfniserfüllung darin erscheint. Nun sind unsere Programme glücklicherweise immer unserer Praxis voraus – im Guten wie im Bösen. Die großen Liebenden unserer Zeit sind zufällig nicht literaturfähig, weil die große Liebe bei uns nicht zählt. Sie leben unscheinbar und sind selten zugleich Berichterstatter ihres Glücks. Liebe hat in der Sexualität eine ihrer vitalsten Funktionen. Der Philosoph Ernesto Grassi klärt deren kulturellen Wert:

Da sich die Lust beim Menschen vom Sexualtrieb zu befreien vermag, läßt sich auch das sexuelle Verhalten nie rein biologisch erklären, denn es kann zugleich als Ausdruck eines kulturellen Verhaltens gesehen werden. Die Trennung von Lust und Sexualtrieb stellt zwar eine Gefährdung des biologischen Wesens ›Mensch‹ dar, enthält aber zugleich eine kulturelle Chance: Der dem Zwang der Umwelt, Gebundenheit und Instinktstarre entronnene Mensch kann und muß über seine Antriebe in bewußten Handlungen verfügen. Wenn wir uns also ein Bild von der Kultur einer Gemeinschaft, eines Stammes oder eines Volkes machen wollen, dürfen wir nicht nur von ihren die Kultur unmittelbar betreffenden Äußerungen – Schrift, Kunst, technischen Einrichtungen – ausgehen. Zu untersuchen ist vielmehr vor allem, wie sich der einzelne im Alltag verhält, wie er seine Urtriebe gestaltet. »Die kulturelle Überformung der sexuellen Antriebe gehört sicherlich ebenso zu den ursprünglichen Kulturleistungen und Existenzerfordernissen des Menschen wie Werkzeug und Sprache.«[50]

Reduziert auf diese Antriebe, stirbt die Liebe. Spezialisten der Sexualität in dieser spezialisierten Welt sind der Versuchung zur einseitigen Lösung komplexer Probleme erlegen. Sie täuschen sich, wenn sie den Ansprüchen der Liebe zugunsten ihrer Segnungen in der reinen Sexualität entkommen wollen. Partner ihres Experimentes werden sie reichlich finden; sie haben damit auch Partner ihrer selbstgeplanten Enttäuschung gefunden.

Liebe ist nicht ohne das Risiko in Gestalt des anderen möglich. Glück ist in der Liebe nur vorläufig auf Kosten des Partners dieser Liebe möglich. ›Solidarische‹ Sklaven der Selbstbefriedigung sind beide nur Benutzer und damit Mißbraucher ihres Partners.

Das Glück in der Liebe verfehlen wir, weil wir ihrem Unglück ausweichen wollen. Gewohnt, alles Unkalkulierbare aus unserem Leben wegzuplanen und durch Versicherungen zu entschärfen, wollen wir auch dem Unberechenbaren in der Liebe beikommen – ganz wie der schillernden Gestalt des Glücks. Glücksplanung und Liebesprogramme entsprechen einander. Risikobereiche des Lebens werden durchforstet und auf Gewinn-und-Verlust-Rechnungen zusammengestrichen. Wir entscheiden für die Gewinnbilanz und übersehen, daß wir ohne Verlustrisiken im Leben auf dieser Erde keine Gewinne machen können. Der Einsatz erst führt an die Glücksquellen, die Hingabe erst ermöglicht dem anderen, uns zu umarmen. So viele von uns suchen ihr Glück in Gruppenerlebnissen. Die Liebe aber, höchste Steigerung des geglückten Austausches zwischen Menschen, wollen sie in flüchtiger Berührung ohne innerliche Einsätze, unter Benutzung eines anderen, an diesem vorbei inszenieren.

Glück *oder* Erfolg *in der Liebe?*

Liebe findet uns freilich auch ungeübt in ihren obersten Tugenden: dem Verzicht, der Selbstlosigkeit, der Geduld, der Großzügigkeit. Die Sexualität als eine vielfältig agierende Begleiterin der Liebe haben wir nicht von ungefähr zum Liebesersatz gemacht. Ihre Erwählung entspricht dem Verlust des Maßes und der Verwechslung von Menge und Qualität, der wir auch in anderen Lebensbereichen huldigen. Vielerlei Liebespartner gelten deshalb als ein Ausweis souveräner Gestaltung der eigenen Sexualbiographie. Der äußere Erfolgsdruck führt viele Menschen zu weit mehr Aktivitäten in dieser Richtung, als sie aus eigenem Antrieb und aufgrund ihrer Erziehung entwickeln würden. Wettstreit auch hier; wer einem großen Gefühl verfällt, ist kläglich gescheitert. Die große Befreiung der Sexualität aus den Käfigen der Liebe ist die eigentlich verfehlte Aktion bei der Glücksjagd dieses Jahrhunderts gewesen. Eros und Sexus wieder zusammenzubringen, werden wir Mühe haben, weil unsere Sinne sich müde und enttäuscht zurückgezogen haben. Unsere Hände sind zum Tasten zu zudringlich, unsere Augen des Schauens entwöhnt, unsere Ohren des Lauschens überdrüssig, wo nur Lärm ihre zarten Kanäle zuschüttet.

Liebe, wir ahnen es, wird uns als freiwillige Diener in Verpflichtungen einbinden, die nicht auf dem Befreiungsprogramm dieser Epoche stehen. Liebe wird uns schwächen im Rivalitätskampf, weil sie uns zu altmodischen Tugenden verführen wird: Verläßlichkeit, wo wir wölfisch wachsam bleiben wollten um Prestigepunkte zu sammeln; Treue, wo wir als die Chamäleons im Wirtschaftsleben oder im konkurrenzgesättigten Geistesleben reüssieren wollten. Liebe wird uns auf den Märkten zu Narren stempeln mit unseren menschlichen Qualitäten, die sie zu wecken droht. Wir müssen sie fürchten, die Liebe, weil sie tatsächlich der Risikofaktor erster Ordnung für unsere verkehrten Lebensordnungen ist.

Liebet einander: das könnte tatsächlich bedeuten, daß wir einander in unserer Deformation erkennen, die wir der selbstherrlichen Umkehrung unserer Glücksordnungen verdanken. Wo Liebe die Menschen am Erfolg hindert, wo sie dies auch nur befürchten müssen, da hindert sie der Erfolg an der Liebe. Und Liebe, umgekehrt, tritt in das Erfolgs- und Prestigeschema ein: Nicht Glück, sondern Erfolg in der Liebe schmückt; zahlreiche Amouren ohne Gefühlsaufwand gelten soviel wie viele erfolgreiche Geschäfte. Durch weniger Glück glauben wir die Unglücksmöglichkeiten gering zu halten: ein Nachklang der antiken Unglücksangst, wenn großes Glück hereinbrach.

Dennoch bleiben wir, ohne Glück, auf der Suche nach anderen Glücksquellen; unsere ökonomischen Liebespläne werden deshalb zu einer Kette des Mißlingens, weil wir unsere Träume vom Glück nicht vergessen können. Die Überschätzung der Sexualität kann uns über die Schwächung der Erotik nicht hinwegtäuschen. Wer sich als Souverän rein sexueller Abenteuer aufspielt, verbirgt wohl Sehnsüchte nach Reichtümern des Fühlens, die ihm unerreichbar scheinen. Gezwungen, immer oben zu sein, das Leben zu meistern, will sich auf dieser Entbehrung niemand ertappen lassen. Tastend erkunden die Feministinnen diesen Bereich, wenn sie Männer, sehr pauschal, zur Zärtlichkeit zurückführen wollen. Schon häufen sich Anleitungsbücher zur Zärtlichkeit, und wir ahnen die Degeneration der inneren Bedürfnisse zu Liebestechniken. Die Welt des Machbaren nimmt uns alles aus der Hand, von dem wir sprechen. Seit wir über alles sprechen sollen, genießen wir zwar partiell Entspannung, aber wir erleben auch Enteignungen großen Stils: Enteignungen heimlicher Glücksräume, in denen nur wir Bescheid wußten, ehe das öffentliche Programm sie zu Markte trug.

Pauline Réage, die Verfasserin der ›Geschichte der O.‹, ordnet die geheimnisvollen Möglichkeiten der sexuellen Augenblickskontakte dem verzerrten Weltbild und den kranken Sehnsüchten der Menschen ein, die auf der Suche nach dem Glück sind:

Selbst wenn es rein körperlich ist, wenn sich die Partner nicht kennen, wenn es ohne Dauer ist, stellt sich durch die einfache Tatsache, daß Begierde und Lust wenigstens für einen von beiden existieren, eine Art Kommunikation zwischen ihnen her, die magisch und unbegreiflich ist, und die ich nahezu für heilig hielte, wenn es etwas Heiliges auf der Welt gibt, was nicht gewiß ist ... Es ist der einzige Trost, der den Menschen geblieben ist in ihrem schwierigen, ungerechtfertigten Leben, das man nicht versteht. Und es ist das einzige, was uns noch mit dem Rest des Universums verbindet, das einzige, worin wir den Tieren und Pflanzen noch ähnlich sind, worin wir an der Schöpfung teilnehmen.[51]

Das ›Wunder des Augenblicks‹, das hier gegen die Vergänglichkeitsangst aufgeboten wird, spricht als Stilisierung des Unglücks deutlich genug von den Entbehrungen: Verluste an Harmonie mit dem Kosmos und über ihn hinaus, die in den schmerzlichen Liebesverlusten als Glücksdefizite virulent werden. Die Wortwahl macht diese wenigen Sätze bedenkenswert: das »schwierige, ungerechtfertigte Leben, das man nicht versteht«, bedarf des Trostes. Klarer kann man auch in der Sprache der Theologie die menschliche Not auf Erden nicht beschreiben. Die Trauer der Vergeblichkeit läßt dann die trostlose Begegnung fremder Körper, an denen weder Geist noch Seele der Partner teilnehmen, zur trostreichen Zuflucht vor den Ungereimtheiten des Daseins werden. Ohnmächtige Glücksbeschwörung.

Immerhin scheitern in diesen Sätzen Menschen in jenem Bereich, auf den die bürgerliche Kultur ihr gesamtes Glückshoffen konzentriert hat. Wie kommt es zu dieser freiwilligen Verengung der Glücksvisionen auf die Sexualität? Man glaubt Vereinfachungen einzuhandeln, wenn man den Eros ausläßt; man wähnt sich von ihm unabhängig. Es scheint verwunderlich, daß eine fortgeschrittene Zivilisation, die in immer mehr Lebensgebiete detaillierten Einblick gewinnt, die sich mit unvergleichlichen Kenntnissen über die Seele des Menschen versorgt hat, einen Einzelaspekt der Liebe, eines umfassenden Glücksvorrates, absolut setzt. Wer hier nur die Rebellion gegen die überkommene Moral vermutet, bleibt im vorläufigen Urteil befangen. Solche Selbstberaubung muß verstärkte Glückserwartungen oder Not und Unvermögen zur Ursache haben.

Das Sexualverhalten vieler Menschen hat heute deutliche Züge einer Sexualneurose. Der Neurologe Viktor E. Frankl findet für ihre Ursache die Formel ›existentielles Vakuum‹.

Wenn ich gefragt werde, wie ich mir die Heraufkunft dieses existentiellen Vakuums erkläre, dann pflege ich die folgende Kurzformel anzubieten: Im Gegensatz zum Tier sagen dem Menschen keine Instinkte, was er muß, und im Gegensatz zum Menschen von gestern sagen dem Menschen von heute keine Traditionen mehr, was er soll. Nun, weder wissend, was er muß, noch wissend, was er soll, scheint er oftmals nicht mehr recht zu wissen, was er im Grunde will. So will er denn nur das, was die anderen wollen – Konformismus! Oder aber er tut nur das, was die anderen wollen – *von ihm* wollen – Totalitarismus ... Nur so läßt sich die sexuelle Inflation verstehen, mit der wir heute konfrontiert sind: als eine ›Vakatwucherung‹, wie das in der Medizin genannt wird. Menschliche Sexualität ist nämlich immer auch schon mehr als bloße Sexualität, und mehr als bloße Sexualität ist sie wieder in dem Maße, dem sie als Ausdruck einer personalen Beziehung fungiert, die man ruhig Liebe nennen kann ... Menschliche Sexualität weist immer auch schon über sich selbst hinaus, sie transzendiert sich selbst.[52]

Eigentlich dürfen wir uns nicht wundern, daß mit dem Vordringen der Maschinen und mit der Überwältigung der menschlichen Sinne durch die Technik Fleisch und Blut selbst, die authentische Lebendigkeit des Einzelnen, plötzlich zum Sitz großer Mysterien erklärt und vergöttert wird. Die Enteignung unserer Sinne und unseres Verstandes, die Enteignung unserer Arbeit und unserer Freizeit läßt viele Menschen in ihrer eigenen, unverwechselbaren Körperlichkeit die letzte unmittelbare Begegnung mit der Natur und mit sich selbst sehen. Daß sie mit dem Verschleiß dieses Gutes reagieren, eigentlich also die Verachtung ihrer Körperlichkeit vorbereiten, können sie erst nach vielen Trostversuchen erkennen. Der Körper als Instrument der Selbstfindung vermag die erhofften Antworten nicht zu geben. Sich auf die Sexualität zu konzentrieren bedeutet zudem, sich dem unzuverlässigsten Schauplatz der Liebe auszuliefern: Das lähmende Erlebnis, verwechselbar und ersetzbar zu sein, vor dem sie hier Zuflucht nahmen, holt die Flüchtigen hier am sichersten ein. Ihre Angst steigert sich, und die sexuellen Tröstungen sollen nun ständig steigende Sehnsüchte stillen. Gelingt dies nicht, so breitet sich Enttäuschung über die Liebe mit einer Heftigkeit aus, die in der Inbrunst der Hoffnungen angelegt war.

Es gibt unzählig viele Möglichkeiten der Abhängigkeit, die Auflösung und Zerstörung nach sich zieht, und man kann hier der sexuellen Lust als der Verkörperung innerer Spontaneität bis zur zeitweiligen Auflösung des verfügenden Ichs das Feuer gegenüberstellen, als das Inbild der zerstörenden, von außen einwirkenden Gewalt. Diese Gewalt, sofern sie auf sich bezogen ist, bleibt ohne Erfüllung, wird Selbstzerstörung.[53]

Sinnbedürfnisse sind es im Grunde, die die Glückssucher in der Sexualität befriedigen wollen: der Rückzug auf das Fleisch als die letzte unbezweifelbare und voll verfügbare Wirklichkeit, über die jeder allein bestimmt. Aber die Sammlung der Lustaugenblicke gerinnt nicht zum Glück, schenkt auch nicht die erhoffte Geborgenheit, weil die Erlebnisreihen der Ekstase mit nichts über sich selbst hinausweisen. Im Namen eines ohnmächtigen Wunsches, auf Gewißheiten zu stoßen, lassen diese Glückssucher alle stabilisierenden Elemente der Liebe aus, um in ihrer schillerndsten Ausdrucksform, der Sexualität, verschärfte Unsicherheit einzuhandeln.

Tatsächlich wäre die Liebe in einer Zeit der Ersetzbarkeitsängste, auf den Irrwegen unserer wissenschaftlichen Neugierde, im Ghetto unserer Rivalitäten und im Banne der Maschinen die wirksamste Glücksmacht. Wie konnten wir, dem Zwang zur Spezialisierung folgend, auch sie verstümmeln auf diesen kümmerlichen Rest? Liebet einander: das ist nicht Anspruch und Tugendforderung, sondern umfassendes Glücksversprechen. Der Betreuungskomplex, den wir als Sozialstaatsbürger haben, taugt freilich für die Liebe nicht. Liebe ist Glücksarbeit;[54] sie vermittelt Vollständigkeitserlebnisse in einer zertrümmerten Spezialistenwelt; sie will uns tatsächlich ganz, ein Glückserlebnis, das uns weder beim Lernen noch beim Arbeiten in dieser Welt vergönnt ist. Die Liebe wird, wo wir nicht auch sie zertrümmern in Eros und Sexus, unsere Maßstäbe für die vermeidlichen Glücksverluste schärfen, die unser Leben bedrohen.

Kapitel 6
Erfahrungsverluste

Enteignete Erfahrung

Täglich blicken wir weit in die Welt. Wie wir diese Ausblicke durch die Fenster der Medien zu deuten haben, erklären uns Spezialisten. Atemberaubend schnell bilden wir uns feste Meinungen, so als könnten stabile Ansichten uns für die Unübersichtlichkeit der Lagen entschädigen. Zu vorschnellen Urteilen sind wir schon deshalb ermuntert, weil wir als mündige Teilnehmer am Weltgeschehen angesprochen werden: so als hätten die Informationssplitter, die uns erreichen, einen für jedermann durchsichtigen Sinn, so auch, als benötigten wir diese Partikel aus der zersplitterten Welt zur Urteilsbildung – während die Vordenker unsere Kommentare enteignen, wenn wir gerade beginnen wollen nachzudenken. So auch, als hätten diese täglichen Tatsachengewitter tatsächlich Nährendes für uns, als schlössen sich unsere heimische Welt und diese ausschnitthafte, fremde, schicksalspralle Mischung zu einem homogenen Bau für uns zusammen, in dem wir uns tatsächlich auskennten: Erfahrung.

Die Enteignung unserer Erfahrungsspielräume ist Alltag für uns. Wo stoßen wir auf Erlebnisquellen, die nur die unsrigen sind, wo auf Erkenntnisbrunnen, die wir mit niemandem teilen? Hungrig auf Erfahrungen, sind wir willige Abnehmer, ja faszinierte Zaungäste bei den Lieferanten von Sekundärerfahrung, Leben aus zweiter Hand, das uns um unser eigenes betrügt: Als hätten wir soeben wirklich tief ins Leben geschaut, strecken wir uns behaglich auf unserem Sessel; als hätten wir gedacht, was der Kommentator vordachte; als hätten wir Schlüsse gezogen, gefolgert, verarbeitet, verstanden: Erfahrungen gesammelt. Wir stehen im Wettkampf, auch hier, weil wir morgen wieder im Wettstreit stehen: wieviel Informationsware konsumiert? Passive Zeugenschaft wird so als Aktivposten erlebt. Konsum als Leistung, nun auch auf geistigem Gebiet. Und nebenbei, unter der Hand, auch auf seelischem: Die Schreck- und Gruselstrapazen der Sekundärerfahrung nutzen unsere Fühlskalen gründlich ab; wir sind Virtuosen der Extremsituation geworden; in dieser fiktiven Welt, die wir täglich in unser Haus bitten, sind wir Meister aller Lebenslagen. Das erquickt nach einem Alltag ohne Sensationen, das stärkt das Selbstwertgefühl, so meinen wir, während wir die Verluste primärer Glücksräume zulassen, die Korruption unserer kostbaren Sinne und zartesten Nervenbahnen willig fördern, uns mit fremden Schmerzen und fremder Lust bis zum Halse vollstopfen und unsere Leidens- und Glücksfähigkeit abwürgen in der Scheinsouveränität des leeren Genusses.

Die tägliche Fremderfahrung zu unserer eigenen zu machen: das gelingt nur bedingt. Unsere inneren Programme sind zu begrenzt, als daß wir beliebige Erfahrungsvarianten verarbeiten könnten, die eigentlich in unserem Leben nicht vorkommen.

Unserer künstlich aufbereiteten und maschinell abgepackten Nahrung entsprechen Konserven des Zeitwissens, die wir täglich löffeln, Fertigpackungen mit ›Welt‹-Portionen, geruch- und geschmacklos, Bilder mit Gebrauchsanweisung: Der Kommentator kaut sie vor, diese Dosennahrung, er macht stellvertretend unsere Erfahrungen, die wir uns anschließend aneignen – anmaßen, als wären sie unsere eigenen.

Nach dieser Kost aus Weltstoff, sekundär, steril, tauchen wir über die Medien in fremde Lebensläufe, schleichen uns in fremde Zimmer, wo mehr passiert als bei uns, schlüpfen in die begehrenswerten Frauen- oder in die harten Männerleiber, sind erlöst von uns, stumm im Kreise unserer wirklichen und lebendigen Lebenspartner, auf fremdes Leben neidvoll und ohne Risiko fixiert, machen das Über- und Unterdurchschnittliche, das Abseitige und Obszöne zu unserem Abenteuer, Helden der uns ungefährlichen Gefahr, Liebende mit gestohlenen Leidenschaften, die uns im Leben nicht gelingen, heimliche Betrüger aneinander, um die versäumte Liebe nicht nur, Betrüger auch an un-

serem wechselseitigen, hier verschwendeten und verschleuder-
ten Lebensglück: Glück als Konserve; enteignetes Glück. Nur
nicht das trübe Alltägliche! Wir lernen den kalten Blick auf
Blutspuren, tausendfach, den tödlichen Schuß und Schlag und
Stich, kosten Voyeurskitzel in fremden Schlafzimmern, in fremden Betten: sammeln wieder einmal in fremden Leben ›Erfahrungen‹, die auf unser Leben nicht passen wollen – und ahnen
Enttäuschung. Tauchen also weiter ein, Virtuosen des Möglichen, längst ohne Spielräume der Phantasie, bildbesetzt unser
Gehirn, bilderübersät unser Wünschen, denn das Bild ist all-
mächtig, alles liegt fest.

Die Reizschwellen nutzen sich ab, wir werden routiniert in
unseren Gastrollen in anderer Leute Biographien. Unterdessen
langweilt uns der eigene Alltag immer schmerzhafter, bis auch
dieser Schmerz nachläßt, weil wir die Schwellen abschleifen:
Gleichmut, nicht einmal mehr Trauer erfüllt uns. Fühlten wir
Trauer, litten wir noch als Zeugen von Schmerz und Leiden,
dann könnten wir nur sehr viel geringere Dosen dieser Erfahrungskonserven schlucken.

Wollen wir uns in diesen fiktiven Lebensräumen für den
Mangel an eigenen Erfahrungschancen schadlos halten? Sind
wir als Faktenjäger auf den Spuren der Jäger und Sammler unserer Vorzeit: Funde sammelnd, die Ableitungen einer wirklichen pulsierenden Welt sind, mit der wir nicht mehr unmittelbar
in Kontakt treten können?

Die Struktur der Erfahrung ist nicht wissenschaftlich, wie unser Weltbild. Erfahrung des Einzelnen und ganzer Völker wurde
Gestalt im Mythos; – *Tyche, Fortuna, Eros,* sie spiegeln Lebens-
erfahrung wider, daher war die Idee der Glücksplanung un-
denkbar: Das Glück blieb ein Geheimnis, deshalb göttlich.

Entschlossen, allen Geheimnissen dieser Erde auf den Grund
zu kommen, auch den Geheimnissen des Menschen, sind wir
Heutigen versessen auf Fakten, von einem Sammeleifer für die
magische Größe ›Information‹ erfüllt, mengenhörig auch hier –
und mengenbesessen auch im Erleben. Nur deshalb sind wir so
gründlich zu täuschen über die Qualität unserer Erlebnisse, weil
uns ein Hunger nach lebendiger Erfahrung treibt. Jeder Ersatz
ist willkommen: Aus unserer künstlichen Alltagswelt fliehen

viele in die künstliche Welt der Filme. Hier wollen sie ihn träumen, den Traum vom Glück; und dieses Glück, das sie hier suchen, heißt Intensität, Realität, Hautnähe, Lust und Schmerz, Schrecken, Furcht und Leiden, Höhepunkte, endlich Höhepunkte, gleichviel welcher Qualität, nur intensiv um jeden Preis: uns fühlend erleben, das Besondere fühlend; erleben, daß wir überhaupt noch fühlen können, Höhen und Tiefen, Zorn, Angst, Lust und Schmerz.

Es ist die Flucht aus der erstickenden Mittelbarkeit und Mittelmäßigkeit, die wir in die Medienwelt antreten. Es ist der ohnmächtige Zorn vor der täglichen Verweigerung von Erfahrung in unserem Leben, der uns in diese schmerzliche Form der Rache – an uns selbst, an unseren kostbaren Empfindungsfähigkeiten – treibt. Wir reagieren mit der Vernichtung unserer Gefühlswelt auf die Verweigerung von Möglichkeiten, authentisch zu fühlen, unser Leben selbst zu leben – es zu erfahren.

So kommt es dahin, daß wir uns die wirksamsten Erfahrungsverluste selbst zufügen, um über die täglichen keinen Schmerz mehr zu empfinden. Glückshunger leitet uns auch hier: der Durst, uns selbst zu fühlen, unvergleichlich und unersetzbar, bunt statt grau, lebendig und duftend statt matt und verschwitzt.

Erfahrung ist mehr als Wissen. Wir ahnen es, aber wir können diese innere Gewißheit in dieser Welt niemandem vorzeigen. Niemandem, auf den es für uns ankommt. Diese Welt ist erfahrungsfeindlich. Sie ist erfahrungsfeindlich durch die Überschätzung der Empirie, die nur Erfahrungsgrundlage, nicht ihr Ersatz sein kann. Erfahrung ist der Boden der Erkenntnis, und Erkenntnis ist mehr als Wissen. Erkenntnisglück folgt dem Erfahrungshunger, wo immer wir ihn stillen dürfen. Erfahrung ist eben nicht gleich Wissensmenge, sondern Verarbeitung des Wissens, Durchdringung des Gewußten. Nur diese Durchdringung spendet jenes Erfahrungsglück, das so viele Schüler vermissen und das in fast allen Berufen verwehrt wird, weil die Zusammenhänge fehlen und die Chance zur Überschau verweigert ist. In jenen Bezirken unseres Lebens, die immer weiträumiger und üppiger werden, in unserer Freizeit, dort nun, wo wir unbehelligt auf die Suche gehen könnten nach Erfahrungsspielräumen, die nur uns gehören, liefern wir uns freiwillig der öden Fiktion aus.

Unsere Sinne sind unzuverlässig geworden, weil wir ihnen nichts mehr zutrauen wollen. Unser Vergnügen muß kompliziert sein, unsere Unterhaltung muß uns Aktivität vortäuschen, um uns passiv dahindämmern zu lassen. Brechen wir einmal auf aus unseren Wänden, den äußeren wie den inneren, die jene äußeren wiederholen, dann suchen wir nicht die Erfahrung, sondern das Erlebnis. Viele von uns hasten durch Tagesprogramme, um sich aufzuladen mit Lust: Die Lust bleibt häufig aus. Unsere Inszenierungen sind schwächer als jene der Medien. Wir sind im Leben unerfahren. Wir überfordern uns mit Fernreisen und Glücksprogrammen, die nicht anschlagen.

Das ist es: Wir haben zu wenig Gelegenheit, Erfahrungen mit dem Leben, mit dem Erleben selbst zu sammeln. Auch unsere Kinder lassen wir das spüren. Ihnen gönnen wir noch weniger Erfahrungschancen, weil wir selbst schon zu wenige gehabt haben.

Viele Erwachsene haben es nicht gelernt, Erfahrungen zu sammeln. Sie können ihre Kinder deshalb nicht zu eigenen Erfahrungen ermuntern. Das verschärft unsere Schwierigkeiten mit dem Glück. An Mengenrechnungen gewöhnt, meint mancher, er müsse in möglichst alle Erlebnisräume vorstoßen, alles probieren, von allem nippen, um erfahrungsfähig zu werden. Statt immer praller von soviel Weltstoff, wird er leer und matt: Trauer befällt ihn, der sein Wissen über das Leben zum Glück zu häufen trachtete. Es gelang ihm nicht, den Lebensstoff zu ordnen, weil er zuviel davon gegessen hatte, um noch verdauen zu können.

Erfahrung benötigt geordnetes Wissen, denn unsere Möglichkeiten sind bescheiden: Nur was wir ordnen können, verstehen wir. Und nur was wir verstehen, das ›erfahren‹ wir. Erst dann gehört es uns und schenkt Erkenntnisglück.

Erlebnishunger

Michael Rutschky hat es unternommen, die siebziger Jahre unter dem Motto des ›Erfahrungshungers‹ zu sehen:

Jene Geschichten: wie Schrecken und Schmerz als Realissimum gesucht werden, als körperliche Evidenz, die alle anderen Evidenzen ungültig macht, als Inbegriff einer Erfahrung im emphatischen Sinn – diese Geschichten konnte man in den siebziger Jahren immer wieder finden ...

Rutschky spricht damit von Gruppen, die am Rande der Gesellschaft Versuche unternehmen, den Bann der sekundären Erfahrungen zu brechen. Heute, zu Beginn der achtziger Jahre, entstehen neue Formen dieses Versuchs, ins Authentische vorzustoßen, Versuche, die mehr Verbindlichkeit für größere Gruppen erreichen könnten. In den siebziger Jahren war das, was Rutschky beschreibt, auch Ausgangspunkt der terroristischen Gewalttaten. Diese erschienen dann nur als letzte Konsequenz der Revolte gegen die Ohnmacht, sich ein eigenes Leben mit eigenen, körperlich spürbaren Erfahrungen aufzubauen.

Daß Schrecken und Schmerz, daß ihre Todesdrohung in den siebziger Jahren diese Überzeugungskraft erwarben, verlangt nach Interpretation ...
So kann man es nicht als einfache Reaktion auf die Utopie der Allgemeinbegriffe verstehen, wenn viele in den siebziger Jahren an Erfahrungshunger leiden, wenn vielen die körperliche Evidenz von Schrecken und Schmerz als Inbegriff von Erfahrung erscheint. Denn die Utopie mag direkt mit diesem Erfahrungshunger zusammenhängen. Nur ein Beispiel: Wer sich als *bürgerliches Individuum* erlebt, als Exemplar eines allgemeinen Begriffs, wer seine Lebenswelt daraufhin durchbuchstabiert, daß sie diesen Begriff belege, der kann zugleich jene Utopie des Unbestimmbaren entwickeln, auf jene ungerichteten Suchbewegungen verfallen, wie sie in den siebziger Jahren so viele zeigen, eine Utopie, die zum Erfahrungshunger führt.[55]

In diesen Beschreibungen wird als Folie der Minderheitenreaktion der Verhaltensdurchschnitt sichtbar. An Rutschkys Sicht der Dinge werden wir uns zu erinnern haben, zumal sie im Dialog mit den Gesellschaftsphilosophen jener Jahre entstanden ist. Wenn Individuen daran leiden, daß sie in eine Ordnung gehören, so könnte auch ihr Leiden unsere Aufmerksamkeit wecken als ein Symptom nicht dieser Ordnung, sondern dieser Menschen und ihrer Haltung zu den Ordnungen des Lebens. Unsere Lebensordnungen sind anonymer, aber auch elastischer geworden. Die Klage über den Würgegriff der Lebenspläne wird aber lauter statt leiser. Die Einstellungen der Einzelnen zu den Ordnungen des Lebens haben sich verändert, und diese Wandlung ist interessanter als der Wandel der Ordnungen; sie wirkt sogar auf diesen mit ein. Wer den Ordnungen, in denen er sich findet, keinen Sinn abgewinnen kann, der verfällt in Leidenszustände, wie Rutschky sie beschreibt.

Wir haben auch deshalb unsere Schwierigkeiten mit der Erfahrung, weil wir in zerbrochenen und weiter zerbrechenden Ordnungssystemen Welt wahrnehmen müssen. Die Weltverluste unserer Tage sind verkoppelt mit dem Verlust eines verbindlichen Wahrnehmungssystems, das es uns erlaubt, die Welt geordnet aufzunehmen. Die Kategorien des Erlaubten und des Abzuwehrenden sind noch als Trümmer wirksam; wir wählen aus nach Erinnerungen an ein Ethos, das im Schwinden begriffen ist. Wir sehen ausschnitthaft und sind in den Fiktionen der Medien längst mit Wahrnehmungsmustern konfrontiert, in denen unsere Kategorien allenfalls noch als Heimweh Geltung haben: Heimweh nach dem Glück der geordneten Welt, in der das Böse böse und das Gute gut ist.

Wie sollen wir Erfahrungen sammeln, wenn uns die Kategorien zur Auswahl unserer Wahrnehmungen fehlen? Daß viele von uns dem Erlebnis um jeden Preis verfallen, hat mit dem Verlust der verbindlichen Wahrnehmungskriterien zu tun, wie die Herrschaft der Sexualität. Die Auswahl mißlingt, die Ordnung des Lebensstoffes nach Erlebenswertem und Überflüssigem gelingt nicht, weil ihre Kriterien abhanden kamen. Der Lebenshunger so vieler Menschen in den siebziger Jahren führte zum ungeordneten Viel-Erleben auch deshalb, weil das Wahrnehmungssystem zerfallen war, weil plötzlich prinzipiell alles des Erlebens wert war.

Der Orientierungsverlust läßt sich auch so beschreiben: Unserem Leben fehlen die Überschriften; den Dingen und den Erfahrungen fehlen die Namen. Namen und Überschriften für Erfahrungen und Dinge fehlen, weil wir aufgehört haben, unter einem Gesamtmotto zu leben. Es gibt keine Oberbegriffe, so wie es keine Über-Ordnungen mehr gibt: Also zerbröselt die Welt unserer Begriffe und Namen für die Dinge; die Ordnungsleistung mißlingt.

Der moderne Mensch hat dieses Paradox schon in der Aufklärung einseitig eingeschätzt: Daß Ordnungssysteme, unter denen er seine Welt erblickt, ihn nicht einschränken, sondern Grundlage seiner Freiheit sind, hat er verkannt. Es wird sehr darauf ankommen, welches ordnende Motto wir unserer Wahrnehmung der Welt zugrunde legen. Wir haben eine Sinnordnung gegen eine Zweckordnung eingetauscht und wundern uns über die Verlustbilanz: Die Wertordnung nach Zwecken und Nutzen knechtet uns, weil sie nicht automatisch Sinn mitliefert. Oswald Spenglers vielgeschmähte Vision dieser mißlungenen Befreiung von den Sinndiktaten zugunsten der Diktatur des Nutzens hat weiterhin aktuelle Aspekte.

Jede hohe Kultur ist eine Tragödie; die Geschichte des Menschen im ganzen ist tragisch. Der Frevel und Sturz des faustischen Menschen aber ist größer als alles, was Äschylus und Shakespeare je geschaut haben. Der Herr der Welt wird zum Sklaven der Maschine. Es gehört zur Tragik dieser Zeit, daß das entfesselte menschliche Denken seine eigenen Folgen nicht mehr zu erfassen vermag.

Walter Benjamin hat in seinem Buch über den Ursprung des deutschen Trauerspiels die Bedeutung des Namengebens sehr hoch angesetzt:

Das adamitische Namengeben ist so weit entfernt, Spiel und Willkür zu sein, daß vielmehr gerade in ihm der paradiesische Stand sich als solcher bestätigt, der mit der mitteilenden Funktion der Worte noch nicht zu ringen hatte.[56]

Mitteilung ist Sprachzweck; das Namengeben berührt nur, es greift nicht ein, sondern es bestätigt jedem Ding seine Würde. Dieser hohe Rang des Namens gilt für das Mittelalter fort: Der Name eines Menschen bezeichnet zugleich seine Aura; sein Geschlecht und seine Würde, seine Biographie leuchtet in der Namensnennung auf und gibt Signal für das Verhalten anderer. Wer seinen Namen dem Gegner vorenthält, bleibt als Person verborgen, gleichviel, ob er im materiellen Sinne auf der Szene anwesend ist.

Wenn unsere Erfahrungen keine Namen mehr haben, so bedeutet das tatsächlich, daß wir die Dinge, mit denen wir umgehen, die Sachverhalte, die wir schaffen, nicht mehr unter einer Sinnordnung erkennen, die jedem Ding und Tun seinen Platz anweist.

Die Jugend unserer Tage teilt uns über ihren Sprachgebrauch mit, wie ungeordnet die Dinge und Erfahrungen ihr erscheinen. Sie protestiert mit Austauschbarkeit der Wörter gegen die Austauschbarkeit der Handlungen und Bedeutungen: Sprachverschleiß als Meldung über Sinnverluste.[57]

Er-lesen konnten schon in den siebziger Jahren die erlebnishungrigen jungen Menschen nicht mehr, wonach sie hungerten: Intensitäten ›anzulesen‹, mit der eigenen Phantasie die unzureichende eigene Lebenswirklichkeit zu transzendieren in Richtung Zukunft, in Richtung Utopie, wie es jeder junge Mensch in der Pubertät braucht: das gelang und gelingt nicht mehr durch Lesen. Sie wollen überrannt werden von den fremden Wirklichkeiten, überwältigt, vergewaltigt, ja nicht weniger als dies, weil die Ohnmacht längst in ihr Denken und Fühlen vorgerückt ist.

Diese Ohnmacht ist das fortgeschrittene Stadium der Weigerung, sich aktiv Welt anzueignen. Die Weigerung kann sich, wie wir gesehen haben, auf viele äußere Förderer berufen, aber sie setzt sich zusammen aus den täglich gewählten Wegen des geringsten Widerstandes: ›sich leben zu lassen‹ statt selbst zu leben, der Versorgung mit Bildern ein sprachloser werdendes Gehirn hinzuhalten, um der Abstraktionsarbeit im Lesen zu entfliehen. So flüchten die bildergesättigten Gehirne zu den Bildern, weil sie hier sprachlos fühlen dürfen, fremdes Fühlen usurpieren, ohne eigenes zu leisten.

Gleichzeitig leisten sich die Bildersüchtigen die massivste Anklage gegen die Verführer, weil sie die eigene Verführbarkeit nicht mehr als Mangel an Disziplin, sondern als ihr gutes Recht einstufen. Wann hätten wir es erlernt, für unser eigenes Leben verantwortlich zu sein, wenn wir nur gelehrt werden, mehrheitlich zu handeln? Die Mehrheit konsumiert auf den Wegen des geringsten Widerstandes; Lebensbilder aus zweiter Hand. Der Erlebnishunger wuchert, je mehr ungelebtes Leben wir so in uns einsickern lassen. Michael Rutschky, der sich mit der Kinoleidenschaft der siebziger Jahre befaßt hat, die Rituale des Filmkonsums hervorbrachte, verbucht auch diese Sucht unter ›Erfahrungshunger‹. Es handelt sich eigentlich um Hunger nach Erlebnissen, denn Erfahrung ist Arbeit, Erlebnis aber ist Sich-Fühlen: Und das war es, was die Filmsüchtigen der siebziger Jahre suchten.

Das Kino zählte zu den einfachen Möglichkeiten des Konsums und des Genusses, die die Protestbewegung eröffnete, ebenso wie sie einfache Handlungsmöglichkeiten zu entdecken schien. Waren sie nicht illegitim und lebensfeindlich, die Standards der Kultur ...? Waren sie nicht viel leichter zu haben, Genuß und Aktion? ...
  Die Katastrophen der Empfindsamkeit, die die siebziger Jahre erfüllen, haben ... nicht im Kino stattgefunden. Es blieb der Ort, wo der Erfahrungshunger gestillt werden konnte.[58]

Was hier tatsächlich genossen wird, ist die unbeteiligte Sicht des Kamera-Auges: Ob Leiden oder Freude, die Kamera gleitet teilnahmslos darüber hin, sie macht alle Impulse gleich und läßt trotzdem keinen aus: Das Optische triumphiert und wirbt für die Nivellierung aller genaueren Gefühle. Der Film war schön, findet man später, er hat die Gegensätze zwischen Angst und Freude überwunden, weil er sie beide ins Ästhetische überhöht hat.

Fühlen statt Denken

So findet hier keineswegs Erfahrung statt, sondern der Schmerz über ihre Unerreichbarkeit wird betäubt: Ästhetisch verfremdet erleben viele junge Menschen auch die Szenen ihres Lebens, in denen sie Lust und Schmerz, Angst und Wachsamkeit entwickeln sollten: Sie verzichten auf jene Ordnungsleistungen im Chaos der Wahrnehmung, deshalb müssen sie entfliehen ins Unverbindliche. Der Hunger aber wächst. Was sie selbst nicht ergreifen, fordern sie als vorenthaltenes Glück von ihrer Umwelt ein. Mit Erfahrungsglück kann niemand sie beschenken, aber die geistigen und technischen Architekten dieser Welt der Erfahrungskonserven haben die Zugänge zum Glück der Erfahrung fast gänzlich zugemauert.
  Der Traum vom unmittelbaren Erleben, den so viele Men-

schen halb bewußt träumen, lehrt uns, was unser Fühlen weiß und unser Kopf nicht wissen will über das Glück: Glück ist nicht nur die Abwesenheit von Schmerz und Trauer; Glück ist in der Impotenz für Schmerz und Trauer unerreichbar. Wenn die Menschen unserer Tage nach unvermittelten Empfindungen suchen, dann suchen sie nach dem Glück der Identität, der Unverwechselbarkeit. Nicht ersetzbar zu sein, das schafft schon Klima für Glück. Fühlen zu dürfen: das ist schon der Dunstkreis des Glücks. Ich fühle, also bin ich, so müßte die zeitgemäße Version des Philosophensatzes von Descartes im Jahrhundert der Mehrheiten lauten. Denken drängt ins Handeln; Handlungsohnmacht fördert beim Denker die Analyse; die aktionsbezogenen Mehrheiten suchen den Fluchtweg in die Emotion: Gefühl als Handlungsspielraum im Inneren.

Das Glück der Einzelnen in totalitären Systemen ist immer ein denkend oder fühlend erarbeitetes Glück gegen die äußeren Umstände. In den reichen Staaten verlaufen die Fluchtwege ins Authentische ähnlich: Sich freizudenken aus den Lähmungen der Überflüsse unternehmen die Denker; sich wegzufühlen aus der Verwechselbarkeit, versuchen die Mehrheiten. Der Überfluß an Waren infiziert den Massenmenschen selbst: Er fühlt sich als ein Teil dieses Überflusses: überflüssig. Deshalb muß er fliehen. Das Höllische im Schlaraffenland: seine Flucht war vorgesehen, sie wird in den Zirkeln des Systems aufgefangen. Er flieht in die Ersatzwelt der Medien, die seine authentische Lebenskraft und damit sein Kritikvermögen weiter schwächen. Vom Denken abgelenkt, im Handeln programmatisch zersplittert, erreicht er keinerlei Erfahrungszusammenhang. Ohnmächtig Denkende fliehen nun in die Utopie; ohnmächtig Handelnde in Extreme des Tuns, die nur die Selbstvernichtung zur Folge haben.

Denken, heißt es, dränge zum Handeln; gehemmtes Handeln, Ohnmacht, befördere das Denken. Man spricht dann von ›grübeln‹, das intentional auf ›suchen‹ bezogen ist ›mit dem Nebenbegriff des Bohrend-Schwermütigen‹. In einem Zustand, der Hemmung und zugleich Steigerung ist, erscheint die Utopie als Wünschbares. Entstanden aus dem Ungenügen an der Welt, verheißt sie Glück. Ein widerspruchsvolles Glück, da in ihm der Wechselbezug zwischen Denken und Handeln zum Stillstand gekommen ist. Utopie ist der überschaubare Raum, frei von Angst und Langeweile, in dem die Uhren gesättigt sind, die Zeit stilliegt. Zeit und Ereignis fallen zusammen, verschmelzen in einer höheren Einheit. Da die Verwirklichung der idealen Gesellschaft die Zukunft in dauernde Gegenwart verwandelt, erscheint das Zeitproblem in ihr gelöst. Glückserleben ist an das Gefühl der Zeitlosigkeit gebunden. Die ›lange Zeit‹ oder Langeweile, eine Zusammensetzung, in der ›lange‹ das subjektive Gefühlsmaß bezeichnet, hebt sich auf im Sinne dessen, was mit der Wendung ›lange Zeit nach jemand haben‹ gesagt ist: Es bedeutet Sehnsucht haben. In dem Begriff des ›Sehnens‹ liegt ein Unterton von Bekümmernis.[59]

Hier ist das Verhältnis von Glück und Utopie beschrieben: Die Utopie ist die Gegnerin des erlebten Glücks, weil sie das Glück wegschiebt in eine unerreichbare Zukunft. Sie wandert vor dem Sehnsüchtigen her. Mit der utopischen Vorstellung verbindet sich die Weigerung, sich auf die Realität jetzt und hier einzulassen. Glück läßt sich auf die herrschende Realität ein und überwindet sie: Der Glückliche erlebt die Überwindung der äußeren Einschränkungen. Der Utopist projiziert sie in die Zukunft, ein Träumer des Vollkommenen, während der Glückliche sich auf die Unvollkommenheit der Zustände einläßt und der Flüchtigkeit seines Glücks zustimmt. Aus diesem Unterschied werden die Ausbrüche der Utopisten in Zerstörung und Aggression erklärlich: Die Enttäuschung an der Utopie ist vorprogrammiert in der Weigerung, sich mit der Unvollkommenheit einzurichten – übrigens auch mit der eigenen Unvollkommenheit, nicht nur mit jener der ›Verhältnisse‹.

Nun läßt sich erkennen, daß der Erfahrungsverlust nicht nur ein Übel der technischen Welt ist, sondern auch ein geistesgeschichtliches Phänomen. Die ›erfahrungsverdünnten Räume‹ entstehen nicht allein durch entfremdete Arbeit, durch Spezialisierung und durch technische Perfektion. Sie sind auch das Vakuum nach dem Zerbrechen der sittlichen Wahrnehmungsnormen für unsere Welt: Hier war Erfahrung vorstrukturiert, die Welt der Dinge und Handlungen strahlte durch vorgegebene Stellenwerte der Sachen und Taten Ordnung aus, die Geborgenheitsglück vermittelte.

Seit uns freigestellt ist, unser Leben unter beliebigen ethischen Aspekten einzurichten, unser Denken und Tun nach Gutdünken mit Sinn oder Zweck zu füllen, mit Werten zu beschweren oder nicht, fühlen wir die Last niemals nachzuholender unerledigter Erfahrungen: Wir wollten die Erfahrungen der Vorfahren endlich nicht mehr gelten lassen. Wollten auf Zukunft hin leben, ohne Erinnerung. Das hat unter Deutschen einen spezifischen Sinn. Die Weigerung, sich zu erinnern, erschwert aber jede neue Erfahrung: Wir möchten nirgendwo herkommen, um nicht aus dieser deutschen Vergangenheit zu kommen – auch die Jugend übernimmt diesen Komplex –, und wir haben deshalb das Empfinden tiefer Verlorenheit.

Glück braucht nun beides: Erinnern und Hoffen. Unser Erinnern führt in Unglück, und unsere Neugierde nach vorwärts stirbt den Tod des Mißtrauens, das die verdorbene Vergangenheit sät.

Kapitel 7
Grenzverluste

Zertrümmerung eines Weltbildes

Unsere Glücksverluste sind Geborgenheitsverluste: Vom Unglück der Vergangenheit sind wir deshalb überfordert, weil wir uns nicht entschließen wollen, in den Handlungen der Mörder, Henker, Quäler unser eigenes Antlitz zu erkennen. Freilich in den Opfern auch. Unsere Unglücksfähigkeit hinge ab von unserer Kraft zu trauern. Ein Unglück, das wir nicht als Schuld annehmen, können wir nicht betrauern, weil wir es nicht zu unserem Unglück gemacht haben. Statt dessen suchen wir nach Erklärungen. Mit diesem unverarbeiteten Unglück auf unserer geschichtlichen Seele können wir nicht glücksfähig werden.

Freilich: an Extremen scheitern unsere Gefühle. Daß diese Generationen der fetten Jahre in lauter Gefühls- und Erfahrungssurrogate fliehen, ist nur zum Teil Ergebnis der Verführungen, Ergebnis des Bewußtseins, überflüssig zu sein. Zum anderen Teil findet hier die Flucht vor dem Wesentlichen statt, vor der Zumutung, dem eigenen Leben aus eigener Kraft einen Sinn zu geben.

In der Tat ist das eine historische Zumutung! Ohne Weltbild in diese Welt gesetzt, wären wir dem Chaos ausgeliefert. Mit den Trümmern älterer Weltbilder hantierend, voller Zweifel an der Vergangenheit und an uns selbst, voller Ungewißheit über die Zukunft, sind viele Menschen in der bedrohlichen Lage, keine Gewißheiten aufbieten zu wollen, die weiter reichen als ihr Verstand. Bruno Bettelheim hat unsere historische Lage unter diesem Blickwinkel beschrieben:

Obgleich wir heute kaum mehr daran glauben können, daß das Leben ein bestimmtes Ziel hat und obgleich wir uns statt dessen mit dem zufriedengeben müssen, was wir für den richtigen Weg halten, enthebt uns das nicht der Notwendigkeit, den Kampf um die Integration unserer Persönlichkeit fortzusetzen und schwierige Erfahrungen zu bewältigen ... Das gilt ... ganz besonders für die entscheidenden und vor allem die extremen Erfahrungen, die wir machen. Und solche Extremerfahrungen sind um so komplizierter zu bewältigen, wenn sie mit dem zentralen Problem unserer Zeit zusammenhängen: mit den potentiell zerstörerischen Aspekten des Fortschritts.[60]

Bettelheim beschäftigt sich in vielen seiner Texte mit den Ursachen dafür, daß uns, im Gegensatz zu früheren Generationen, die Verarbeitung extremer Erfahrungen mißlingt. Ungetrübtes Glück zu erreichen, dies scheint nur dann möglich, wenn das Unglück restlos verarbeitet werden kann. Gelingt dies nicht, so gibt es nur die Flucht in Surrogate des Glücks: in Lustprinzipien, in alle Formen des Rausches, ins Vergessen. Glück ist nicht Vergessen, sondern gesteigertes Bewußtsein. Glück ist nicht Ausweichen vor der Geschichte, der persönlichen wie der kollektiven, sondern ihre Überwindung in einem überlegenen Bewußtsein, das Gewißheiten bereithält, die unantastbar sind: über das Leben und über uns selbst.

Diese Gewißheiten – und dies ist die schwerste Lektion im Jahrhundert der Allmachtsträume des Menschen – ruhen im Bewußtsein unserer Grenzen, nicht unserer Allmacht, im Wissen um Vergänglichkeit, nicht in Utopien des Wachstums. Der allmachtsbesessene Mensch hat sich bis heute geweigert, die längst vorliegenden Beweise seiner irrationalen Unzulänglichkeit und katastrophalen Unzuverlässigkeit zur Kenntnis zu nehmen. Viel früher als im fortgeschrittenen Stadium der Umweltzerstörung hatten wir die Chance, unseren Umgang mit immer größeren Potentialen der Zerstörung kritischer zu beobachten: als das Spiel der Toren mit dem Feuer ihrer nach außen gekehrten Triebe. Zwei große Kriegskatastrophen haben uns nur in unserem Vernunftwahn bestärkt, statt uns zu demütigen.

Die erste Krise war der Erste Weltkrieg, der den Glauben zerstörte, daß der Fortschritt alle unsere Probleme lösen, unserem Leben einen Sinn geben und uns dabei helfen könne, unsere potentielle Angst, also die Angst vor dem Tod, zu bewältigen. Diese Krise zwang uns zu der Erkenntnis, daß der Mensch, ungeachtet der gewaltigen wissenschaftlichen, technologischen und intellektuellen Fortschritte, immer noch das Opfer von irrationalen Kräften wird, die ihn zu Gewalt und Zerstörung treiben.

Im Zweiten Weltkrieg haben Auschwitz und Hiroshima klar gezeigt, daß der technologische Fortschritt die destruktiven Triebkräfte des Menschen auf eine unglaubliche, weil noch nie dagewesene Weise gesteigert hatte.[61]

Solange solches Glück und Unglück von Göttern gelenkt oder wider ihr Verbot erzwungen scheint, steigern Katastrophen das religiöse Potential der betroffenen Völker. Die Bewältigung des Unfaßbaren gelang, weil der Hintergrund, auf dem es geschah, nicht mit gestürzt war. Hier liegt der wesentliche Unterschied zu den Schrecknissen der Neuzeit.

Weit davon entfernt, in unser Weltbild oder in unsere Idealvorstellung vom Menschen integriert werden zu können, wirken sich beide ganz und gar zerstörerisch aus. Da wir erkennen, daß diese Massenmorde Menschenwerk sind, können wir sie mit keinem tieferen Sinn ausstatten, obwohl gerade ein solcher Sinn für die Überlebenden eine Hilfe sein könnte.[62]

Wir haben nichts Geringeres als den Zusammenbruch eines Weltbildes zu verarbeiten – und das bedeutet: den Zusammenbruch eines Systems zur Weltdeutung. Systeme der Weltdeutung erlauben es, die unübersichtlichen Erscheinungen dieser Welt zu ordnen und damit unsere Angst zu bannen. Wir Heutigen erst treten die volle Erbschaft der Aufklärung an und finden uns deshalb in unübersehbare Krisen gestürzt: Nicht nur diese Angst der Menschen in der Welt hatten wir für zufällig und überwindbar durch den Menschen gehalten; auch die Weltdeutungssysteme unserer Vorfahren haben wir in ihrer Ordnungsleistung, die eine humane Kategorie ist, nicht erkannt und deshalb verachtet. Wegen einer Nebensächlichkeit, so bemerken einige von uns heute, aus wissenschaftlichem Dünkel, haben wir die Glaubenssysteme unserer Vorfahren abgetan als faulen Zauber, der die Lebens- und Glücksräume einenge.

Nun stehen wir in einer Welt ohne Zäune und Mauern, ohne Hecken des Anstands, ohne Spaliere einer bergenden Sittlichkeit und fühlen uns steigender Unsicherheit ausgeliefert. Verwechslungen sind die Frucht unserer Orientierungsverluste, die das Abenteuer der Selbstbefreiung uns einbrachte: Verwechslungen von Haben und Sein, von Sinn und Zwecken, von Sicherheit und Gewißheit, von Erleben und Verstehen, von Ich und Du. So wird der Grenzverlust zur Orientierungskrise großen Ausmaßes. Mit der Bewohnbarkeit der Welt schwindet aber auch das Wissen um Zugänge zum Glück. Die Pforten, durch die wir Glücksströme in breiter Bahn in unser Gelobtes Land der Gleichen und Freien leiten wollten, lassen nur ein trübes Gemisch durchsickern: Das Glück verweigert sich dem Plan.

Grenzenlose Vernunft

Unsere Lage als eine des Übergangs zu verstehen, in dem die alten Wertvorstellungen nicht mehr greifen, aber unvergessen sind, das hilft uns beim Verständnis der schweren Orientierungsverluste, mit denen die Jugend und die Erwachsenen kämpfen. Erwachsene erleben in diesen Jahrzehnten schmerzhaften Mangel an Wiedererkennungsglück: Sie sind mit Maßstäben für den Wert des Lebens unterwegs, die im besten Falle halb zutreffen, in aller Regel aber das Glück der Lebensüberschau verweigern, weil der Umbruch aller Wertvorstellungen den Boden der Maßstäbe umpflügt. Die lustvolle Wiederholung des Bekannten, dessen, was man erfahren hat und kennt, gelingt in solchen Zeiten des Umbruchs zu selten. Deshalb übrigens erscheint ein Typus des meinungslosen Opportunisten heute als der Prototyp des Lebenskünstlers: Er hatte wenig zu verlieren, weil er nichts verehrte.

Feste Grenzen für unser Handeln bedeuten nicht nur Mauern, die das Erlaubte begrenzen, Wälle des Sollens und Dürfens. Grenzen des Handelns sind, wenn sie für größere Gruppen selbstverständliche Gültigkeit haben, zugleich auch Grenzen der Vorstellung. Fraglos sind sich dann Menschen einig, daß diese Markierung verbindlich ist, daß hier die Souveränität des Handelnden endet, freiwillig oder mit Widerstreben. Sich solchen Grenzen anzuvertrauen, ist also ein sittlicher Akt. Sie zu respektieren, bedeutet im Grunde, die eigene Begrenztheit, die solcher Hilfslinien bedarf, zu erkennen. Grenzverluste gehören in die Zeit der grenzüberschreitenden Vernunft: Nun schwindet die Bereitschaft, die eigene Zuverlässigkeit zu bezweifeln, vor allem aber: die eigene Substanz überhaupt unter sittlichen Aspekten zu sehen. Das Maß dieser Grenzverläufe war ja eine höhere Instanz: in jedem Falle eine göttliche, ein Sittengesetz, das den Menschen für korrekturbedürftig hielt.

Entfällt das Maß, so wird plötzlich die Grenze für unser Tun zum Willkürakt. Wir können über sie hinausdenken, deshalb muß sie fallen im gleichen Augenblick, da unser Denken zum Maßstab für unsere Sittlichkeit wird. – Nichts anderes beschreibt im übrigen das Alte Testament im Sündenfall: Die beiden ersten Menschen denken über ihre Lage hinaus. Sie vergleichen sich mit dem Maßgebenden, mit Gott, und erwägen einen Rollenwechsel. In diesem Augenblick haben sie das Paradies bereits verlassen.

So klärt sich das Paradox, daß Grenzgewißheit – *Transzendenz*gewißheit ist. Solange wir sittliche Grenzen für unser Tun anerkennen, obwohl wir weit über diese hinaus denken können, leben wir im Bewußtsein der Unendlichkeit, die sich räumlich hinter unseren Grenzen ausdehnt, und der Ewigkeit, die zeitlich als Aufhebung der Grenze erwartet werden kann. Endlichkeit und Vergänglichkeit sind auf diese Weise äußere Zeichen für Unendlichkeit und Ewigkeit, die in den Grenzen, in denen Menschen sich bewegen, als Versprechen, als Glückshoffnung angelegt und zugesichert sind. Auf diese Weise kommt die Schutzqualität von sittlichen Grenzen zustande: Sie sichern dem Menschen zu, daß er nicht sich selbst überlassen ist. Sie entheben ihn der unzumutbaren täglichen Entscheidung, was er tun dürfe und solle, was nicht.

In diese Lage sehen wir uns heute versetzt: ohne verbindliche Grenzen unser Tun zu ordnen und unser Bild von der Welt obendrein: Ehemals beruhigte sich eins im anderen; das Tun im Bild von der Ordnung der Welt. Diese Ordnung wäre eine Sinnordnung, nicht eine Zweckordnung. Der neuzeitliche, ungeduldige Mensch, Kind des Tempos und der Langeweile – weil beide einander bedingen –, fürchtet Einschränkungen seiner Neugierde durch eine solche Sinnordnung seiner Welt. Deshalb hat er sich an das Experiment der Grenzenlosigkeit gewagt. Daß die grenzgeschützten Orte Glücksräume sind, bemerken wir heute wieder. Aber unsere Bedürfnisse streifen außerhalb der wohltuenden Grenzen umher und können sich so schnell nicht vom Traum der grenzenlosen Vernunft erholen.

Die Zeiten der grenzen-losen Vernunft, in denen wir leben, sind Durststrecken für Glückssucher. Das vitale Verlangen nach Glück hat aber Unruhe gesät und den Kampf gegen die erbarmungslose Herrschaft der apparativen Vernunft aufgenommen. Immerhin haben die Gruppen, die vom Glück sprechen, gewechselt: Das Monopol der Politiker und der Werbefachleute auf die Glücksthemen hat Einbußen erlitten. Die utopische Glücksphilosophie der sechziger Jahre ist verflogen, ohne Glückliche zurückzulassen. Krisen der Glücksdefinition und damit Verstörungen auf den Wegen zum Glück scheinen eng an die Verlagerung der Selbstdefinition des Menschen gekoppelt. Der neuzeitliche Mensch hat mit der Entdeckung seiner wissenschaftlichen Vernunft derartige Schätze an Glückszuwachs gehoben, daß der Irrtum nahelag, nun sei das Geheimnis, welches das Glück umlagerte, endgültig gebrochen.

Klüger waren unsere mittelalterlichen Vorfahren, die schon im zwölften Jahrhundert nicht Festungen des Glücks beschrieben – von Mauern war nur das Unglück umgeben –, sondern magisch verhüllte Orte, von leichten Wolken umlagert, Verhüllungen, die keine sind: Den Zugang fand jeder, der risikobereit und altruistisch, mit dem Ziel, anderen das Glück zu bringen, in die Nähe der Glücksorte vorstieß. Wie sich die Menschen eines Zeitalters selbst verstehen, so verstehen sie auch das Glück: Erleben sie sich als Geschöpfe, dann nehmen sie Glück als ein Geschenk, das verpflichtet; sehen sie sich als Herren der Welt, dann wollen sie auch dem Glück befehlen – und verfehlen es.

Selbstverluste

Der Erfahrungsverlust unserer Tage ist nur ein Aspekt des Selbstverlustes: Wo der Mensch Orientierungen sucht, ohne sich zu erinnern und ohne sich verantwortlich zu fühlen für die Zukunft, da verliert er nicht nur die Maßstäbe für sein Welterlebnis; er verliert in ihnen sich selbst. Der Mensch, der sich selbst abhanden kommt, reagiert mit der Umwendung seiner Lebenstriebe in Zerstörungsenergien gegen sich selbst.

Der Selbstverlust hat aber auch mächtige Förderer in der technischen Spezialistenwelt, die wir bewohnen müssen. Längst sind Kopf und Hand auseinandergetreten, die Zertrümmerung unserer Arbeitsprozesse verlangt auch die Zerlegung unserer Kraft. Nicht, daß er das Endprodukt nicht sieht, quält den Arbeiter, sondern daß er nur als Trümmerstück seiner Persönlichkeit am Arbeitsplatz erwünscht ist, belastet sein Selbstbild. Verantwortungskraft schwindet deshalb zwangsläufig: wo uns neben der Übersicht über die Sache auch der ganzheitliche Blick auf uns selbst verwehrt wird, da sind wir unserer selbst bald nicht mehr sicher. Wie könnten wir Verantwortung für Zusammenhänge übernehmen, während wir uns selbst nur stundenweise im Zusammenhang unserer Persönlichkeit erleben?

Wie schwerwiegend mag dieses Erlebnis auf die Dauer sein: daß wir in der Arbeitswelt nur mit einem sehr speziellen Teil unserer Person gefragt sind? Sind nicht doch unsere Träume deshalb so anspruchsvoll und maßlos, weil wir unmäßige Rachebedürfnisse gegen diese vereinseitigte Welt hegen, die uns zerstückeln will? Wie viele Menschen haben die Kraft, im Kopf zu ergänzen, was sie nicht sehen, und dadurch ihren Arbeitsanteil sinnvoll zu gestalten? Wir kennen ihn: den Stolz des einzelnen, an großen Projekten seinen kleinen Beitrag zu leisten. Bietet dieses Wissen Ausgleich? Ist das Problem harmloser oder gefährlicher, als wir annehmen?

Gewiß ist, daß schon unsere Schulen niemanden ermutigen, sein Selbstvertrauen auf seine unverwechselbare Gesamtperson zu bauen. Und doch wäre nur das realistisch und krisensicher. Schon der Schüler lernt: nur über Funktionen bin ich wertvoll, nur über Teilaspekte meiner selbst. Als ganzer Mensch bin ich nur zu gebrauchen, wenn ich als Rechner, Schreiber, Leser gut bin. Ob er zufällig eine kostbare weitere Begabung mitbringt: wen interessiert das? Der Schüler muß funktionieren. Schon Kinder fühlen sich deshalb zerlegt in Teile und auf Funktionsfähigkeit geprüft. Wieviel endgültige stille Resignation schon in Schulklassen stattfindet, das weist keine Statistik aus. Glück wird hier erstickt und sein Boden für viele, wenn nicht alle Lebensjahre vergiftet.

Von solcher Zerteilung des Menschen lebt die Zivilisation. Daß wir in so enge Grenzen eingesperrt werden: ›arbeitsteilig‹ eingepfercht, ist die unerwünschte Unglücksfolge des großen Glücksplanes der Neuzeit: Die Erstarkung des Subjekts führte heraus aus den Finsternissen des ›Warum‹, der aufgeklärte Mensch blieb nicht mehr Objekt, er wurde Subjekt seiner Geschichte. Was ihm von nun an zustieß, wollte er selbst verantworten; was er nicht ertragen wollte, das würde er wenden zu seinen Gunsten. Nicht mehr ›warum‹ fragte dieser mündige Mensch, sondern er verlegte sich aufs Beobachten. Er spähte die Geheimnisse der Natur aus und erstarkte tatsächlich. Er lüftete auch die Geheimnisse seiner eigenen Seele. Aber er vergaß gänzlich, die vielerlei neuen Kenntnisse miteinander zu vergleichen. Er vergaß es nicht als Einzelner, sondern bereits als ›arbeitsteiliger‹ Mensch, der bald selbst zerteilt werden würde in Funktionen: alles dies im Namen des unbegrenzten, des allseitigen Glücks.

So haben die Entgrenzungen der Neuzeit, die als Befreiung ganz großen Stils geplant waren, in bis dahin unbekannte Formen der Gefangenschaft geführt. Aus den ›unwürdigen‹ Grenzen des Götterglaubens entflohen, ist der Mensch in die selbstgestellten Fallen gelaufen. Er fand kein Maß für sein Tun; die Balance der Befreiungen mißglückte. Mußte das so sein? Noch heute halten viele Wissenschaftler die ›Selbstläufe‹ der Technik und der Naturwissenschaften für unausweichlich: Jedes Ergebnis zeitigt die Multiplikation der Fragen. Seit unsere wissenschaftliche Neugierde ohne die Korrekturen des Warum arbeitet, laufen tatsächlich viele selbstzündende Prozesse – gewissermaßen ohne uns –, und deshalb vielfach gegen uns.

Die Zukunft wurde bis zum 18. Jahrhundert räumlich verstanden: als das auf den Menschen Zukommende. Eine Erscheinung der Neuzeit ist der Gedanke der Zeitlichkeit der Zukunft. »Erst das ›philosophische Zeitalter‹, als der Mensch aufhörte«, heißt es in Grimms Deutschem Wörterbuch, »die Zeitlichkeit der Ewigkeit gegenüberzustellen, und anfing, sich selbst im Ablauf des (...) Geschehens zu sehen (...), hat die uns so geläufige Abstraktion des Begriffes der zukünftigen Zeit allgemein vollzogen.« Zukunft wird nicht zeitlich gedacht, solange sich der Mensch nicht als Subjekt, sondern als Objekt der Geschichte erfährt. Erst soziokulturelle Bedingungen, unter denen sich der Mensch als handelndes Subjekt zu verstehen gelernt hat, brechen den Horizont der Zukunft auf. Aus dieser Unverstelltheit entsteht Unsicherheit der Orientierung, die Erfahrung des ›Schreckens der Geschichte‹ (Mircea Eliade). Solange nun Zukunft als Möglichkeit des Fortschritts, der Glücksverwirklichung erfahren wird, kann aus der ›Fortschrittsidee‹ sogar eine religionsanaloge Erwartungsstabilisierung – ›Sicherheit‹ – erwachsen. Das Bild der Utopie verdeckt den geöffneten Horizont: das Prinzip Hoffnung. In ihr wird die Zeit vernichtet.

Wie Gehlen darlegt, vermochte sich der archaische Mensch ›Hintergrundserfüllung‹ selbst zu verschaffen: durch Anlegen von Vorrat, der Daseinssicherheit als fortdauernden Gegenentwurf einschließt. Eine Parallele mag diese Tätigkeit in der Anschaffung des neuesten Romans, im Gebrauch der entsprechenden Unterhaltungsmedien finden.[63]

Die ›Hintergrundserfüllung‹, von der Arnold Gehlen spricht, sollte durch erfüllte Gegenwart ersetzt werden. Vernunft ohne Grenzen hat den Menschen in rigidere Grenzen gezwungen, als er sich träumen ließ: Im Grunde sind es aber nur jene, die ihm seine Natur setzt, wenn er sich ganz auf den Menschen, ganz auf sich selbst verläßt. Das ›historische Menschentier‹ (Herbert Marcuse) erlebt damit im Grunde eine Gesetzmäßigkeit, die unsere Wissenschaft uns schon bekannt gemacht hat: die Wiederkehr des Verdrängten als neurotisches Symptom. Die beseitigte äußere Unfreiheit schlägt um in innere.

Zweck statt Sinn

Ob dieser Weg vermeidbar war, ist dabei eine müßige Frage. Ohne die Frage nach dem Warum unseres Tuns haben wir es offenbar schwer mit den Unterscheidungen: zwischen Sinn und Zwecken dessen, was wir beginnen. Wir haben für die Zwecke entschieden; unser Weltverhältnis ist dominiert von zweckhafter Sicht: Wozu wir etwas brauchen, das interessiert uns. Ausbeutung des Kosmos und Ausbeutung der menschlichen Seele durch zweckhafte Teilfunktionen: Beides gehört zusammen und belegt unseren instrumentellen Umgang mit der Welt. Glücksorganisation, die auf einzelne Unglückliche nicht achten kann.

Aber aus den Einzelnen sind viele geworden, seit wir alle gleich sind. Aus der klug geplanten Herrschaft über die Dinge, hinter der die souveräne Beherrschung des Glücks aufleuchtete, wurde unversehens die Knechtschaft unter die Dinge, weil wir ohne anderswo abgeleitete Selbstdefinition in den Umgang mit den Dingen eingetreten sind: tatsächlich knechtisch, als Sklaven der Materie, in der Arbeit wie im Genuß. Die Distanz zu den Dingen gelingt nicht mehr; die Grenze zwischen uns und den Dingen ist ausradiert, der Abstand ist aufgehoben. Unversehens wurden wir dadurch aber nicht zu Herren, sondern zu Knechten dieser Welt der Sachen. Distanzverluste prägen auch unseren Umgang miteinander: Vom Ich zum Du führt nicht das Glück der Begegnung, sondern die Spur unserer Selbstverluste. Im Du suchen wir die Betäubung unserer Ungewißheit über uns selbst. Distanz ist eine Herrschertugend, deshalb hat der Feind aller Herrschaft, der aufgeklärte Revolutionär der abendländischen Kultur, sie preisgegeben. Gleichzeitig aber wollte er der Herr der Welt werden. Und wurde ihr Knecht, weil er herrschen wollte ohne die herrscherliche Disziplin: ohne Distanz zu den beherrschten Kräften und Dingen.

Grenzen sind dem neuzeitlichen Welteroberer keine Quelle der Lust mehr. Geborgenheit und Schutz, die sie spenden, entbehrt er zwar schmerzlich, aber noch möchte er sich nicht auf die Ursachen seiner Verluste einlassen. Daß die Mauern eines Gartens Schatten und Zuflucht spenden, daß sie die Pracht dieses Gartens vor Zerstörung schützen: bewährte Bilder einer großen, gewachsenen Kultur, die uns erklären könnten, warum Grenzen Glück spenden. Freilich ist auch der Garten selbst, und als Weltgarten der Kosmos, in dem wir leben, nur lustspendend, wenn wir uns auf die Gesetze des Wachstums und der Vergänglichkeit einlassen. Unterworfene Natur ist ausgebeutete Natur. Wir sind mit der Natur verfahren wie mit dem Menschen: ihre Eigengesetzlichkeit mißachtend, haben wir beide unterworfen, und das im Namen des Glücks. Statt die Gesetze des Glücks denjenigen der Natur, auch der menschlichen, abzulauschen, haben wir sie nach Regeln entworfen, die zum Teil an der menschlichen Natur und an den Erfordernissen des lebendigen Kosmos vorbeigehen.

Die mythischen Zeitalter haben gelebt von der Beobachtung, die scheue Distanz verlangt. Mit der Distanz blieb der Respekt vor den undurchschaubaren Kräften im Menschen und in der Natur gewährleistet: Er wurde Gestalt in den Göttern, die man am Werke sah, wo man selbst keine Regel finden konnte. Mit dem Ende der Ehrfurcht ist das Ende der Distanz gekommen: Die vereinnahmte Erde bringt den verplanten Menschen; Differenzierung aller Systeme des Lebens, Zivilisation, bringt nicht den Glückszuwachs, sondern die Verwüstung des Gartens und damit Unglücksfortschritte, die fast mit den Glückseroberungen Schritt halten.

Haben und Sein

Hochkultur bedeutet Aneignung der Welt: Nicht mehr aufgehoben im Kosmos als ein Teil dieses Ordnungssystems, tritt der Mensch seiner Welt als Betrachter gegenüber. Innen und Außen trennen sich: Die Geborgenheit in der Natur wird abgelöst von Naturbeobachtung; der Mensch schüttelt die Objektrolle ab und setzt sich als Subjekt über die Natur und über die Geschichte.

Sein Weltverhältnis wandelt sich vom Sein zum Haben; er ›ist‹ nicht mehr vorwiegend, sondern er geht mit den Dingen um, erwirbt und ›hat‹ sie, unterscheidet sie nach materieller und geistiger Substanz. Das Ding wird zur Ware, die beweglich den Besitzer wechseln kann. Das ›Haben‹ gewinnt eine Bedeutung, die auf das Sein des Einzelnen ausstrahlt: Seine Fähigkeit, sich Welt anzueignen, wird abgelesen an den Sachen, über die er gebietet. Die Quantitäten gewinnen auf diese Weise an Gewicht für die Bestimmung dessen, was jemand ›ist‹; seine tauschbaren Waren spiegeln sein Sein. Aus dem Zuordnungsverhältnis zur Welt und ihren Dingen wird ein Aneignungsverhältnis; aus dem Wert an sich ein Gebrauchswert. Das Glück, im Kosmos aufzugehen, soll aufgewogen werden durch das Glück der Macht über die Natur. Das Besitzerglück verspricht Berechenbarkeit und Souveränität; es soll das schicksalhafte Seinsglück in den Schatten stellen: ein Renaissancetraum, aus dem wir nur langsam erwachen.

Mit zunehmender Abstraktion der Zeichen für Wert von den Dingen selbst – das Geld ist eine solche Abstraktion des Gebrauchswertes – verliert auch das konkrete Aneignen, Haben und Besitzen an sinnlicher Qualität: Heute sind weite Bereiche des Habens nur in mathematischen Begriffen faßbar. Was der Mensch sich einmal zu eigen machte, indem er die Eigengesetzlichkeit der Dinge zu würdigen begann und ihnen als verfügendes Subjekt gegenübertrat, das ist ihm heute schon wieder entglitten.

Im kleinen Rahmen des bürgerlichen Alltags läuft freilich immer noch der Wettstreit, Sein durch Haben zu beweisen; in den oberen Stockwerken der Gesellschaft aber ist das ›Haben‹ hochabstrakt und muß durch einen Habitus repräsentiert werden, den wir mit ›Sein‹ verwechseln: in den Verwaltungsgremien der Konzerne geistert ›Haben‹ in Gestalt von Zahlen und Formeln. Der Verlust an konkreter Erfahrung dessen, was wir eigentlich sind, kumuliert mit dem Verlust der sinnlichen Beruhigung, die uns konkreter Warenbesitz verschaffen könnte. Wir ›haben‹ den Kosmos, aber es gelingt uns nicht mehr, ein ausgeglichenes Sein zu erreichen, weil der Trost für das verlorene Geborgenheitserlebnis, die Herrschaft über die Dinge, uns als sinnliche Erfahrung mehr und mehr entzogen wird.

Deshalb suchen so viele Menschen nach unverbindlichen Glücksformen des einfachen Seins: in leidenschaftlichen sportlichen Anstrengungen, in extrem belastenden Naturkontakten, die konkreten Streß an die Stelle des abstrakten, nur gedachten ›Habens‹ setzen und in die bergende Gewißheit des Seins zurückführen sollen.[64]

Nachdem der Mensch entdeckt hatte, daß er viel mehr vom Glück, von der Freiheit, von der Selbstbestimmung ›haben‹ könnte, gelang ihm die Balance zum ›Sein‹ nicht mehr. Vom Haben geblendet, entglitt er sich selbst. Ernst Bloch hat diese Lage in dem scheinbar widersprüchlichen Satz formuliert: Wir sind, aber wir haben uns nicht. Uns selbst zu haben, das gelingt nicht schon darum, weil wir im Erwerben und Besitzen geübt sind. Unsere Selbstvergewisserung ist ins ›Haben‹ abgewandert: Das folgt aus der in die Außenwelt fortgewucherten Überschätzung des Machens, des Erwerbens und Besitzens. Selbst wo wir durch unser Sein ausreichen möchten, zwingen uns diese Kategorien ins Haben zurück: Haben von Wissen auch, aber selbst Wissen, selbst Wissenschaft macht sich heute bezahlt, und der unbestechliche Erkenntniswille hat es schwer – wie der einzelne Mensch es schwer hat, der seiner selbst gewiß ist, ohne diese Identität auch als einen Besitz nachweisen zu können.

Karl Marx' ›Zur Kritik der Hegelschen Rechtsphilosophie‹ hat dies ›das wirkliche Elend‹ des kapitalistischen Konkurrenzsystems genannt: daß es uns alle dazu zwingt, uns in ganz äußerlicher Weise mit einer äußerlichen Leistung in dieses System einzusetzen, – um etwas zu *sein*.

Das ›Haben‹ beherrscht uns aber auch deshalb, weil wir in einer Gesellschaft der gleichen Plätze leben: gleichaltrig in den Schulklassen, gleichaltrig auf den Ausbildungswegen, gleichaltrig bei unseren Festen und Gesprächen: Wie die Lern- und Berufsprogramme es vorgeben, so gestalten wir auch im privaten Bereich unsere Tage. Die Stufenordnung verfiel dem Verdacht der Repression, die vielaltrigen Gemeinschaften, in denen man aufwuchs, sind geschwunden: die Großfamilie, der häusliche Ausbildungsplatz. Jugend gehört zur Jugend, Alter soll beim Alter bleiben, und die mittlere Generation kämpft nach oben und unten. Unterscheidungs- und Profilierungsgelüste können in solchen homogenen Gruppen nur noch über Merkmale äußerer Art, Kennzeichen des ›Habens‹, befriedigt werden. Ob einer anders *ist* als die anderen: es wird ihn höchstens Chancen kosten. Besser legt er sich ein Besitzmerkmal zu, ›macht etwas aus sich‹, um sich von den anderen abzuheben. Mit dem, was wir sind, dem Kostbarsten also, was wir wirklich haben, können wir heute nichts werden. Daß mit der Verschiedenartigkeit der Menschen reiche Glücksquellen verschüttet wurden, das wird sich noch zeigen, wenn es um die offenen Pforten zum Glück geht: Die Lust, verschieden zu sein, muß wiederentdeckt werden.[65]

Die Entgrenzung unserer Welt, die Freistellung von Sollen und Dürfen, welche die eigentliche Ursache dieser Entgrenzung im Sittlichen ist, hat nicht zur Sammlung des Ich, sondern zu seiner Zertrümmerung geführt. Wir erkennen das auch an allen Aktivitäten, die uns ganz erfassen sollten: Die Herrschaft der

Sexualität über die Liebe, die Verwechslungen von Erleben und Verstehen, von Zeigen und Deuten, von Sinn und Zwecken gehören in diesen Zusammenhang.

»Wenn unsere personalen Welten wiederentdeckt werden und sich wieder entfalten dürfen, entdecken wir zuerst ein Schlachtfeld: halbtote Körper; Genitalien dissoziiert vom Herzen; das Herz getrennt vom Kopf; Köpfe dissoziiert von Genitalien. Ohne innere Einheit, mit gerade genug Kontinuitätsgefühl, um nach Identität zu schnappen – die übliche Idolatrie. Körper, Geist, Seele von inneren Widersprüchen zerrissen, in verschiedene Richtungen gezerrt: ›der Mensch‹, abgeschnitten vom eigenen Körper – halbtote Kreatur in verrückter Welt.

Wenn das Schreckliche schon Ereignis ist, können wir kaum etwas anderes erwarten, als daß dies ›Ding‹ nach außen die Zerstörung weitergeben wird, die im Innern schon angerichtet ist.«

Die Welt dieser ›Dinge‹ läßt nur noch Einverleibung aktiv (im Kampf und der Aggression) zu oder passiv zu im Versuch, in einem künstlichen Mutterschoß sich zu bergen.[66]

Wir können die Selbstverstümmelung des Menschen verstehen wie jene eines Gefangenen, dessen Pläne sich nicht zum glückbringenden Umsturz, sondern zur Fesselung all seiner vitalen Kraft ausgewirkt haben. Auf eine große Enttäuschung, die man eine geschichtliche Kränkung des selbstbewußten Menschen nennen kann, reagiert er mit selbstzugefügten weiteren, die ihn vor befürchteten noch größeren Enttäuschungen schützen sollen. Es sind Enttäuschungen über uns selbst, mit denen wir kämpfen, und noch ist das Stadium der selbstmitleidigen Klage nicht überschritten. Unsere Zerrissenheit benutzen wir als Entschuldigung für weitere Selbstzersplitterungen.

Gewißheit und Sicherheit

Das Glück der Identität zu suchen, fehlt vielen längst der Mut, anderen aber auch das Interesse. Eine unserer schwerwiegenden Verwechslungen spielt bei diesen Orientierungsverlusten eine besondere Rolle: die Verwechslung von Gewißheit und Sicherheit. Gewißheit ist Grenze im beschirmenden und hegenden Sinne: Sie bezeichnet Mauern, die das Glück stabilisieren, weil sie die Bewohner ihrer Bestimmung, nicht ihrer Vernunft oder Stärke, sondern ihrer Daseinsbestimmung, unabhängig von ihrem Vermögen, vergewissert. Grenzen dieser Art befestigt der Kult. Für die archaischen Kulturen ging von der Hülle des Himmels noch Sicherheit aus; er war ihr Zelt, und die verläßlichen Bahnen der Gestirne spendeten das unschätzbare Glück, das in der Wiederholung des Vertrauten liegt: Der Wechsel von Morgen und Abend mit Sonnenaufgang und Sonnenuntergang gewährte solche Grenzen in der Zeit; die Grenzen im Raum waren solche des Besitzes und des Bekannten: so weit das Auge reichte, so weit das Pferd trug, so weit andere, die davon erzählten, gewesen waren. Die Erde war des Menschen Haus, das Weltall sein Dach über seinem Kopf.

Nicht von ungefähr waren deshalb bei den alten Kulturen die Gestirne Göttersitz. Sie erlaubten es, die eigene Position zu bestimmen und das Alter des Jahres zu errechnen: So umfaßte er Raum und Zeit, die Geborgenheit schenkten. Seit wir das Weltall befliegen und die Erde um und um befahren und umschifft, seit wir sie begriffen haben, ist die Geborgenheit dahin: *Scientia auget dolorem,* es bleibt so. Die Menschheit fühlt sich in dieser um und um gepflügten Welt nicht mehr, sondern weniger zu Haus. Der Himmel ist das unendliche Loch statt unser Zelt, die Götter scheinen entflohen. Woher nun Sicherheit und Geborgenheitsglück nehmen, woher das unschätzbare Glücksgefühl des Wiedererkennens, welches das Eingelassensein in einen Rhythmus schenkt, dem man vertraut? Die alten Sicherheiten über den Lauf der Gestirne und die Bewohnbarkeit der Erde boten beides in einem: Sicherheit und Gewißheit. Denn in diese Quellen der Verläßlichkeit hatte der Mensch seine Götter gesetzt: So fiel ihre Zuwendung zur Erde zusammen mit dem beschwichtigenden Rhythmus der Gestirne, an dessen Versagen sich niemand erinnern konnte.

Noch der persönliche Gott des Christentums wird als der große Ordner des Chaos aus Erde, Himmel und Wasser vorgestellt, der den Gestirnen ihre Plätze anweist. So unbeirrt war das Ordnungserlebnis aus dem Rhythmus von Tagen, Jahreszeiten und Jahren. Die Gewißheit über das Tun der Götter ankerte in diesen Rhythmen. Vor den wissenschaftlichen Erklärungen der verläßlichen Rhythmen verflüchtigte sich deren göttlicher Charakter: Der Mensch nahm seine Welt in die Hand. Die Überschaubarkeit schwand, weil der eine Sinn des Kosmos nicht mehr galt: für die Geschöpfe ein bewohnbarer Garten zu sein. Raubzüge in die belebte und unbelebte Natur gaben dem Besitzerglück des zu sich selbst gekommenen Menschen Gestalt.

Die zunehmende Unsicherheit entsteht durch die wachsende Unverständlichkeit des komplexer werdenden Zusammenhanges, den jeder nun ›draußen‹ wahrnimmt oder ahnt, während seine persönliche Welt noch überschaubar bleibt. Nur das Bewußtsein eines Gesamtplans, der auch das Unverständliche zusammenhält, könnte hier die Unsicherheit bannen: Gewißheit erlaubt es uns, ohne Furcht zu betrachten, was wir nicht verstehen. Aber der Beobachter, der Forscher, der mündige Wissenschaftler will nicht mit vorgefaßten Gewißheiten anschauen; er will zerlegen, will die Geheimnisse lüften, den Wundern auf den Grund gehen. Er will den Kosmos nicht verehren, sondern berechnen.

Mit dem Schwund der überlegenen Gewißheiten, die in Glaubenshaltungen wurzelten, nimmt das Verlangen nach Sicherheit zu: Die Entbehrungen an Geborgenheits- und Wiedererkennungsglück, die der Verlust an gültigen Gewißheiten nach sich zieht, verlangen nach Ausgleich.

Für Luther sind die ›Sicheren‹ diejenigen seiner Mitmenschen, »die nicht auf Gott vertrauen«. Sie wähnen sich geschützt, obwohl sie es nicht sind. Ihre Sicherheit ist nur eine innerweltliche, die sich damit nicht auf die Furcht vor dem Herrn gründet. Sie bedeutet in den Augen des Theologen Lockerung des Gottesbezugs und ist damit im Hinblick auf das Himmelreich ein negativer Wert. Zum positiven Wertbegriff kann Sicherheit erst werden, wenn nicht mehr Gott als der eigentlich Handelnde, der ›Geschichte Machende‹, verstanden wird. Befreiung von den Fesseln der Transzendenz läßt zugleich Verlust spürbar werden. Ein Mangelgefühl entsteht: Langeweile und Unsicherheit. An die Stelle der Erlösungshoffnung hat der utopische Ausblick, die Evasion zu treten. Bei Vico und Hobbes findet sich bereits der Gedanke, der später in Hugo Dinglers System der Wirklichkeitserkenntnis eine fundamentale Rolle spielt: »Sicherheit könne nur daher kommen, daß wir etwas aussagen, was wir selbst gemacht haben.« Es ließe sich nach Abbau des transzendenten Bezugs auch sagen: Der Mensch wird zum Konstrukteur seiner eigenen Sicherheit, sprich: seines eigenen Glücks. An die Stelle spiritualistischer Denktradition tritt die Erfahrung, auch wenn sie sich überlieferter Begriffe und Prinzipien bedient. Diese Entwicklung von der Frei-Stellung über die Erfahrung der eigenen Ohnmacht zur Schaffung und Einrichtung eines Frei-Raums spiegelt sich auch im Wandel dessen, was unter ›sicherem Wissen‹ zu verstehen ist. Seit dem Beginn der Neuzeit wird der Begriff der ›Gewißheit‹ zunehmend durch jenen der ›Sicherheit‹ verdrängt. ›Gewißheit‹ meinte nach Kaufmann »stets einen hohen Rang menschlicher Erkenntnis« und steht der ›Wahrheit‹ nahe. Mit der Frage nach dieser schwand die Gewißheit. Nicht allein, daß oberste Instanz der Wahrheit längst die Wirklichkeit als Ganzes ist und sich damit der Wahrheitsbegriff relativiert, wahr kann nicht länger ein Urteil heißen, wenn das Gegenteilige unmöglich evident sein kann. Der Mensch hat sich daran gewöhnt, unter Wahrheit ›dialektische Wahrheit‹ zu verstehen.[67]

Das Verlangen nach Sicherheit: es soll, als neuzeitliches Bedürfnis, nicht nur alle Gewißheitsverluste kompensieren, es drückt auch die Abwehr gegen Aufgaben aus, die man bewältigen soll. Diese Abwehr verbirgt einen Verlust: den an vorgegebener Ordnung, in der tatsächlich eine ganze Reihe von Aufgaben sich nicht täglich neu stellte, sondern gelöst vorlag. Man hatte eben nicht als Einzelner, womöglich täglich neu, Entscheidungen der Erziehung und des eigenen Handelns, Entscheidungen des Verhaltens zu nahen und ferneren Menschen, neu und originär zu fällen: sie waren vorgegeben in einer bergenden Ordnung, waren gesichert innerhalb der Mauern, bestätigten die schützende Grenze.

Ordnungserlebnisse dieser Art sind für den Menschen im freiheitlichen Pluralismus selten geworden. Ihm wird zugetraut, sein persönliches Handeln täglich neu verantwortlich zu ordnen, während er in den Bereichen seiner Funktionen, ein Teilmensch, ohne solche Entscheidungen auftreten soll, um ›verwendungsfähig‹ zu sein. Während wir Schmerzen wegplanen und ein Anrecht auf Gesundheit und Sicherheit erworben haben, wandern unsere Leiden in ein ungeübtes Inneres, das weder seelisch noch physisch den Wert des Schmerzes kennt. Unseren Hunger nach Gewißheiten, die Zufallslagen überdauern, stillen wir mit Sicherheiten, die uns angeboten werden: Mit dem Vokabular des Glücks wirbt man um unser Geld, das ohnehin zur Stillung unserer Gewißheitssehnsüchte nicht taugt.

›Sicherheit‹: das war in theologischen Zeitaltern noch Wahn der Gottlosen. In Shakespeares Tragödie ›Macbeth‹ sagt die Zaubergöttin Hekate zu den Hexen:

Denn, wie ihr wißt, war Sicherheit des Menschen Erbfeind jederzeit.

Wer sich sicher wähnt, ist nicht mehr wachsam: Er ist blind für nahendes Unglück. Solange Götter Geschichte machen, ist menschliche Sicherheit, die sich an Menschengemachtes bindet, Häresie. Nach seiner Selbstbefreiung aus dem Zusammenhang der Heilsgeschichte will der Mensch auch zum Baumeister seiner Sicherheiten werden: Gewißheiten gelingen nicht mehr. Utopien treten ihre Nachfolge an, um das zerbrechliche irdische Glück in Richtung auf Hoffnung zu stabilisieren.

Das Gewißheitsinteresse wandelte sich: Es richtete sich mehr und mehr auf die Welt, auf deren Tatsächlichkeiten. Der, historisch gesehen, geringere, minderwertigere Begriff, der Erfahrungswissen faßt statt Heilswissen, erwies sich als der lebenskräftigere. Er bezeichnet einen Bewußtseinszustand, der sich am Diesseits orientiert: »Das Wort ›tatsächlich‹ spricht heute im Sinne des Versicherns und besagt soviel wie ›gewiß‹ und ›sicher‹. Statt ›es ist gewiß so‹ sagen wir ›es ist tatsächlich so‹, ›es ist wirklich so‹. Daß aber das Wort ›wirklich‹ seit dem Beginn der Neuzeit, seit dem 17. Jahrhundert, soviel bedeutet wie ›gewiß‹, ist weder ein Zufall noch eine harmlose Laune des Bedeutungswandels bloßer Worte.« Seinen Rang konnte das Wort ›Gewißheit‹ nur so lange wahren, wie der Mensch annahm, der Grund für die Sicherheit der Erkenntnis liege außerhalb des Subjekts. Aufschlußreich ist, daß ›sicher‹ das Wort ›gewiß‹ überall dort leicht verdrängt, wo das zukünftige Geschehen erwünscht ist, während bei befürchteten Geschehnissen ›gewiß‹ sich am längsten gegen ›sicher‹ halten kann: Er wird sicher sein Ziel erreichen, heißt es, auch wenn es für ihn den gewissen Tod bedeutet. Diesseitsoptimismus, der sich auf die Grundbedeutung ›sorglos‹, ›ohne Zweifel‹ gründet, auf der einen Konzession an die Irrationalität auf der anderen Seite.[68]

Erfahrungswissen statt Heilsgewißheit: ein Glücksverlust, der nicht auszugleichen war, aber ungeheure Suchbewegungen auslöste. Die Energie, mit welcher der Mensch sein Forschen vorantrieb, kann tatsächlich auch aus diesem Ausgleichsbemühen verstanden werden: Er grub nach Ersatz für die bergenden Gewißheiten seiner abgelegten mythischen Existenz.

Glück ist Geborgenheit in einem *Sinn* unseres Daseins, soviel läßt sich hier ablesen. Sich von sinnspendenden Mächten übertroffen zu fühlen, das ist nicht Bedrohung, sondern Zufluchtglück. Sich von säkularen Kräften – denen der Technik, denen der freigesetzten Materie – übertroffen zu fühlen, erzeugt Angst. Das Entdeckerglück ist geschwunden, seit wir unsere Entdeckungen als Instrumente menschlicher Unberechenbarkeit erkennen. Uns selbst zu verlassen in Richtung auf ein höheres Prinzip, das spendet Trost und verspricht Glück. Fortschritte in der Erkenntnis unserer Ohnmacht zu machen, ohne irgendwo außerhalb von uns Zuflucht zu finden, gleicht dem Sturz ins Nichts. Deshalb ist dies die Stunde der Utopien und Sekten, der Räusche und Drogen: Künstliche Götter werden aufgeboten, uns zu trösten.

Wenn sich der Mensch nur noch auf den Menschen verlassen möchte, wäre es folgerichtig, wenn er seinen Umgang mit dem Menschen besonders sorgsam gestaltete. Unsere Distanzverluste zum Kosmos, die Verluste an Ehrfurcht sind und mit den Götterverlusten zusammenhängen, ziehen aber Einbußen an Abstand auch zwischen den Menschen nach sich. Auch diese Einbußen hängen mit dem Verlust der Gewißheit zusammen, daß wir mit dem anderen Menschen gewissermaßen im Schatten einer höheren Macht umgehen: daß auch der Mensch uns letztlich nicht verfügbar wird, daß er unsere Distanz, unsere ehrfürchtige Scheu verlangt. Die Grenzen zwischen Ich und Du sind gefallen. Hier wirken auch die Zufluchtssehnsüchte mit, die uns peinigen, seit wir nur noch beieinander Zuflucht finden. Im anderen aufgehen, uns selbst vergessen in ihm: diese Form des Glücks suchen viele Menschen, wenn sie den Selbstverlust in der Vermischung mit dem anderen aufheben möchten.

Die gefallene Grenze zwischen Ich und Du hat eine ganze Kette von Glücksmöglichkeiten mitgerissen: Auch den Menschen vereinnahmen wir im Sinne des Habens und verdecken damit sein eigenes Sein, das wir bewundern könnten, wenn wir ein wenig Abstand nähmen. Wir vernichten die großen Glücksvorräte der Hingabe, wenn wir nur zueinander fliehen, um Angst zu betäuben. Als wechselseitige Benutzer büßen wir alles Glück der Begegnung ein.

Dieser Verwechslung von Ich und Du entspricht auch die Verwischung von privat und öffentlich. Fast alle Menschen leben heute im Zwiespalt zwischen den eigenen Vorstellungen und jenen, die sie in der Gesellschaft vermuten über die Frage, was privat sei und was nicht. Die egalitären Utopien entziehen ihren Anhängern das Privateigentum, um sie zu entindividualisieren: Dasselbe geschieht in Straflagern und geschah in den Konzentrationslagern zum Zweck der Entwürdigung und der Entpersönlichung. Wir haben diese Entsprechungen offenbar nie verglichen: Die Faszination des Gleichheitsgedankens ist auch vollgesogen mit den Neidkomplexen all jener, die sich mit den Besitzverhältnissen anderer vergleichen statt mit deren Person – mit dem Haben statt mit dem Sein.

Das Bedürfnis nach privaten Räumen und privaten Empfindungen ist ein menschliches Bedürfnis, das zur Stabilisierung des Ich beiträgt. Irgendwo will der Mensch seine eigene Spur behalten, sich selbst ordnen und verstehen. Das kann er nicht nur innen tun; wir wissen, welche ungeheure Gedächtnisanstrengung Inhaftierte aufwenden, um in kahlen Zellen ihrer selbst sicher zu bleiben. Sie lernen auswendig, sie dichten, sie sprechen mit sich selbst: Sie schaffen private Welt in der Imagination, um sich nicht selbst verlorenzugehen. Die Übergangsphase, in der wir auch mit unseren unsicheren Definitionen des Öffentlichen und Privaten leben, ist gekennzeichnet vom Meinungsdruck des Sozialpathos, das viele Menschen in ihrem Verlangen nach persönlichen Sphären beschämt: Nach dem Moralkodex, der noch in ihrem Innern lebt, fühlen sie sich schuldig, wenn ihnen moralisierend begegnet wird. Ihr Privatheitsbedürfnis stammt aber aus demselben Moralkodex und galt dort als erlaubt: So beobachten viele Erwachsene mit gespaltenem Empfinden die Gruppensucht ihrer Kinder und fühlen Schuld: Haben sie das Privatisieren übertrieben?

Privatheit als bürgerliches Laster hat tatsächlich im Pluralismus neue Spielfelder erhalten: als Prestigefestung und als Abgrenzungsverhalten aus Neid oder Rache gegen jene anderen, mit denen man wetteifert. Bruno Bettelheim hat den Verlust der

Privatsphäre dennoch als schwerwiegende Störung im Glückshaushalt der Menschen bezeichnet. Denn die äußeren Einbußen an Spielraum sind nur Bilder für die verlorenen inneren: Zu wissen, daß man mit unzähligen anderen nicht nur den Zuschnitt der Wohnung und den Möbellieferanten, sondern auch das Fernsehprogramm am Abend teilt, erzeugt nur auf den ersten Blick so etwas wie solidarische Wärme zwischen den Menschen.

Der Wunsch, wir selbst zu sein, kehrt um so unerbittlicher zurück: Wir suchen fieberhaft nach jenem ›Mehr‹, das der andere haben könnte; wir spähen es aus, wir beneiden ihn um seine heimlichen Glücksvorsprünge, auch wenn es für diese an jedem Beweis fehlt: Was er an Privatem schützt, das wollen wir öffentlich gemacht sehen, ob es Dinge sind oder Meinungen der Beziehungen: den Umgang mit seiner Frau, mit seinen Kindern, mit seinem Geld, mit seiner Zeit. Warum brechen wir so rigoros in die Privatwelt der anderen Menschen ein, wo nicht tatsächlich, da mit unserer Phantasie?

Warum aber sprechen wir auch über soviel ganz Privates und Vertrauliches mit beliebigen Menschen, in relativ ›öffentlicher‹ Umgebung? Wir sind unsicher geworden, wo die Grenze liegt, wir fühlen innere Zwänge, uns durch solche Umarmungen des Fremden Augenblickserleichterung zu verschaffen: so als fiele die Grenze, so als bände uns nicht der Sozialneid aneinander, sondern wahrhaftiges Vertrauen.

Wir alle stecken in dem Zwiespalt zwischen unserer eigenen Moral und der Meinung der Gesellschaft zu dem, was privat bleiben sollte und was nicht. So hängen wir schließlich alle einer doppelten Moral an ... Vielleicht wird unser derzeitiges Dilemma hinsichtlich dessen, was in den Privatbereich und was in die Öffentlichkeit gehört ... von ... schweren, ungelösten inneren Konflikten im Blick auf das, was richtig und was falsch ist, verursacht ... Unsere westliche Gesellschaft ist weit fortgeschritten in ihrem Streben nach Privatheit und in ihrem Bemühen, die Nachteile übergroßer Nähe auszuschalten ... Andererseits leiden viele, die sich Privatheit leisten können, unter zu großer Distanz und unter Isolierung. Vielleicht hat das, was wir heute als Übergriffe auf die Privatsphäre ansehen, etwas zu tun mit dem Versuch, die Waage wieder ins Gleichgewicht zu bringen.[69]

Wir brechen aus ins Private, wo wir auf öffentlichen Szenen stehen, und wir schonen das Private der anderen nicht, auch wenn sie es für sich behalten möchten. Wie sind diese Widersprüche zu erklären? Wir entbehren die Sphären, die nur uns gehören, und zerstören sie, wo wir sie finden. Wir bestrafen auch jene Menschen, die Distanz halten: Wir nennen das ›unsozial‹ und sind im Grunde getroffen, daß sie die Kraft haben, Öffentliches und Privates zu unterscheiden.

Die Bekenntnisräusche, die sich oft im ›öffentlichen‹ Klima von Empfängen irgendwo zwischen Zweien entwickeln, sind wie die Sehnsüchte nach eigenen Formen des Denkens, Fühlens und Lebens, Symptom einer qualvollen Übergangslage: Das überkommene Ethos, nach dem wir ein Recht auf Privates haben, lebt noch; aber die Egalitätsideologien haben sich mit der moralischen Geste des alten Ethos kostümiert und schlagen uns mit unseren eigenen Waffen. Daher werden wir, nicht nur auf diesem Gebiet, in einer gewandelten sittlichen Normenwelt die Opfer unseres Ethos, das hier nicht mehr gilt.

So läßt sich erkennen, daß die kulturellen Übergangslagen sich immer deshalb komplizieren, weil die sittliche Ausrüstung der Menschen aus dem soeben verlassenen kulturellen Abschnitt stammt und auf die neuen Lagen nicht passen will: Was uns vor wenigen Jahrzehnten noch Schutz gewährte, das gefährdet uns heute. Ablösungen der Menschen von einem vertrauten und überzeugenden Ethos werden auf diese Weise gefördert. Die Glücksverluste kommen durch die Kanäle der Glücksversprechen. Halten wir an bewährten Mustern des Glücksgewinns fest, so treffen uns im Wandel der Normen plötzlich Strafen. Soziale Isolation ist eine der wirksamsten Bestrafungen, die auch den letzten Träumer eines überkommenen Ethos endlich vor die Entscheidung stellt: sich wider seine inneren Überzeugungen dem Wandel anzupassen oder allein zu bleiben mit seinem Normensystem. In beiden Fällen wird er leiden. Die Massenkultur ist, was diese Anpassungszwänge betrifft, besonders unerbittlich, weil sie die Privatsphären programmatisch aufbricht. Die Vergesellschaftung des Individuums sollte Glücksdiktat sein und ist Glücksverlust geworden.

Bettelheim sieht auch den Zusammenhang der Öffentlichkeitsgrenzen mit den Schamzonen, die in einer Gesellschaft gelten, und zieht Folgerungen:

Ebenso wird aber deutlich, daß alle Körperfunktionen, einschließlich Sexualität und Ausscheidung, solange sie mehr oder weniger öffentlich waren, nicht mit großer Scham verknüpft waren. Erst als sie immer mehr in einen privaten Raum verwiesen wurden, lernten wir das Schamgefühl wegen unseres Körpers und seiner Funktionen. Tragisch ist, daß Entfremdung vom eigenen Körper zu Entfremdung von sich selbst und von anderen führt ... Was fehlt, ist vielleicht die richtige Ausgewogenheit zwischen Nähe und Distanz, zwischen öffentlichem und privatem Bereich.[70]

Erinnern wir uns der Wahllosigkeit im sexuellen Bereich, die heute gilt, so belehrt uns dieser scheinbare Widerspruch zu den selbstverständlichen Abgrenzungschancen im Bereich des Wohnens und der Hygiene, daß die Zusammenhänge sehr komplex sind: Während wir unser eigenes Bett haben und unsere Toilettentüren verschließen, unsere Duschen verriegeln können, brechen wir Grenzen nieder, wo es um weit mehr an ›Privatem‹ geht, und zerren Leib und Seele auseinander, ein Gewaltakt, der bei den hygienischen Privatsphären gar nicht zur Debatte steht.

Tatsächlich kommt es auf die Balance an: Wo immer das Glück gefunden wird, da ist es der Inbegriff der gleichmäßig gefüllten Waagschalen: Harmonie der Widersprüche.

Glück ist Grenzüberschreitung

Das Öffentliche und das Private freilich hat geschichtlich wandernde Grenzen. Es gibt keine absolute Bestimmung für den Verlauf dieser Grenze; die Bedürfnisse der jeweils lebenden Menschen bestimmen ihn im Gleichgewicht mit anderen Erfüllungen, die sie erfahren. Unser geschichtliches Problem ist das Tempo der Veränderungen, denen wir ausgesetzt sind. So leben heute viele Menschen verschiedenen und gleichen Alters eng zusammen, die sehr verschiedene Glücksvorstellungen haben. War die Idee, das Glück aller im kleinsten gemeinsamen Vielfachen zu suchen, gewissermaßen als Minimalkonsens des Glücks, deshalb womöglich eine richtige Idee? Vielleicht hatte sie nur einen

Fehler: die individuellen Reste, die für die Einzelnen das persönliche Glück herstellen, nicht ernst genug zu nehmen. Das ist es, was wir heute lernen müssen.

Jedes krankhafte Interesse am anderen ist die Folge eines Gefühls eigener Unzulänglichkeit – deshalb sind wir so darauf versessen, zu erfahren, wie andere die Dinge meistern. Wenn wir alle fähig wären, unser eigenes Leben zu gestalten, hätten wir wenig Grund, das Leben anderer ordnen zu wollen. Weder das Fehlen jeglicher Privatsphäre wie im Mittelalter noch ein Ausspähen durch den Großen Bruder, das unser ganzes Leben in die Öffentlichkeit zerrt, ist das richtige. Wir müssen wie so oft und in so vielen anderen Dingen das richtige Gleichgewicht suchen zwischen dem, was in unserem Leben als privat geachtet und geschützt werden soll, und dem, was unserem mehr oder weniger öffentlichen Gemeinschaftsleben zugewiesen werden kann.[71]

In Übergangslagen, so scheint es, können die Menschen glückssteril werden – nicht nur deshalb, weil ihnen das Beharren auf vorgezeichneten Wegen und die Starrheit der mitgebrachten Moral Glücksboden unter den Füßen wegzieht. Die Grenze ermöglicht vielmehr auch Reibung, lustvollen Widerstand. Der Abbau der Tabus nimmt Glücksmöglichkeiten mit sich: Der glücksbetonte Ausbruch ins Besondere, ins Unbewohnte sozusagen, wird unmöglich gemacht, weil es das Unbewohnte, das Unerlaubte und nie Betretene praktisch nicht mehr gibt: Selbst die Phantasie trifft überall auf abgenutzte Möglichkeiten. Wir werden uns auf die Dauer nicht der Erkenntnis verschließen können, daß die Geringschätzung aller Sublimierungsleistungen, der unsere Gesellschaft gegenwärtig huldigt, weiträumige Verluste in den Landschaften des Glücks gebracht hat. Max Horkheimer, den mancher für einen Propheten der Entsublimierung halten mag, hat im Alter diese Überzeugung geäußert.
Die Banalisierung der Intimräume des Körpers, des Geistes und der Seele, Spätform der Nivellierung des Öffentlichen und des Privaten, wo keine Götter über beidem leben, bedeutet Spannungsverluste, Geheimnisbrüche, Verwüstung unserer angestammten Glückslandschaften durch die räuberische Aggression der allgemeinen Glücksprogramme. Wenn dies zutrifft: daß zum Glück die Überschreitung der Grenzen gehört, dann ist Glück auch: Befreiung aus geltenden Systemen des kollekti-

ven Glücksgewinns. Wenn Horkheimer den Verlust der alten Mauern beklagt, die – im Bilde gesprochen – die Liebenden zu ihrem Glück überklettern mußten, so müssen wir nur die Verläufe der neuen Mauern, die Orte der neuen Tabus aufsuchen, um an Quellen des Glücks zu gelangen. Häufig wird das bedeuten, in die alten Gärten wieder einzusteigen, die wir in Richtung auf unbegrenzte Freiheit verlassen hatten: Gärten der Begegnung und der Distanz, Orte, an denen unsere Sinne etwas gelten und an denen Raum ist für eigene Erfahrungen; Orte schließlich, an denen wir mit den intakten Sinnen unserer Kinder zusammentreffen, Glücksräume, in denen unsere Gefühle wieder erwachen ohne den Schatten des Warenhaften.[72]

Wenn dies Glück ist: die Ausschaltung gesellschaftlicher Sanktionen, dann müßten wir loskommen aus der Spirale der Bedürfnisse und aus den Zwängen zur Rivalität. Wir werden dann die Lust erleben, verschieden zu sein, statt der unmenschlichen Nötigung, alle gleich zu sein: Männer und Frauen, Kinder und Erwachsene können sich nur als so Verschiedene Glück schenken. Und wir werden es wiederfinden, das Glück der Träume, der Hoffnung und das unschätzbare der Erinnerungen; Essenzen der Zeitlosigkeit des Glücks. Spiel und Fest, Liebe und Schmerz gehören zur Kultur des Glücks. Wir beginnen zu begreifen, warum wir so viele Wege zum Glück zugeschüttet finden. Aber wir erkennen auch, daß das Unbehagen, das viele Menschen ungenau empfinden, das Erwachen großer Sehnsüchte nach dem Glück ankündigt, die mit kollektiven Glücksprogrammen nur betäubt werden können.

Die Streifzüge Einzelner außerhalb der Mauern von Rivalität und Sozialneid, von Statusdenken und Sexualterror werden die Festungen des Wohlstands und der zahllosen Versprechungen auf Glücksersatz nicht aufbrechen. Die Streifzüge weniger Kundschafter des Glücks werden aber die Neugierde vieler anderer wecken, wenn diese aus den Freiräumen des Glücks erzählen. Das Glück zählt und rechnet nicht: Es ist außerhalb der Erwerbszwänge und unkalkulierbar. Deshalb wird der Glückliche frei von den Strategien der Warenwelt. Er wird andere interessieren, nicht weil er sie überzeugt, sondern weil er ihren Hunger nach dem Glück steigert.

II
Künstliche Paradiese

Das Paradies ist verriegelt
und der Cherub hinter uns...
Heinrich von Kleist,
Über das Marionettentheater.

Kapitel 8
Heimweh nach Glück

Das vergangene Glück

Unsere Träume, die ›Partisanen des Möglichen‹,[73] gestalten unser Heimweh nach dem Glück. Sigmund Freud hat gemeint, alle unsere Träume seien Wunschträume, und jene die uns als Alpträume erscheinen, gäben nur verschlüsselt Auskunft: entstellte Wunschträume. Eine innere Zensur sieht der Psychoanalytiker wirksam, wenn wir träumen: Noch im Schlaf wirken die Verbote des Tages weiter. Was wir nicht denken oder wünschen dürfen, was wir nicht erleben oder tun sollen, das schleust der Traum in unser nächtliches Erleben ein. Da erscheinen unsere verbotenen Glückswünsche dann wie Maskenträger auf einem Kostümball, und wir dürfen die bei Tage verbotenen Erfüllungen ungestraft genießen.

Es gibt auch Tagträume vom Glück: Die Kinder träumen viele – oder erzählen mehr von diesen Träumen; die Erwachsenen träumen vielleicht ebensoviele, nur erzählen sie weniger davon, weil sie nicht kindisch sein wollen. Der Glückstraum des Erwachsenen wird gehütet wie eine geheime Schwäche, die ein wenig peinlich ist. Unsere Antriebsüberschüsse müssen sich aber in Träumen Luft machen. Ohne den Traum vom Möglichen gäbe es weniger Entdeckungen und noch weniger Erfindungen. Unsere Träume sind Glücksbereitschaft auf Abruf, sie stabilisieren unsere Zukunftsfähigkeit und bewahren zugleich die Vorräte unserer Erinnerungen. Die Verklärung des Vergangenen, die ganze Völker im Entwurf ›goldener Zeitalter‹ leisten, vollzieht jeder von uns in seinen Erinnerungen: Das Glück ist gewesen, und es ist vergangen, so lautet ein zeitloses Klischee; in anderen Zeitaltern war es Besitz aller, so träumen wir in den

Mythen vom Goldenen Zeitalter, und bis auf unsere Tage hat es sich verdünnt, verteilt, banalisiert. Solche kollektiven Vorstellungen halten sich gegen alle Glücksprogramme und gegen die soziale Revolution unseres Jahrhunderts in den Alltagsgedanken der Menschen. Die Erinnerungen sind süß, man wird sie schwerlich jemandem entreißen können. Sie sind kostbar wie unvermischtes Glück, daß sich nur in Träumen genießen läßt, und in der Verklärung sind sie ein Schatz der scheuen Ehrfurcht geworden, unverlierbar und unantastbar.

Mit ähnlicher Feierlichkeit können Menschen von ihren Träumen für die Zukunft sprechen; aber der Realitätsgehalt ist höher, wenn sich überhaupt von solchen Träumen ohne Peinlichkeit sprechen läßt; hier ist lebendiger Eifer enthalten, noch macht man seinen Lebensplan und muß sich Mühe geben. Was in der Erinnerung aufgehoben ist, das dient nur noch dem Genuß: ein Glück, das deshalb viele Menschen zu ihrem einzigen gemacht haben.

Kollektives Heimweh nach dem Abgelebten anderer Zeiten entdecken wir auch in unserer Zeit. Glücksheimweh im letzten Drittel des zwanzigsten Jahrhunderts heißt ›Nostalgie‹. Wir setzen auch hier, wie bei vielen Dingen, die uns innerlich betreffen, sprachlich die kühlende Distanz. Versteckt in der Fremdsprache, können wir unser Heimweh in ironischer Distanz zur Mode machen. Auch was uns herausfordern will, schieben wir so ins Kühlfach der Sprache: *Holocaust* ist ein solches Wort, mit dem wir uns das Ungeheuerliche vom Leibe halten. Plötzlich konnte jeder davon sprechen, schmerzfrei sein Soll an Entsetzen ableisten: *Holocaust* als Anästhesie unseres Fühlens.[74]

Etwas von der wohltuenden Betäubung des Denkens, die das ungenaue Fühlen aus allen Kontrollen entläßt, leistet auch der Nostalgiebegriff. Das sehnsüchtige Fühlen selbst wird als süßer Geschmack des Mangels aufgesucht wie ein Klima, das unsere Wirklichkeit nicht herstellen kann, weil uns Überdruß an Erfüllungsüberschüssen plagt statt Mangel. Erfüllungsüberschüsse vermehren die Zahl der Enttäuschungen ungefähr im gleichen Maße, wie sie das Glück vermehren. Unsere Antriebe, das Glück zu suchen, hat schon Sigmund Freud zu den wesentlichen Lebenstrieben des Menschen erklärt:

Sie streben nach dem Glück; sie wollen glücklich werden und so bleiben.[75]

Diese Antriebe werden in unserer Wirklichkeit von den Erfüllungen überholt. Die Lähmung der Glücksantriebe in der zeitgenössischen Wirklichkeit führt zu Ausweichbewegungen in historische Räume, die unsere unbeschäftigten Sehnsüchte nähren können: Die Nostalgie gilt kulturellen Elementen, die so in unserer Gegenwart nicht greifbar sind.

Wahlverwandtschaften des Fühlens verbinden in ähnlicher Weise die meisten Epochen mit früheren. Die Wahl der geschichtlichen Orte des Heimwehs sagt viel über den Charakter der wählenden Epoche aus, die ihre Defizite auszugleichen, ihre Vorlieben zu befriedigen hofft. Spezielle Mißverständnisse und Auswahlakte gehören zu solchen Rückgriffen und sind das Recht der Nachfahren. Es fällt uns nicht schwer, unter diesen Vorzeichen die Antiken-Verehrung der deutschen Klassik zu verstehen, die Mittelalter-Gunst der Romantik zu deuten.

Zartbitteres Glück: Nostalgie

Die Nostalgie der jüngsten Jahrzehnte nennt erstmals mit dem Heimwehbegriff – schamhaft verfremdet in ›Nostalgie‹ – das Rückwärtsfühlen selbst als Wunschzustand. Nicht das in Erinnerungen und Nachahmung aufgesuchte Zeitalter, sondern der Akt des Erinnerns, gleichviel an was und warum, wird Gegenstand des Interesses. Die Nostalgie gilt denn auch verschiedenen historischen Plätzen und Aktivitäten gleichzeitig, sie darf sehr allgemein sein und enthebt jeden, der sie fühlen möchte, der Geschichtskenntnis. Nostalgie, das ist, in der glänzenden Plastikwelt, Sehnsucht nach dem Angestaubten und dem darin aufschimmernden Weltbild: Im alten Blechspielzeug suchen wir das Abenteuer des Mechanischen, während unsere Spielzeuge elektronisch anschauungsfeindlich sind; vor der Jugendstillampe träumen wir von Wohnstuben, in denen noch gewohnt und geredet, nicht nur ferngesehen wird; in den Courths-Mahler-Romanen schlürfen viele Heimwehkranke ungestraft Kitsch, der als zeitgenössisches Produkt unter die verinnerlichten Sanktionen fiele, denen die meisten von uns sich beugen, um Anerkennung zu gewinnen.

Unser Lieblingszeitalter läßt sich also irgendwo im neunzehnten Jahrhundert und in den Anfängen des zwanzigsten auffinden, aber nicht fassen. Denn unsere großangelegten Wallfahrten ins Stauferjahr, zu Tutenchamun und die singuläre Blüte der Ausgrabungsliteratur im Volkston: die Kelten, die Inkas, die Etrusker – sie alle werden ›nostalgisch‹, nicht aus geradlinigem Geschichtsinteresse, genossen.

Die Lektüre solcher Nachrichten aus der Vergangenheit scheint auch eine Mutation der Reiselust zu befriedigen: Dies sind die Auskünfte, die wir nicht so ohne weiteres ›erreisen‹ können. Wer mit den Autoren solcher Bücher in untergegangene Kulturen steigt, darf sich vorübergehend aus dieser unserer Zeit verabschieden. Der Unvergleichlichkeitskomplex, den wir pflegen wie die Zeiten vor uns, erreichte damit das Stadium, das unserer Glückssuche von großem Nutzen sein kann: Wir sind nicht mehr fixiert aufs Besser, Schneller, Höher, Weiter; Ermüdung am Fortschritt provoziert gegenläufige Bewegungen. Wir möchten uns in anderen Zeitaltern vom unsrigen ausruhen.

Die Häfen, die unsere Nostalgie anläuft, sind im übrigen Glücksorte des relativ kleinen Formats, Heimwehorte des kleinen Mannes, Sehnsuchtsziele des schwärmenden Spaziergängers. Eine jener Nostalgiewogen, in denen dieser sehnsüchtige Spaziergänger zwischen den Zeiten schwimmen möchte, schwemmte uns das Oeuvre des großen Malers Caspar David Friedrich an: große Himmel, Felsen, Eis und Meer, aber auch Ebenen und neblige Täler, halbseitig beleuchtete Gestalten, lustwandelnd ohne Hast oder einfach schauend. Die vom Maler mitbedachten Sinngehalte solcher Ewigkeits- und Vergänglichkeitsgleichnisse wurden nur von Wenigen aufgenommen: Auswählende Sehnsucht war am Werke.

Was suchten die Tausende in den Museen bei seinen Bildern? War es die Natur, die wir entbehren? Warum begann dann nicht eine große Wallfahrt zu den Abendhimmeln, warum brachen nicht Tausende zur Betrachtung des Mondes auf, erstiegen nicht Hunderte Berggipfel, um die Nebel im Tal aufsteigen zu sehen? Öffneten wir seither anders unsere Fensterflügel gegen die Morgensonne – so etwa, wie es die Frau des Künstlers in einem seiner Bilder tut? Es ist nicht selbstverständlich, daß wir diese Sehnsüchte im Künstlichen, freilich hier sogar: in der Kunst – zu stillen versuchen. Aufatmend verlassen die Menschen das Museum: Es war schön und darf folgenlos sein. Man hat nicht selbst die Sinne hingehalten, um den Duft, den Tau, das Licht zu atmen, bis die Augen schmerzen, man hat die Aussichtsplätze nicht selbst ausgesucht, mußte keine Wege zurücklegen. Alles war fertig vorbereitet, als sie kamen; der Naturausschnitt, die richtige Abendminute, der rechte Morgenaugenblick standen bereit, gleichviel, wann sie kamen.

›Nostalgie‹ kommt hier auf ihre Kosten, weil sie eben nicht den Gegenstand der Sehnsucht meint, sondern die Sehnsucht selbst. Nostalgie ist mit dem Symptom zugleich die exakte Diagnose unserer Lage: der Impotenz unserer primären Glücksorgane. Erst in der Aufbereitung durch ein anderes Auge kann uns Natur beglücken. Wir möchten mehr als den Genuß des Sonnenaufgangs in der Natur: Wir wollen zugleich unsere Zeit verlassen. Unsere Wohnung zu verlassen schenkt uns nicht jene Stimmung, die wir finden, wenn diese historische Sonne aus einem anderen Jahrhundert uns unverbindlich, viel unverbindlicher als unsere eigene heute und morgen, warm ins Gesicht leuchtet.

Nostalgie: ein kompliziertes Spiel mit Fremdreizen, das zum zartbitteren Glück führt, zu einem so differenzierten Fühlen, wie wir es im Anblick und Geschmack der Realität nicht mehr erreichen – oder noch nicht wieder? Die Struktur solcher empfindlichen Glücksverstecke bestätigt die bisher versuchte Beweisführung.

Die persönliche Erinnerung gibt für die meisten Menschen zu wenig her: zumal für die jüngeren unter uns, weil ihnen die verklärungsbedürftigen Gegenstände Krieg und Nachkrieg fehlen. Als Wirtschaftswunderkind hat man kaum Verklärungsarbeit zu leisten: Die Sattheit ist sprachlos und reduziert die Sensibilität. Wer in den sechziger Jahren halbwüchsig war, schluckt noch an den Utopien, die weder erledigt noch erfüllt wurden. Glücksaktiv sind in der persönlichen Erinnerung die dürftigen Zeiten. Sie strahlen besondere Leuchtkraft aus in Phasen des Überflusses, wenn die Glückswege immer verschlungener werden, die Glücksorte immer verborgener.

Die persönlichen Biographien geben wenig her an Erinnerungsglück: Wir wissen darüber hinaus, daß die Augenblicksverehrung der Lustgewinnjünger die Organe für Erinnerung verkümmern läßt. Heute gilt Zukunft, und seit auch sie dem Verdacht der Unergiebigkeit verfällt, nehmen wir Zuflucht bei der Nostalgie. Nostalgie – Sehnsucht nach rückwärts um der Sehnsucht willen: Wir leiden auch an Sehnsuchtschancen Mangel; in der Liebe sehnt sich fast niemand mehr, weil die Partner ersetzbar sind. Leiden gilt als töricht, und die große Liebe, deren Glück ohne Sehnsucht stürbe, ist aus der Mode. Man regelt Entfernungen, spricht über Telefone, statt Sehnsuchtspost zu schreiben, bricht Fernbeziehungen ab oder knüpft nur in der Nähe welche. Die Effizienz regiert; wer Sehnsucht leidet, hat Organisationsfehler in seinem Liebeshaushalt begangen.

Auch diese Irrtümer wirken an unseren Glücksverlusten mit: Sehnsucht ist die Schattenseite der Glücksgewißheit; wir sehnten uns nicht, träumten wir nicht ins Ziel unserer Sehnsucht das Glück. Wie Leiden und Schmerz überhaupt, so ist auch die Sehnsucht eine glückssteigernde Macht. Sie setzt Glücksenergien frei, wie die Phantasie, die List; sie produziert Ideen und steigert damit unsere Selbstgewißheit. Eine ganze Skala des Fühlens erschließt sich auf solchen Wegen zum Glück, eine Kette von Gefühlen und Kräften, die tatsächlich privat sind, von niemandem verwaltet oder verordnet.

Scheu vor dem Glücksrisiko

Weil wir diese Glücksgewinne auf eigene Faust verlernt haben, geben wir uns der kollektiven Nostalgie hin: Sehnsucht ohne wirklichen Schmerz, leises Heimweh ohne die Risiken der Heimkehr. So ist die Nostalgie ein Spiegel unserer Scheu vor Glücksrisiken. Arnold Gehlen hat die Nostalgie als »nach rückwärts strahlende Glücksphantasie« bezeichnet;[76] sie ist die Zwillingsschwester der Utopie und in unseren Jahrzehnten deren Nachfolgerin im Reich der Glücksträume. Was in den sechziger Jahren nach vorwärts in die Zeit geträumt wurde, als Aufbruch, Veränderung um der Veränderung willen eine weitverbreitete Stimmung waren, das träumt eine apathische Generation in den Siebzigern nach rückwärts: nur keine Aufgaben, nur kein entschiedenes Schicksal haben! Aussteigen aus der Zukunft, noch ehe sie begonnen hat. Wir werden diese Stimmung bei vielen jungen Menschen wiederfinden.

Es gibt eine abstoßende Wirkung der gegenwärtigen Zustände, eine Abstoßung, die uns für die Magnetwirkung der Vergangenheit öffnet. Die Schocks über die Sender, das hektische Tempo, Politik täglich und aufregend, nicht endende Erlebniszwänge und das Unglaubhafte öffentlicher Beteuerungen mit ihren bloß noch flüchtigen Vorwänden – das alles entfaltet eine abstoßende Kraft, und dann merken wir, daß die Beschäftigung mit der Vorkriegszeit mehr hergibt als einen Erholungswert, nämlich einen Orientierungswert.[77]

Als Orientierungswert scheinen mir die ungenauen Ziele des nostalgischen Fühlens überschätzt. Für die Glücksgrabungen, die wir anstellen wollen, sind aber die Widersprüche wichtig: Erlebniszwang und Erlebnishunger: Hektik als Stimulans und als pathogener Streß; Schocks als Genußform und als Angstquellen: diese widersprüchlichen Essenzen machen unseren Alltag aus. Der Erwachsene ist längst zur Verkörperung dieser Paradoxien geworden; ein wandelnder Widerspruch. Die Jugend, deren Vorrecht die Suche nach dem Unvermischten ist, zeigt uns durch ihre Reaktionen auf diese Glücks-Ersatz-Handlungen, daß unsere Techniken des Glücksbetruges ihre hohen Erwartungen enttäuschen und ihr Zutrauen zu uns verletzen.

Der Rückzug in die Vergangenheit ist auch ein Rückzug in den Dunstkreis sittlicher Positionen: Eine geordnete Welt, so scheint es, lag dem Leben jener Menschen zugrunde, deren Wohnkultur uns durch die Umständlichkeit der Details belebend anhaucht, voller Lizenzen zum Fühlen, eine wortlose Einladung, die rationalen Lebensbilder auszublenden. Was im bittersüßen Heimweh ohne Worte, nur im Zuspruch der redenden Gegenstände aufgesucht wird, ist auch der Glückstraum von den langsamen Zeiten, die jedem Einzelnen ein Leben in gleichsam stehender Kultur erlauben, so scheint es den Nachfahren.

Wenn wir im verblichenen Samtsofa des Biedermeier ausruhen,

vom sanften Lichtkegel der breiten Lampenglocke beschienen, dann nehmen wir nicht nur Urlaub aus der Gegenwart; wir glauben auch, an einer Kontinuität teilzunehmen, die uns die Gegenwart verwehrt. Da lebten Großeltern, Kinder und Enkel mit demselben Porzellan, denselben Silberlöffeln, dem nämlichen Sofa. Die Austauschbarkeit der Sachen und damit jene der Menschen scheint uns vorübergehend gebannt, wenn wir uns mit diesen Garanten der Beständigkeit umgeben. So stellen wir außen und um uns her, was in uns nicht mehr gelingen will: Erinnerungsglück, Geborgenheit in größeren Zusammenhängen, das Erlebnis von Anschluß, wo uns alles fremd geworden ist, uns jeden Tag Entwicklungen überholen und hinter sich zurücklassen: traurig, ohnmächtig, glücklos. So könnten wir eigentlich an unserem eigenen Verhalten ablesen, was wir entbehren: Nostalgie, ein halb ironisches Prädikat, mit dem wir uns selbst belächeln, um uns zu verstecken, ist der Glücksersatz, in dem wir sprachlos fühlend aufzählen, was wir brauchen: Wiedererkennungsglück, Erlebnisse der Dauerhaftigkeit, erkennbare Zusammenhänge unseres Lebens mit früheren Leben, Geborgenheit in Alltagsbildern, äußeren wie inneren – und schließlich: Kultur des Fühlens, Anlässe und Aufforderungen zum Fühlen in dieser unserer Zeit.

Alle diese Bedürfnisse ringen in uns nach Luft: Teils opfern wir sie den kollektiven Programmen, weil wir auf Mehrheitlichkeit dressiert sind. Zum Teil verschleudern wir Erfüllungschancen aus Bequemlichkeit und Anspruchsmentalität. Und schließlich haben wir es verlernt, ›auf eigene Faust‹ zu leben.

Die Jugend unternimmt noch entschiedene Fluchtversuche aus unseren Zonen des verdünnten Glücks. Sie kämpft mit schweren Irritationen bei der Wahl ihrer Glückswege, weil sie nichts Verläßliches vorfindet. Ihre Abwehr und Verachtung für alles Erwachsene ist das Maß ihres Berührungsschmerzes mit der vorgefundenen Welt. Die künstlichen Paradiese, in denen viele junge Menschen Zuflucht suchen, sind Abbild unserer Welt, wie sie ein junger Mensch erlebt, und Fluchtversuch aus dieser Welt zugleich: Glücksräusche in Horrorfilmen, Trancezustände in Discotheken sind beides in einem, der Schrecken in dieser Welt und der Glückstraum gegen sie – der sich nur der vorgefundenen Mittel bedienen kann.

Kapitel 9
Die Macht der Bilder

Leben aus zweiter Hand

Diese Jugend ist eine Comic- und Fernsehgeneration. Sie ist aufgewachsen mit Bildern, viel mehr Bildern als ihre Eltern; mit diesen Abbildern von Leben machen sie sich ihr Bild vom Leben. Viele von ihnen haben sich daran gewöhnt, durch die Milchglasscheiben der Fiktion auf die Ereignisse des realen Lebens zu blicken; ihre Ungerührtheit angesichts des Schrecklichen erklärt sich daraus, ihre Mißgriffe bei der Behandlung von Lebendigem haben ebenfalls hier ihren Ursprung. Aus der Welt der Bilder, die sich in die inneren Erwartungsräume für Erfahrungen drängt, steigen Nebel in die Wirklichkeit; sie legen ihre Schleier in die Spielräume authentischen Glücks, die der junge Mensch wie kein anderer betreten könnte. Die Affinität zur Welt der Bilder ist beides: Ergebnis von Verführungen, die von Bildern ausgehen, und Verweigerung gegen eine unzulängliche Wirklichkeit: auch gegen jene, die als Erwachsene diese Wirklichkeit repräsentieren.

Verführung sind Bilder-Angebote deshalb, weil das Bild sich als die leichtere Kost vor das Leben schiebt: Optisches sickert ein, es passiert alle Sperren der Wertung, umgeht jede Kategorie unseres Denkens und überrollt unser ethisches Vorverständnis dessen, was wir sehen. Das unfertige Normensystem des jungen Menschen, im Rohzustand und erfahrungssensibel, gerät in Bewegung vor diesen Fiktionen von Welt, von Handeln, von Leben, vor diesen Heldenbildern, kriminellen Erfolgsporträts, sozialen Klischees und aggressiven Lebensstrategien.

Ehe wir der Jugend in ihre künstlichen Paradiese folgen, in die Höhlen zur Beschwichtigung ihrer Sehnsüchte, die teilweise

126

von Erwachsenen zur Befriedigung einer zornigen Lust am Leben angeboten werden, blicken wir zurück: Sind sie nicht schillernde Orte des Glücks, diese Ausweichposten in die Phantasie, die Bilder vom Leben, prall von Idolen, Autoritäten des Bösen und des Guten, Erfolgsgestalten, Menschen, denen alles gelingt, die das Wesentliche erleben und nicht immer das Zweitrangige? Mit diesen Menschenbildern gefüttert, fühlen junge Menschen sich immun gegen die öde Wirklichkeit, sie sehen durch die Realität hindurch und horten ein heimliches Glück – oder ist es das nicht, das Glück?

Glück überwindet die Realität, aber es hält sie aus. Der Glückliche muß nicht ein böses Erwachen fürchten, weil er die Welt nicht vergessen, sondern ihre Dürftigkeit überwunden hat. Ausblendung der Wirklichkeit macht untüchtig zur Lebensbewältigung und programmiert Enttäuschungen: Das Glück des Realitätsflüchtlings wird so teuer bezahlt, daß es kein hohes Gut mehr ist, sondern ein Übel. Es stärkt ihn nicht für die Wirklichkeit, sondern es macht ihn schwach. Aussteigen: das ist nicht Glück, sondern Rausch. Fiktionale Bilderwelten in unseren Gehirnen aufzutürmen als Bollwerke gegen die kümmerliche Realität, das steigert unsere Ansprüche und unser Ungenügen an der wirklichen Welt.

Bilderwelten und Bilderhelden in unseren Köpfen könnten uns nur dann dem Leben gestärkt zurückgeben, wenn sie uns steigerten und zu einer höheren Stufe der Lebenstüchtigkeit führten. Es gibt auch in der Welt der Filme solche Stoffe. Aber Qualität und Quantität geraten hier gefährlich aneinander: Die Versorgung mit Leben aus zweiter Hand dürfte selbst bei höchster Qualität nicht annähernd so dicht sein, wie die Fernseh-, Comic- und Filmzeiten der meisten Jugendlichen es sind, um nicht Schäden in der Glücksfähigkeit der jungen Menschen anzurichten. Was kann das heißen? Vorgespieltes Leben ist nicht erlebtes Leben. Es gibt sich aber als solches aus. Die Fiktionen, die viele Millionen von Kindern jeden Tag in sich aufnehmen, deklarieren sich selbst als authentische Nachrichten über das Leben. Aber sie dürfen nicht er-lebt werden, sondern nur gesehen. Wir wissen, daß die Bilder nachhaltiger haften als die Worte, welche die Bildermenschen sprechen.

Wir wissen auch, daß die Bild-Erfahrung andere Qualität hat als die Erfahrung aus dem abstrakten Wort. Bilder lassen sich auch ohne Sprache in unserem Gehirn nieder; ohne zugehörige Begriffe siedeln sie sich als emotionale Eindrücke an. Sie bleiben auf einer magischen Stufe der Wahrnehmung aufgehoben. Wer, wie das Kind, nicht über Begriffe zum Verständnis solcher Bilder und Bildreihen verfügt, der kann diese Bilder nicht ordnen. Sie häufen sich als ungeordneter und unbrauchbarer optischer Müll in den Gehirnen an, strapazieren durch ihre Unverständlichkeit die Phantasie, erzeugen Ängste – und bleiben unerledigt. Wir wissen schließlich, daß die Wehrlosigkeit und Passivität des Zuschauers Ohnmachtsgefühle erzeugt und die Impulse zur aktiven Weltbewältigung einschläfert: Diese jungen Menschen werden zu Zuschauern des Lebens, wehrlos, beobachtend, sparsam mit Gefühlen.

Warum ist Bilderkonsum Glücksverlust? Öffnen sich hier nicht alle Paradiese gleichzeitig, von denen ein junger Mensch träumen mag: jene des außerordentlichen Erlebnisses, jene der Gefahr, die Gärten der Liebe, der Schönheit, der Allmacht, des Erfolgs? Sind das nicht Füllhörner des Glücks, die hier ausgeschüttet werden: Überwindung von Raum und Zeit, Ausstiege aus den persönlichen banalen Schicksalen, Sprünge ins All, in die Zukunft, in die Vergangenheit, Sprünge in schöne, kräftige oder zarte körperliche Hüllen, die man sich erträumt, Erlösungen von sich selbst?

Die bildergesättigten Gehirne, wir wissen es inzwischen recht genau, büßen an Abstraktionsfähigkeit ein.[78] Überwiegend mit Bildeindrücken versorgte Kindergehirne entwickeln die Abstraktionsfähigkeit erst gar nicht im gleichen Maße wie andere, die mehr mit abstrakten Zeichen, der Schrift und der Sprache, umgehen. Der Bilderkonsum beeinträchtigt also die Denkfähigkeit, denn wir denken in Sprache. Insbesondere das, was wir jenseits der Wahrnehmung fühlen und mitteilen wollen, Empfindungen, Befürchtungen, Lust und Schmerz, Liebe – Glück: läßt sich nur in der Abstraktion durch Worte vermitteln. Werden diese Funktionen des menschlichen Gehirns reduziert, wenn eine junge Generation sich überwiegend in magischen Bildwelten bewegt? Da die Medienprogramme Massenangebote sind, entfällt in der Regel tatsächlich die verbale Verständigung über das, was man ›erlebt‹ hat. Es genügt die Verständigung, daß man Gleiches konsumiert hat. Sie stiftet Solidarität, eine Form des vor- und subsprachlichen Einverständnisses, das nicht mehr differenziert wird.

Bilder statt Sprache

Das ›Bilderlesen‹ spielt für Kinder und Jugendliche eine Rolle, über die sich die meisten Erwachsenen gar nicht im klaren sind. Schüler haben deshalb Schwierigkeiten, sich sprachlich auszudrücken, obwohl eine Fülle von Gefühlen sie innerlich beschäftigt. Die Gewohnheit, mehr Bilder als Sprache zu ›lesen‹, mindert die sprachlichen Möglichkeiten. Schon vor dem Gebrauch der Sprache erlernen die Comic-›Leser‹ heute eine Technik des Bilderlesens, die Erwachsene nicht beherrschen: Das Auge gleitet wortlos an den Bilderleisten entlang. Die optischen Signale werden auch im Gehirn dieser kleinen Leser nicht versprachlicht. Der spärliche Begleittext ist bei den Kindercomics durchaus entbehrlich; man versteht auch so, was dort vorgeht.

Aber nur das geübte Comic-Kind ›versteht‹ auf diese Weise: Es beobachtet sprachlos die Figuren bei ihren Aktionen, läuft ihnen mit den Augen nach, lacht und fürchtet sich, erkennt an Bildsignalen, ob Lärm entsteht, an graphischen Zeichen wie Zackenlinien oder Wolken, ob Aufregung oder wohlige Zufriedenheit herrscht. Alle Sinne werden in dem einen, dem optischen, zusammengezogen. Die magische Qualität dieser Bilder beruht auf solchen Übertragungen: Akustisches wird, grellfarbig, scharfkantig konturiert, als laut empfunden, zartfarbig mit weichen Konturen als leise. Pferde mit Riesenhufen klappern sichtbar über Pflastersteine: Funkenschlag meldet dem Auge Geräusch, die Übergröße der Hufe steht für Lärm; die Blähung der Nüstern, aus denen Wölkchen puffen, signalisiert hörbares Schnauben. Man ›sieht‹ das Hörbare.

Solche Sammlungen aller Sinneswahrnehmungen im Optischen zeigen scheinbar auch die Kultgegenstände archaischer Kulturen: Fruchtbarkeitsgöttinnen mit Riesenbrüsten und prallen Bäuchen weisen aber auf Sinn weiter, nicht nur auf Sinneswahrnehmung. Sie verbildlichen etwas Gedachtes und Geglaubtes, sind also Zeichen. Die Magie der Comic- und Trickfilmbilder bleibt dagegen gefangen in der äußerlichen Gestalt der Sinnesreize.

Das Kind kann, entsprechend dieser stummen Kommunikation mit seinen Bilderstreifen, nur mühsam über solche ›Texte‹ mit uns sprechen. Es weicht ins Zeigen aus, wenn es bemerkt, daß ihm die sprachlichen Mittel für das, was es gefühlt und erlebt hat, fehlen. Das Bild tut genau dies auch: es *zeigt*. Das Bild weist auf etwas, es zeigt Welt und Menschen, Ereignisse und Dinge von ihrer Schau-Seite. Sprache aber *deutet* Welt, sie dringt ein und ordnet, belegt die Ereignisse mit Sinn, indem sie deren innere Struktur, die niemals sichtbar gemacht werden kann, freilegt oder wenigstens befragt, erwägt, von der seelisch-geistigen Seite enthüllt.

Archaische Kulturenvölker zeichneten, um sich selbst zu dokumentieren; sie ritzten ihre Jagdszenen in Höhlenwände, sie beschworen ihre Götter und fanden Symbole für ihre Ängste und Hoffnungen, für die großen Lebensmächte Fruchtbarkeit, Saat und Ernte, Feuer und Wasser, für die Gestirne und Gezeiten. Diese Stufe wird überschritten, wenn sich das Bild zum Zeichen wandelt, das dann mehr ist als das Abbild, nämlich Hinweis und Deutung zugleich, ein Zeigen und ein Erklären, Sinnliches und Geistiges. Die Bilder und Zeichen der schriftlosen Zeit waren aber mehr als die Bilderreihen der Comics in unserer Zivilisation: Sie waren nicht fixiert aufs Tatsächliche, sondern bereits Abstraktion des Lebens, auf das sie hinwiesen. Der Jäger mit seinem Jagdwerkzeug und das flüchtende Wild, das er erlegt: diese Szene ist Zeichen der lebenserhaltenden Aktivität des Menschen, seines herrscherlichen Eingriffs in die Natur, seiner Eroberung von Welt.

Auf der Höhe einer differenzierten Kultur leben solche optischen Zeichen fort in der bildenden Kunst und in der Religion: Bilder, die über sich hinausweisen auf Bedeutungen und Zusammenhänge, Inbilder statt bloßer Abbilder. Wo wir nur noch abbilden, weist das Bild mit nichts über sich hinaus, da ist es nicht mehr Zeichen für die Zusammenhänge unseres Lebens, sondern nur noch ein reduziertes Stück dieses Lebens. Freilich kennen wir Bilder mit Informationswert, Abbilder, die uns etwas zeigen, was wir hier und jetzt nicht sehen können. Solche Bilder ›beschreiben‹, sagen wir, und das ist ein ›sprechendes‹ Wort, denn sie verlangen nach Sprache. Sie dienen, sie erklären. Sie illustrieren etwas, das geistiger Stoff ist.

Die Differenzierung unserer Sprache entspricht dem Bedürfnis, immer komplexere nicht abbildbare Sachverhalte, unsichtbare geistige Tatbestände, seelische Zusammenhänge, Gewußtes mehr denn Geschautes auszudrücken. Die Sprachstrukturen sind Denkstrukturen: Wir denken in den Worten und syntaktischen Gefügen unserer Muttersprache. Wenn wir Begründungszusammenhänge denken, Abfolgen von Ursache und Folge, so steht ein adäquates Instrumentarium in unserer Sprache bereit, mit dem wir diese Erkenntnisse in Worte – nicht in Bilder – fassen können. Philosophische Denkzusammenhänge müssen selbst die Bilder-Spielräume der Naturwissenschaften entbehren: sichtbare Experimente zu machen, Zeichnungen und Formeln anzubieten, Übergänge zwischen Bild und Sprache. Hohe Abstraktionsleistungen sind auch schon die Formelsprachen der Naturwissenschaften; in Formeln versuchen sich auch die der Naturwissenschaft nacheifernden Geisteswissenschaftler in jüngster Zeit. Aber das nur Gedachte, die unsichtbare Arbeit des menschlichen Geistes, verweigert sich der Abbildung.

Zeigen statt Deuten

Wenn die Kulturarbeit der Völker Abstraktionsarbeit ist: was kann es bedeuten, wenn in einer hochentwickelten Zivilisation, die auf der Aufspaltung aller Funktionen und der Zergliederung aller Systeme beruht, junge Generationen in magische Funktionen von Bildern zurücktauchen, sich der Abstraktion entziehen, in vorsprachliche Räume entweichen und Bilderstreifen wortlos in ihre Gehirne einsaugen? Es ist viel darüber diskutiert worden, daß damit Formen des Konsums ins Geistige verlängert werden, daß im Bild das bequemere Angebot neben der Sprache lockt: Bilder rieseln in uns ein und bewegen uns von innen, sie okkupieren unsere Emotionen, erregen und reißen mit, ohne irgendeine Aktion von uns zu verlangen.

Interessanter als dieser Bequemlichkeitsreiz ist aber der Gedanke, daß die jeweiligen Fluchtformen aus der Realität, die sich eine Zeit wählt, nicht zufällig sein können. Wenn heute die Filmfiktion faszinierender ist als die Wirklichkeit, so ist wahrscheinlich nicht diese Faszination das Neue, sondern die Erreichbarkeit der Filmangebote – in jedem Haus. Generationen vor uns wären dem Fernsehen ebenso vorbehaltlos verfallen wie große Teile der heutigen Jugend. Die Film-Pendants auf dem Buchmarkt aber, die Comics, sind weder die Nachfahren der Bilderbogen für Analphabeten noch die Nachkömmlinge der Bilderbibeln fürs Volk. Sie sind aber ebensowenig an die neuartige Technik gebunden – mit einer Ausnahme: Die Massenhaftigkeit, die Millionenauflagen sind Ergebnis unserer technischen Möglichkeiten.

Daß es nun diese Kost sein muß, die in die Glücksträume der jungen Menschen so viele erwünschte Antworten flüstert, die so viele ersehnte Erregungszustände auslöst, das ergibt sich aus der physiologischen Schmeichelei, die Bilder bedeuten: Sie lassen sich schlürfen ohne Eigenarbeit, wir müssen nur die Augen hinhalten, und schon schwimmt unser ganzer Kopf von Taten, Ereignissen, Gestalten. Sichtbarkeit durchflutet uns und löscht jede eigene Denkarbeit.

Wir werden dieses Kennzeichen der Bilderketten zu würdigen wissen, wenn wir entdecken, daß die Musik, mit der viele junge Menschen leben, etwas ganz Ähnliches tut: Sie löscht das unruhige Ich, indem sie ihm vorspiegelt, es käme zu sich selbst: von Strömen aus Rhythmus durchflossen, ertrinken die jungen Menschen im Rauschen, Dröhnen und Schreien der Stimmen und Instrumente: Ich-Steigerung und Ich-Vernichtung blendet das gesamte Fühlen, man ›ist‹ Musik; im Kopf, so fühlen es die Jungen, ist kein Fach mehr frei. Alles fliegt hinaus: die Schule, die Lehre, der Vater, die Mutter, die unergiebige Alltagswelt.[79]

Das Untertauchen in Bilderreizen hat eine ähnliche Macht, die über ähnlich wehrlose Organe in uns Raum greift: Die Augen essen Leben, wie der Leser es sich erträumt. Sein Geist ist unterbeschäftigt, seine Emotion, seine Wunschphantasien sind stimuliert und zugleich mit Fertignahrung bedient: Er *liest* ja nicht, wie sein Held gewachsen und gekleidet ist, sondern er *sieht* ihn. Die Szene ist fertig aufgebaut. Der Comic-Gucker ist verplant; zum Leser kann er gar nicht erst werden. Die Figuren werden auch nicht Gestalt in seinem Denken: Wie sie gekleidet sind, warum ihre Gesichtszüge ihn sympathisch berühren – oder unsympathisch –, das weiß der ›Leser‹ nicht zu sagen. Ein Gefühl ergreift ihn, wenn er die Figuren sieht: ein gutes oder ein unbehagliches, denn die Typen folgen werbepsychologischen Erkenntnissen: Schwarz oder blond sind schon Signale für Gut und Böse; Nasen- und Kinnlinien signalisieren Brutalität oder Naivität, der Wuchs kündigt die Rolle an, die jemand hier spielen wird.

Eine Welt der Klischees erobert das kindliche Fühlen und wird es besetzt halten. Die groben Strukturen dieser Klischees werden den Geschmack des Kindes prägen. Die Glücksträume der jungen Menschen werden hier gründlich von jeder Individualität gereinigt. Die Ebene der trivialen Klischees wird ihnen als die einzig lohnende Ebene ihres Gefühlslebens verkauft. Die Überbeschäftigung des Gesichtssinns verhindert intensive Gedankentätigkeit. Wer sich hier wehren will, wer kritisch bleiben will, der muß den Bild-Konsum einschränken. Die Verführung also war zweifach programmiert, als die Heftchenkultur aufbrandete. Sie lag in der Menge und Zugänglichkeit dieser Glückssurrogate, und sie liegt in der bescheidenen Anforderung an die Aktivität des ›Lesers‹.

Glücksbetrug

Wie aber kommt es zur Entfaltung solcher Kulturen, die kein Erzieher dieser Zeit unbedenklich nennen kann? Wer plant diesen Betrug großen Stils an den schlummernden Wünschen junger Menschen, an ihren erwachenden Denkfähigkeiten und an ihrem geistigen Niveau? Dieser Betrug wird wirksam, wenn die Grundsätze des Profits jene der Humanität und der Erziehung, der Sittlichkeit und der Vernunft überrunden. Wenn der Aspekt der Verkäuflichkeit alle anderen Aspekte dominiert, dann entstehen im geistigen Bereich Angebote, die alle Erfordernisse einer geistig-emotionalen Entwicklung den Profitinteressen des Marktes unterordnen.

133

Die Jungen sind als Comic- und Filmsüchtige Objekte eines Marktes, mißachtet in ihren wesentlichen Möglichkeiten, betrogen um ihren wachsenden Verstand, verstört in ihrer Erlebnisbereitschaft und trivialisiert in ihren Gefühlen. Bedürfnisse werden durch solche Angebote schon im Entstehen umgepolt: Erfolgsklischees banalster Sorte verdrängen mühelos jede sittlich anspruchsvollere Idee über den Sinn des eigenen Lebens; Wunschträume wuchern ins Irreale und nähren Abscheu gegen die Realität; Kennzeichen der äußeren Erscheinung erfahren groteske Überbewertung, ein Leistungsdruck in Richtung auf die materielle Ausstattung der eigenen Erscheinung wirkt ein; Ohnmachtsempfindungen widerstreiten mit Allmachtsträumen.

Die Helden der Bilderstreifen müssen nun immer wieder als Trostspender aufgesucht werden, weil nur sie die Träume, welche sie geweckt haben, legitimieren. Diktate von Glücksvorstellungen besetzen so die Köpfe unzähliger jugendlicher Träumer. Es sind magische Träume, in denen die Worte der Erwachsenen deshalb nicht hörbar werden, weil diese Wunschbilder in der Wortlosigkeit geboren werden. Sie sind nicht argumentiert, diese Heldenbilder, sondern geätzt in die jugendlichen Seelen, eingestanzt ohne Wenn und Aber, emotionaler Besitz wehrloser Opfer, die sich nicht geistig entschieden haben, ob sie mit diesen inneren Bildern leben wollten: Unversehens leben diese mit ihnen.

Das Gezeigte zu deuten, bleibt, wie beim Fernsehen, auch im Comic keine Zeit. Das Auge gleitet – beim Fernsehen steht es still, aber die Bilder gleiten an ihm vorbei –, und die Emotion folgt seinen Reizen. Der bewußte, auswählende Verstand schlummert.

Diese Form des Rückzugs in Visionen des Glücks, jemand zu sein und Erfolg zu haben, gleichviel womit, ist tatsächlich in unserer Zeit kein Zufall. Machtinteressen von Industrien, Marktstrategien, der Umbruch sittlicher Normen: sie bilden das Umfeld. Der junge Bilderkonsument aber darf selbst als Opfer dieses Verführungskomplotts noch glauben, er wende sich gegen diese verwirrend künstliche Welt, – obwohl er ihr im gleichen Augenblick erliegt. Seine Fluchtmittel sind Werkzeuge jener Interessenkultur, der er ins interesselose Glück entweichen wollte.

Er weicht der komplizierter und abstrakter werdenden Kultur aus in die archaische Kultur des Bilderlesens. Er läßt ohne geistigen Aufwand, unter Verweigerung der Kulturstufe, die das Lesen bedeutet, Leben an sich vorüberziehen, in das er sich hineinträumt – nicht hineindenkt! Es ist vorbildliches Leben nach den trivialen Maßstäben von Erfolg und Geltung, von Kraft und Schönheit, in das er sich hineinfühlt; er spielt da verschwiegen mit, ohne agieren zu müssen, träumt sich gänzlich weg aus der Durchschnittlichkeit seiner eigenen Rolle, aus der Massenhaftigkeit seiner Existenz und wird ein Einzelner, ein Unverwechselbarer. Nicht mehr Schüler Meier, Lehrling Müller, sondern *Superman:* einer, der sie alle mit einem unauffälligen Alltagskostüm narrt und doch der ganz Besondere ist: unverwechselbar im Zeitalter der Austauschbarkeit.

Der verzweifelte Ausbruch aus solcher Fixierung auf die kalkulierte Endlichkeit und zukunftslose Gegenwart verführt dazu, auch das Unwahrscheinlichste und Absurdeste zu bejahen, nur um sich irgendwie eines Überlebens zu vergewissern. Denn nichts ist für einen Jugendlichen weniger akzeptabel als die Tatsache, endlich zu sein, nichts zu sein, trotz der Frage nach einer absoluten Wahrheit wie eine Null zu ›verenden‹. Wer also vorgibt, eine Freifahrt in die Zukunft zu haben, der wird junge Menschen gewinnen.[80]

Was vermissen diese jungen Menschen in ihrem Alltag, daß sie so auffallend zahlreich nach sekundären Glückserlebnissen suchen? Welcher entscheidende Fehler liegt in der ihnen gebotenen Wirklichkeit, daß sie, satt und mit den erwünschten Jeans gekleidet, kaum mit Erziehung bedrängt, so heißhungrig nach künstlichen Paradiesen Ausschau halten, so gierig und wahllos Glücksersatz verschlingen, in Riesenportionen, aber mit einer Apathie, die dazu nicht passen will: Reicht es wirklich aus, diese mit Verführungen beispiellos attackierte Jugend der Bequemlichkeit, der Haltlosigkeit zu bezichtigen? Wer gibt denn jungen Menschen Halt, wenn nicht die Kultur der Älteren? Wer umzingelt denn diese Jugend mit den Märkten der Geilheit und der Aggression, der Pornographie und des Obszönen, wer irritiert sie denn grenzenlos mit Überflüssen, die ihre Sehnsucht authentisch zu fühlen in absurde Fluchtrichtungen treiben? Wer betäubt sie denn mit den intellektuellen Lieblingsspielen dieser Gesellschaft: nichts, was sich denken läßt, unterstehe noch einem sittlichen Urteil? Wer schafft denn das Klima ethischer Mittelbarkeit, in dem der Größte immer jener Klügste ist, der jeden sittlichen Konflikt per Intelligenz paralysiert?

Wer liebt sie denn einmal ohne Argumente, aber auch ohne Nachgiebigkeit? Wem von uns Erwachsenen ist keiner dieser Vorwürfe zu machen? Wer sucht sie denn auf, diese Jungen, nur um der Liebe willen, nicht wieder und wieder in klugem Geschwätz und wissenschaftlicher Besserwisserei, die möglichst der letzten Mode Tribut zollt?

Manche unter den jungen Leuten machen sich über ihre Realitätsflucht im Medium des Films Gedanken. Einer von ihnen schreibt auf:

... eine bestimmte Zeit während des Studiums. Ich meine die Phase, in der wir fast täglich ins Kino gegangen sind, um Wildwestfilme zu sehen. Wir haben es manchmal geschafft, vier verschiedene Filme an einem Tag zu sehen ... Nach der letzten Spätvorstellung haben wir in irgendwelchen Kneipen analysiert, weshalb wir wie Ertrinkende – oder sollte ich das Wort Süchtige wiederholen? – in die Kinos rannten. Wir wollten fliehen vor dem Tag, der uns mit seinen Widersprüchen und seinen Zwängen, seiner Konformität und Unverständlichkeit unerträglich schien.

Wir sind zu einem Ergebnis gekommen: Wildwestfilme erschienen uns deshalb wie das Rauschmittel der Studenten, weil die dort skizzierte Welt überschaubar, die Aufteilung der Menschen in gut und böse leicht und die Problemlösung direkt und endgültig, notfalls mittels einer Waffe erfolgen kann ... Dies war jedoch nicht das Entscheidende. Faszinierend war allein, daß sich die Helden in einem überschaubaren Rahmen für den einen oder anderen Weg entscheiden konnten, daß sie nicht verstrickt waren in einem undurchsichtigen Netz von Abhängigkeiten, und daß sie sich durch die Tat – und nicht durch Reflexion – verwirklichen konnten ... Die Welt des Western war traumhaft, genau die Gegenwelt zu der unsrigen.[81]

Hier läßt sich erkennen, daß nicht nur die Welt erfahrungsfeindlich geworden ist, sondern auch der Hunger der Jugend auf Eindeutigkeit relativ größer. Sie finden sich nicht mehr ab mit dem Überblick über ihren kleinen Aktionskreis; sie wollen Überschau und Einfachheit im Großen.

Daß die Jugend in steigendem Maße ihr Glück in Sekundär-
erfahrungen sucht – im Fernsehen, in den Comics, in Bilder-
heftchen, die über ihre Idole berichten –, dies liegt nicht nur an
der Unergiebigkeit unserer Wirklichkeit, von der wir noch zu
sprechen haben. Die Angebote zu diesem gewissermaßen vorbe-
reiteten, mundgerechten Glück aus zweiter Hand sind so verlok-
kend, weil ihnen die Widerstände fehlen, die jede Primärerfah-
rung uns zumutet.

Heute ging er verlassen ins Kino, manchmal mehrmals am Tag. Am
liebsten war's ihm, der Vorführraum lag im Keller, eine dunkle Höhle,
in der er das Gefühl genoß, sich in die Bilder zu verschlingen. Jetzt hatten die Augen Hunger, wollten sich satt sehen. Er liebte die Illusions-
filme, meistens hatte er hinterher einen Kater; auch der Traumstoff war
verschnitten. Die ganze Welt wurde ihm zum Kino, immer lief ein Film
ab, unangreifbar unwahr. Nachts ging er in die Discotheken, eigentlich
nur um zu gucken, es gab genug andere, die kamen, nur um sich anguk-
ken zu lassen. Aber nie trafen sich die Blicke, so daß Gegenwart spürbar geworden wäre. Und immer spielte die Musik, pausenlos, Schlag
auf Schlag, die Füße traten den Boden im Takt, als müßten sie mar-
schieren, weil sie eine freie Zeit nicht aushielten. Die Füße traten nach
dem Boden, und zugleich träumte der Kopf von einer Möglichkeit der
Versöhnung. Diesen Phantasien schrieb er magische Kräfte zu.[82]

Der Lernwiderstand, wenn wir aus realem Erleben Erfahrungen
abfiltern, entspricht der Reibung an Tatsachen und Verhältnissen, die noch nicht die unsrigen sind. Die Erfahrungsarbeit, die
der junge Mensch leisten müßte, scheint ihm in den fertigen
Medienangeboten abgenommen: Die Quintessenz wird mitge-
liefert, der Lebensausschnitt stimmt. Du brauchst deine eigenen
Sinne nicht mehr, um auszuwählen, so lautet die suggestive Aufforderung aus den Comic-Heften, aus den Fernsehprogrammen.

Das Leben selbst ist viel diffuser: Es verlangt Unterschei-
dungsarbeit von uns, die ›kritische‹ Aufteilung in Wichtiges und
Unwichtiges. *Discretio,* eine Tugend der Distanz vom verführerischen Ausschnitt, wird hier erlernt, Rückschläge und Entmuti-
gungen müssen ertragen werden, fehlschlagende Erfahrungsver-
suche, schmerzhafte Berührungen mit der Wirklichkeit lassen
die Kraft des jungen Menschen wachsen. Nur in diesen Erfah-
rungsprozessen wird Glück frei, das nicht unwirklicher Rausch

ist, den jeder junge Mensch eine Weile mit dem Glück verwechselt: Manche Heranwachsenden glauben für Jahre ihrer Jugend, nur in der Realitätsabkehr sei überhaupt das Glück zu finden.

Die Erwachsenen mahnen dann zur Leistung, zur Bescheidung, zur Dämpfung der Ansprüche. Wie könnte der junge Mensch seine Ansprüche dämpfen, die ihm gar nicht als solche bewußt werden? Wie kann er, was im Grunde dann gefordert wird: sich von sich selbst befreien?

Warum zeigen wir den Nachkommen nicht, daß sie im Umgang mit der Wirklichkeit Glückserfahrungen sammeln können? Glück, nicht öden Leistungsüberdruß können wir ihnen verheißen, wenn sie sich auf das Leben aus erster Hand einlassen. Seine Erfahrungsfelder auszuwählen, müssen wir den jungen Menschen nicht mit Auskünften über das Leben, sondern mit unserer Begleitung ausstatten. So steril wie diese Stadt-Kindheiten ist auch die Phantasie dieser Kinder. Die Künstlichkeit lockt: Sie macht das Leben leicht. Lernspiele aus der Retorte sollen das große Lebensziel ersetzen, zu dem der junge Mensch geboren wurde. Alle starken Erlebnisimpulse legen wir in Fesseln: Geschwister-Eifersucht wird fachmännisch über das Fernsehen ausgelotet; Familienszenen prasseln per Bildschirm auf die Kinder ein, die ein unvergleichliches Zuhause mit unwiederholbaren Menschen haben möchten: Überall sind die Probleme gleich – vor allem Probleme sind überall, sagt ihnen das allmächtige Auge.

So lernt der kleine Mensch nichts früher als seine Austauschbarkeit. Hat er diese erst richtig begriffen – und die Bestätigungen setzen sich nach der ›Beschulung‹ fort, – dann wird er nur noch den einen Weg wissen, um das Glück zu finden, nach dem er sucht: aus sich selbst entwischen, ausschlüpfen aus der eigenen Haut, ins Reich der Möglichkeiten, der irrealen Träume, in den Dunstkreis der Wenigen, die anders sind und sich der Jugend zuwenden: jene, die es geschafft haben, daß man sie bemerkt: sie haben es erreicht, wieder einzeln zu sein, ein Traum, den der junge Mensch als Discothekenbesucher schon aufgegeben hat.

Erwachsene wundern sich häufig über Reaktionen junger Menschen auf die Wirklichkeit. Reaktionsschemata kehren wieder, die dem älteren Beobachter unangemessen erscheinen: Sie verletzen sein Scham- oder Mitleidsempfinden, sie zeugen von Schadenfreude, Zynismus, Gefühlskälte. Auf diesen unbegreiflichen Differenzen des Fühlens beruhen viele Fremdheitserlebnisse zwischen Erwachsenen und Jugend. Solche Konfrontationen der Gefühlswelten geben Auskunft über die Programme des Fühlens und Sehens, die in den Köpfen dieser jungen Menschen auf Abruf warten: Es sind Programme aus den Bild-Erfahrungen, nicht aus der Realität. Reaktionsmuster aus Comic und Fernsehen laufen ab, wenn Situationen in der Realität diesen Vorbildern ähneln. Die Vorbilder aber sind in Wirklichkeit Abbilder des Lebens.

So entsteht das Paradox, daß junge Menschen auf das Leben selbst nach Reaktionsmustern reagieren, die aus der Fiktion stammen. Amerikanische Jugendliche haben diesen Vertauschungsprozeß von Realität und Fiktion beschrieben:[83] Wo sie Unverwechselbares erleben wollen, blenden sich die inneren Bilder ein, die sie als Zuschauer Hunderte von Malen vorweggenommen haben, ohne sie selbst zu leben: ein Mädchen anzusprechen, einen Menschen zu streicheln, zu umarmen; sich mit jemandem zu streiten – für jede Situation stehen Gesten, Mienen und Worte bereit, Lebenskonserven, in Tausenden von Köpfen gleich.

Stereotyp wie diese vorgegebenen Verhaltensmuster laufen nun die Begegnungen ab. Daß für jede Geste aber ein Gefühl, ein unverwechselbares Konglomerat von widerstreitenden Empfindungen, von Erregung und Zweifel, von Vorfreude, Staunen, Vergnügen, von Zorn und Leidenschaft verantwortlich ist, wenn diese Geste echt ist: das können solche besetzten Gehirne nicht erfahren, weil sie blockiert sind von inneren Bildern, zu denen der Fundus fehlt. So leben sie auch das eigentlich ihnen allein Widerfahrene aus fremder Hand, sind zu unsicher und zu unerfahren im Fühlen, um sich allein, ohne ihre inneren Klischees, in ihr eigenes Leben hinauszuwagen. Das reine

Glück, selbst eine Situation zu gestalten und zu prägen: sich Leben ›zu eigen zu machen‹, können diese bedrängten, überfremdeten Sinne auch auf Höhepunkten nicht erfahren.

Die unangemessenen Reaktionen vieler junger Menschen auf Situationen des Alltags haben die gleiche Ursache: Innere Bilder schießen ein – nicht angeeignete Erfahrungen – und brechen sich sofort in Imitationshandlungen Bahn. Was in den jungen Köpfen haftet, sind vor allem die Erfolgsstrategien: und Erfolg verbindet sich in den meisten Filmhandlungen mit durchschlagenden, häufig aggressiven Handlungen. Die Aufforderungen zum Gelächter blitzen in diesen jugendlichen Köpfen auf, wenn jemand in eine erbarmungswürdige Situation gerät: So lachen liebenswürdige Kindergesichter bösartig auf, wenn jemand ausgleitet, weil ihnen eine überaus komische Bilderfolge aus der Fiktion in die wirkliche Szene rutscht und diese verfremdet. Wie viele Trickfilme haben sie gesehen, in denen jeder Mißerfolg ein Lacherfolg war! Sie können vor diesen inneren Programmen nicht entfliehen, sie sind besetzt. Sie kämpfen mit Lachzwängen, wenn jemand ihre Anteilnahme brauchen könnte. Sie finden so vieles komisch, über das die Älteren nicht lachen können. In Wirklichkeit gehen ihnen Realität und die ungezählten Filmbilder durcheinander; ihr Empfinden ist überstrapaziert und reagiert mit Abstumpfung.

Eine eigene Form der Solidarität entsteht unter Jugendlichen durch diese gleichen inneren Bildervorräte. Man hat sich schnell verständigt. Signallaute wie ›crash‹ und ›broch‹ genügen, um ähnliche innere Bilder abzurufen: Man gehört zusammen, zusammen gegen die Welt der Erwachsenen. Das Signalhafte dieser Verständigungsformen setzt sich in der Sprache der Jugend fort.[84] Daß solche Signale nur eine sehr äußerliche Übereinkunft bedeuten, stört zunächst niemanden von den Jungen. Sie wollen diese Flüchtigkeit der Übereinstimmungserlebnisse; sie setzen den Primat des Formalen gegen die auf ihre Substanz zielenden Zudringlichkeiten der Erwachsenen. Sie wehren sich mit der Simplifizierung der Kontakte gegen eine komplizierte Welt. Sie weisen die wertbetonte Weltsicht der Älteren ab, indem sie jede wertbezogene Situation unterlaufen. In ihnen liegen Tausende von nie gemachten, nie erarbeiteten Er-

fahrungen fertig vor; sie operieren mit diesem Vorrat des ›ange-
sehenen‹, nicht einmal ›angelesenen‹ Lebens im Leben.

Dazu paßt die Beobachtung, daß sie tatsächlich das augen-
blickliche Bestehen einer Situation zum Kriterium machen,
nicht deren Bewältigung oder Durchdringung. Ihr Programm
der *coolness* meint vor allem dies: im Formalen überstehen;
keine Regung, keine Schwäche zeigen. Jugend, deren Vorrecht
das unbedingte und gnadenlose Ideal wäre, mit einem solchen
Gegenprogramm gegen das Jugendliche, also gegen sich selbst
antreten zu sehen, das muß erwachsene Beobachter alarmieren.

Rückzug auf magische Zeichen

Das Bilderlesen führt diese jungen Menschen zurück in eine
Welt, die die Erwachsenen verlassen haben. Ihre Spuren sind
auch in den Lernerlebnissen, die unsere Schulen vermitteln, fast
ganz getilgt: es sind magische Seinsweisen, nach denen diese
Kinder suchen, wenn sie sich der Macht der Bilder anvertrauen.
Ein vorwissenschaftliches Weltbild lebt in ihnen wieder auf: ein
Bild von ihrer Umwelt, in dem die Bilder stehen bleiben, wäh-
rend die wissenschaftliche Welt und deren Lernprogramme zur
Abstraktion ins Zeichen fortschreiten.

Das Ausharren so vieler junger Menschen in der Welt der
magischen Zeichen ist ein Protest der Gefühlswelt gegen die
Zwänge des unterwerfenden Verstandes. Sie unterwerfen sich
lieber ihren inneren Bildern, statt in die weltunterwerfenden
Denkprozesse einzutreten. Als Protest erscheint diese Absonde-
rungsform deshalb nicht, weil sie nicht geistig kostümiert auftritt: Der Träumer spricht nicht, er träumt. Für den Beschauer
bleibt er stumm. Von seinen inneren Bildervorräten gefangengehalten, ist er in der Wahrnehmung der äußeren Welt beeinträchtigt, daher hat sein Protest die Gestalt der Passivität. Der Erwachsene sieht von solchen stummen Verweigerungsprozessen
nur die Fassade: Nichtstuer, passive Herausforderer, die sich
auf die Spielregeln der Rivalengesellschaft nicht einlassen wollen.

Wesentlich ist aber, daß diesen Kindern und Jugendlichen
die Chance verlorengeht, ein authentisches Innenleben mit eige-

ner Phantasie zu entwickeln, mit originären Denkspielräumen, mit Erlebnissen und Erfahrungen aus erster Hand. Theodor W. Adorno, den es auch in seinen kulturkritischen Schriften wiederzuentdecken gilt, Schriften, die gegenwärtig den Subkulturen zuliebe fast ungenutzt schlummern, beschreibt diese Verluste an Eigenleben, ausgehend von Befunden über die leichte Musik, die sich auf Filme übertragen lassen:

Die Komposition hört für den Hörer, entfernt vergleichbar der Technik des Films, in der die gesellschaftliche Agentur des Kamera-Auges auf der Produktionsseite zwischen das Produkt und den Kinobesucher sich einschaltet und antizipiert, mit welchen Empfindungen er sehen soll. ... Die geförderte Passivität fügt dem Gesamtsystem der Kulturindustrie als einem fortschreitender Verdummung sich ein.[85]

Wer sich passiv solchen Fertigprodukten ausliefert, wird daran gehindert, Erfahrungen zu machen. Erfahrung beginnt, wenn wir darangehen, eine Anzahl ungeordneter, von Zufällen durchsetzter Erlebnisse zu ordnen. Das Ordnen geschieht zum Teil schon im Erleben und ganz unwillkürlich: Wir folgen Mustern der Wahrnehmung, nach denen uns dies wesentlich und jenes unwichtig erscheint. Die Welt hat für uns Vorzeichen, die Dinge haben Namen. Im Bereich der abstrakten Dinge gelten auch jene Regeln, die wir zur sittlichen Wertung der Dinge und Ereignisse in uns tragen.

Hier herrscht heute Krisenzustand, Übergangslage. Die jugendlichen Menschen sind deshalb besonders offen für Alternativen des Wertens. Erfahrung heißt also auch: den Wert der Erlebnisfragmente nach sittlichen Konzepten, nach einem Normenkatalog durchzuarbeiten. Auch dies geschieht weitgehend unwillkürlich und ist nicht bewußte Arbeit. Erfahrung machen, das heißt schließlich: diesen Ordnungsvorgang erfolgreich, nämlich mit Ergebnissen abschließen, die für uns die Quintessenz aus dem Erlebnisknäuel bedeuten: Wir filtern das Beliebige und gehen in neue Lebenssituationen mit dem Extrakt alter. Das bedeutet immerhin: Wir haben Lebenstechnik hinzugelernt und haben uns selbst verändert, weil wir das Erlebte nach den Regeln unserer Wahrnehmungsprogramme ›erfahren‹, das heißt durchdrungen haben, um es uns einzuverleiben. Der Abschluß solcher Lernprozesse läßt uns das Glück schmecken, das jeder selbständigen Leistung folgt.

Theodor Adorno hat die Wiederherstellung der Erfahrungsfähigkeit für so wesentlich gehalten, daß er sie als das Ziel seiner Arbeit verstand. Das Entweichen der Jugendlichen in Schemata des Erfahrungsbetrugs bedeutet ja unter anderem, daß ihnen die verfügbaren Erfahrungen nicht einleuchten. Sie wehren mit dem magischen Schema ihrer Erfahrungssurrogate in der Bilderwelt die normierten Erfahrungskataloge der künstlich zugebauten Welt ab. Diese verschleierte Protestform entspricht der Unaussprechlichkeit des Schmerzes, der hier – verschwiegen wird. Insoweit sind diese Jugendlichen die tieftraurigen Nachfahren der vitalen endsechziger Jungen, die noch brüllten, polterten, kämpften. Die künstlichen Paradiese dieser jungen Menschen sind so abgedichtet nach außen, daß sie uns jenseits ihrer Erlebnisse nur mit leeren Augen ansehen. Unsere Rezepte langweilen sie. Auch unsere Rezepte also, nicht nur ihre Ausweichmanöver vor dem Leben, müssen sich ändern.[86]

Wandel der Wahrnehmungsmuster

Wir wissen, daß unsere Weltsicht Wahrnehmungsmustern folgt;[87] das heißt: wir sehen selektiv, auswählend, um unsere Wahrnehmung zu organisieren und in unsere Eindrücke komplexer Zusammenhänge Ordnung bringen zu können. Es ist auch bekannt, daß Lernen ein solcher Auswahlprozeß ist. Wenn wir die Muster unserer Wahrnehmung verändern sollen, so melden sich Widerstände, die denen beim ›Umlernen‹ ähneln und im Aufbau auch ein Umlernen bedeuten würden. Die Verweigerung des offerierten Wahrnehmungssystems durch eine nachrückende Generation in so auffallendem Umfang, wie wir es bei vielen Jugendlichen heute beobachten, ist deshalb ein Signal, das wir nicht ohne Anstrengung deuten können.

Zunächst wird die Veränderung selbst von vielen Beobachtern und auch von professionellen Interpreten jugendlichen Verhaltens überhaupt bestritten. Die Fassade dieser Abkehr von den Wahrnehmungsmustern der Elterngeneration ist Passivität, das heißt ein Nichtverhalten. Viele Zeugen meinen deshalb, hier fände tatsächlich gar kein Verhalten statt, sondern nur eine Art ›Sendepause‹, Lethargie.

Versuchen wir zu verstehen, was die Auswanderung der Jugendlichen in die Welt der Bilder und der Geräusche, in spracharme und sprachlose Bezirke bedeutet, so lassen sich einige Elemente des Ursachengeflechts erkennen. Soweit unsere Wahrnehmungsmuster es zulassen, können wir Bilanz machen.

Zunächst lehnen viele junge Menschen diese Muster der Welterfassung und Lebensbewältigung ab. Sie bewegen sich damit im gleichen Krisenfeld wie wir, freilich nach Maßgabe ihrer Jugend unbefangener, bereiter zum ›Umlernen‹, weil die erlernten Muster noch nicht verkrustet sind. So sind die jungen Menschen immer auch Trendboten, die wir aufmerksam belauschen und betrachten sollten, um über unsere noch im Zwiespalt gärenden Wandlungen etwas zu erfahren.

Den drastischen Entzug sinnlicher Erfahrungen mit der Umwelt, mit der Natur beantwortet die Jugend mit verdichteter Künstlichkeit. Ihre Fluchtorte spiegeln in ihrer Künstlichkeit die unwirtliche technische Welt, aus der sie fliehen. Ihr Wahrnehmungssystem ist also tatsächlich bereits besetzt, deshalb muß auch ihre Flucht sich in den Zirkeln drehen, die sie fliehen. Die inneren, die sittlich-moralischen Wahrnehmungsmuster sind freilich in der Erosion viel weiter fortgeschritten als jene der Älteren: Vor allem fehlt das Heimweh nach den alten Mustern, das Erwachsene in den Zwiespalt stürzt; und so handeln viele junge Menschen mit großer Unbefangenheit jenseits der den Älteren vertrauten Wertkataloge – wie die Erwachsenen sagen: ohne Skrupel, subjektiv aber: unbeschwert. Beschwert sind sie auf ganz andere Weise, als die Erwachsenen annehmen. Ihre Beschwernis ist so ausgreifend, tiefgehend und grundsätzlich, daß dramatische Zustandsbilder nicht mehr gelingen. Sie mißlingen auch deshalb, wir haben es gesehen, weil die Mittel zur Darstellung abhanden gekommen sind.

Wie wir die Welt nur aufgrund vorgefaßter Wahrnehmungsmuster ordnen können, so gelingt uns auch die Gestaltung unserer Zukunft nur, wenn wir Vorstellungen von dieser Zukunft entwickeln. Solche inneren Bilder von dem, was man werden möchte und was das eigene Leben sein soll, richten sich nach den verfügbaren vorgegebenen Mustern. Sie sind aber auch ›bebildert‹ mit Ideen, Idealen, Wünschen und Plänen – um so größeren, je kleiner die zurückgelegte Lebensstrecke ist. Erfahrung vermittelt solche inneren Bilder, Extrakte der Anschauung, die mehr sind als die Anschauung selbst. Die vorgefertigten Bilder der Filme und Comics taugen für solche Verarbeitung nicht, weil sie nicht von uns ausgewählt und damit nicht von unserer Wahrnehmungsauswahl gesteuert werden können. Unsere Einbildungskraft findet keinen Raum in ihnen; unser Erinnern wird blockiert.

Das schlechte Gedächtnis vieler Schulkinder ist ein auf diese Weise unterbeschäftigtes und ungeübtes Gedächtnis. Nach der vielfachen Erfahrung, daß sich nirgends Halt finden läßt mit dem Erinnern, schwindet auch der Wille, die Aufmerksamkeit anders als halbwach auf Gegenstände zu richten: Das Bilderlese-Verhalten wird auf Situationen des lebendigen Lebens übertragen; ein erlerntes Wahrnehmungsmuster. So erklärt sich auch die von Erwachsenen vielbestaunte Unfähigkeit, aus Beobachtungen ›etwas zu machen‹, auch nur über sie zu berichten. In Wirklichkeit fiel schon das Beobachtungserlebnis aus, weil die Haltung des produktiven Schauens nie geübt wurde. Seit Kindertagen spazierten die fertigen Bilderbögen ins Haus, jene Bilder, die autoritärer sind, als Eltern es je waren: Man darf sie nicht fragen, man erhält keine Antwort, man darf nicht einmal den Kopf bewegen, man kann weder ›Halt‹ rufen noch um Wiederholung bitten. Das Kamera-Auge ist despotisch und parteiisch.

Der Bilderkonsument ›läßt sehen‹, er sieht gar nicht selbst. Selbstsehen finden die jungen Bildersklaven langweilig: Sie erleben weniger, weil sie nur noch auf grobe Reize reagieren können, denn ihre empfindlichen Sinne haben sich hinter eine Hornhaut zurückgezogen vor den zahllosen täglichen Verletzungen, die das Reizklima der Medien ihnen zumutet. Nur ganz kleine Kinder pressen die Hände vor das Gesicht, schreien auf. Etwas ältere öffnen die Augen riesengroß und starren, wenn die Reize zunehmen, mit geöffnetem Mund unbeweglich in das erregende Geschehen. Ein wenig später schauen sie routiniert und triumphierend zu: Ihre Angst ist besiegt; sie wissen nicht, daß in ihnen das Kostbarste gestorben ist, ihre zarte Empfindungsfähigkeit, ein ganzer Kosmos von Möglichkeiten des Fühlens. Nach dem ersten Tod der feinsten Empfangsorgane folgen weitere und kleinere Tode des Fühlens, des Mitempfindens, des Leidens. Die junge Seele ist erschöpft, sie zieht sich tief und weit zurück. Viel von der jugendlichen Kälte läßt sich aus dieser Leidensgeschichte der jungen Sinne erklären.

Gleichschaltung, die üblicherweise von äußeren Machtsystemen befürchtet wird, ist also innen mächtig geworden. Die jugendlichen Köpfe mit gleichen Inhalten sind deshalb wehrlos gegen totalitäre Angriffe aus der Realität, weil sie mit der Realität nicht umzugehen gelernt haben. Schöpferische Betrachtung der Welt bedarf einer gewissen Sparsamkeit in der Erlebnisversorgung. Die Dauerberieselung mit fertigen Lebensausschnitten hält aber vom eigenen aktiven Leben ab. Die Macht der Fernsehbilder ist wie diejenige der leichten Musik, auf die wir noch kommen werden, eine gefährliche Größe, weil sie realitätsblind macht und eine unkritische Weltsicht fördert: Bedrohliches kann vom Harmlosen nicht mehr unterschieden werden, wenn die Grenze zwischen dem zumutbaren und dem neurotisierenden Reiz nicht mehr auszumachen, die Grenze zwischen Fiktion und Realität überhaupt verwischt ist. Viele junge Menschen leben mit einer solchen Grenzverwischung: Halbwach durchwandern sie die Wirklichkeit, um so oft als möglich in den Höhlen ihrer künstlichen, optischen und akustischen Paradiese Zuflucht zu suchen.

Ihre heimlichen Glücksräume sind extrem; sie lassen auf extreme Eindrücke von dieser unserer Welt schließen, die ihnen nicht zur lebendigen Erfahrung wird. Das Unalltägliche ihrer Glücksversuche – in Drogen, Alkohol, in Geräusch- und Rhythmus-Ekstasen – läßt erkennen, wie weit weg von diesem Alltag sie die Chancen zum Glück vermuten. Daß sie so weit fortgehen von unserer vermeintlich ganz erträglichen Realität, um Erfüllung zu suchen, das beruht ja nur zum Teil auf ihrem Überdruß am Überfluß. Es hat auch damit zu tun, daß unsere Glücksangebote sie nicht überzeugen. Oder machen wir ihnen gar keine?

Nicht alle Jugendlichen leben überwiegend aus zweiter

Hand: über Filmillusionen und Discothekenrausch. Es gibt jene freundlich-strebsamen Schüler und ehrgeizigen Lehrlinge, es gibt Leser und Forscher unter diesen jungen Menschen, solche, die musizieren, statt musizieren zu lassen, mit geschontem Gehör und geschultem Geschmack in die Traditionen unserer überreichen Kunstkultur hineinwachsen.

Wenn hier von den Mehrheiten die Rede ist, dann weil auf ihrer Seite die Verlustbilanzen des Glücks sind. Sie sind es, welche die Hilfe der Erwachsenen brauchen: in Form unseres Verständnisses, solange die Profitindustrien sie verführen; in Form unserer Entschlossenheit, diese Jugend mit Widerstandskräften gegen die Ausbeuter ihrer Sehnsüchte auszustatten.

Jene jungen Menschen, die den Glücksversprechen und Fluchtangeboten nicht erliegen, sind häufig nicht glücklicher als ihre labileren Altersgenossen. Die Film- und Discosüchtigen, die Drogenabhängigen sind häufig die sensibleren mit den kühnen Träumen. Wenn nur eine Jugend ohne Träume überleben kann, ist die Gesellschaft korrupt, die den Träumen in ihren Institutionen keinen Raum gibt. In unserer Gesellschaft scheitert häufiger der schöpferische junge Mensch, der, mit hohen Hoffnungen ausgestattet, Großes leisten könnte. Er findet für seine Leistung keinen Platz. Belohnt wird an seiner Statt jener, der es mit der Einhaltung der phantasielosen Verkehrsregeln dieser Gesellschaft ohnehin leichter hat, weil ihn keine kühnen Träume quälen.

Deshalb folge ich hier den Wegen jener verführbaren, traumbefangenen jungen Menschen, weil mit ihnen häufig kostbare Reserven an schöpferischer Phantasie verlorengehen, wenn wir die Mühe scheuen, ihnen in ihre Verstecke zu folgen.

Kapitel 10
Jugendrituale

Die Glücksversuche der Jugend sind von totalitärer Uniformität: das Fernsehen, die Discothekenabende. Immer voller Hoffnung aufgesucht, werden diese Glücksorte immer voller Enttäuschung verlassen. Daß sie das Außerordentliche nicht auf eigene Faust suchen, sondern in der Geborgenheit einer wortlosen Solidarität, spricht für ihre ungeklärten Selbstbilder. Das Wogen der Hunderte in den Discotheken ist ein hundertfacher Anlehnungsversuch aller an alle, ein Zufluchtsakt, für den die Worte fehlen. Jeder der Hunderte weiß diese vielen Köpfe mit ungefähr den nämlichen Bildern ausgelegt: die Bravo-Idole aus der letzten Millionenauflage, der jüngste *Sound*, der eben per Schallplatte in Umlauf gebracht wurde: Wiedererkennungsglück unter Eingeweihten. Hier geht kein Wort daneben, wie draußen in der Welt – weil man fast gar keins braucht: Hier ist man aufgehoben in einem Rausch von Verwechselbarkeit, wenn denn die Unverwechselbarkeit im Leben nicht gelingen will.

Wie sie in die dunklen Höhlen der Discos schlüpfen, *cool* mit klopfendem Herzen in den Lärm hinabtauchen wie in ein Bad des Vergessens: jetzt ist ihr Kopf nur noch dieses Hämmern und Stoßen, ihr Bauch tönt mit, passiv fühlen sie *Action*, Ideal der sich aufhebenden Widersprüche: Glücksvision.

Dieser Fluchtort, die Discothek, oder die Lärmorgie im Kopfhörer daheim, wird als Gegenbild zur Realität erlebt und ist doch deren Abbild: Das Stampfen der Maschinen, das rhythmische Pochen der Hämmer und Kolben scheint sich hier fortzusetzen. Die zuckenden Bewegungen der Tanzenden wiederholen krampfartig die Schüttellähmungen der technisierten Kreatur.

Es gehört heute zum guten Ton, die Musik der Unterhaltungs-
märkte fachmännisch zu würdigen; kaum ein Intellektueller,
der auf sich hält, macht große Worte um sie: Die leichte Musik
ist selbstverständlicher und, wie man einig feststellt, ernstzu-
nehmender Bestandteil unserer Kultur.

Wie stets der Schwachsinn den erstaunlichsten Scharfsinn aufbringt,
sobald ein schlechtes Bestehendes zu verteidigen ist, haben die Sprecher der leichten Musik sich angestrengt, solche Standardisierung, das
Urphänomen musikalischer Verdinglichung, des nackten Warencha-
rakters, ästhetisch zu rechtfertigen und den Unterschied der gesteuerten
Massenproduktion von der Kunst zu verwischen.[88]

Ernstzunehmen freilich sind diese musikalischen Subkulturen
als Spiegel unseres Kulturzustandes und insbesondere als ein
Spiegelbild dessen, was der kommerzielle Glücksersatz in jugendlichen Gehirnen anrichtet. Die musikalischen Moden folgen den Gesetzen der Trivialität: Das vertraute Wunschpoten-
tial zu beschäftigen und mit Erfüllungsträumen von der Realität
abzulenken. Organisierte Räusche, wie sie in den Discotheken
allabendlich veranstaltet werden, verwalten die Glückssehnsüchte junger Menschen nach dem Prinzip der kalkulierten, immer gleichen Effekte. Die Scheinglückswelt der Idole, die hinter
den jeweils favorisierten Hits auftaucht, wird mitzitiert: Die
Hingabe an das Produkt ist *communio* mit der Glimmerexistenz
der Helden. Die Klischees zur Identifikation, die hier angeboten werden, ähneln denen der Werbung und der Filmindustrie:
allesamt Mächte der gezielten Illusion und der Ausbeutung von
Sehnsüchten. Die Einsamkeit des Einzelnen in der Menge Ähnlicher wird raffiniert genutzt – als eine Schwäche, die süchtig
macht nach Tröstungen.

Sie rechnen mit Unmündigen; solchen, die des Ausdrucks ihrer Emotionen und Erfahrungen nicht mächtig sind; sei es, daß Ausdrucksfä-
higkeit ihnen überhaupt abgeht, sei es, daß sie unter zivilisatorischen
Tabus verkrüppelte. Sie beliefern die zwischen Betrieb und Reproduk-
tion der Arbeitskraft Eingespannten mit Ersatz für Gefühle überhaupt,
von denen ihr zeitgemäß revidiertes Ich-Ideal ihnen sagt, sie müßten
sie haben.[89]

Alles, was an ungenau gefühlten Regungen, an unfertigen Empfindungen in den Gästen solcher Musikhöhlen wabert, wird von der Musik kanalisiert und mit scheinbaren Erfüllungen versorgt. Die jeweils gültigen, kurzlebigen Lieder und Texte zu kennen, dies allein liefert den versammelten *fans* ein Gefühl der Geborgenheit: man gehört dazu und gehört zusammen. Wer den erkannten Rhythmus mitklopft, mit dem Ausdruck des Kenners in die Runde blickt: Aha, *der* Song ist das!, fühlt sich aufgehoben in der Solidarität der Eingeweihten, Souverän eines Marktes, dessen Opfer er im Grunde ist.

Die überredende Macht des Banalen und Immergleichen wird vom Publikum dieser tausend ähnlichen Massenartikel nicht nur mit erstaunlicher Geduld, sondern mit Begeisterung hingenommen: Sie ist der Garant für jene Solidarität im Dauerprozeß des Wiedererkennens; hier kennt man sich aus, ohne zugleich an sich selbst erinnert zu werden. Die eigenen Grenzen bleiben verdeckt, die eigene Unzulänglichkeit bleibt verborgen: Was uns nicht erheben will, das konfrontiert uns auch nicht mit unserer Schwäche.

Gerade weil sie real von dem abgeschnitten sind, was sie sein könnten, ergreift sie Wut, wenn Kunst sie daran erinnert.[90]

Was Adorno mit diesem Satz erklärt, ist der Zirkel der Glückssurrogate: Sie überreden zur Ausblendung der eigenen Lebenswirklichkeit und verriegeln zugleich die Wege zu Glücksquellen, die uns durch die Steigerung unseres Lebensgefühls über die eigene Existenz hinausheben könnten. So werden die Opfer der Glückssurrogate tatsächlich glückssteril, weil sie genau jene Zonen meiden, in denen das Glück bereitsteht. Diese Wirkung des Trivialen ist es, was die trivialen Angebote hinter bloßen ›Unterhaltungs‹-Offerten verbergen. Wer sich auf die Kultur der trivialen Tröstungen optisch und akustisch gründlich einläßt, der büßt die Organe für Glück ein. Die Massenangebote der Medien und der Schallplattenindustrie betreiben Glücksentzug unter dem Motto der Glücksorganisation.

Das Vulgäre der musikalischen Haltung; die Herabminderung aller Distanzen; die Insistenz darauf, nichts, womit man in Berührung kommt, dürfe besser sein oder für besser sich halten als man selber ist oder sich einbildet zu sein, ist sozialen Wesens. Das Vulgäre besteht in der Identifikation mit der Erniedrigung, aus der das gefangene Bewußtsein, dem sie widerfuhr, nicht herausfindet. Hat die sogenannte niedrige Kunst der Vergangenheit solche Erniedrigung mehr oder minder unwillkürlich besorgt; ist sie stets Erniedrigten zu Willen gewesen, so wird Erniedrigung selber heute organisiert, verwaltet, die Identifikation mit ihr planvoll in die Gewalt genommen. Das und nicht, was Phrasen wie die von der Entseelung oder gar der hemmungslosen Sinnlichkeit den Branchen der leichten Musik vorwerfen, ist ihre Schmach.[91]

In den akustischen Fluchtburgen wiederholt sich eine Opferrolle der Jugendlichen, die diese als Befreiungserlebnis einstufen, weil sie gegen die Welt der Erwachsenen steht: Gleichbleibende Angebote provozieren Reflexe und produzieren Erwartungshaltungen, die sich auf dieselben Angebote richten. Ist ein neues Angebot den vorher bekannten nicht ähnlich genug, so ziehen die Abnehmer sich verärgert und irritiert zurück; die Illusion hat einen Sprung bekommen. Deshalb gehorchen die Abweichungen der verschiedenen Produkte auf dem Markt der leichten Musik dem Gesetz: Hinter dem scheinbar Verschiedenen, das nur knapp den Vorsprung des ›Neuen‹ in Anspruch nehmen kann, der als Lockung unentbehrlich ist, scheint das immergleiche Muster durch. Die Hörer sind von Vertrautem eingehüllt, sie brauchen ihre Reaktionen nicht zu ändern.

Trivialität als Schicksal

Die allmächtigen Klischees vom Streß, den man hier abschütteln müsse, ob er nun Schulstreß oder Lehrlingsstreß ist, rechtfertigen jeden Ausstieg aus der eigenen Identität. Nur noch zukkendes Gebrüll zu sein: bis in die Knochen, Muskelkontraktionen, ›fetzende‹, ausschlagende Glieder, ruckende Unterleiber als unzweideutige Metaphern der Ekstase: müde Unschuldsgesichter der Dreizehn-, Vierzehn- und Siebzehnjährigen, die wie nach getaner Arbeit, nur lustloser, nach einem solchen epileptischen Spektakel auf ihre Plätze tasten. Der bittere Ernst ihrer Gesichter läßt lesen, was sie selbst nicht wissen: daß sie hier abzuwerfen versuchen, was sie hier verkleidet einholt: Künstlichkeit, Hektik, fehlschlagende Hoffnungen, Knechtung ihres freiheitsdurstigen Ich.

Die subtil gewohnheitsbildende Wirkung steht im sonderbarsten Widerspruch zur Grobheit der Reize selbst. Insofern ist die leichte Musik, vor aller Absicht, die man etwa mit ihr oder gar den läppischen Texten verfolgt, Ideologie. Forschung könnte ihr ins Handwerk pfuschen, indem sie die Verhaltensweisen und den Habitus der ihr Verfallenen in anderen Bereichen analysiert; die rein musikalischen Reaktionen sind vielfach zu unspezifisch und zu unartikuliert, als daß an ihnen allein sozialpsychologisch gar zu viel sich ausmachen ließe.[92]

Die ›läppischen Texte‹ sind für deutsche Jugendliche von einer besonderen Aura umgeben, weil sie überwiegend englisch geschrieben sind. Welche Enttäuschung spiegelt sich in den Gesichtern vieler junger *fans*, wenn man auf ihren Wunsch diese Banalitäten ins Deutsche überträgt, die sie in Monaten des Lauschens, einzelner Worte mächtig, als geheimnisvolle Botschaften über den Sinn des Lebens und die Macht der Liebe geschlürft haben!

Die Fremdsprache wird auf dem Markt ganz bewußt genutzt, um diese Effekte der Entrückung aus dem Alltag zu erzielen. Hier darf der junge Glückssucher selbst Sprache, die Kategorie der Reflexion, der er entkommen möchte, als emotionalen Klangsalat erfühlen: Laute zählen, nicht sinnbeschwerte Wörter. Einzelne Wörter heben sich ab: *love* und *heart* und *you*, immer wieder dieses magische *Du*, das die Geborgenheitsträume durchflutet. Hier läßt man ganz verschwiegen eine Welt des Sehnens und Schmachtens, der ewigen Treue, der tödlichen Eifersucht auf trivialster Ebene weiterleben, während die Jugend sich, wie bei den Filmen, die sie konsumiert, über das *Knowhow* der Technik unterhält: wie hier die *drums* eingesetzt sind, wie man selbst den Einsatz des *Synthesizers* verbessern würde.

Coolness mit klopfendem Herzen und sprühenden Augen in einer kontrolliert gelangweilten *fan*-Miene. Das Programm, das sie sich gegenseitig vorspielen in solchen Szenen, ist schon umfangreich genug. Das aber, was sie für die Erwachsenen als Alternativprogramm bereithalten, ist noch umfangreicher: Distanz und Herablassung, wo es um ihre Spezialgebiete geht, trockene Kühle, wo man ihnen moralisierend begegnet. Tibor Kneif hat zu der oft geäußerten Meinung Stellung genommen, die Jugendmusik fördere die ›Sozialisation‹ der jungen Menschen.

Hält man am freizeitlichen Genußmittel-Charakter der Rockmusik einmal fest, so werden ihre engen Grenzen in der Förderung der Sozialisation Jugendlicher schnell deutlich. Der jugendliche Hörer von Rockmusik neigt eher zur Abkapselung als zur Kommunikation. In dem rauschdrogen-ähnlichen Zustand, in welchem er die sinnlich ansprechenden, anstachelnden Klänge konsumiert, bleiben kaum noch Fenster für gesellschaftliche Realität, nicht einmal für eine sprachliche Kommunikation mit anderen Rockhörern offen. Mit seinem Kopfhörer vor der HiFi-Anlage ist der jugendliche Rockhörer ebenso ein isolierter Reizempfänger wie der Besucher eines Musiklokals und einer großen Konzerthalle. Bei der üblicherweise voll aufgedrehten Phonstärke, die während des Konzertes, vor ihm und nach ihm pausenlos aus den Lautsprechern dröhnt, sind sprachliche Mitteilungen verbindlicher Art auch nur mit dem nächsten Nachbarn so gut wie unmöglich. Während des Höraktes ist jeder Rockhörer ein moderner Kaspar Hauser, der wohl empfinden und in Ansätzen auch denken kann, aber vor allem damit beschäftigt ist, seine Reflexe auf die akustischen Sinnesreize zu registrieren. Rockmusik dient hier als ein Ersatz für wirkliche Kommunikation, sie ist ein Alibi dafür, daß eine wirkliche und verbindliche, sprachliche oder nichtverbale Kommunikation gar nicht erwünscht wird.[93]

Allgemeine Lebensgefühle, die ins Jugendalter gehören, erscheinen in der Musik der Discotheken als Konfektionsware: Jeder hüllt sich in diese Klanggewänder und ergibt sich der Illusion, gerade dieser Text und dieser *Sound* seien ganz für ihn passend, ganz aus seiner Seele gesungen. Die Sehnsucht, jemand zu sein, wird so vorübergehend in der Täuschung beschwichtigt, hier sei man ganz verstanden, weil Klang und Rhythmus sich so nahtlos dem allgemeinen Fühlen einpassen, das den Einzelnen bewegt.

Daß schon ihre Erwartungshaltungen aus den Retorten der Musikindustrie kommen, können die jungen Hörer nicht unterscheiden. Sie fühlen sich zu spontanen Ausbrüchen aufgefordert und bemerken nicht, daß hier die Spontaneität ein monotones Programm ist. Die Einzelschicksale der Idole werden eigens zur Identifikation aufbereitet: Auch er oder sie scheitert in der

Schule, wechselt den Arbeitsplatz bis zum großen Aufbruch nach oben; auch diese und jene Paare wechseln die Partner, jede neue Liebe ist unsterblich und die letzte, größte.

Mit diesen trivialen Auskünften über das Leben versorgt, planen die jungen Menschen eigene triviale Schicksale, verharren in irrealen Haltungen von Träumern, die nicht geweckt werden wollen, und überlassen der Realität nur Bruchteile ihrer vitalen Kraft. Den Löwenanteil ihrer jugendlichen Energie schießen sie in den Sternenhimmel der Idole, die mit ihnen Kasse machen. Demütig bestaunen sie die Bankkonten und Immobilien ihrer Favoriten, die sich auf ihre Kosten bereichern, auf Kosten entwicklungsfähiger junger Geister und Gemüter, die hier auf die Fruchtlosigkeit der Tagträume festgelegt werden. Gleichzeitig fühlt sich die Jugend von ihren Idolen gut bedient: Die neue Platte kommt pünktlich, und die Karriere des Lieblings wird weiterfinanziert. Daß viele von den jugendlichen Anbetern dabei auf der Strecke bleiben, weil sie nicht mehr die Energie finden, ihr eigenes Leben realistisch zu ordnen, dies bestreiten vor allem die Opfer selbst.

... das Ausweichen vor der Realität, das Vergessen des wirklichen Lebens sind die besondere Attraktion der Discothek. Hier hat der Besucher das Gefühl, selbst Star zu sein oder es werden zu können... Hier glaubt er, kein Wesen im Abseits zu sein, und auch keines im Übergang, sondern schon in Vollendung... Die Szene betrachtet er als absolut und unveränderlich. Alle Unsicherheiten und Minderwertigkeitsgefühle der Jugendlichen erscheinen hier vorübergehend wie weggeblasen... Hier findet der Heranwachsende die Selbstbestätigung, die ihm das reale Leben nach seiner Erfahrung vorenthält. Er wird akzeptiert und nicht kritisiert...

Ein Fünfzehnjähriger:

In der Discothek hat man ein Gefühl der Selbstsicherheit. Wo hat man das schon? In der Penne? Bestimmt nicht... Immer wissen die Eltern und unsere Pauker alles besser, aber tanzen können sie nicht, und von richtiger Musik verstehen sie auch nichts... Das tut gut, wenn man einen Platz hat, wenn man endlich auch mal selber wer ist und sich nicht ständig beobachten und korrigieren lassen muß.

Ein Sechzehnjähriger:

Man muß die Wirklichkeit einfach mal vergessen können. Manche können es allein, in den eigenen vier Wänden. Die legen sich dann hin, hören Musik, schauen sich dabei die Posters an oder machen die Augen zu. Ich kann das nicht. Ich brauche eine Gruppe von anderen Leuten dazu, die der Alltag ebenfalls ankotzt ... Die Disco macht ja auch alles schöner. Das Licht dort ... Es ist so eine Art Traumbeleuchtung, man muß nicht so genau hinschauen und findet dann alles besser ... Fast wie im Film. Warum soll man sich einen solchen Traum denn vermiesen lassen? ... Wie beschissen der Alltag ist, merkt man schon noch bald genug.[94]

Junge Menschen, die ihren Alltag fliehen: Es ist etwas anderes als die dynamische Balance von Arbeit und Muße (die mehr ist als ›Freizeit‹), was in diesen Worten sehr jugendlicher Menschen durchklingt. Vor den Rollenzwängen des Alltags fliehen sie in die nicht minder determinierten Rollen der Disco-Welt. Aber hier, so meinen die jungen Heranwachsenden, macht man seine Rolle selbst, man entwickelt ein Image, das jene Züge tragen darf, die im Alltag nichts gelten: Souverän auf Gebieten, die man von selbst beherrscht, erfolgreich im Stummfilm dieser Nächte, das kann fast jeder werden, wenn er sich hier mittreiben läßt.

Was wirklich mit ihnen geschieht, wenn sie sich Abend für Abend oder einmal in der Woche discofein machen, das muß den Disco-Fans schon deshalb verborgen bleiben, weil das Glück ihrer Träume an diesen Abenden hängt. Unterwürfig folgen sie der allerletzten Mode bei ihren Vorbereitungen, verpakken sich zum Verkauf auf dem Markt der zuckenden Lichter und des betäubenden Lärms. In der Abkehr von der Welt der Erwachsenen gehorchen sie genau deren Gesetzen. Ein enges Spielfeld ist es, auf dem sie sich ›frei‹ zu bewegen meinen, weil sie sich anders bewegen als ihre Eltern. Das Kostüm ist vorgeschrieben, Haarschnitt und Miene erlauben kaum Varianten, wenn man wirklich sein will wie alle. Es scheint ein Paradox: sein zu wollen wie alle und doch voller Sehnsucht, endlich einmal den unverwechselbaren Moment zu erleben, der nur einmal und nur für mich vorkommt, über dieses Erlebnis dann unverwechselbar zu werden. Dieser scheinbare Widerspruch beschreibt den Zwiespalt dieser Seelen: Aufgehen in der Menge der Gleichen möchten sie, weil sie Anerkennung und Zuflucht suchen; endlich das Besondere zu erleben, ersehnen sie, weil ihrem verlassenen jungen Leben das Gewicht fehlt, das sie hält und ihnen eine schöne, wünschenswerte Zukunft zeigen könnte.

Jugend ist der Inbegriff von Zukunft – deshalb ist das mehrheitliche Urteil der jungen Discothekengäste und vieler anderer junger Menschen, ihr Alltag sei fast unerträglich, ein vernichtender Richtspruch über das Klima unserer Zeit. Solche Glücksverfehlungen einer Jugend müssen auf ältere Glücksverluste der Erwachsenen zurückgehen. Nur die Arten der Älteren und Jungen, das Glück zu verfehlen, sind verschieden.

Ein Traum, aus dem man nicht erwachen will

Die jungen Menschen erleben in der Discothek nicht nur den Genuß ohne Aufschub, den sie im Alltag entbehren müssen, sie geraten überhaupt in einen Zustand verminderten Bewußtseins. Dieser Zustand ist es, den sie ganz bewußt suchen. Die Traumbeleuchtung, von der der Sechzehnjährige sprach, deutet diese Empfindungen an. Ein anderer junger Mann schildert, wie schön die Mädchen bei diesem Licht aussehen: so begehrenswert und unwirklich, daß man sie am nächsten Tag auf der Straße nicht wiedererkennt. Der Augenblick, dieser auf Stunden gedehnte Augenblick, in dem sich die Wirklichkeit so verklärt, macht süchtig, so sagen es viele von den jungen Discothekenbesuchern.

Und überhaupt ist da so einiges, was man eigentlich gar nicht so richtig in Worte fassen kann,

sagt eine Achtzehnjährige,

ich meine so'n gewisses Feeling. In der Disco ist etwas, warum man eben immer wieder hin muß, weil es das nur dort gibt. Es ist so eine Art Sehnsucht nach – ich weiß es auch nicht so genau ... Entweder man spürt es, oder man spürt es eben nicht.[95]

156

Man fühlt es, aber man kann es nicht sagen. Und sagen muß man es ja auch unter Eingeweihten gar nicht, weil die dasselbe fühlen. Wenn ein anderer fragt, einer von draußen, ein Erwachsener, dann ergibt sich nur die Alternative: entweder man fühlt es, oder man fühlt es nicht.

Die Rockmusik gehört bei unzähligen Jugendlichen gleichsam in den Intimbereich: gerade weil sie von äußerster Wichtigkeit ist und den Personenkern unmittelbar berührt, bildet sie keinen Gegenstand der Konversation. Die Wortprägung Dieter Baackes von der ›sprachlosen Opposition‹ der rockhörenden Jugend besitzt heute unverminderte Aktualität, weil die Rockmusik im Leben der Jugendlichen eine womöglich noch mehr prägende Rolle spielt als im Jahr 1968, als Baacke seine kritische Analyse schrieb. Seine damaligen Beobachtungen muten heute wie Vorahnungen einer künftigen, eben heute heranwachsenden Generation an, von der schon Frank Zappa meinte, »ihr wäre Gott oder die nationale Flagge oder das Vaterland gleichgültig, allein die Rockmusik wäre ihr nicht gleichgültig«.[96]

Der Junge, der von der nächtlichen Disco-Schönheit der Frauen erzählt, überlegt keinen Augenblick, ob er die Nacht- oder die Tagfrau will: Er entscheidet gegen die Wirklichkeit, er will den Traum, und diesen so oft als möglich. Glück in der Wirklichkeit: sie halten es gar nicht erst für möglich. Höhepunkte bei wachem Bewußtsein: sie halten sie für absolut ausgeschlossen. Nur in den Traumzonen der Fiktion, wenn Filmvisionen sie gefangenhalten oder der lärmende Bauch der Disco sie mit tausend anderen wärmt, suchen sie das, was sie für das Glück halten. Nicht, weil sie es dort finden, wiederholen sie ihre Glücksversuche so zwanghaft, sondern weil es immer ausbleibt und weil es niemals ausstrahlt auf ihre Wirklichkeit.

Im Gegenteil: für die Jünger der fiktiven Tröstungen wird die Schwelle zwischen Alltag und Fluchtraum immer höher. Das Alltägliche verfällt immer rigoroseren Urteilen, immer weniger Einsatz gilt den täglichen Pflichten, immer weniger Energie wird eingesetzt, um dort Befriedigung, Vergnügen, Lust – oder gar das Glück zu finden.

Wenn ich die Discothek verlassen hab', so ist mir nach einiger Zeit, als wenn ich aus irgendeinem Traum erwache ... dann fühl' ich mich ganz anders, ich hör nur noch die Musik, es ist wie ein Schweben, ja beinahe so wie angeturnt ... in der Disco lebste eben nicht mit dem Kopf, sondern mit dem Gefühl ...[97]

Diese hypnotische Bewußtseinstrübung wirkt in den Alltag hinein. Stolz berichten Jugendliche, daß sie, zu Hause angekommen, die Tadel der Eltern einfach an sich ›abrutschen‹ lassen. Sie fühlen sich stark, und das hält eine Weile vor.

Das ist wie ein Traum, aus dem man nicht erwachen will. Und, wenn ich dann in der Schule bin, und der Lehrer ist wieder nicht zum Aushalten, dann denk ich mir, laß' den doch machen, vom wirklichen Leben weiß der ja doch nichts, die arme Sau. Und dann denk ich an die Disco, und dann komm' ich so ein bißchen rein in die Stimmung. Dann ist mir die Schule auch ganz egal, und der Alte kann mich gar nicht haben. Wissen Sie, die Disco ist mehr als Tanz und Musik, sie ist eine Art zu leben, sie macht uns stark, so stark, daß ihr uns nicht mehr könnt.[98]

Das ›wirkliche Leben‹, von dem dieses Mädchen spricht, ist die fiktive Welt der Discothek. Der Betrug um die Wirklichkeit kann als gelungen gelten, wenn die Begriffe so selbstverständlich die Plätze tauschen. Die Jugend dekretiert ihre Fiktion als die Wirklichkeit, an der die Erwachsenen gemessen werden. Die Disco als ›eine Art zu leben‹ wird gegen das Leben ›draußen‹ gesetzt, dessen Vertreter keine Ahnung von diesen Bezirken der Glücksvision haben.

Auffallend an dieser dramatischen Bilanz einer Entfremdung ist nicht der Gegenstand, über den sie virulent wird, sondern die Selbstverständlichkeit, mit der Jugend ihre extremen Lebensentwürfe absolut setzt. Das Problem hinter der äußerlichen Konfrontation um jugendliche Subkulturen und konservative Lebensstrategien der Erwachsenen ist der Verfall der Verständigungsmöglichkeiten. Die zum Selbstbewußtsein erzogene Jugend, Geburtenjahrgänge aus den antiautoritären sechziger Jahren, sollte mündiger und kritikfähiger werden als jede andere vor ihr. Sie wird rascher und unkritischer das Opfer der Profitmärkte, die sie selbst ablehnt – aber in dieser Form, der sie zum Opfer fällt, nicht erkennt. Tibor Kneif hat die Rockmusik sehr grundsätzlich unserem Kulturzustand zugeordnet:

Rock ist der Ausdruck eines zugespitzten, jugendlich rücksichtslosen Individualismus, wie er nur in der Spätphase einer Kultur möglich ist, die gegenüber ihren einstigen Wertungen und Überzeugungen liberal, um nicht zu sagen gleichgültig geworden ist. Gefeiert wird im Rock ein Individualismus, der noch keine vernunftgebotenen Kompromisse mit der Außenwelt eingeht, sondern radikal aufs Ganze geht und gerade deshalb so verzweifelt wirkt, weil ihm die Ahnung von den bald folgenden Kompromissen, Halbheiten und Niederlagen zugrunde liegt.[99]

Die Sehnsüchte dieser Jugend, das lassen diese gar nicht harmlosen Fluchtorte erkennen, sind auch heute, wie eh und je, nicht harmlos oder schwächlich. Wer diese Jugend der Schlaffheit anklagt, der hat schon fast die Alltagsfassade, die sie den Erwachsenen, den Lehranstalten und der Politik gegenüber aufsetzt, für die ganze Wahrheit genommen. Ihre Sehnsüchte müssen unbändig sein, wenn sie sich in solche Wirklichkeitsflucht treiben läßt, um authentisches Fühlen, um einen Hauch von Glücksgeschmack zu kosten. Selbstentäußerung im unbezähmbaren Verlangen, sich selbst zu fühlen, sich selbst zu finden; Selbstverlust wird hier eingeklagt und zugleich unwiderruflich besiegelt: Verlorene Kinder wollen sie sein, verlorene Söhne einer Generation, die ihnen keinen Gipfel zu stürmen mehr anbieten kann, keinen äußeren Mangel zu heilen sie beauftragen könnte, nichts Neues zu vollbringen, nichts Großes zu leisten sie anhalten will: Kinder einer Generation der oben Angekommenen können sich beinahe nur noch in den Abgrund stürzen.

Verständigungsverlust

Die erwachsenen Beobachter tauschen derweil Theorien aus. Es mangelt an Widerständen, sagen die einen. Es fehlt an entschiedener Erziehung, ergänzen die anderen. Not müßten sie schmecken, werfen einige bitter ein. Abenteuer sollten sie erleben, meinen andere. Grenzen müßten gezogen werden, Ziele müßten winken, Anforderungen müßten sie spüren – ein Stimmengewirr der Ratlosen. Was sie eigentlich wollen und ob es etwas ganz anderes sei als das, was die Erwachsenen wollen: fragt das auch jemand? Fangen wir mit dem Einfachsten an: Sie wollen glücklich sein. Ist das zuviel?

Aber sind denn die Erwachsenen glücklich? Sagen sich nicht sehr viele Erwachsene: »Glück? Man muß es zu etwas bringen, etwas leisten, dann kann man nach dem Glück fragen. Glück muß verdient werden.« Deshalb stellen sie nie diese Frage: Bin ich glücklich? Nur dann könnten sie junge Menschen zum Glück überreden. Und die Jungen stellen diese wichtigste Frage auch fast niemals an die Erwachsenen: »Bist du denn glücklich?« Und wer sagt darauf ohne Zögern ja? Nur das würde überzeugen. Statt dessen erklären wir den jungen Herausforderern umständlich, daß wir Pflichten haben und etwas leisten.

Die Aufforderung, zuerst einmal Pflichten zu erfüllen, sich anzupassen, die auch von den Institutionen des Lernens unmißverständlich ausgeht, überrascht die jungen Menschen, weil sie den Programmen widerspricht, die ihnen gleichzeitig ins Ohr geblasen werden: »Sei kritisch! Stelle in Frage! Hüte dich vor den Erwachsenen! Trau keinem über Dreißig! Mißtraue den Institutionen!« – Ihr Zorn, daß sie dennoch zu extremer Anpassung gezwungen werden sollen, findet kaum noch Worte. Die meisten von ihnen sind wehrlos in diesem Kreuzfeuer gegensätzlicher Drohungen und Angebote. Chancengleichheit wird für viele ein Streßfaktor erster Ordnung, weil die chancengleichen Wege ins Leben gnadenlos die Individualität übergehen.

Daß die jungen Menschen glücklich sein sollen, müßte eigentlich unser erstes Interesse sein. Wenn wir ihnen Pflichten antragen, so müßten diese unter dem Motto des Glücks stehen, das durch Leistung frei wird. Wir müßten freilich selbst zum Glück fähig sein, um mit solchen Versprechungen zu überzeugen.[100] Und wir machen sie gar nicht erst, weil wir selbst zum Glück ein gebrochenes Verhältnis haben. Wir wollen es erwirtschaften, organisieren, auch in unserem persönlichen Leben. Kaum einer von uns hat es anders gelernt.

Soviel zum Ausblick auf die Hintergründe der jugendlichen Flucht aus der Realität: Die Jungen können in unserer Wirklichkeit kaum das Glück vermuten, weil wir es nicht zum Prinzip unseres Lebens mit ihnen machen. Lustgewinn ist als Prinzip nicht einmal Erinnerung an Glück, sondern Glücksbetrug. So scheint es folgerichtig, daß die jungen Menschen, deren Glückshunger noch nicht eingeschläfert ist wie jener der Erwachsenen, ihr Glück außerhalb der ausgetretenen Wege suchen, weil auf diesen keiner vom Glück spricht. Ihre ›Anrechte‹ auf Glück, die sie unschwer als katastrophales Mißverständnis des Glücks erkennen, tragen sie hinaus aus dieser verwalteten Gesellschaft in die künstlichen Paradiese, wo sie unter sich bleiben, wenigstens in ihren Träumen ungestört.

Verstehen wir die Flucht der Jugendlichen in die Glücksfabriken der erwachsenen Profitmacher als eine unaussprechliche Botschaft an uns über die Welt, die wir ihnen anbieten, so stoßen wir auf Spuren der Glücksverluste, die Jugend und Alter gleichermaßen betreffen. Unter diesen Spuren sind solche, die Erwachsene, resigniert und angepaßt wie sie sind, nicht mehr lesen können. Deshalb ist die Jugend für uns ein unentbehrlicher Korrekturhelfer bei den Revisionen unserer Kulturirrtümer. Freilich sind die Verständigungsprobleme groß. Sie verbergen Differenzen des Wertempfindens, die gelegentlich weiter gehen als ein Erwachsener den Jungen folgen möchte. Die Verständigungsaufgabe ist in erster Linie eine Aufgabe des Verständnisses, die Erwachsenen zugemutet werden muß. Jugend ist überbeschäftigt mit sich selbst und ihren unerklärlichen Entwicklungsschüben. Sie kann moralisierende Vorträge der Älteren nur in ganz kleinen Dosen, eingebettet in überzeugendes Handeln, entgegennehmen.

Zunächst müssen wir zur Kenntnis nehmen, daß junge Menschen mit ihren Wertgefühlen häufig schon ganz anders ansetzen als die älteren. Sie schauen uns aus fragenden Augen an, wenn wir wertbeschwert argumentieren, wo sie sich der Mühe einer wertbezogenen Sicht soeben entledigt haben. Nicht der Vorwurf, daß sie aus unseren Systemen auswandern, hat hier seinen Platz, sondern die sorgsame Beobachtung, warum dies geschah, ist Aufgabe der Erzieher.

Zwischen den Positionen derer, die sich wehren: An uns liegt es nicht! und derer, die meinen: Nur die Erwachsenen sind schuld! läßt sich vermitteln mit der Erkenntnis: Keine dieser Rechnungen geht auf, und auch in der Mitte ist die Wahrheit noch nicht anzutreffen. Ein ungeklärter Rest bleibt, etwas, das viele hilflos ›Zeitklima‹ oder ›Zeitgeist‹ nennen. Der Mensch wird nicht gänzlich berechenbar, und wenn dies bedacht wird, steigt auch die respektvolle Distanz vor dem Wunder wieder, das jeder einzelne Mensch bedeutet. Ein solches Wunder bedeutet auch jede neue Generation. Wenn wir die Jungen aber nach unseren Maßstäben abfertigen, so haben wir keine Zeit, sie zu belauschen und zu betrachten: Was meinen sie mit ihren Wünschen? Ist es etwas, das auch wir verloren haben?

Man lese den folgenden Bericht über die Schüler einer Reformschule im Bewußtsein dieses ungeklärten Restes, nicht nur schuldenverteilend. Hartmut von Hentig spricht über den Schmutz in seiner Bielefelder Schule: ein Signal der Sozialpathologie, so fügt er hinzu. Sein Stichwort lautet: ›Gleichgültigkeit‹.

Es geht nicht um einen unterschiedlichen Grad ästhetischer Empfindlichkeit, es geht darum, wie *gleichgültig* einem die Ansprüche und Maßstäbe anderer sind. Unsere Kinder und eine nicht unbeträchtliche Zahl von Erwachsenen finden es keiner noch so geringen Empfindung oder Überlegung wert, in welchem Zustand der gemeinsam benutzte Raum ... und alle darin enthaltenen Geräte, Möbel, Teppiche, Wände die jeweilige Tätigkeit oder Laune überstehen; wie denen zumute ist, die saubermachen; wie dies auf die unzähligen Besucher wirkt; wie ihre Mitschüler, Kollegen, Mitarbeiter damit zurechtkommen. Die Dinge – Papier, Cola-Flaschen, Obstschalen, Stullen, Papp-Trinkbecher, Kaugummis – fallen ihnen aus den Händen oder dem Mund, wo sie gerade stehen. Die Aufforderung, sich an der Beseitigung zu beteiligen, lehnen sie unbekümmert und entschieden ab mit der Bemerkung, erstens hätten sie *dieses* Papier hier nicht fortgeworfen und zweitens seien sie heute nicht ›dran‹. Schuld und Aufgabe sind stets die der anderen. Eine Gemeinschaft, zu der man so gehört, daß man für sie einsteht – sei es eine Kleingruppe, sei es eine Stammgruppe, sei es die Schule insgesamt –, gibt es für diese Kinder nicht. Ja, sie lassen deutlich spüren, daß sie so etwas weder kennen noch wünschen.[101]

Hier erkennen wir besser als in vielen theoretischen Erörterungen, warum die Verständigung der Generationen so schwierig geworden ist. Die Jungen handeln in weiten Bereichen ihres und unseres Lebens nicht einfach gegen, sondern tatsächlich jenseits der Kategorien der Erwachsenen. Freilich möchte man diese sittlichen Kategorien, wie es auch bei Hartmut von Hentig durchklingt, als Erfordernisse einfachster Humanität bezeichnen, oder, noch schlichter, als anspruchsloseste Übereinkünfte des Miteinanderlebens, als soziale Mindeststandards.

Offenbar aber kann man noch hinter diese Standards zurück. Warum geschieht das? Vergessen wir nicht: auch diese jungen Menschen wollen glücklich sein und suchen nach Wegen dazu. Sie handeln nicht bewußt selbstzerstörerisch, sondern reaktiv. Worauf sie reagieren, das gilt es zu verstehen. Der zitierte Zustand ist kein Einzelfall: Schuldirektoren beschreiben dasselbe Phänomen aus ihren Schulgebäuden. Wo Gestaltungsfreiheit herrscht, zum Beispiel in den Pausenräumen der Oberstufenklassen (die zum Teil mündige Schüler besuchen, denen kaum noch Ermahnungen erteilt werden können), besteht diese Gestaltung vor allem im Fallenlassen nicht mehr benötigter Becher, Zigarettenkippen und Abfälle. Schulkonferenzen beraten resignierend Abhilfe.

Was können wir erkennen in diesem sittlichen *Black out* der Jugendlichen? ›Unbekümmert und entschieden‹, das sind treffende und gerechte Vokabeln in von Hentigs Text. Nicht als Aufrührer, sondern eher als Fremde treten sie unseren Gewohnheiten des Wertens und Urteilens gegenüber. Eine neuartige Ökonomie des sittlichen Haushalts macht sich bei der Jugend bemerkbar, die mit der Sparsamkeit des Fühlens zusammentritt. Man könnte diese Haltung, in Zeiten der Wertkrise und des Wertwandels, Wertabstinenz nennen, eine Pause der Wertungen, ein Zurücktreten aus der Rolle des wertbesetzten Subjekts. Die Jugend öffnet sich damit Spielräume des unbeschwerten Handelns, ganz wie von Hentig es sieht, die zugleich Übungsfelder für neue Wertansiedlungen sein könnten.

Viele der Jugendspielregeln sind stumm, kein Kodex verbalisiert sie, aber sie gelten. Gewisse Kulturen der Diskretion und der Toleranz gehören in diesen nichtsprachlichen Wertekatalog. Vielleicht ist die Werteabstinenz der jungen Generation eine Form des Inkognito: Um endlich nicht mehr von uns erkannt und nicht mehr von unseren Wertsetzungen verfolgt zu werden, handeln sie neben unseren Normen her, nicht gegen diese. Wieder bleibt der unerklärliche Rest. Füreinander einstehen, wie von Hentig es nennt, das tun sie in den wichtigeren Fällen. In denjenigen, die ihnen unwichtig erscheinen, Verkehrsregeln des Alltags, halten sie das für entbehrlich: »Wen von uns stört der Schmutz? Die Außenstehenden!«

Kapitel 11
Glücksdifferenzen

Glücksversuche der Jugend

Jugend kann nicht selbständig erkennen, welchen tiefen, wohltätigen Wert und welche unübertreffliche humane Qualität die Alltagsspielregeln haben. In Zeiten, in denen sich alle Regeln lockern, weil sie sich verändern, brechen die Glieder der Generationenkette; Jugend experimentiert und läßt sich nicht beraten. Unberatene Jugendliche werden aber immer die Alltagsregeln geringschätzen, weil diese das unbedingte Wertempfinden der Jugend durch Simplizität und Pragmatik kränken. Der junge Mensch will das Ganze, das Gute, Große, Überzeugende, nicht Substrate einer bescheiden gewordenen Einsicht.

Wo Jugend nicht mehr fraglos Alltag nachvollzieht, da ist die Glaubwürdigkeit der Erwachsenen gestört. So entstehen Jugendentwürfe zum Leben, die voll unvergorener Antriebe und voller Idealismus und Anarchie stecken. Ungebändigter jugendlicher Idealismus ist aggressiv; er drängt in die Anarchie. Diese Umbruchssituation ist unsere Situation. Sie läßt Erwachsene und junge Menschen leiden: die Älteren an ihrem Verlust an tragfähigen Werten, am Heimweh nach erprobtem Glück – und die Jugend am Hunger nach solchem Glück.

Viele Erwachsene begreifen nicht, daß Heranwachsende in dieser Gesellschaft keinen Weg zur Identität – eigentlich also: keinen Weg zur untrüglichen Wahrnehmung ihrer eigenen Person im Dschungel der Möglichkeiten – finden. Die Erwachsenen vergessen dabei, daß sie selbst aus einem Fundus von Gewußtem und Erfahrenem leben, eingebettet in einen relativ harmonischen Wertentwurf für ihr Leben, den die Nachkommen weder mitbringen noch erreichen können. Wir selbst kommen in der Welt, die wir ihnen anbieten, noch einigermaßen zurecht: mit auswählender Wahrnehmung nach unseren Mustern, die vieles ausblenden. Für die jungen Menschen ist diese Welt keineswegs so vorsortiert wie für uns. Deshalb haben sie tatsächlich das Empfinden, sie müßten diese Welt erst schaffen. Daher auch bringen sie ihre Jugendkulturen nicht unter in dieser vorgefundenen Welt, sondern offerieren sie als vollgültige Alternative.

Die Discotheken sind solche Szenarien des Lebensentwurfes der Jugend, die mit auffallendem Ernst gegen die Alltagswelt gesetzt werden. Dunkle Höhlen, in denen der Eintretende zunächst gar nichts sieht, sind sie Räume für Eingeweihte, Orte der wortlosen Übereinkunft. Stätten des Handelns ohne Anforderungen, so meinen die jungen Besucher. Sie tauschen neue Anpassungszwänge gegen die geflohenen ein: Hier aber sind es Anpassungszwänge, die im Kreise der Gleichgesonnenen kreiert werden, und deshalb folgt man ihnen.

Überhaupt spielt die Anerkennung in Gruppen Gleichaltriger eine im Wortsinne ›tragende‹ Rolle, wenn die Lebensbilder der Älteren so schwer nachvollzogen werden können und so wenig Tragfähigkeit entwickeln wie in unserer Zeit.

Weiter hat sich gezeigt, wie wenig Garanten doch die Erwachsenen derzeit in der Hand haben, Jugendlichen eine sichere Identität zu garantieren. Indem diese eigene *rites de passage* entwickeln, demonstrieren sie, wie schwach die etablierte Erziehung mit ihren ritualisierten Angeboten ist. Schließlich hat sich gezeigt, daß ›Identität‹ heute weniger der Summand stabiler und verläßlicher Tradierung von im Konsens geborgenen Grundüberzeugungen ist, auf deren Erscheinen im sozialen Kontext man sich verlassen kann, sondern eine Leistung der Personkonstitution darstellt, deren Risiken erheblich sind. Verläßlichkeiten liegen heute oft nur an der Oberfläche ... Die Orientierungslosigkeit einer Übergangszeit aus dem Nahraum der Familie mit seinen persönlichen Bindungen in die universalistisch-abstrakt und funktional orientierte Gesellschaft kann durch Gleichaltrigen-Gruppen erleichtert und erträglich gemacht werden, wobei manchmal sogar zugleich der Vorschein eines möglichen (oft später nie wieder gefundenen) Glücks auftaucht.[102]

Wie kompliziert reden die Erwachsenen von der Jugend! Sätze, die fast jeder Student verstehen soll und deren Syntax wie eine hermetische Verriegelung der wichtigen Mitteilungen wirkt, die gemacht werden.

Das Glück, unter seinesgleichen Anerkennung zu finden und unproblematisches Verständnis, das Glück der Ähnlichkeit, der inneren Verwandtschaft: das finden viele junge Menschen bei ihren Eltern und Lehrern nicht einmal spurenweise; deshalb wandern sie ab in die Kultur der Gleichaltrigen, wählen auch ihre Vorbilder nur noch hier und sind damit zum Kreisen in den eigenen transitorischen Zuständen verurteilt.

In der Solidarität dieser eingeschworenen Gemeinschaften aber fühlen sie vor, was es sein könnte, das Glück. Die akustischen Ekstasen in den Discotheken wiederholen und besiegeln die Absonderung durch Unsichtbarkeit in diesen dunklen Bäuchen. Daß hier das Dröhnen von Flugzeugdonner, das Kreischen an Großstadtkreuzungen, das Rattern, Sirren, Hämmern und Pfeifen der Maschinen wiederkehrt, während die jungen Menschen sich der ganzen Welt entflohen glauben in eine nur ihnen bekannte Welt, das macht sie dann auf Umwegen doch wieder zu Vorreitern einer Zeit, die die Erwachsenen noch nicht recht verstehen.

Die unergründliche Kluft zwischen den Generationen, die zu so ausgeprägten Trostformen bei der eigenen Altersgruppe geführt hat, erkennt auch Bruno Bettelheim in seinen ›Überlegungen zur Privatsphäre‹.

... meine Kinder, die in und nach dem Zweiten Weltkrieg geborene Generation, konnten am besten bei offenen Türen und dröhnender Schallplatten- oder Radiomusik arbeiten... warum verlangen sie... danach, in ständiger enger Berührung mit ihren Altersgenossen zu sein (wenigstens symbolisch durch das gemeinsame musikalische Interesse)?
Meine Kinder mußten, um gut arbeiten zu können, das Gefühl haben, daß sie den Kontakt mit den Gleichaltrigen nicht verloren hatten.

Das verbindende Medium der Altersgleichen ist auch nach Bettelheims Beobachtungen die Musik.

Je einsamer sie sich fühlten, um so mehr hatten diese Kinder das Bedürfnis, ihre Absonderung zu verdrängen und mit der Lautstärke der

Musik zu übertönen. Die Musik äußerte an ihrer Statt ihren Zorn, ihre Sehnsüchte, sogar ihre Einsamkeit. Damit leistete die Musik für sie, wozu sie sich selbst unfähig fühlten: ihre Emotionen einigermaßen in Ordnung zu bringen, sie in einen Rahmen zu stellen, damit sie soweit übersichtlich wurden, daß sie sich äußern konnten. Dabei ging es um Emotionen, die sonst viel zu chaotisch gewesen wären, als daß sie in irgendeiner Weise hätten bewältigt werden können. Dieser stellvertretende Ausdruck ihrer Gefühle durch die Musik ermöglichte es den Kindern, die kaum zuhörten, sondern sich davon umhüllen ließen, mit ihren Studien fortzufahren; der Druck dieser Gefühle hätte sie sonst daran hindern können. Dies vermochte die Musik für sie zu leisten, weil sie wußten, daß ihre Altersgenossen, die von ähnlich überwältigenden Emotionen zerrissen waren, dieselbe Musik hörten. Selbst in ihrem Zorn, ihrer Entfremdung und ihrer Einsamkeit stellte so die Musik eine unsichtbare – ich bin versucht zu sagen: eine hörbare – imaginäre Bindung zwischen ihnen und jenen anderen her, zu denen keine reale Bindung bestand.[103]

In den Discotheken schließlich wird das Gewimmel der vielen mit dauernden leichten Körperkontakten zur tröstlichen Droge gegen die Einsamkeit.

Wie läßt sich der Widerspruch aufklären, daß im Jahrhundert der Massen eine Einsamkeit des Einzelnen entsteht? In der Gemeinschaftssehnsucht der Jugend treffen verschiedene Mangelstände zusammen. Die Familien sind kleiner geworden; Leben in einer gewissen Erlebnisdichte wird zusätzlich durch die Sterilität des städtischen Wohnens vereitelt. Kaum ein konkretes Alltagsproblem muß von uns selbst gelöst werden: Wir bewegen uns in einer beängstigend ›fertigen‹ Welt.

Zugleich wird die Jugend mit Retorten-Erlebnissen aus den Medien versorgt. Ihr Verlangen nach einem Gemeinschaftsbewußtsein im größeren Rahmen wird durch die Rivalitätsmuster in Schulen und an Arbeitsplätzen erstickt. Sie suchen die Discotheken als Stätten der Heilung für all diese Verluste auf: Wenigstens mit Gleichfühlenden den kollektiven Rausch der Solidarität zu feiern, das bedeutet nicht fremd zu sein, nicht vereinzelt mit dem eigenen Hunger nach großflächigen Umarmungen. Die Furcht vor dem Alleinsein vergrößert sich nun durch die Heilungsversuche ein weiteres Mal. Das eigene Ich wird ihnen durch diese Ablenkungsmanöver ja nicht vertrauter, sondern fremder; die Selbstbegegnung wird immer ängstlicher gemieden, je länger sie aufgeschoben wird.

Widersprüche und uneingelöste Versprechen

Junge Menschen kämpfen mit den scheinbar widersprüchlichen Problemen der Autonomie und der Entfremdung, die in ihrer empfindlichen Balance gestört sind, seit wir immer mehr Autonomie für den Einzelnen erstreben. Der scheinbare Widerspruch zwischen Selbstbestimmung – Autonomie – und Selbstverlust – Entfremdung – muß richtiger als ein feindosiertes Mischungsverhältnis verstanden werden. Wenn wir uns heute in Zwängen wiederfinden, die dem Programm der Autonomie Hohn sprechen, so ist dies ein Indiz für unser Mißverständnis: Wir handeln mit immer mehr Autonomie auch immer mehr Entfremdung ein – und hatten gehofft, durch mehr Autonomie die Entfremdung zu bannen.

In früheren Jahrhunderten, von denen wir heute gern glauben, sie hätten mehr Autonomie und gar keine Entfremdung gekannt, gab es wenig Autonomie des Einzelnen und wenig Fremdbestimmung, weil das Selbstverständnis des Einzelnen in einem sehr kurzen Leben in engen Grenzen definiert war. Geborgenheit in diesen Definitionen war freilich eine Form der Fremdbestimmung; aber als die Autonomie des Einzelnen zu wachsen beginnt, wuchert auch die Entfremdung. Wir können nicht das eine für das andere eintauschen; vielmehr müssen wir das Mischungsverhältnis beider zu steuern versuchen.

Auch die Jugend ist bei der Wahl ihrer trügerischen Glücksmuster in akustischen und optischen Rauschzuständen auf der Flucht vor der Entfremdung in Richtung auf immer mehr Entfremdung: von den eigenen Erlebnissen, den eigenen Erfahrungen, den eigenen Sinnen, dem eigenen Fühlen.

Wir werden uns auf die Regeln des Zusammenspiels von Autonomie und Entfremdung einlassen müssen: Mit der Einschränkung unserer Autonomieansprüche handeln wir Milderungen der Entfremdungserlebnisse ein. Verstehen wir die Entfremdung als das Zusammentreffen zweier Kardinalverluste: Verlust der Harmonie mit der Außenwelt und Verlust der Harmonie unseres inneren Lebens; Entfremdung von der Außenwelt und von unserer Innenwelt, zusätzlich Verlust der Harmonie von außen und innen, so läßt sich das Leiden der Jugend an der Widersprüchlichkeit ihrer Schicksale in unserer Welt besser verstehen. Mit vielversprechenden Möglichkeiten einer autonomen Lebenseinrichtung ausgestattet, finden sie sich zugleich in einer unerklärlichen Ohnmacht, mit sich selbst und mit der Welt der äußeren und inneren Möglichkeiten befriedigend und schöpferisch umzugehen. Sie können sich weder Stücke dieser verlockenden Welt noch ihr eigenes unerprobtes Gefühlsleben wirklich zu eigen machen: Eins stört das andere, die Harmonie mißlingt.

Wir können beobachten, daß die junge Generation sich vieler Rechte zur autonomen Entwicklung freiwillig begibt, um mehr Geborgenheit zu erreichen: Den Zwängen zur gleichen Kleidung folgend, uniformen Moden der Freizeitgestaltung verpflichtet, willig dem starken Anpassungsdruck der Gleichaltrigen sich fügend, suchen die jungen Menschen das Erlebnis von Vertrauen und Zusammengehörigkeit, um die Balance zwischen Entfremdung und Autonomie wiederherzustellen. Sie versuchen diese Korrektur freilich mit den ihnen zu Gebote stehenden Mitteln: über Hülsen und Signale; Spielregeln des Konformismus sollen den einen im anderen bergen, während keiner mit sich selbst ins reine kommt.

Schon die gruppenhafte Absonderung von ›den Erwachsenen‹ spendet eine gewisse Befriedigung, Ansätze zur Erfüllung des Traumes, in einfachen und überschaubaren Zusammenhängen geborgen zu sein: wenig fremdbestimmt und wenig autonom, aber geschützt.

Die jungen Menschen, die unter uns leben, geraten in diese widersprüchliche Lage durch die Wechselbäder von Autonomieangeboten einerseits und Entfremdungserlebnissen beim Ergreifen dieser Angebote andererseits. Ihr Widerstand gegen die Welt der Erwachsenen beruht auch auf dieser Erfahrung, daß die Angebote der Erwachsenen wenig verläßlich sind. Mit Bildungschancen überhäuft, finden sich die Jugendlichen in den Bildungsinstitutionen teils wenig vorbereitet, teils von übermächtigen Restriktionen eingeholt, eben weil das Übermaß an

Autonomie bei der Organisation so vieler autonomer Einzelner in ein Übermaß an Bürokratie: an Entfremdung umschlägt. Wahrscheinlich haben wir diesen hohen Preis für die ersehnte Selbstbestimmung unterschätzt.

Wir haben aber auch das Balanceverhältnis von Autonomie und Entfremdung verkannt oder geglaubt, wir könnten es aus den Angeln heben und eines gegen das andere eintauschen. Für die Überschüsse an Autonomie werden die jungen Menschen durch ein Übermaß an Entfremdung bestraft; das bedeutet aber: sie werden zum Gebrauch ihrer autonomen Möglichkeiten nicht fähig, weil die gleichzeitigen Entfremdungserlebnisse die Entfaltung einer starken und widerstandsfähigen Persönlichkeit verhindern. Die Familienbindungen werden unter dem Motto der Autonomie jedes Einzelnen gelockert, frühkindliche Triebbefriedigungen sind auf ein Minimum reduziert, die Elternkontakte lassen früher nach und reichen weniger weit ins kindliche Leben hinein, weil sich frühzeitig entfremdende Institutionen einschalten. Die kleinere Familie bietet verminderte Chancen für Geborgenheitserlebnisse.

Der Fundus, auf dem wir heute erwachsen und ›autonom‹ werden sollen, ist brüchiger geworden – und dies bei gleichzeitigem Anwachsen des Entfremdungsdrucks von außen. Die Sehnsucht nach Glückschancen wandert deshalb aus all diesen Zusammenhängen aus: Der junge Mensch fühlt sich tatsächlich verraten in seinen Hoffnungen, verlassen in seinen tiefsten Wünschen, unfähig, diese klar zu erkennen, und lehnt sich nun zunächst bei seinesgleichen an: im Bewußtsein, daß die Gleichaltrigen ähnlich fühlen wie er. Verbindende Medien wie die Rock-, Pop- und Discomusik steigern dieses unartikulierte Zusammengehörigkeitsgefühl zum Rausch. Diese Medien drücken nun für sie alle aus, was sie fühlen, ohne einem von ihnen die Selbsterforschung zuzumuten. Hier fehlt der ihnen bekannte Entfremdungsdruck aus der verwalteten Welt; daß er durch einen anderen ersetzt wird, bemerken einige von ihnen nach Jahren der Abhängigkeit von dieser Droge.

Der allgemeinen Lockerung der Tabus läuft eine gegenteilige Tendenz parallel: die Kriminalisierung jugendlicher Racheakte und Zornausbrüche, die man vor wenigen Jahrzehnten als Streiche abgetan hätte. In den Schulen und im bürgerlichen Leben der Städte werden heute solche kleinen Befreiungsakte und Kraftproben Heranwachsender viel härter bestraft als zur Zeit ihrer Väter. Viel rascher redet man von Polizei, wo in früheren Generationen Strafe und Tadel Privatsache oder Schulangelegenheit blieben. Jugendliche werden aber gleichzeitig aus den Medien täglich zu kleineren und größeren Delikten angeregt, ohne die klare Lehre zu empfangen, wo die Grenzen des Bekömmlichen liegen.

So dürfte es uns nicht verwundern, wie oft die jungen Übeltäter verblüfft auf das Zuschnappen der Fallen reagieren, während sie sich von Ermunterungen zur Aufsässigkeit umgeben sehen. Ihre dreisten Entgegnungen tarnen häufig nur die Verwirrung über diese Widersprüchlichkeit der Aufforderungen in ihrem Leben. Bruno Bettelheim hat, entsprechend früher (1966/67), dasselbe Phänomen in Amerika beobachtet:

Wir haben viele Reaktionsmöglichkeiten unterbunden, die es noch vor Generationen gab. Damals konnte ein Junge noch viele Stunden angeln oder mit seinem Hund durch den Wald streifen oder einfach am Fluß sitzen. Heute muß er daheim bleiben und seine Schularbeiten machen ... Als ein zum Jugendlichen herangewachsenes Kind noch die Möglichkeit hatte, den ganzen Tag mit seinem Hund durch den Wald zu streifen, konnte man sich eine strengere Sauberkeitserziehung noch leisten. Es gab andere Dinge zum Ausgleich, und das eine wog das andere auf. Nun, da wir dem Kind diese Möglichkeit genommen haben und es nicht mehr mit seinem Hund auf die Jagd gehen kann, wirken sich diese frühen Kindheitserfahrungen viel stärker auf seine gesamte Autonomieerfahrung aus.[104]

Autonomieerfahrung, wie sie hier beschrieben wird, ist Glückserlebnis. Vielversprochenem Glück steht heute relativ weniger erlebtes Glück gegenüber als in weniger fortschrittlichen Jahrzehnten. Während Erwachsene rational über diese überraschenden Verluste hinwegargumentieren, erleben junge Menschen sie mit allen Sinnen. Die Glücksplaner haben verkannt, daß die Alltäglichkeit von Glücksgaben deren Glückscharakter vernichtet. Wenn wir nun Kindern Glücksgefühle abverlangen, die sich im Überfluß selbst aufheben, so liegt *unser* Irrtum über die Relativität des Glücks zugrunde.[105]

Bei Bettelheims Worten kommt uns die verschmutzte Schule des Pädagogen von Hentig in den Sinn: Der provozierende Ausfall von Sauberkeitsbedürfnissen ist eine Form der Revolte gegen die Perfektion der Lebensabläufe. Die Schulkinder entlasten sich von Normen, um irgendwo das Erlebnis freier Gestaltung zu erreichen. Ist diese nur als *Réplique* auf die Normen der Erwachsenen möglich, dann wird auch Unordnung als freie Gestaltung des eigenen Lebensraumes, als Autonomie erlebt.

Die Erwachsenen hätten diese Signale also anders zu verstehen denn als Widerstand gegen gültige Ordnungen. Wir müßten alarmiert sein von der Pathologie, die hinter solchen Verweigerungen des Wohlbefindens sichtbar wird: denn die Unordnungsleistungen dieser Kinder sind Akte der Selbstverletzung, auch wenn die Kinder selbst sie so nicht verstehen.

Auch Ordnungserlebnisse, im sächlichen wie im geistigen Bereich, sind Annäherungsformen an das Glück. Wenn Kinder ihre Wege zum Glück selbständig zubauen, um sich in Sackgassen des Glücksbetrugs zu begeben, so kann dies nur ein Signal für innere Enttäuschungen und Verwirrung sein. Die programmatische Verkehrung der vorgefundenen Wertordnungen ist nicht nur eine komplizierte Rache an den Wertordnungen der Erwachsenen; sie ist auch demonstrative Selbstverstümmelung, wie sie schon kleine Kinder betreiben: Wenn sie uns zeigen wollen, daß ihnen etwas schmerzlich mangelt, begeben sie sich weiterer Vergünstigungen, um unsere Aufmerksamkeit auf einen Notstand zu lenken, den sie selbst nicht begreifen. Unter der zitierten Unbekümmertheit der Jugend in den Regelverletzungen rührt sich Schmerz, auf den sie, unbewußt, unsere Aufmerksamkeit lenken wollen. Ihre sich selbst zugefügten Einbußen an Glücksstoff sollen eigentlich Helfer herbeirufen. Noch wissen wir aber nicht, welche Sprache diese Helfer sprechen müßten, um erhört und angenommen zu werden.

Der Grund für den Vandalismus heutzutage,

so Dieter Baacke, ist

die *Fertigkeit der Welt*. Dies meint: Natur, die beweglich und wandelbar ist, begegnet immer weniger. Dafür umgibt uns eine perfekt ge-

plante Umwelt aus Beton und Plastik, grundsätzlich stabil, regenabsto-
ßend, zweckmäßig. Für alle unsere Bedürfnisse ist gesorgt: Bänke sind
montiert, um auszuruhen; Spazierwege sind angelegt, um bequem auf
ihnen zu gehen... Selbst *Spielräume* sind eingeplant... Wohin man
sich auch wendet: überall ist schon vorbereitet, was man tun könnte,
und für alles ist der Platz genau abgemessen. Viele Jugendliche *zerstören darum, um überhaupt bauen zu können.* Ihre Aggressivität gegen die
Sachen (und manchmal auch gegen Personen) ist ein meist unbewußter
Reflex auf dieses Umstelltsein.[106]

Sprachmauern

Wir erkennen in den Zufluchtsorten der Jugend deutlich die
Sehnsucht, mythische, vorwissenschaftliche Seinsweisen wiederzufinden. Es sind kultische Formen, in denen sie ›ihre‹
Musik zelebrieren und ihre genormten Sprachbrocken austau-
schen.

Diese Sprache garantiert Solidarität auch im Alltag, wenn
keine Höhepunkte, keine Rauschzustände herbeigeführt werden
können. Signalworte entwerfen eine Welt, die den Erwachsenen
umgeht und ihm verschlossen bleibt, wenn er sich einmischt.
Diese Sprache ist Vergnügungspark und Ghetto in einem, auch
sie ist Zuflucht und Uniform, Autonomieversuch, Glücksentwurf auf eigene Faust und Entfremdung: von bestimmten Bezirken des Fühlens, von gefürchteten Zonen des eigenen Ich. In
dieser Fluchtburg fühlen sie sich sicher: Sie wissen, keiner unter
den Gleichaltrigen wird die Spielregeln verletzen – das bedeutet
aber: keiner wird dem anderen zu nahe treten, weil die Formeln
alles Persönliche schlucken.

Alle diese Zeichen sind Signale, in denen eine Gruppe – eine Generation – sich ein Gefühl, zusammenzugehören, ein Binnengefühl bestätigt. Sie erlauben, daß die Gruppe sich als Einheit, als Identität erfährt.
Wir sind für unser Empfinden von Identität auf überschaubare Bereiche angewiesen. Für eine Jugend, die noch keinen sozialen Ort hat und
nicht in der beruflichen Rolle dies Erlebnis hat, übernimmt anschei-
nend der Gruppenstil diese soziale Funktion, dienen seine Merkmale –
Haartracht, Kleidung, Sprache – vorübergehend dazu, ein Identitätsge-
fühl zu finden.

Dabei gibt es eine Tendenz zum Ausgleich in der Gruppe, dazu, die
Unterschiede klein zu halten, ja, zur Uniformität des Zeichensystems.

Diese Tendenz kann mit einer erheblichen Intoleranz gegenüber dem Einzelgänger verbunden sein. Wer sich dem Komment des Gruppenstils, der Gruppensprache nicht fügt, hat einiges auszustehen. Die Gruppe bestätigt das Selbstbild ihrer Angehörigen, indem sie die Binnenvariationen klein hält – das läßt sich leider sehr oft beobachten. Und auch eine andere Beobachtung Hofstätters scheint sich zu bestätigen: daß der Anführer einer Gruppe sich sehr oft durch besondere Anpassung an die Gruppennormen auszeichnet, durch souveräne Beherrschung der Gruppensprache...

Die eigene Sprache dient zugleich der Abgrenzung nach außen: In ihr teilt sich oft eine neue Haltung zur Welt, ein neuartiges Lebensgefühl mit, und zwar in Opposition zu einer als Einheit erlebten Gegenwelt.[107]

Was in der Jugend mit der entschiedenen Reduktion der sprachlichen Mittel, im Widerstand gegen die Rationalität der Erwachsenensprache, geschieht, ist der unbewußte Rücktritt von einem Universalmittel des menschlichen Geistes, die Welt zu ordnen. Einerseits liegt diese Sprachvereinfachung in einem Trend zur Simplifizierung und Wortschatzverminderung, den wir in den Kulturnationen beobachten. Andererseits aber hat gerade die Sprache immer mehr Bereiche unseres Lebens auf eine immer mühelosere Weise verfügbar gemacht, indem wir über diese – verhandeln können. Transaktionen von Gütern, Meinungen, Urteilen, Nachrichten von Kulturerrungenschaften werden im Medium der Sprache nicht nur vorgeklärt, sondern auch abgewickelt. Die Abstraktionsleistung geschieht dabei wesentlich deshalb, weil wir durch den Einsatz sprachlicher Mittel mühelos durchdringen können, was wir real und räumlich nicht übersehen und nicht mit einem Male konkret vor unsere Augen stellen können. Die Sprache erlaubt uns außerdem Denk- und Aussage-Operationen auf verschiedenen Ebenen und von verschiedenen Seiten gleichzeitig. Wir können ganz verschiedene Aspekte eines Gegenstandes und eines Sachverhaltes, konkrete und abstrakte in einem Zuge, per Sprache festhalten und verarbeiten. Sprache ist also ein *Agens* des Fortschritts im Sinne von Differenzierung und Vereinfachung gleichzeitig.

Was mag es bedeuten, daß Jugend sich abrupt von diesem ausgereiften Mittel zur Weltbewältigung abwendet, daß sie *regrediert* in mythische und symbolische Sprachfunktionen, von der differenzierenden und ordnenden Macht der sprachlichen Mittel Abstand nimmt zugunsten emotionaler, andeutender und vage zeigender Sprachfunktionen?

Mit ihren Sprachverstümmelungen drückt die junge Generation eine allgemeine, schon über lange Zeiträume wirkende Tendenz deutlicher aus: die zunehmende Unschärfe dessen, was die meisten Menschen denken und wissen. Mit dem Schwinden eines zusammenhängenden Überblicks über unsere und die fernere Welt, mit der zunehmenden Vielschichtigkeit und Verschwommenheit dessen, was wir sehen, scheinen die angemessenen sprachlichen Mittel sich entsprechend zu wandeln. Wir benötigen, da wir mehr von Meinungen als von exaktem Wissen leben, Sprachbilder für dieses Bild unserer Welt, die ebensoviel offenlassen wie unsere ungenauen Vorstellungen auch.

Grenzverluste und Erfahrungsverweigerung führen ganz folgerichtig zum Verschwimmen der Details, weil alles mit allem verglichen, jedes in eines jeden Nachbarschaft gesetzt werden kann. Wenn wir deshalb einerseits glauben, unsere Durchdringung des Weltganzen schritte stetig fort, so handeln wir andererseits jene Verwischungen heterogener Zonen ein, die in der Unlust zu entschiedener Abgrenzung der Denk- und Lebensräume voneinander entstehen.

Während die Erwachsenen, den Erfordernissen ihrer Spezialberufe folgend, Fachsprachen hermetisch gegeneinander abriegeln, sich in diesen bewegen wie in babylonischen Sprachgefangenschaften, so meldet die Jugend auf ihre Weise das Ungenügen an der Einebnung aller Gegensätze, am Verlust aller Unterscheidungen, an der Verweigerung konkreter Erfahrungen: Sie vollzieht mit der Sprache selbst, was sie bei der Betrachtung der Welt fühlt. Statt die Sprachverluste der jungen Generation zu beklagen, sollten wir dieses Signal verstehen. In den Schulen mit Fachsprachen um die verführerischen Schönheiten der Sprache betrogen, vor allem aber betrogen um das Stimulans, das sie zum Lernen am dringlichsten brauchen: um die Anschaulichkeit, ziehen sie sich in ihren Privatgruppensprachen auf Stenogramme von einer abweisenden Vieldeutigkeit zurück, die jeden draußen halten, der nicht fühlt wie sie: Er wird die jeweils gemeinte Nuance nicht erkennen.

Ratlos dieser Erkenntnis nachhängend, ist der erwachsene Horcher ein doppelt Betrogener: Auch die Jungen, denen er da, fruchtlos um Verbrüderung werbend, lauscht, verbinden mit ihren ausschließenden Sprachpassepartouts gar keinen fest umgrenzten Sinn. Was sie wollen ist: jeweils frei bleiben; sich, auch sprachlich, nicht festlegen. Der am Heimweh nach exakten Sprachfunktionen erkrankte Erwachsene ist also das Opfer seiner eigenen Wehmut, nicht der jugendlichen Provokation, wenn er sich verständnislos vor ihren Sprachmauern aufhält.

Indem sie sich so entschieden und ohne Lärm von den unvergleichlichen Abstraktionsleistungen der Sprache verabschieden, geben die jungen Menschen ihrer Sehnsucht nach dem Eindeutigen Ausdruck, nach gefühlter und sinnenhaft erlebter Sprache. Sie melden die Unterernährung ihrer Sinne, auch hier, indem sie demonstrativ Sinnlichkeit in eine Sprache zurückholen, deren Rationalität sie in den Schulen und Büros und Banken, in den Hochschulen und Industrien frösteln macht. Unter den Worten, die sie sich aussuchen und zurechtbiegen, deren Lautbilder sie in eine ständig schwimmende Bewegung versetzen, sind Klangfetische, deren Bedeutung fast auf Null geschrumpft ist.

Dafür wächst ihre magische Macht: ein, zwei Silben führen in Wälder des Fühlens, in denen man von niemandem belauscht werden kann. So sind sie gleichzeitig auch gegeneinander abgeschirmt: Die aggressionsbetonten Vokabeln für ihre innersten Empfindungen bieten zuverlässige Deckung. Glücksbeschwörung, wie sie in den Klanggewölben ›ihrer‹ Musik zelebriert wird, tauschen die jungen Menschen auch in diesen Sprachwolken aus: Wörter und Wortgruppen werfen sie sich zu wie schillernde Seifenblasen: nicht zu Ende gesprochenes Rohmaterial Sprache, das noch auf innere Gestaltung durch den hörenden Partner wartet. Wenn sie so zusammenstehen und ihre Sprachfetzen hin- und herwerfen, sind sie sichtbar glücklich Verbündete: frei von den Zwängen ihrer Umwelt, disponibel und souverän. Erlistetes Glück, das doppelt geschützt ist durch das generelle Mißverständnis der Erwachsenen.

Wir sind heute alle gut drauf, sagt einer. *Du alte Taube,* kann man den anderen mit zärtlichem Spott anreden; *Ihr seid viel-*

leicht tote Tauben, sagt einer, wenn die anderen nicht so gut *drauf* sind. Auch *tote Hasen* können sie dann heißen. Wenn aber was los ist, dann ist *heißes Spiel*, man *knallt durch*, *klappt die Ohren zu*, wenn die Alten kommen mit ihrer *Laberei. Kaputt wie tausend Mann* ist einer, vom *Sand machen* (Geld verdienen): *tausend Volt inne Arme, aber kein Licht inne Birne*, das ist einer, der viel Muskeln hat, aber wenig Verstand. *Ich zieh dich gleich auf links*, kann der einem ganz ruhig sagen, dann *macht der die Fliege*. Aber in solchen Ankündigungen beginnt die Atmosphäre der Gewaltvokabeln zu wirken. Unter Freunden gilt sie nur für Zonen der Scham: Freundinnen und der Umgang mit ihnen werden hier in dieser stoßfesten Verpackung gehandelt – eine Verpackung, die im Grunde die eigene empfindsame Seele schützen soll.

Ganz fern ist die Welt der Erwachsenen. Alt zu sein, heißt *nichts mehr schnallen. Haste nich noch'n Opa im Sauerland, dem du das erzählen kannst?* sagt man, wenn einer Unglaubliches vorbringt. *Da sehn wir ja ganz schön alt aus* – das sagen die Jungen, wenn sie so richtig dumm dastehen und keinen Rat mehr wissen. So wie einer von den Erwachsenen, der von allem, was sie interessiert, *keinen Schnall* hat. *Sumpfhure*, sagen sie leichthin von einer Lehrerin, über die sie sich ärgern. Deren Reaktion, wenn sie das Wort gehört hat, bestärkt die Jungen in ihrer Meinung, daß Erwachsene Wesen von einem anderen Stern sein müssen: Sie nennt das ›obszön‹, und kaum einer unter den Halbwüchsigen hat in dieser Richtung gedacht. Als sie ein hübsches Kleid trug, wurde dieselbe junge Frau bewundernd als *geil* tituliert: das heißt soviel wie hübsch und attraktiv; aber auch das stieß auf Empörung. Es war als Kompliment gemeint!

Die Sprachverweigerung prägt sich nach den Beobachtungen verschiedener Forscher besonders aus bei jenen jungen Menschen, die sich noch entschiedener als ihre durchschnittlich angepaßten Altersgenossen aus unserer Kultur ›ausbürgern‹, wie Dieter Baacke es genannt hat:

Sie bleiben eigentlich sprach- und wortlos. Die Sprache geht nach innen, jeweils nur in den eigenen Club, in die Reihe derer, die schon Gesinnungsgenossen sind. Wenn Selbstausbürgerer dennoch Proselyten machen, liegt es sicherlich nicht an der verbal-diskursiven Überzeugungskraft.[108]

Baacke bleibt mit diesem Befund beim formalen Aspekt der Vorgänge. Was nach innen geht, ist sicherlich eben nicht Sprache, sondern sub- und vorsprachliches Gefühlserleben. Was hier beschwiegen wird, ist Material, dem die jugendlichen Schweiger den Weg in die Sprache gar nicht erst freimachen. Sind sie mit Comics, Fernsehen, Film und Discomusik aufgewachsen, so verfügen sie über viel mehr sprachlose Emotionen als der erwachsene Beobachter, der ihr Verhalten einzustufen versucht.

Magie der Mehrdeutigeit

Um diese Zusammenhänge geht es: Die jugendliche Sprachabstinenz entspricht angehäuftem inneren Erleben, das emotional in Farben, Klängen, Lauten und Zeichen abläuft, wie es die frühe Übung im sprachlosen Bilderlesen, im ebenfalls sprachfernen Geräuschkult der leichten Musik in die Gehirne eingespeist hat. Was Sprache eigentlich leistet, ist die unschätzbare Entlastung des Menschen von der Trennung des Innen und Außen. Daß wir über Inneres und Unsichtbares mit Hilfe der Laute unserer Sprache verfügen können, verleiht uns Gewalt über Innen und Außen zugleich.

Nicht nur Auskünfte über unser Inneres können wir mit der Außenwelt auf diese Weise zusammenbringen und vergleichen; auch die Weiterverarbeitung beider miteinander gelingt uns im Denken, das sich der sprachlichen Abstraktionsmittel bedienen muß. Diese jungen Menschen unserer Tage erwecken nun magische Vorstufen des Sprechens wieder: Im Geheul der Discosänger, deren Texte man nicht verstehen muß, im Stampfen und Dröhnen, Pochen und Jaulen der Instrumente ist die sprachlose Lautäußerung der Kreatur auf Kosten der Sprache lebendig geworden. Diese elementaren Aufschreie übertönen jedes Wort, und so soll es sein: Außerkraftsetzung der Sprache ist hier Programm.

Von allen Dingen und Vorgängen sprechen zu können, das bedeutet auch: sie alle zu versachlichen. Die Jugend wehrt sich mit ihrer Wiedererweckung der vorrationalen Elemente auch gegen diese Rationalisierung aller Lebensbereiche. Die jungen Menschen sind mit ihrer Auswanderung aus der Sprache ihrer Zeit insoweit voraus, als sie ein Unbehagen anmelden, von dem Erwachsene nur im Unterbewußtsein wissen. Die Jugend warnt uns, daß es Zeit wird zu prüfen, ob wir tatsächlich auf allen Ebenen unseres Lebens den massiven Zugriff der Rationalität wollen. Sie sagt uns unmißverständlich, daß die Siege der Rationalität in ureigenen Spielräumen des Glücks gefeiert werden.

Nicht um einen Abbau der Sprache geht es eigentlich: er ist das Protestmittel der Hilflosen, um den Finger auf die wunde Stelle zu legen. Eigentlich geht es um unsere Sinne, um unsere Empfindungen, um die Erlaubnisse in unserer Gesellschaft, dem sinnenhaften Erleben und dem gründlichen Gefühl wieder Plätze einzuräumen, die von der allgegenwärtigen Ratio besetzt worden sind.

Arnold Gehlen hat das, was mit der Versachlichung mittels Sprache verlorengegangen ist oder noch gänzlich verlorenzugehen droht, den ›Distanzunterschied‹ der Dinge ›zu unserem Herzen‹ genannt. Er ist es womöglich, den die jungen Menschen mit ihrer Sprachverweigerung zurückfordern wollen. Hilflos signalisieren uns die jungen Sprachverstümmeler, daß der Rausch der Differenzierung und Versachlichung, in dem die großen Errungenschaften der modernen Zivilisation möglich wurden, Grenzen haben muß – nicht nur auf dem Gebiet der Sprache, sondern auf allen Gebieten unseres Lebens.

... auf dem Gebiete des Staates haben wir einen Grad der rationalen Einstellung und der bloßen Sachorientierung schon erreicht, der einem Fichte, einem Hegel als schlechthin zynisch gegolten hätte. Ebenso ist zweifellos der altehrwürdige, einst stark pathosbesetzte Begriff der hohen, autonomen Kunst schon über Bord... Auf anderen Gebieten wird es entscheidend wichtig sein, an den ›Distanzunterschieden zu unserem Herzen‹ festzuhalten, wenn unmenschliche Folgen vermieden werden sollen.[109]

Wer Verhaltensweisen der Jugend, ihre selbstgewählten Lebensbedingungen ›unmenschlich‹ nennen möchte: den Lärm der Discotheken, die Trivialität der Comic-Klischees, die Aggressionsriten der Filme – der sieht nicht falsch, aber er erklärt vielleicht falsch, was er sieht. Daß sie sich mit dehumanisierenden Fluchträumen gegen die Dehumanisierung wehren, entspricht dem Gesetz der Selbstzerstörung, das sich durchsetzt, wenn wir außen nichts verändern können, was uns bedroht.

Die Sprache, mit der sich diese junge Generation vor der Welt der Spezialwörter versteckt, ist auf magische Formeln reduziert. Auch die Namen ihrer Musikidole sind magische Kürzel, die meist fremdsprachlich artikuliert werden müssen: Melodische englisch-amerikanische Lautmusik sind die Gruppen-Namen 10-C-C, E-L-O, B-J-H, D-52; ›Kiss‹ kommt der Umarmung durch den Star nahe; deutsch trocken gesprochenes ABBA, etwas spröd, zeugt von jüngst vergangenen, weniger gefühlshungrigen Zeiten. Kürzel, die chemischen Formeln gleichen: Parodie auf die abstrakte Zeichenwelt der Erwachsenen.

Diese Sprache ›meint‹ nicht mehr in erster Linie, sie ist Klang und Laut. Die magische Ballung solcher Sprachbrocken kann erlebt werden wie ein Happening: entsprachlichte Sprache wird zum befriedigenden Distanzierungsakt von den geltenden Konventionen. Ihre Sprache, soviel muß klar werden, verrät eigentlich uns, nicht sie, die Jungen. Unserem Formelwerk setzen sie das ihrige entgegen; unseren sprachlichen Werthülsen halten sie eine Karikatur vor. So sind sie Ankläger und Opfer in einem, uns ein ganzes Stück voraus in ihren Verlusten und in ihrer unartikulierten Anklage.

Nur wenige von den jungen Menschen genießen die Leistungsfähigkeit der Sprache gedanklich und ästhetisch: Nicht etwa die Flucht in die hohe Kunst hat stattgefunden, sondern die Selbstbestrafung in der Trivialität. Alle anspruchsvolleren Glücksformen, die in der Bildenden Kunst und in der Musik unseres Abendlandes bereitstehen, und jene sprachlichen Glücksangebote, welche die Dichter zu machen haben: sie ruhen weitgehend ungenutzt.

Der Weg von den sechziger Jahren in die siebziger und an den Rand der achtziger läßt sich ablesen an Wanderungen und Wandlungen von Wörtern. Der Glücksverlust, der in den sechziger Jahren akut wurde, hieß ›Frustration‹; das heißt: es herrschte noch das offene Visier, verglichen mit den Hermetismen der Endsiebziger. Das Vergebliche des Hoffens und Wünschens, das in eine Vergeblichkeit des ganzen Lebens umschlug, wurde offen bezeichnet. Zu solchen Selbstdiagnosen sind junge Menschen nach dem Ende der kritisch-theoretischen Phase nicht mehr bereit oder nicht mehr fähig gewesen. Das Vergebliche als Lebensmotto war noch gedanklich dominierte Mitteilung über den eigenen Zustand. Überhaupt teilte man sich noch mit; das lag auch daran, daß man Brücken in die ältere Generation hatte: über die verehrten Gesellschaftsphilosophen jener Jahre. Die Sprache war hoch reflektiert – was nicht bedeutet, daß sie von allen Benutzern verstanden wurde. Aber sie zu benutzen war Signal für Denkzusammenhänge, für Theorie.

Auch in jenen sprachfreudigen Jahren aber begann sich der magische Charakter der Begriffe schon vor ihre reflektierten Inhalte zu schieben.

Überhaupt der Stil der Versammlungen: ein Bild- und Schriftfetischismus. Idole und Feindbilder hingen an den Wänden, Transparente und Wandzeitungen, Flugblätter und Resolutionen lagen herum. Die Sätze waren in der Diskussion oft schwer zu ›fassen‹, es waren eigentlich keine Sätze, sondern Wörter. Man dachte in Wörtern, und diese hatten offenbar nur teilweise eine begriffliche Funktion. Sie deuteten eine neue Erfahrung mehr an, als daß sie sie aussprachen, und dienten im übrigen als Kennmarken eines Zusammengehörigkeitsgefühls, als mit starkem Gefühl beladene Losungen. In ihnen erkannte sich die Gruppe, fühlte ihre Identität gegenüber ihren Feinden. Nach der Diskussion hielt man oft nichts in der Hand außer der Erinnerung an eine Stimmung. Dabei fielen bevorzugt Worte der Wissenschaftlichkeit und Aufklärung.[110]

Heute ist die selbstverantwortete Sprache der Jugend immerhin nicht mehr ausgeliehen von Erwachsenen; dafür hat sie ihre Quellen in der Subkultur der Drogen. Sie ist auch nicht Signal für Gedachtes, sondern lockeres Zeigen auf Gefühltes. Sie berührt nur flüchtig, statt zu benennen. Die anspruchsvollen Sprachspiele der Jugend aus den Aufruhrjahren 1963 bis 1969 waren der älteren Generation vergleichsweise näher; noch kamen die Vorbilder aus dem Raum des Denkens und der Versachlichung. Heute sind die Gruppen jener jungen Menschen größer geworden, die sich in entschiedenen Denkmodellen außerhalb ihrer Pflichten nicht mehr aufhalten. Die Ebene des Trivialen hat sich verbreitert. Das gilt auch für die Lebensformen der Familien. Tatsächlich wurde mit den bequemeren Lebensmustern aus den Selbstbedienungsläden der Medien nach mehr Glück gesucht: Unterhaltung statt Analyse, Fremdbestimmung durch Unterhaltung statt Selbstbestimmung ohne eigene Erlebnisstoffe. Die Jugend dieser Jahre kommt zum Teil aus solchen vor der Trivialität kapitulierenden Elternhäusern.

Sprache als Versteck

Will man die Wörterbücher dieser Jugendsprache schreiben, so stehen auf der Seite des ›Normaldeutsch‹ jeweils ganze Serien von ›Übersetzungen‹: Die Jugendverständigung bewegt sich in einem *Code* von *Passepartouts,* von Vielzweckwörtern. Die dynamischen Verben dominieren, Bewegung ist das Prinzip, das diese Sprachmittel abbilden sollen. Bewegung und eine gewisse Beliebigkeit: gewissermaßen unfertig werden die Aussagen herumgereicht, als Emotionsanreize, auf die man reagieren kann. Wandel ist auch das Prinzip der Wörter selbst: Ihr Lautstand schwankt wie in allen ungeschriebenen Sprachen, die Nachbarvokale laufen ineinander wie verwandte Farben: Gestaltungsfreude wird hier erlebt, Abschüttelung von Zwängen, nach jenen des Richtigschreibens nun auch noch jenen des normierten Sprechens.

Es gibt Trauerspuren in dieser Sprache, Seufzer über den Verlust des Verläßlichen, die sich in Schwurwörtern wie ›echt‹ niederschlagen. Ein Jahrzehnt früher, als moralische Kategorien noch nicht so gefürchtet waren wie heute, sagte man im vergleichbaren Falle: ›Ehrlich!‹ Das wäre in der heutigen Jugend unvorstellbar bieder und weckte finsterste Verdächtigungen gegen den Sprecher. Das Wort ›echt‹ darf sich heute auch nur noch als Verstärker zeigen: *echt stark* ist etwas wirklich Beeindruckendes. Sie brauchen viele solche Wörter, die Superlative ersetzen; am häufigsten greifen sie dabei in den Bereich der Geisteskrankheiten und der Sexualität: *irre* und *wahnsinnig, ausgeflippt, beknackt* und *geil, heiß, abartig, ätzend* gelten für alle Lebensbereiche. Bewunderung oder Verachtung können sich beimischen; der Moment entscheidet. Das jugendliche Hantieren mit diesen Wörtern, wie auch jenes mit den beliebten Gewaltvokabeln, ist von kaltschnäuziger Arglosigkeit. Das Ideal der *Coolness* durchzieht diesen Extremwortschatz, und es wird als dynamisches Extrem erlebt, nicht als weise Überlegenheit. Diese abgeklärte Haltung zur Schau zu tragen kostet Kraft, deshalb wird das Ideal der *Coolness* mit blitzenden Augen gehandelt. Man muß sich verbal bewaffnen, um *cool* bleiben zu können: also spickt man die Rede mit Aggression – auch, um der tätlichen Angriffe enthoben zu sein –, zitiert verbal alle Grenzbereiche des Pornographischen und der Suchtszene, um als einer aufzutreten, den nichts mehr überraschen kann.

Wie halten sie's mit dem Glück, diese Jungen? Glück, sagen einige, ist in der Droge. Woanders ist es nicht anzutreffen.

Im Haschischrausch löste sich der Panzer um Dinge und Menschen, in denen diese eingeschlossen waren wie in einen Sarg. Im Rausch schien alles möglich – das machte gerade sein Glück aus – aber damit war doch noch nichts wirklich. ›Love and peace‹, das war schon in Ordnung; der angetörnte Blick zeigte die Wirklichkeit als Schein, vor allem die Scheinheiligkeit der Menschen. Aber der glücklich Berauschte war nun selber zu Gott geworden. Alles war da. Kein Grund mehr, sich aufzuregen. Cool bleiben, Alter. Und trotzdem: Die Welt ein Paradies, in dem Milch und Honig fließt. Angetörnt war anders essen. Daß das Brot ihn brach und er vergnügt in der Suppe ertrank. Die Liebe zwischen Menschen ein Geschenk, nicht einklagbare Erfüllung eines alten Wunsches und immer ein Verlustgeschäft: Das Glück, sich selber zu verlieren.[111]

Auch in der Sprache dieser Jugend meldet sich die Sehnsucht nach Rauschzuständen. Uwe Pörksen sieht das ›rauschhafte Element der Studentenbewegung‹ in den zeitgenössischen Jugendsprachen weiterleben.

Das ist an ihrer Sprache ablesbar. Man spricht aber auch von einem ›Psycho-Trip‹, nicht ganz zu Unrecht, es gibt in diesem Bereich ein intensives Suchtverhalten. Es gibt den ›Trip‹ nach innen und den in die Transzendenz, sei es, daß der Weg in den Fernen Osten oder zu einer der Jugendsekten führt. Und auch in dem, was man seit vielleicht schon 5 oder 6 Jahren, seit der Tendenzwende, als ›Nostalgie‹ bezeichnet, in der Rückblicksehnsucht nach vergangenen Zeiten, solidem

Handwerk und edler Kunst, nach der Aura und den Tränen der Dinge, steckt ein Zug zum Rausch. Es gibt, nach Walter Benjamin, einen »Goldrausch an den ewigen Werten«.

Ein zweiter Aspekt ist vielleicht der: die Jugend steht, bei einer unvergleichbaren Freiheit nach allen Seiten, zugleich unter einem stärkeren Druck der Objektwelt als frühere Generationen. Die Objektwelt – verarbeitet zur ›Information‹ – hat ein Übergewicht, wie auch wir es vor 30, 20 Jahren nicht gekannt haben; die Jugend ist in Gefahr, durch die ›Information‹ über sie, durch das Bild, das in den Medien von ihr entworfen wird, gestanzt zu werden.[112]

Hört man, wie sie miteinander umgehen: im *Anturnen* und *Aufreißen*, im *Anmachen, Anhauen* und *Abschießen*, im *Abfahren* auf jemanden oder etwas, so überwiegt das Handfeste der Kontakte und Erlebnisse. Sprachlich so gepanzert, können sie tief innen sprachlos ausharren in Zuständen, über die sie sich oft tagelang selbst keine Nachricht zumuten.

Du Wichser, ruft einer leichthin dem anderen zu, ohne an die Herkunft des Wortes zu denken. Hauptsache ist die Schlagkraft der Wörter, und die scheint ihnen im sexuellen Wortschatz am zuverlässigsten. Ein Kapitel für sich: daß sie auch die Vokabeln der Verachtung allesamt im Bereich des Sexuellen suchen. Dieses Bild der Sexualität haben nicht sie, die Jungen, entworfen; sie haben es angetroffen. Den *Alten*, die bei den Eltern oder auch schon bei den zehn Jahre älteren Jungen anfangen, stehen die *Kurzen* gegenüber, die *lebensmüde* sein müssen, um sich den Großen zu nähern. *Komm gut inne Urne*, sagt man einem Erwachsenen, der sich einmischt. – *Affenkopp, schlappe Sau, verpiß dich, mach'n Kopp zu!* Das sind die Wortgeschosse, mit denen man untereinander die Schmähkraft mißt. Besser als zuzuschlagen ist das auf jeden Fall. *Hau ab jetzt! Hab grade 'ne Granate auffer Hand!* Das sagt man, wenn's doch fast soweit ist, daß man zuschlagen möchte.

Chaotisch heißt eines ihrer beliebtesten Wörter. *Chaotisch*: das kann herrlich und schrecklich sein, der Uneingeweihte wird es nicht erfahren. Der Ton deutet an, was man meint, aber er legt nicht gänzlich fest, was gemeint sein *soll*. Eben dieses Sollen will man abschütteln: frei bleiben, sich nicht festlegen.

Was seit den sechziger Jahren geschehen ist, läßt sich ablesen an der Bedeutungswanderung des Wortes *Terror*: Einst letzte Weiterung einer ungeheuren Ungeduld und aggressiver Utopien, Kult der reinen radikalen Tugend, furchtbarer Irrtum und Ausbruch, ist der Begriff heute nicht ohne Zynismus in die Privatsphäre jedes Einzelnen gewandert. Terror hat man zu Hause, wenn die Eltern tadeln, was man tut, wenn sie etwas verbieten oder bestrafen. Trivialisierung als Ersatz für Analysen: der Terror mußte, wenigstens über den Begriff, auf kleinere Formate gebracht werden. Verarbeiten konnte man ihn nicht, also mußte man die drohende Vokabel entschärfen. Natürlich verharmloste man zugleich ihren wahren Inhalt: *Coolness* ist auch eine Technik der Verharmlosung.

Sie suchen das Unbestimmte, das nicht Festgelegte wie ein Bad der Befreiung. Um so fester binden sie sich an die ungeschriebenen Vorschriften ihrer eigenen Altersgenossen – die von erwachsenen Profitherren der Märkte lanciert und stimuliert werden: die Kleiderordnungen der jungen Generation. Das Individuelle gilt hier nichts, und kaum einer wagt es. Die Gruppennorm wird dankbar erfüllt, weil sie Halt bietet. Auch in ihrem Schutz darf man unentschieden bleiben, wer man eigentlich sei. Noch muß man niemand sein, braucht sich nicht zu erkennen zu geben, darf aufgehen in einem uniformen Ganzen.

Mit diesem Genuß am Gleichförmigen erinnert die Jugend an den Verlust der festen Lebensbestimmungen, die als ›repressiv‹ abgelegt wurden, als diese Kinder eben geboren wurden. Auch mit ihrer Kleidermonotonie weisen sie uns auf die gestörte Balance zwischen Autonomie und Entfremdung hin: Sie schaffen sich Felder der Entfremdung des Einzelnen zugunsten seiner Geborgenheit in der Gruppe.

Sprachlich tun sie etwas Ähnliches: geben viel Autonomie preis, verwerfen ungezählte Nuancen des Sprechens, die in Jahrhunderten erworben und geprüft und verfeinert wurden – zugunsten eines reduzierten Materials von trivialer Simplizität.

Wie Schwämme saugen diese Wörter Bedeutungsmöglichkeiten auf: Ein Wort steht nun für ganze Sätze, es schillert gewissermaßen in seinen Möglichkeiten. Aber zugleich ist diese Sprache aggressionsbetont, das heißt abweisend statt defensiv. Die Sprache von Menschen, die sich angegriffen fühlen oder die gefangen sind: verroht, verarmt, unterkühlt, gewalttätig. So panzert ein Eingekerkerter seinen Schmerz, weil er dessen Anblick den Bewachern nicht gönnt.

Dies ist wichtig: Es entsteht hier eine neue Form der Diskretion, der stolzen Heimlichkeit und Scheu, getarnt durch angreiferische Vokabeln. Keine Schwäche zeigen! – das ist ihr Motto. Von wem haben sie es? Nicht unmittelbar von allen Eltern, aber aus der Unerbittlichkeit der Spielregeln, denen sie in dieser Welt begegnen.

Schon im Kindergarten gibt es kein Pardon; es gibt die List der Lernspiele und die pädagogischen Tricks der Berufserzieher. Man hat es mit professionellen Kinderkennern zu tun, das merken die meisten Kinder gleich. Vielen ist es gleichgültig, oder sie finden sich damit ab; anderen ist es nicht gleichgültig. Sie beginnen schon früh, ein Instrumentarium des Rückzugs zu entwickeln.

Kapitel 12
Rückzug vor dem genormten Glück

Generationen-Schnitt

Der Rückzug der Jugend aus der fertigen Welt hat vielerlei Gestalt. Was die erwachsenen Beobachter, auch die professionellen, die ›Angepaßtheit‹ dieser Jugend nennen, das ist nach dem Aufruhr, der bis in die siebziger Jahre reichte, die Wendung der Zerreißproben nach innen. Bei den meisten jungen Menschen hat die Enttäuschung über die Künstlichkeit der Welt, über das Fehlen jeglichen Abenteuers freilich gar keine äußerlich wahrnehmbare Gestalt. Die Verdrängung gelingt. Eigentlich wissen wir von der Verschlüsselung solcher Vorgänge genug, seit die Psychoanalyse uns hilft, die Geheimnisse der menschlichen Seele zu verstehen. Aber in bezug auf die Jugend unserer Tage herrscht die moralisierende Attitüde, die sich die Vorgänger der Jungen in dieser künstlichen Welt doch am wenigsten leisten können.

Daß diese Jungen leben müssen ohne die Hoffnung auf Glück, das müßte uns unsere moralische Sprache verschlagen. Außer den jungen Menschen wissen es die Künstler auszudrükken, wie unwirtlich diese Zeit ist. Der Künstler und der junge Mensch haben Zugänge jenseits der Anpassung zu den Schmerzen, die das Leben in dieser Zeit verursacht. Deshalb müssen wir ihre Auskünfte hören, um aus unserer Anpassung zu erwachen – zunächst zum Schmerz unserer Entbehrungen, den Junge und Ältere meiden, wenn sie sich anpassen. Dann aber, mit der zornigen Sensibilität des Schmerzes, zu den ungenutzten Quellen des Glücks, die nicht verschüttet, sondern nur vergessen wurden. Erich Fried, einer aus der Generation der älteren Väter, hat diese Rolle des schöpferischen Unruhestifters beschrieben,

der fragt, um zu erinnern, und der erinnert, um vergrabene
Sehnsüchte wiederzuerwecken.

Bevor ich sterbe
noch einmal sprechen
von der Wärme des Lebens
damit doch einige wissen:
Es ist nicht warm
aber es könnte warm sein

Bevor ich sterbe
noch einmal sprechen
von Liebe
damit doch einige sagen:
Das gab es
das muß es geben

Noch einmal sprechen
vom Glück der Hoffnung auf Glück
damit doch einige fragen:
Was war das?
Wann kommt es wieder?[113]

Die Jugend hat dies eine begriffen: daß Glück nicht von den
sozialen und politischen Kollektiven zu erwarten ist. Deshalb
zieht sie sich zurück aufs Private. Sie hat mit der Glückssuche
›auf eigene Faust‹ begonnen, und das mißverstehen die Erwachsenen, die im Heimweh nach entschwindenden Wertsystemen
gefangen sind. Sie verurteilen nach Kriterien, die auf diese Jugend nicht mehr passen.

Daß die Jungen nebenbei die sozialen Angebote ihres Staates
selbstverständlich ausschöpfen, entspricht dem Klima, in dem
sie aufwachsen: Längst regieren Zweck und Nutzen statt Sinn
und Wert. Die Erwachsenen bemerken das nicht, weil sie auch
die Rivalitätsgesellschaft noch im milden Schein älterer Wertsy-
steme betrachten. Ihre Sinngebung verklärt vieles, was der un-
befangenen Jugend leer erscheint. Heimatlose Junge, konfrontiert mit heimwehkranken Erwachsenen; Konfrontation der
Glückssucher mit verschiedenen Vorzeichen.

Den Kampf um Profit und Vorteile, das Denken in Feindkategorien veredeln viele Bürger noch immer in vergangenheitsbezogenen Vorstellungen von Leistung, Pflicht und Ehre. Gewiß leben diese Tugenden auch in Wirtschaft und Industrie noch, aber für den jugendlichen Beschauer dominieren sie nicht das Gesamtgeschehen. Und es ist zu fürchten, daß die jungen Beobachter hier richtig sehen. Also treten sie den Rückzug an – nicht weil sie soviel träger, leistungsfeindlicher und egozentrischer wären als ihre Väter, sondern weil sie den Sinn des Treibens, dem sie sich einfügen sollen, nicht erkennen.

Neu an diesen Verhältnissen ist einzig, daß die Jugend sich selbst gegen die genormten Lebenswege, die man ihr anbietet, zur Geltung bringt. Aber dieses Rätselbild ist schwer zu lesen. Was sich als ein Katalog der Untugenden präsentiert, ist die schützende Selbstverletzung einer jungen, relativ wehrlosen Generation. Sie wissen, daß sie sich nur entziehen können, wenn sie als untauglich antreten. Hellwach und revoltierend haben andere vor ihnen Schiffbruch erlitten – nicht nur im Sinne der Älteren, die sie bekämpften, sondern auch im Sinne ihrer Sehnsüchte nach Veränderungen aller Maßstäbe, mit denen sie und die Welt im reichen Westen gemessen werden.

Der Glückshunger der Jugend ist nicht vermindert. Die heutigen Jungen reagieren ihre inneren Angst- und Zornschübe bei ihren zuckenden Tänzen ab; sie träumen sich hinüber in Filmwirklichkeiten, schweben durch die Wolkenkratzer Manhattans mit *Superman*, regeln Konflikte mit der Faust ihrer Comic-Helden, errichten Festungen im Weltraum, die allen irdischen überlegen sind – und blicken in der Realität ihres jungen Lebens entsprechend zahm und müde um sich.

Was wollen wir ihnen anbieten, wenn wir sie für die Wirklichkeit zurückgewinnen? Sind wir überhaupt darauf vorbereitet? Und glaubt nicht jeder Erwachsene heimlich, seine Ideale, mit denen er aufwuchs, sollte diese Jugend zu den ihren machen? Dies, obwohl der Wandel immer schneller, der Umbruch immer eiliger vonstatten geht.

Es ist richtig: Diese Mühe, der Jugend nachzugehen in ihre Fluchtorte, haben sich auch frühere Vätergenerationen nie gemacht. Sie brauchten sie sich nicht zu machen, solange man die Grundlinien dessen, was man vom Leben erwartete, miteinander teilte. Man konnte darauf vertrauen, sich am Ende der heterogenen Wegstrecken versöhnt und erleichtert zu treffen. Größere Wandlungen liefen länger: Der Bruch war kaum spürbar, wenn er über zwei Generationen sich vorbereitete. In deutlicher Parallele zur Beschleunigung der Wissenschaften und der Technik verlaufen auch die Dissonanzen der Generationen heute in knapperen Zeitabständen.

Diese Jugend muß mit sehr fremden Vätern und Lehrern leben – nicht nur diese mit einer sehr fremden Jugend (wovon viel häufiger gesprochen wird). Wir verharren noch in dem alten Denkmuster, als könnten wir umstandslos die Maßstäbe für die Jüngeren setzen. Heute setzen auch die Jungen Maßstäbe, in denen wir lesen müssen, um die unsrigen nutzbar zu machen. Wenn in der Führung durch die ältere Generation das Verständnis enthalten ist, so müssen wir angesichts der Beschleunigung des Wandels diesen Verständnisfaktor verdoppeln, um überhaupt zu begreifen, mit wem wir es in dieser Jugend zu tun haben. Das wird nicht nur den Jungen, sondern auch den Älteren nützen.

Die Heranwachsenden lassen sich auf die überkommenen Techniken der Ächtung des Andersdenkenden nicht mehr ein: Sie entweichen in sittlich neutrale Räume, wenn die Mittelstandseltern ihre moralischen Waffenlager freilegen, in denen schon manches verlassene und ausgelieferte Kind kapituliert hat. Diese Kinder schlagen uns nicht mit unseren Waffen, sondern sie verblüffen uns durch die Richtung ihrer Flucht vor unseren Kategorien. Der Liebesentzug, mit dem Erwachsene traditionellerweise auf solche Fluchtformen reagieren, verfängt nicht mehr: Er war, auch als er noch verfing, der schwerste Fehler, den Erwachsene in dieser Auseinandersetzung begehen können.

Diese Jugend kann uns nicht zeigen, wo wir das Glück zu suchen haben; sie zeigt uns aber überdeutlich, wo sie, ihrerseits, es nicht mehr findet. Das sollte uns nachzudenken nötigen, warum unsere Angebote für Lebensglück von anderen Angeboten, die wir den jungen Menschen gleichzeitig machen, paralysiert, also außer Kraft gesetzt werden. Darum geht es.

Abschied vom großen Glück

Glücksvisionen in Gestalt politischer Utopien haben bei der Jugend heute zwar weniger Macht als noch vor zehn Jahren. Es sind aber immer noch mehr Gymnasiasten als Lehrlinge und signifikant mehr Studenten als berufstätige Altersgenossen, die ihren Traum vom Glück in politischen Ideen des Ostblocks ansiedeln. Die Regel der sechziger Jahre, daß vorwiegend geistig Beschäftigte anfälliger sind für politische Utopien, gilt also weiter.

Daß »der Kommunismus im Grunde eine gute Idee (ist), die im Ostblock nur schlecht ausgeführt wird«, glauben insgesamt 13 Prozent, allerdings 20 Prozent der Gymnasiasten und sogar 33 Prozent der Hoch- und Fachhochschüler, während dies 40 Prozent aller Befragten ablehnen und 46 Prozent indifferent sind beziehungsweise keine Antwort wissen.[114]

Diese junge Generation möchte in größeren politischen Zusammenhängen nicht denken. ›Persönliche Freiheit‹ ist den jungen Menschen wichtig, ›gute Freunde‹ möchten sie haben; in der Tat ein schöner Rahmen für Lebensglück. Ein ›angenehmes‹ und ›gesichertes‹ Leben möchten sie führen, so fügen sie hinzu. Es fehlt der jugendliche Durst auf Gefahr und Wagnis, die Lust, das Unbekannte zu versuchen, die Idee, es ganz anders zu machen als die Erwachsenen.

Aber dieser scheinbare Gleichmut, der so häufig von Kritikern getadelt wird, verbirgt auch bei den Angepaßten Resignation. Sie sind eine Generation, die wenig spricht. Ihre Sprachlosigkeit scheint eine Reaktion auf die wortreichen sechziger Jahre, und die erwachsenen Beobachter, deren Gedächtnis weiter zurückreicht als das der Jungen, folgern vorschnell: wo keine Sprache Auskunft gibt, da sei nichts mitzuteilen. Diese Jugend hat sich, folgerichtig nach dem Absturz der utopischen Höhenflüge ihrer Vorgänger, auf die ganz privaten Vorteile zurückgezogen; fast wie in einem Racheakt verweigert sie Interesse für die große Politik. ›Privates Lebensglück‹ nennen fast 90 Prozent in Umfragen als Ziel mit Vorrang; ›Geborgenheit‹ schließt sich an.[115] Daraus läßt sich verstehen, was in jungen

Menschen vorgeht, die noch zwischen allen Stühlen auf ein eigenes Leben warten, ohne große Lust auf Anstrengungen, ohne Freude am Risiko, vor allem: ohne irgendein lockendes Risiko im Blick. Je nach Temperament werden sie ihre Sehnsüchte bei den trügerischen Glücksanbietern unterbringen oder vergraben unter lauter Resignation.

Die Welt verändern wollen sie nicht; selbst das Beste aus sich machen wollen nur ganz wenige; für eine Ausbildung mittlere Anstrengungen auf sich nehmen wollen theoretisch 52 Prozent. 40 Prozent sagten dagegen im Frühjahr 1980, sie gäben sich keine große Mühe. Aus beiden Gruppen bringen viele ihre Sehnsucht nach Lebensglück einstweilen jenseits ihres realen Lebens unter. Sie meinen, das ließe sich später dann anders ordnen: Glück und Lebenswirklichkeit müßten dann näher zusammenrücken.

Die steigende Zahl scheiternder Partnerschaften zeigt, wie schwierig das freigewählte Glück zu verwalten ist, wenn man es so privat versteht, daß schon für zwei kein gemeinsamer Glücksnenner mehr gefunden werden kann. Die Jüngeren begnügen sich einstweilen mit dem Traum vom Liebesglück: im Dunkel der Discotheken ist für Stunden die Glücksvision einer geliebten Frau Wirklichkeit, weil diese Frau nur unbestimmt sichtbar wird. Man will ihr gar nicht auf der Straße begegnen. Diese weise Beschränkung ist durchaus nicht typisch jugendlich; sie entspricht einer bitteren Resignation gegenüber der Lebensrealität.

Wenn die Elterngeneration sich über diese Tendenzen zum Rückzug und zur Privatisierung der Glückswünsche erregt, so kann sie es nicht tun, weil sie mehrheitlich anderen Prinzipien anhinge. Warum tut sie es eigentlich? Sie tut es auf dem Hintergrund eines Wertsystems, in dem der Einsatz für das Gemeinwesen noch einen Platz hat, an den man sich selbst zwar nicht mehr hält, aber noch sehnsüchtig erinnert und insgeheim mit unruhigem Gewissen gebunden fühlt.

Was die Älteren an der Jugend rügen: ihre Selbstsucht, ihre Zerstreuungsneigungen, ihre unbekümmerte Egozentrik, das tadeln sie nicht durchweg mit dem Recht dessen, der selbst nach den Maximen lebt, die er dem anderen entgegenhält. Viele egozentrische, zerstreuungssüchtige Erwachsene tadeln die Jugend wegen ebendieser Schwächen. Der einzige Unterschied zwischen den Kritikern und den Getadelten ist, daß die Kritiker innerlich noch von einem Tugendkatalog ausgehen, in dem solche Schwächen als Untugenden vermerkt sind.

Insoweit sind die Jugendlichen keine Kinder des Übergangs mehr, sondern tatsächlich Kinder der neuen Zeit: Wo ihre Eltern im Heimweh nach der eigenen Rechtschaffenheit dem persönlichen Profit folgen, da tun es ihre Kinder unbefangen und unbeschwert. So sind für die kritischen Eltern und Lehrer die Kinder im Grunde der wandelnde Beweis ihrer eigenen Unentschiedenheit und Schwäche. Da wir unsere eigenen Fehler an anderen immer am unerbittlichsten tadeln, trifft diese Kinder der unversöhnliche Tadel der Erwachsenen.

Die Jugend erkennt diese unsere Lage besser als wir selbst; denn wir haben manchen Grund, hier nicht klarsehen zu dürfen. Während wir also die jugendliche Psyche fachmännisch analysieren, überschaut die Jugend fast alle unsere verlorenen Posten. Sie tut es nicht nur mit Genugtuung; sie tut es auch mit Trauer. Auf der Suche nach Vorbildern endeten unzählige Jugendliche zunächst im partnerschaftlichen Clinch mit ihren Eltern und Lehrern, um sich dann enttäuscht den irrealen Idolen der Film- und Discowelt zuzuwenden. Hier tritt man nicht zu nahe heran – so wie bei den Nachtmädchen in der ›Disco‹ – und entgeht von vornherein der Enttäuschung. Nahkontakte, auch die intimsten, werden nach demselben Muster gegen Enttäuschung abgedichtet: Unverbindlich tut man miteinander das Verbindlichste, ohne sich in Gefühlsrisiken vorzuwagen.

Was viele Kommentatoren recht beruhigt – und beruhigend – als Bilanz vorlegen, scheint geschönt zur Beschwichtigung jener Unruhe, die viele erwachsene Beobachter jugendlicher Lebensformen nicht losläßt. Da diese Jugend überwiegend schweigt, kann man alles in ihr Handeln hineinlegen. Sie ist noch weniger geschützt vor Mißverständnissen als die wortstarken Generationen vor ihr. Und sie wird zusätzlich fehlinterpretiert, weil sie sich gegen Fehlurteile nicht wehrt – auch dies, weil ihr die Normenkataloge der Erwachsenen kaum noch etwas sagen. Wozu sich verteidigen, wenn man in Kategorien angegriffen wird, die einem leer erscheinen? Oft fehlen ihnen deshalb wirklich die Worte; aber nicht einmal das können sie uns sagen.

Die Formen ihrer Verabschiedung von der vorgefundenen Welt sind deshalb leise und verschwiegen. Neben den deutlicheren Abschieden, die in Sucht und Sekten, in Kriminalität und Radikalität führen, verbergen sich auch im ›Privatisieren‹ Verluste an Glückshoffnungen, die sich in scheinbar harmlosen Freizeitbeschäftigungen mit chemisch nicht nachweisbaren Drogen wie Comics, Filmen, Fernsehen und betäubender Musik dokumentieren. Süchtig nach gruppenhafter Existenz, können sich junge Menschen über Jahre ihres Lebens hinwegmogeln, ohne mit sich selbst konfrontiert zu werden. Sublimationstechniken wurden in der Kindheit dieser jungen Menschen nicht gehandelt, weil die Erwachsenen soeben mit ihrer Abschaffung beschäftigt waren. Sie unterschätzten dabei die Probleme, die sich jungen Menschen stellen: Während sie, die Erwachsenen, auf dem Hintergrund einer engeren Moral die Möglichkeiten zur Entspannung zu nutzen verstehen, werden junge Menschen, denen Maßlosigkeit zum Geschenk gemacht werden soll, an schweren Irritationen leiden. Da ihnen keinerlei Grenze Hilfen bietet, schwindet auch der Wert der erreichbaren Erlebnisse, etwa im Bereich des Konsums und der Sexualität, sehr schnell dahin.

Die jungen Menschen sehen sich vor den Trümmern hoher Versprechungen, mit denen sie das permissive Zeitalter empfing. Sie können nicht erkennen, warum ihre Genüsse scheitern. Subjektiv erleben sie aber die Welt der Anbieter, die Welt der Erwachsenen als den Inbegriff nicht eingelöster Versprechungen. Darum reduzieren sie ihre Beziehungen zu diesen Erwachsenen. Nach den schmerzlichen Erfahrungen in der freizügigen Liebe reduzieren sie bald auch ihre inneren Einsätze – bei fortdauerndem Gebrauch der sexuellen Möglichkeiten. Sie werden dadurch unvermerkt zu wechselseitigen Benutzern, und ihr Menschenbild paßt sich dieser traurigen Erfahrung an. Daß sie miteinander diese deprimierenden Eindrücke vom Leben teilen, verbindet die jungen Menschen in subsprachlicher Solidarität.

... das meint: alle Selbstausbürgerungen finden tatsächlich statt als eine Tendenz, im Kreis von Gleichaltrigen zu verbleiben, sich an ihnen zu orientieren. Die Folgen dieses offenbaren Phänomens sind vielfältig: Kommunikationslosigkeit oder Desinteresse zwischen den Generationen, manchmal auch statt dessen Haß, Jugendfeindlichkeit auf der einen, Altenverfolgung auf der anderen Seite. Dieser jugendliche Ethnozentrismus ist ein auffälliges Phänomen...[116]

Verwaltetes Jugendglück

Die rationale Organisation auch ihrer eigenen Lebens- und Lernwege durch die Erwachsenen erschreckt die Jugend häufig durch widersinnige, eben irrationale Ergebnisse, die dann entstehen, wenn die formalen Akte der Gerechtigkeit an ihrer eigenen Formalität ins Gegenteil umschlagen. Wo Rationalität nicht mehr den Kontrollen des urteilenden Verstandes, das heißt: der Unterscheidungsfähigkeit unterworfen sind, da entarten auch Gerechtigkeitsprinzipien zu Instrumenten der Unterdrückung.

Wenn junge Menschen dann von ›Terror‹ sprechen, wo Erwachsene nur den Triumph der Rationalität verehren, so sehen diese jugendlichen Beobachter mit unverstellten Sinnen die Agonie des rationalistischen Prinzips. Eigentlich legen sie in solchen Augenblicken des Aufbegehrens den Finger auf Glücksverluste, die auch die Erwachsenen betreffen. Aber die Verständigung über den gemeinsamen Verlust mißlingt.

Der Argwohn gegen die Erwachsenen kann sich nur steigern, wenn junge Menschen täglich hören oder lesen, daß es von ihrer Sorte viel zu viele gibt. Wie mag sich ein Mitglied dieser Generation der Überflüssigen fühlen? Zusätzlich erfährt der junge Mensch, daß er nirgends unersetzlich ist: In der Schule kann er nur über Noten Plätze in Ranglisten erkämpfen, bei seiner Bewerbung zählt nur die ›Qualifikation‹, nicht die ›Qualität‹ seiner Persönlichkeit: Er lernt es früh und gründlich, daß mit ihm, wie er ist, nichts anzufangen ist. Von seiner Art gibt es zu viele.

Mit diesem Lebensgefühl läuft fast jeder junge Mensch herum. Seine Eltern dagegen scheinen, jeder an seinem Platz, unersetzlich zu sein und unverwechselbar, so jedenfalls geht es aus ihren Erzählungen hervor. Also geht es abwärts, man wird nicht gebraucht, folgert der junge Mensch. Er *macht* sich deshalb überflüssig, verhält sich verwechselbar, geht auf in Gruppen, wo es auf den Einzelnen nicht ankommt, um eine Art des kollektiven Selbstgefühls gegen diese hoffnungsarme Wirklichkeit aufzubieten. Dich braucht eigentlich keiner, sagt sich mancher dieser jungen Menschen. Ein Todesurteil für junge Seelen, wenn sie empfindsam genug sind.

Die aggressive Lustigkeit vieler junger Menschen ist im Grunde nur die zur Tugend gewendete Not dieses Überflüssigkeitsgefühls. Verletzbarkeit geht zum Angriff über, wenn diese Jungen nun negative Selbstfindung betreiben. Die Härte und Kälte vieler sehr junger Menschen tarnt auch Verletzlichkeit, die sie dort am wenigsten zeigen wollen, wo sie die Quellen ihrer Enttäuschungen vermuten. Und junge Menschen vermuten für jede Enttäuschung die Ursache bei Erwachsenen. Es läßt sich nicht sagen, sie hätten damit sehr unrecht.

Die Jugend entzieht sich weithin den Lebensmustern ihrer Eltern und Lehrer. Sie tut es überwiegend in unscheinbarer Weise. Viele Eltern haben es noch gar nicht bemerkt, daß ihr Kind ihnen weit entwandert ist. Aber dieses Kind weiß es.

Diese Jugend leidet Mangel an beflügelnden Zielen und an hohen Hoffnungen. Sie darf das Gefühl der Einzigartigkeit nicht kosten, deshalb sucht sie es in der negativen Identifikation. Grenzenlosen Lizenzen entsprechen verwirrend geringe Möglichkeiten: Wo Erlaubnisse locken, läuft man in die Fallen – nicht der Moral, sondern der rationalen Organisation. Pädagogische Widersprüche der Eltern- und Lehrergeneration sind nicht ausgetragen. Die Jugend erlebt sie als Unsicherheitsfaktoren, aber auch als Irreführung. Der ›Terror‹ von unbefragbaren Richtlinien und papiernen Anweisungen macht die menschliche Begegnung häufig gegenstandslos.

Das Glück zu suchen, haben viele junge Menschen heute schon im Schulalter aufgegeben. Erdrückende Mehrheiten suchen es nur noch in den Schulnoten:

Von zweihundertvierzig befragten Gymnasiasten antworten 90 Prozent der Zehn- bis Dreizehnjährigen auf die Frage: »Was ist Glück?«: »Gute Schulnoten!«[117]

Glück ist eine gute Note ...
Wenn man nur eine 1 oder 2 in jeder Arbeit hat ...

Glück heißt für mich, daß ich immer in der Schule gute Noten
schreibe...
Wenn ich gute Zensuren habe...
Die Arbeit gut zu schreiben...
Ein paar gute Noten...
Klassenarbeitsbenotung: 1...
Wenn ich an einem Tag gute Noten bekomme...

Neunzig von hundert Kindern dieser Altersstufe setzen diesen
Glückswunsch auf den ersten Platz. Sie tun das unbeobachtet
und anonym, also kaum, um ihrem Lehrer zu gefallen. Die
Schule als unberechenbare Glücksgöttin unserer Tage. Die Kinder lassen keinen Zweifel daran, daß sie ihre Vision vom Zensu-
renglück im Schatten von Zwängen entwickeln, nicht in der Unbefangenheit einer freien Auswahl. Die Mehrzahl jener Schüler
nämlich, die ihr Glück in guten Schulnoten sehen, schreibt einen weiteren Glückswunsch auf, der die guten Noten klimatisch
einordnet:

Glück ist... wenn die Lehrer krank sind...
wenn die Schule abbrennt...
wenn die Schule geschlossen ist...
wenn der Lehrer vergißt, Hausaufgaben aufzugeben...
wenn morgens plötzlich die Schule geschlossen wäre...
wenn Stunden ausfallen...
wenn der Lehrer nicht so streng ist...

Die Schule als allmächtige Verteilerin von Glück und Unglück.
Nicht weil sie die Schule lieben, sind die guten Noten das
Glücksziel Nummer eins für so viele Kinder, sondern weil sie
ihre eigene Abhängigkeit von dieser Institution fühlen. Alle
Schulreformen haben bis zum Ende des Jahres 1980 also nicht
mehr vermocht: Lernglück wird immer noch verdrängt von
Notendruck. Nur vereinzelt berichten Schüler von sechzehn
und siebzehn Jahren über das Glück, etwas Schönes zu lesen,
das Glück gar, etwas zu durchschauen oder zu erkennen. Bei ihnen, den Älteren, kommen die ›privatisierten‹ Glückserlebnisse
zur Sprache, die den Jugendforschern an dieser Jugend auffal-
len. Freunde werden wichtig, Beziehungen schenken ›Glück‹,
wenn sie Vertrauenserlebnisse gewähren.

Was ist Glück? Ein Mädchen, das man liebt und das mich liebt...
Glück ist, geliebt zu werden...
mit Freunden zusammensein...

Aber auch die Familie wird nun öfter erwähnt; bei den Jüngeren war sie wahrscheinlich selbstverständlich. Die älteren Schüler, Fünfzehn- bis Siebzehnjährige, wissen die ›Geborgenheit‹ zu schätzen, die ihre Familie bietet. Auch sie gehört zum Glück, so sagen diese jungen Menschen. Freilich sind ihre Stimmen eine Auswahl. Der gleichaltrige Lehrling würde vielleicht weniger vom Familienglück reden.

»Ein gesichertes Leben«, »eine sichere Zukunft« zählen viele von den älteren Schülern zum Glück, das sie sich wünschen. »Viel Geld« steht da oft ganz einfach. Bei den Zehn- bis Dreizehnjährigen taucht statt dessen der Lottogewinn auf.

Gute Noten in der Schule, der große Lottogewinn und möglichst viele Störungen des allgewaltigen Schulbetriebs: Das ist die Vorrangliste kindlicher Glückswünsche. Nur zwei von hundertfünfzig Zehn- bis Zwölfjährigen verteilen die ersten Ränge anders: »Liebe, Zärtlichkeit« setzt eine Elfjährige auf den ersten Platz. »Ein schönes Leben« wünscht ein Zehnjähriger. Erst dann folgen bei beiden die Schulzensuren.

Die Natur erscheint diesen ganz jungen Menschen noch kaum als Glücksspender:

wenn die Sonne scheint –
wenn es schön warm ist –
wenn es ganz viel schneit –

Ganze drei Glückswünsche an die Natur sind es, die unter hundertfünfzig Kindern vorkommen. Die ökologische Zukunft kann also für diese jungen Menschen noch keinen konkreten Inhalt haben. Naturerfahrung als Glückserlebnis fällt in spätere Lebensjahre. Aber in der Jugend werden Naturerlebnisse gesammelt, die später Frucht tragen.[118] Diese jungen Menschen leben mit dürftigen Naturkontakten; folglich erwarten sie nicht mehr von ihrer natürlichen Umwelt, als sie von ihr kennen: fast gar nichts. Die Anspruchslosigkeit ihrer Sinne wird in der künstlichen Umwelt ihrer Stadtwohnungen programmiert. Was sie nicht kennen, können sie nicht ersehnen.

Entwürfe des ganz großen Glücks: die große Liebe, die einsame Insel, sie kommen bei all diesen Kindern und Heranwachsenden nicht vor. Das irreale Lottoglück ist nichts als die zeitgenössische Version des Unermeßlichen: freilich eine heruntergekommene Vision des Glücks, die nur noch in Haufen von Geld besteht. Aber ebendies müssen die Kinder in ihren Elternhäusern als Glücksvision aufgenommen haben.

Überhaupt ist in diesen *ex negativo* entwickelten Glückswünschen die Hintergrundrolle der Erwachsenen aussagekräftig: In den guten Schulnoten wird ja nicht das Glück der Leistung, das Hochgefühl der Arbeit erwähnt, sondern das *Urteil* über diese Arbeit. Das Prädikat entscheidet über Glück und Unglück; das Schaffensglück wird nicht erlebt, weil Prädikate als das Ziel der Arbeit erscheinen. Diese aber werden als relativ unberechenbar empfunden. Mit Lust für gute Noten zu arbeiten: das kann keines dieser Kinder von sich berichten. Wollten nicht die Schulreformer dazu beitragen?

Wenn Glück die Freiheit von Zwängen ist, dann scheint dieses Kinderglück der Mehrzahl in traurige Gefangenschaft geraten. Nur vereinzelte Kinder lösen sich von diesen vorgeschriebenen Pfaden zum kontrollierten Glück: diejenigen, die von ihrer Freude an Tieren sprechen, von Ferienträumen. Das Glück, lebendig zu sein, das die Erwachsenen bei den Kindern suchen, können diese Schulkinder nicht bewußt empfinden. Ein einziges Kind von elf Jahren schreibt auf seinen Zettel: »Glück ist, daß ich lebe.« Aber es hat zuvor geschrieben: »Gute Schulnoten.« So zufällig diese absurde Reihenfolge sein mag: sie spiegelt die Rangfolge der Empfindungen.

Schulreform als Befreiung zum selbstbewußten Glück hat also offenbar noch nicht stattgefunden. Die älteren Schüler machen sich von den Zwängen zum Notenglück zögernd frei. Immer noch melden viele unter den halb Erwachsenen: »Erfolg in der Schule« gehöre zum Glück. Stünde da ein einziges Mal: eine Sache gut zu machen, das ist Glück für mich. Aber hier steht: *Erfolg*. Die Muster der Profitgesellschaft greifen.

Auch das Kinderglück also ist ein verwaltetes Glück. In dem

domestizierten Glücksverständnis der Schüler läßt sich ablesen, daß sie ihre geheimen Glückssehnsüchte woanders zu stillen versuchen müssen. Viele freilich können diese Sehnsüchte ganz einschläfern und ziehen in mittleren Gemütslagen ihres Weges. Andere lassen sich locken von den außeralltäglichen Glücksverheißungen der Medien und der Musik. Die Glückszugänge ihres Alters sind kanalisiert und bieten nur verdünnte Aufgüsse des ersehnten reinen Glücks. Sie verachten die Welt der Erwachsenen wegen dieser dürftigen Glücksattrappen, die ihnen im Beifall zu ihren Leistungen angeboten werden.

Das Glück auf eigene Faust fehlt ihnen. Sie gehen auf eigene Faust, um es zu suchen. Glück nach Vorschrift kann sie nicht satt machen. Daß Glück die Erlösung von Vorschriften ist, bestätigt ihnen in der verwalteten Welt nur ihr eigenes jugendliches Herz. Also suchen sie das Glück außerhalb der Regelsysteme, fern von den Erziehern, *gegen* sie, um sicher zu sein, daß sie nicht wieder in Zensuren enden, die Todesurteile für ihr ganz persönliches Glück bedeuten.

III
Auf den Spuren des Glücks

Das höchste Glück ist das, welches
unsere Mängel verbessert und unsere Fehler ausgleicht.
Johann Wolfgang von Goethe,
Maximen und Reflexionen I.

Kapitel 13
Glückskultur

Die Spirale der Bedürfnisse

Die jungen Menschen, Glücksanwärter der Zukunft, führen uns mit ihrer Flucht vor der Künstlichkeit in die Künstlichkeit auf die Spuren des verlorenen Glücks. Ihre Resignation ist nichts als die stolze Tarnung einer unaussprechlichen Enttäuschung über diese Welt, die ihnen soviel weniger zu bieten hat als sie brauchen. Aber wie erkennen wir, was wir brauchen? Seit wir wissen, daß unsere Organe zur Wahrnehmung dessen, was wir benötigen, sich mit steigendem Besitz verändern, mußten wir den Gedanken, eines Tages satt und glücklich zu werden, fahrenlassen.

Natürlich glaubt der Hungrige, er werde, wenn er satt ist, glücklich sein. Satt gegessen, wird er glücklich sein, solange er sich des Hungers noch erinnert. Daß wir nicht einfach glücklich werden, wenn wir haben, was wir brauchen, ist, seit wir sehr vieles haben, eine wichtige Erkenntnis auf den Spuren des Glücks geworden.

Das empirisch am besten bewährte Konzept zur Erklärung des Wachstums der Bedürfnisse ist das der ›relativen Deprivation‹. Es besagt, daß sich Bedürfnisse, Ansprüche und das subjektiv empfundene Anrecht auf gesellschaftliche Belohnungen an einer Bezugsgruppe orientieren, die sozio-ökonomisch jeweils über der Gruppe liegt, der man selbst angehört. Das heißt: der Standard dafür, was man will, ist, was andere, mit denen man sich gerade noch vergleichen kann, bereits haben. Vielen ist es lieber, wenn alle sozio-ökonomischen Gruppen auf dem bisherigen Einkommensniveau bleiben, als daß alle etwas mehr, aber unterschiedlich mehr bekommen, so, daß sich die Differenz zwischen der eigenen Gruppe und der nächsthöheren erhöht statt verringert.

Burkhard Strümpel (1974) hat diesen unmittelbaren Effekt der ›relativen Benachteiligung‹ treffend als ›economic stress‹ bezeichnet: Streß ergibt sich daraus, daß sich andere Gruppen in ihrem Einkommensniveau verbessern und die Unzufriedenheit mit dem eigenen Niveau daraufhin zunimmt.

Wenn nun aber die Voraussetzung gilt, daß jeder das zu haben versucht, was andere bereits haben, und wenn gilt, daß sich die Bedürfnisse nach Einkommen und Konsum des einen am Einkommen und Konsum des anderen orientieren, d. h. die Bezugsgruppe nach dem Kriterium dès Einkommens selektiert wird, scheint eine Sättigungsentwicklung von Konsumbedürfnissen so gut wie ausgeschlossen. Denn solange die technologische und technische Entwicklung nicht etwa durch einen bewußten Willensakt der Gesellschaft auf einem bestimmten Stand festgeschrieben wird (was sehr unwahrscheinlich und wenig sinnvoll ist), wird es immer wieder Chancen einer Verbesserung von Bedürfnisbefriedigungsmöglichkeiten geben, so, daß die Spirale von Bedürfnissen und Bedürfniserfüllungen prinzipiell endlos ist und ihre Schranke allenfalls in der Begrenztheit der natürlichen Grundlagen der Bedürfnisbefriedigungsmöglichkeiten findet.[119]

Solange sich die Glücksvorstellungen also an der wirtschaftlichen Situation orientieren, bringt auch der steigende Wohlstand kaum Zuwächse an subjektivem Glück. Dennoch ist den Bürgern der reichen Staaten deutlich, daß sie über sehr viele Glücksmittel verfügen. Ihr Lebensgefühl zeigte sich in der weltweiten Umfrage zum Thema ›Glück‹, welche die Basler Versicherungsgruppe 1978 herausgab, durchschnittlich positiver als das der Bürger in armen Ländern. Die Bürger in Wohlstandsstaaten nennen ihr Leben eher ›interessant‹ als jene in ärmeren Ländern; die Zahl jener Menschen, die ihr Leben als ›interessant‹ beurteilen, liegt dicht bei jener der ›ziemlich‹ oder ›sehr‹ Glücklichen.

Im europäischen Vergleich weisen Skandinavien, Großbritannien, die Benelux-Staaten und die Schweiz sehr hohe Quoten an Menschen auf, die sich als sehr oder ziemlich glücklich betrachten, nämlich zwischen 95 und 91%, umgekehrt Italien nur deren 68%; jeder dritte Italiener erklärt denn auch, er fühle sich ›nicht so glücklich‹. In Japan liegt die Zahl der wirklich glücklichen Menschen mit 65% deutlich unter dem europäischen Durchschnitt von 80%, und in Indien schließlich ist die Zahl der ›nicht so glücklichen‹ Einwohner weit überdurchschnittlich hoch, nämlich 62%.

Diese Übersicht über die Kontinente kann zum Schluß führen: Menschen mit ›interessantem Leben‹ neigen tendenziell dazu, sich auch »sehr oder doch ziemlich glücklich« zu fühlen.

Auch der ... Ländervergleich ergibt einen weitgehenden Zusammenhang zwischen ›interessantem Leben‹ und ›glücklich sein‹. In den meisten Ländern bzw. Ländergruppen hält sich die Differenz zwischen den beiden Aussage-Werten unter 10 Prozentpunkten.[120]

Wohlgemerkt: Prozentpunkte werden hier gezählt. Ob es dieselben Menschen waren, die sich ›glücklich‹ einschätzten, *weil* sie ›interessant‹ lebten, wissen wir nicht. Dieselbe Umfrage erwies auch, daß der materielle Wohlstand nur einer unter anderen Faktoren ist, die zu subjektiver ›Zufriedenheit‹ führen. Das subjektive ›Glück‹ der Menschen in den reichen Ländern ist also über Umfragen schwer auszuforschen. Der Reichtum an Lebensmöglichkeiten wird als latentes Glück empfunden; er ist es auch, der das Leben ›interessant‹ macht.

Glück ist eine Frage des Bezugssystems, in dem wir uns und unsere Lebensumstände sehen. Das Bezugssystem innerhalb der reichen Länder ist überwiegend an Sachwerten orientiert; folglich sind es die Glücksvorstellungen der Menschen auch. Glücksprogramme sind deshalb hier überwiegend Sachwertprogramme. Am Zuwachs des kollektiven Glücks nun aber den Erfolg sozialpolitischer Maßnahmen ablesen zu wollen, erweist sich dennoch als ein ungeeignetes Beweisverfahren: Das ›objektive Glück‹ müßte größer sein, wenn es nur vom ›objektiven‹ Wohlstand abhinge. Nachdem der Optimismus der Glücksplaner sich vor dieses enttäuschende Ergebnis gestellt sieht, hat das Glück etwas von seiner Aura des Unberechenbaren zurückgewonnen.

Inflation der Glücksmittel

Wichtiger aber als seine Unberechenbarkeit ist der Freiheitscharakter des Glücks. Daß sich Völker nicht kollektiv beglücken lassen, auch wenn wir ihre Lebensverhältnisse entscheidend verbessern, dies könnte uns ermuntern, das Glück woanders als in politischen Programmen zu suchen. Die verführerischen Glücksversprechen der Politik würden sich mäßigen im gleichen Maße, wie der Bürgerglaube an Glückslieferungen aus dieser Richtung schwände. Die Aktivität des Einzelnen, sein Glück zu suchen, statt es bei Institutionen einzuklagen, weckt längst eingeschläferte Gelüste auf, das eigene Dasein selbst zu verantworten und zu gestalten. Wer damit beginnt, wird auch gegenüber den Glücksangeboten kritischer und wählerischer. Die Nachfrage-Abhängigkeit der professionellen Verführer in Werbung und Politik, die sich unserer Glückssehnsüchte bedienen, wird uns erst bewußt, wenn wir diesen Angeboten nicht mehr erliegen.

Die Spirale der Bedürfnisse lehrt uns, daß unser Bezugssystem, nach dem wir unser Glück oder Unglück bestimmen, untauglich bleibt, solange es im Ökonomischen verankert ist. Die Kategorien unseres Bezugsdenkens sind es, die uns die Glückszugänge immer wieder zuschütten: Solange wir dem Denksystem folgen, das bis heute in der westlichen Welt dominiert, werden wir in den Kategorien des wirtschaftlichen Erfolges denken und zur vergleichenden Unzufriedenheit verurteilt bleiben.

Daß nicht unser jeweils erreichter gesellschaftlicher Status, sondern unser Bezugssystem sich ändern muß, dies gilt es zu erkennen. Unsere Distanz von der Idee des Güterglücks dürfte inzwischen so angewachsen sein, daß wir den Zwängen der Bedürfnisspirale zu entkommen versuchen können. Solange wir den Sinn unseres Lebens nicht jenseits der Vergleichszwänge unterbringen können, wird es uns auch nicht gelingen, das Glück von diesen Rivalitäten freizumachen. Glück ist aber die Erlösung vom Vergleich, die Freiheit von Neid und Rivalität, die Befreiung aus den Relationen von Mehr und Weniger; denn Glück ist reine ›Lebensqualität‹, die sich auf jeder Stufe der Quantitäten einstellen kann.

Obwohl wir alle heute erhöhte Chancen genießen, das zu werden, was unsere Leistung, nicht das Schicksal unserer Herkunft uns einbringt, haben sich die Vergleichszwänge verschärft: Noch weniger als unsere Vorfahren haben wir die Chance, bei dem, was wir sind und haben, glücklich zu verweilen, weil uns permanent die Möglichkeit, mehr zu erwerben, freigestellt – und dieser Mehrerwerb ganz offiziell mit unserem Mehr-*Sein* gleichgesetzt wird. Da wir Anerkennung brauchen, um uns selbst wertvoll zu finden, gehorchen wir diesen Regeln. Unser Glücksstreben wieder abzulösen von diesem untauglichen Bezugssystem, ist deshalb eine dringliche Aufgabe, weil die Bedürfnispyramide keine definitive Spitze hat.

Dieses Bezugssystem erweist sich als menschenunwürdig, weil es Glück geradezu verhindert. Diese Glücksverhinderung haben die vergangenen Generationen in aller Gründlichkeit und voller Hoffnung entstehen sehen. Einkommen, Besitz und Konsum, sekundiert von medizinischen, technischen und allgemeinwissenschaftlichen Errungenschaften zur Lebenserleichterung, führten tatsächlich Mehrheiten in eine engere Glücksnachbarschaft: Das Glück schien leichter zu werden als in früheren Jahrhunderten; es zu gewinnen, schien plötzlich weniger von persönlichen Qualitäten abhängig als vielmehr von äußeren Merkmalen, deren jeder habhaft werden konnte. Schon neigten viele Techniker des sozialen Glücks zu der Meinung, das Wohlergehen sei womöglich mit dem Glück identisch – ein naheliegender Irrtum, nach Jahrhunderten der Ohnmacht vor Hunger, Krankheit und Naturgewalten.

Heute entdecken wir nun unwiderruflich, daß sich mit materiellen Kriterien nur Annäherungen an das Glück erreichen lassen, nicht aber das Glück selbst als ihre zwingende Folge zu greifen ist. Mit diesem Wissen ausgestattet, sollten wir unsere Beglückungstechniken für die Dritte Welt nicht in der bei uns gescheiterten Form wiederholen. Die Erkenntnis, daß wir in unserer Industriekultur das rechte Maß verfehlt haben, bleibt aber einstweilen ohne praktische Konsequenz. Wir fahren fort, die primitiven Völker mit verschärften, ja multiplizierten Beschleunigungsfaktoren durch Entwicklungsstadien zu hetzen, deren mäßigeres Tempo uns bereits überfordert und überholt hat.

Nicht nur die Indianer, denen in Europa romantische Nostalgie mehr Gehör verschafft als anderen Völkern, die Objekte unserer Wirtschaftshilfe sind, zeigen ein beispielhaftes Unterscheidungsvermögen für die glücksvernichtenden Tendenzen der Industriekultur. General Mobutu, Zaïre:

... Denn das Erbe, das unsere Vorfahren uns hinterlassen haben, ist die natürliche Schönheit unseres Landes. Es sind unsere Ströme, unsere

Flüsse, unsere Wälder, unsere Berge, unsere Tiere, unsere Seen, unsere Vulkane und unsere Ebenen ... Deshalb weigern wir uns, blind dem Weg der ›entwickelten‹ Länder zu folgen, welche die Produktion um jeden Preis wollen ... Wir glauben nicht, daß der Frieden und das Glück abhängen von der Zahl der Autos in der Garage, den Fernsehantennen auf dem Dach ... Was nützt es, unzählige Fabriken zu besitzen, wenn deren Schornsteine Tag und Nacht Gift über uns ausschütten? So wären wir zwar reich, liefen aber mit einer Gasmaske auf der Nase herum und würden von der Last unseres eigenen Reichtums erdrückt ... Deswegen müssen wir unser Gesellschaftsmodell, das nur unseren Bestrebungen gerecht wird, selbst schaffen ... Vielleicht wird morgen der Reichtum eines Volkes an seinen Bestrebungen für die Erhaltung der Natur, seiner Umwelt gemessen. Mit einem Wort: daran, ob es ihm gelang, seine eigene Seele zu erhalten.[121]

All jenen Menschen im reichen Teil dieser Welt, die Mangel an Glück leiden und nicht mehr glauben möchten, daß Glück güterunabhängig ist, können solche Sätze Zuversicht vermitteln: Sie sind Botschaften von hoher Glaubwürdigkeit, weil sie nicht aus unseren Verhältnissen gesprochen sind.

Der Wandel des Bezugssystems für unsere Messungen des Glücks deutet sich in den zitierten Sätzen an: die Maßstäbe müssen sich ändern, wenn die Glücksquellen nicht vollends versiegen sollen. Unsere Techniken der Glücksmaximierung haben sich nicht nur als begrenzt tauglich erwiesen; sie schlagen auch in Glücksvernichtung um, wenn wir in Wissenschaft und Technik weiter den verfehlten Paradigmen der vermeintlich wertfreien Vermehrung der Güter und Ergebnisse folgen.

Ich glaube manchmal, die weißen Menschen sind so erschüttert von der Welt, die sie selber geschaffen haben, daß sie sie weder sehen, fühlen, riechen noch hören wollen ... Ihr lebt in Schachteln, die die Hitze des Sommers abhalten und die Kälte des Winters nicht durchlassen. Ihr lebt in einem Körper, der nach nichts mehr riecht. Ihr lauscht der Hi-Fi-Anlage statt den Klängen der Natur. Ihr beobachtet im Fernsehen einen Schauspieler, der glaubhafte Erfahrungen macht, anstatt die Erfahrungen selbst zu machen. Ihr eßt Lebensmittel ohne Geschmack – das ist euer Stil. Das ist nicht gut. Kann man das Glitzern des Wassers kaufen oder die Schnelligkeit eines Pferdes? (Häuptling Chief Sattle.)[122]

Erst seit wir die spezifischen Glücksverluste kennen, die unsere Kulturerrungenschaften uns einbringen, sind wir imstande, solche Vorbehalte ernst zu nehmen. Der Wandel des Bezugssystems für unser Glücksstreben muß von der unzuverlässigen Kategorie der ›Bedürfnisse‹ wegführen, wenn wir der Vereitelung des Glücks durch Glückswettläufe Einhalt gebieten wollen.

Revision des Belohnungssystems

Wie solche Korrekturen aussehen müßten, deutet sich nun an: Wir müssen die Balance ernst nehmen, die zwischen Autonomie und Entfremdung unser Glück ermöglicht. Totale Autonomie ist ebenso glücksfeindlich wie totale Entfremdung. Unser Vermehrungsdenken ist eine Perversion des zyklischen Denkens, wie die Natur es lehrt, zum linearen Fortschrittsglauben. Diese Veränderung entspricht dem Wandel unserer Orientierung von der wertgebundenen (zyklischen) Weltsicht zur rationalen (linearen) Weltbetrachtung.

Wir werden den Gedanken revidieren müssen, Entfremdung des Menschen beginne schon dort, wo er sein Leben nicht nur rational, sondern sinnbezogen ordnet. Auch die Rationalität hat sich zur Ideologie entwickelt und Fremdbestimmung produziert: eine Fremdbestimmung, die uns Auskünfte über den Sinn unseres Tuns verweigert. Der Glücksentzug in dieser Spielart der Entfremdung ist deckungsgleich mit dem Entzug von Chancen zur Sinngebung. Die lineare Rationalität zwingt zur Augenblicksverhaftung und entzieht uns damit Gewißheiten, die über den Augenblick hinausreichen. Die Aufblähung unserer Sicherheitssysteme ist die unbefriedigende Antwort auf diesen Mangelstand. Auch die Maßgaben der Politik müßten sich also ändern. Die Maßnahmen und Versprechungen der Politiker orientieren sich am Bilde der konsumbezogenen Existenz. Das Belohnungssystem unserer Gesellschaft folgt ebenfalls diesem vordergründigen Kriterium. Anerkennung für welche Leistung auch immer wird überwiegend materiell definiert; sie gilt nur dann als überzeugend, wenn sie in Sachwerten greifbar wird. Wir agieren in Abhängigkeit von den Anerkennungsmechanismen dieses Systems: Unser persönlicher Wert bemißt sich darin nach unserer Effizienz. Junge Menschen, die nicht bereit sind, nach diesen Vorgaben ihr Glück zu suchen, leben an diesen Anerkennungssystemen vorbei ein ebenso glückloses Leben, weil sie mit Attrappen für Glück vorliebnehmen müssen. Sie möchten mit ihrer unverwechselbaren Person anerkannt werden, wollen mit ihrer Phantasie, mit ihrem Traum von einem guten und schönen Leben etwas wert sein; aber es findet sich schon in Kindergarten und Schule niemand, der sie für ihre Träume und Gefühlsleistungen belohnt. Im Gegenteil werden sie angehalten, ihren inneren Reichtum an Visionen über das Leben, wie es sein könnte, auf dem Altar der Rationalität zu opfern.

Die enger werdenden Ressourcenspielräume könnten uns dabei helfen, unsere Bezugssysteme für den Wert des Menschen zu ändern. Die Makrogefüge unserer Gemeinwesen müssen es jedem Bürger ermöglichen, in überschaubaren Bezirken eine gewisse Vollständigkeit seines Daseins zu erkennen und zu genießen. Überflußwirtschaft mit Nachrichten, Meinungen, Gütern und Sicherheiten ist immer auch Kultur der Entmündigung. Solche Massenangebote haben verschärfte Entfremdung produziert, weil wir in der Teilnahme an ihnen unser Selbstwertgefühl verankert haben – als sei unser Anerkennungsglück abhängig von unserer Ausstattung mit Nachrichten, Meinungen, Gütern und Sicherheiten.

Verbesserungen des Lebens dürfen nicht länger in der perfekten Organisation, in der reibungslosen Verwaltbarkeit von großen Menschengruppen gesehen werden. Sie haben nur teilweise und häufig genug recht zufällig mit Rationalisierung der Betreuung und mit Optimierung der Organisation zu tun. Jede Verbesserung ist an den Gestaltungs- und Erfahrungschancen zu messen, die sie dem Einzelnen eröffnet. Auf diesem Stande unserer Kultur müssen Mauern um das zarte Glück des Einzelnen abgetragen werden: überall dort, wo der Einzelne, überbetreut, ein Opfer der Deprivation geworden ist.

Auch die Erwachsenen, nicht nur die mutterlos verlassenen Kinder unserer Zeit sind Opfer einer elementaren Beraubung, wie das Wort *Deprivation* es sagt. Ausgeraubte Eltern überlassen ihre Kinder der Verlassenheit, weil sie selbst verlassen sind. Verlassenheit in den reichen Industrienationen, wo niemand mehr faktisch allein sein darf, bedeutet den Entzug eigenen Bodens unter unseren Füßen: eigener Entscheidungsspielräume, eigener Varianten der Kleidung, des Essens, der persönlichen Fürsorge füreinander, eigener Erfahrungschancen im umgrenzten Bereich unseres *eigenen*, nicht *enteigneten* Lebens.

Das Ideal der Zentralisierung wird in der Perfektion ein glücksfeindliches Prinzip. Die Politiker als Glückstechniker großen Stils müssen ihre Fehlentscheidungen korrigieren. Der überbetreute Mensch wird nicht nur entscheidungsunfähig, sondern auch glücksarm. Glücklos wird er apathisch und zieht damit immer mehr Betreuungsakte auf sich. So liefert er den Entmündungstechnikern Vorwände, ihn weiter zu entmündigen. Die Dezentralisierung und die Freigabe von Erfahrungsspielräumen, die Öffnung überschaubarer Felder für ein kleines Leben voller eigener Entscheidungen kann aber nicht als zentrale Maßnahme geschehen. Die organisierte ›Alternative‹ ist keine mehr. Der Verzicht auf die Regelung jeder Lebenseinzelheit durch staatliche Stellen könnte aber solche Freiräume öffnen. Unter dem Eindruck der Unzuverlässigkeit aller materiellen Güter, mit denen wir leben, könnte es uns gelingen, unsere Maßstäbe für den Wert des Einzelnen zu ändern. Wir könnten dann neue Richtwerte für Anerkennung finden.

Wo Phantasie als Leistung begriffen wird, wo schöpferische Träume als Beiträge zur Deutung unseres Lebens verstanden werden, da nähern wir uns der Einsicht, daß die Deutungsversuche zu unserem Dasein erst die Menschenwürde ausmachen, in der die Berechnungen nur einen Platz unter anderen Nützlichkeiten einnehmen dürften. Als errechnetes Wesen bleibt der Mensch wertlos in seinen originären Leistungen zum Selbstverständnis und zur Daseinsgestaltung. Wird er ständig nur leistungsbezogen belohnt nach einem Leistungsbegriff, der an wirtschaftlicher Effizienz orientiert ist, so verliert er nicht nur sein Glück, sondern auf die Dauer auch seine Organe zu dessen Wahrnehmung und seine Energien zur Glückssuche: Seine Glücksfähigkeit verkümmert, er wird das Opfer trügerischer Glücksangebote. Vor der Künstlichkeit auf der Flucht, wird er dann vollends in den Fallen der kommerziellen Falschspieler des Glücks ersticken.

Als Teilnehmer einer überentwickelten Kultur können wir heute von den sogenannten ›unterentwickelten‹ lernen, welche Prioritäten für ein geglücktes und damit für glücksfähiges Leben gelten. Nicht die Anpassung des Menschen an die Entwicklungen der Technik führt zum menschlichen Glück, sondern die Rückführung der technischen Fortschritte auf ein Maß, das am Wohlergehen des vollständigen Menschen gewonnen wird.

Unser Glücksstreben hat heute besonders viele Irrtumsmöglichkeiten, weil wir alles dürfen und nur wenig ›sollen‹. Die ethischen Kategorien für unser Handeln fehlen. Aufs Tatsächliche konzentriert und dem Ereignis mehr als unseren Denk- und Traumspielräumen verpflichtet, haben wir nur geringe Fähigkeiten, uns vom *Möglichen* bereits beglückt zu finden, ohne es sogleich zu erproben. Diese vergessene Form des Glücks, von Arnold Gehlen mit dem treffenden Begriff ›Hintergrundserfüllung‹ charakterisiert, wird nur dann möglich, wenn das Gelebte und Erlebte nicht *mehr* gilt als die Freiräume, die man zum Erleben hat.

Für uns bildet offenbar selbst das Bewußtsein unserer *singulären* Freiheit keinen glücksergiebigen Lebenshintergrund. Daß wir so vieles dürfen und können, erfüllt uns nicht mit Glück, weil wir uns ohne sinnspendende Grenzen für unser Tun unsicher und verlassen fühlen. Freiheit zu allem Tun kann nur den glücklich machen, der sein Tun auf einem Hintergrund sieht: Sonst fehlt auch den Lizenzen der Bezugspunkt. Unbegrenzte Lizenzen lähmen unsere Antriebe. Auch hier also ein Überflußproblem: Der unstrukturierte Überfluß an Freiheiten zu glauben, zu sagen und zu tun, was wir wollen, führt nicht nur zu der artifiziellen Verdächtigung eben dieser Freiheitsrechte, sie seien im Grunde repressiv; er bindet vor allem das in der Freiheit bereitstehende Glück, so daß es nur jenen greifbar wird, die sich Grenzen für ihre Freiheiten schaffen.

Als Verwalter seines höchstpersönlichen Glücks ist der freie Demokrat also womöglich überfordert: Ohne die ethischen Hilfen des Sollens und Dürfens vermißt er die schützenden Mauern um sein Glück. Ganz ohne Horizont wird auch die Freiheit nicht süß.

Kapitel 14
Bedingungen des Glücks

Glück: Befreiung vom Vergleich

Das kollektive Glück, soviel haben wir erfahren, ist nur als der kleinste gemeinsame Nenner abzüglich all unserer Verschiedenheiten zu haben – so wie die sozialen Geschenke unseres Staates auch. Daß wir nun gerade mit unserer speziellen Wesensart aus dieser Glücksplanung nicht versorgt werden können, ist deshalb ein Unglück für uns, weil zum Glück das Bewußtsein gehört, ganz so, wie wir als Einzelne sind, in den Glückszusammenhang aufgenommen zu sein. Einverstanden mit uns selbst, fühlen wir im Glücksraum ein Echo dieses Einverständnisses: So wie wir sind, dürfen wir aufgehen in Wohlgefühlen. Deshalb ist das Konsumglück ein unvollständiges: Es gehorcht Zwängen statt zu befreien. Pier Paolo Pasolini hat die Glückskorruption unerbittlich formuliert:

Nie zuvor war das Anderssein ein so schweres Vergehen wie in unserer Zeit der Toleranz. Eins der Hauptmerkmale der *Gleichförmigkeit* in den Lebensäußerungen ist ... die *Traurigkeit*: was sich fröhlich gibt, ist stets übertrieben, zur Schau getragen, aggressiv, verletzend. Die physische Traurigkeit, die ich meine, ist etwas tiefgreifend Neurotisches. Sie ist Ausdruck einer *gesellschaftlichen Frustration*.[123]

Das gesellschaftliche Modell für Glück wirkt nicht nur als Abschwächung des persönlich erlebten Glücksanteils; es demütigt auch den so verwalteten Menschen und beraubt ihn damit schon seiner Glücksfähigkeit. Das Gefühl der Unterlegenheit, das wir als Objekte des verordneten Glücks spüren, beraubt uns jener Souveränität, die wir fühlen, wenn kein Zwang uns knechtet: Sie ist reines Glück.

Auch das vermeintlich freiwillige Vergleichen unserer Situation mit der anderer ist ein Produkt dieser allgemeinen Aufforderung, im Wettstreit allein die Wege zum Glück zu suchen: als sei der Sieg im Rivalitätskampf um vorgezeichnete Prestigemerkmale – die vielleicht gar nicht unser vitales Interesse fänden, wenn wir von Vergleichszwängen frei wären –, als sei dieser Sieg nicht die Verdammung zu weiteren Vergleichen, eine Verlängerung unserer Unfreiheit und eine neue Distanz vom ersehnten Glück.

Woher sollen die Rivalen einer güterbezogenen Gesellschaft die Freiheit nehmen, von den vorgezeichneten Wegen der Glücksvernichtung abzuweichen? Jeder Einzelne, der die Glücksfeindlichkeit der offiziellen Glücksstrategien begriffen hat, findet diese Freiheit, sein Glück jenseits der Konsumwettläufe zu suchen. Ganz allein bleibt er auf diesen Wegen nicht: Er findet sich bestätigt von den jüngsten Mitgliedern dieser Gesellschaft, den Kindern, die die Regeln des Wettstreits im Konsum noch nicht erlernt haben und deshalb überwältigende Formen des Glücks vorführen: im Spiel, in der Liebe, im Staunen über den Kosmos.

Es ist nicht die Neigung zum Wettlauf als solche, die wir uns abzugewöhnen oder als ein kulturhistorisches Unglück zu verstehen und abzulegen hätten: Schon die mittelalterlichen Denker und nach ihnen Staatstheoretiker wie Thomas Hobbes haben das Leben als eine ›Rennbahn‹ bezeichnet. Auf der Suche nach Anerkennungserlebnissen messen wir von früher Kindheit an unsere Kräfte an Menschen und Dingen; alles Lernen geschieht in wettstreitender Imitation: kein Ziel, für das wir unsere Kräfte einsetzen, würde uns begehrenswert, wenn nicht durch den Vergleich mit unserer Lage, bevor und nachdem wir es erreicht haben. Glücksgefühle sind durchaus an solche Erlebnisse des Erfolgs gebunden.

Allein die völlige Beliebigkeit der Vergleichsobjekte, die zum Programm der egalitären Demokratien gehört, ideologisch geschönt als die ›Chancengleichheit‹ aller für alle Ziele, erschwert uns die Zugänge zum Glück. Nachdem wir wissen, daß es kein gleiches Glück für alle gibt, daß vielmehr nur erleichterte Vorbedingungen an alle verteilt werden können, sollte kein Zweifel mehr bestehen, daß nicht jedermanns Glück aus gleichen Voraussetzungen gewonnen werden kann. Das Freiheitserlebnis, das wir mit dem Glück verbinden, ruht ja auch in dieser für uns Heutige besonders kostbaren Erfahrung: daß wir in diesem Zustand unverwechselbar und nicht vertauschbar sind. Endlich ganz ›wir selbst‹ geworden, ohne uns schmerzlich mit jemandem zu messen; oben angekommen nicht nach einem Wettlauf, sondern in einer *Qualitas* der Daseinsfreude, die wir niemandem geraubt haben und niemandem schulden.

Im einer Gesellschaftsform nun, in der jeder angehalten wird, sich mit jedem zu vergleichen, muß fast jeder entmutigt werden, weil er auf Vergleichsobjekte stößt, die er nie erreichen kann. Solange sich Ähnliche miteinander vergleichen, gelten für ihren Wettstreit auch vergleichbare Voraussetzungen: Wenn sich der Tischler dem Tischler, der Klavierspieler dem Klavierspieler vergleicht und der Anwalt dem Anwalt, der Makler dem Makler, der Lehrer dem Lehrer, dann gibt es für diese Vergleiche eine gemeinsame Basis. Gänzlich von seinem Schicksal enttäuscht kann kaum einer von diesen Ähnlichen sein, wenn er sich mit dem anderen vergleicht; denn jeder wird seine eigene Leistung mit der des ähnlich Ausgebildeten nach seinem Ermessen und seinen Prioritäten vergleichen.

Die Möglichkeiten zur Unzufriedenheit sind geringer, wenn wir uns in angemessenen Vergleichen bewegen – das heißt: wenn Vergleichbare sich miteinander vergleichen. Anders steht es um unsere Glücksschicksale, wenn wir aufgefordert sind, uns auf ganz anderen Gebieten als jenen unserer originären Leistung und Kenntnis mit anderen zu vergleichen: Etwa bei ganz verschiedenen Kenntnissen, Fertigkeiten und Tätigkeiten nach dem Maßstab des verdienten Geldes. In einer Gesellschaft, die dem erworbenen Geld das größte Gewicht beimißt, die alle Lebensmöglichkeiten und damit auch das Glück ans Geld bindet, ergeben sich zwangsläufig enttäuschende Vergleichsergebnisse in Fülle.

Nicht nur das demütigende Erlebnis, in der unvergleichbaren Leistung unseres Faches gar nicht gefragt zu sein, verbindet sich mit diesen untauglichen Vergleichen aller mit allen, sondern auch die dauernde Unzufriedenheit mit dem, was wir erwerben.

Weil nach dem, was wir *sind*, nicht mehr gefragt wird, ist unser Selbstwert plötzlich mit dieser Nebensächlichkeit identisch. Wer sein Glück auf diese falschen Rechnungen baut, ist zur unaufhörlichen Jagd nach dem Glück verdammt.

Nutzbare Vorräte des Glücks

Das Glück des Vorsprungs ist also ein trügerisches Glück, weil wir mit ihm im Komparativ steckenbleiben: größer, weiter, schneller, mehr. Zum erlösenden absoluten Superlativ, der Freistellung vom Vergleich, können wir deshalb nicht vordringen. Dieser Staat, in dem wir leben, erzieht uns zu dieser Form der Glücksverfehlung durch die Proklamation des Wettkampfes aller gegen alle auf dem Felde des Konsums und des Erwerbs. Nicht die Vergleichbaren sollen sich vergleichen, sondern jeder mit jedem ohne Rücksicht auf die Vergleichbarkeit seiner Anlagen, Neigungen und gewählten Beschäftigungen. So vernichten wir ungewollt die kostbare Chance, die in der freien Wahl der Ausbildungswege gewährt wird, durch den Zwang, auch hier nach dem verfehlten Prinzip des Wettkampfes um ›höhere‹ Positionen in der Bildungspyramide zu kämpfen, wobei schon hier dem Begriff des ›Höheren‹ im Grunde derjenige des *Mehr*, eines vermuteten Mehr an Geld im späteren Berufsleben, zugrunde liegt. Das verfehlte Bezugssystem unseres Denkens lähmt also unsere Glücksorgane schon auf den Wegen ins Leben, die wir als Kinder und Heranwachsende benutzen.

Ungeahnte Glückszugänge öffnen sich, wenn wir unser Selbstbewußtsein aus der Umklammerung dieser verfehlten Güter- und Positionsmerkmale freimachen: Zu entdecken, wer wir sind, dies gelingt uns erst, wenn wir uns mit der Erlaubnis ausgestattet fühlen, nicht nach einem Schema von Kennzeichen unseren Selbstwert zu entwickeln, sondern nach unseren individuellen Eignungen und Neigungen. Diese beiden Begriffe sind dem Kenner der bildungspolitischen Diskussion bekannt: Eignung und Neigung, chancengleich gefördert, sollen jeden zum ihm angemessenen Bildungs- und Berufsglück führen. Solange das höhere Berufsglück aber dem höheren Einkommen zugeordnet bleibt, wird jeder nicht seinen Eignungen und Neigungen folgen, sondern der Höhe des zu erwartenden Einkommens. Wie viele Menschen finden sich enttäuscht, wenn die erreichte Position nun nicht automatisch Glücksempfindungen freisetzt!

Im beginnenden Bewußtsein der schwindenden Ressourcen erhalten wir heute die Chance, unsere Schemata der Anerkennung von den Gesichtspunkten des Erwerbs abzukoppeln. Die Bedrohung unserer Existenz erreicht in jüngster Zeit offenkundige Dimensionen, die den im seelisch-geistigen Bereich längst wirksamen Schädigungsprozessen greifbare physische an die Seite stellt. Vielleicht ist dies das Stadium, in dem wir den Wert der reinen Existenz wieder höher zu schätzen lernen als die Kategorien des materiellen Lebensstandards.

Wir sind mit allen Mitteln zur Entfaltung unserer schöpferischen Freuden ausgestattet, mit viel Zeit zum Umgang miteinander und mit uns selbst, mit allen Möglichkeiten, unser leibliches Leben so einzurichten, daß das geistig-seelische sich reich entwickeln könnte: ohne die Überlebensmühsal früherer Jahrhunderte, ohne den Druck körperlicher Entbehrungen, die viel von den geistigen Energien und viel von der Lebenszeit verbrauchen können. Die Vorräte einer hochentwickelten Kultur sind verfügbar für jedermann: als Musik, als Malerei, als Dichtung. Wir hätten Zeit und Raum zur Glücksentfaltung, endlich, jenseits des Leiblichen, weil mit allem Leiblichen versorgt. Wir hätten, über die Nutzung dieser leiblichen Genüsse hinaus, Steigerungsmöglichkeiten des intellektuellen und des emotionalen Glücks in einem Ausmaß, wie sie frühere Jahrhunderte in utopischen Träumen kultiviert haben mögen.

Aber wir treten an unter verkehrten Vorzeichen zu diesem Spiel ums Glück. Wir haften an den trivialen Grundlagen unserer Existenz – in jenem historischen Augenblick, als diese selbstverständlich und mühelos geworden sind. Wir können uns von den banalen Grundlagen unseres Glücks nicht trennen. Wir verabsolutieren sie, als sei der kleine, physische Teil unseres Lebens schon das Ganze. Und wir wundern uns über die spärlichen Anteile am erhofften großen Glück, die uns zufallen – während doch diese Anteile an Glück genau dem Ausschnitt des Lebens entsprechen, den wir mit der Vergötterung der leiblichen Existenz absolut setzen.

Das Glück ist nicht leichter, wenn wir durch die Abwesenheit äußerer Not dicht in seine Nachbarschaft gesetzt werden. Viel Wohlstand ist nicht ohne Knechtschaft unter seine Gesetze zu verkraften. Ihn zu haben, ohne daß er uns knechtet, genau dies müßte uns gelingen, wenn wir das Glück finden wollen, das erst jenseits der materiellen Freuden beginnt.

Freilich möchten heute viele Menschen einwenden, jenseits des materiellen Wohlbefindens gebe es gar kein Glück als das der Askese, des Verzichts; eine Notlösung der Begehrlichen, die den Leidenschaften entkommen wollen, oder der Armen, die über materielle Güter nicht verfügen. Haben wir am Ende, das Glück umkreisend, gar keine Einigkeit erzielen können, was es sei? Können wir uns mit der Undefinierbarkeit des Glücks nicht zufriedengeben? Oder muß seine Definition mit den Jahrhunderten und ihren Möglichkeiten, ihren Weltanschauungen wechseln? Befänden wir uns demnach in der Epoche der allumfassenden Glücksmittel, die das Glücksempfinden schwächen wie eine überreichliche Mahlzeit unsere Geschmacksnerven? –

Wollen wir also den Überdruß vieler Menschen, die Angst vor der Zukunft, die Müdigkeit am verfügbaren Glück als Übersättigungserscheinung erklären? Ist die Idee, daß wir glücklich sein wollen, am Ende eine philosophische Mode, die sich überholen läßt? Immanuel Kant hat gemeint, nicht das Glück suchten die Menschen, sondern sie sehnten sich danach, des Glückes würdig zu werden. In die Sprache unseres Zeitalters übersetzt, könnte das heißen: wir sehnen uns nach Glücksbereitschaft; wir entbehren Glücksfähigkeit. Das ist mehr als die Abwesenheit des Glücks. Es ist die Ohnmacht, das allenthalben geahnte Glück zu ergreifen.

Eine zufällige Mode kann die Idee von der Glücksbestimmung des Menschen nicht sein, weil alle Religionen der Welt voraussetzen, daß der Mensch Beschwichtigung für seine Angst über die Ungewißheit seiner Bestimmung sucht. Vollständiges Glück versprechen die großen Weltreligionen auf verschiedene Weise; aber sie versprechen es den Menschen.

Auch das Christentum, dem der Ruf vorauseilt, es beenge den Gläubigen, kneble und fessele ihn in seinen Glückswünschen, ist in den Schriften des Alten und Neuen Testaments eine glücksbezogene Religion. Die Kirchen haben es sich im Laufe der Jahrhunderte mit dieser Glücksfreundlichkeit des Christentums unterschiedlich leicht gemacht. Dem Lustgewinnprinzip unserer Zeit haben viele Prediger allzu düstere Versionen der eigentlich *Frohen* Botschaft entgegengesetzt. Das Richterliche und Gebietende überschattet auch in den Kirchenerlebnissen vieler Jugendlicher die Glückshaltigkeit dieser Texte: Ein Unglück in Zeiten der Götterferne und der Diesseitigkeit, wenn die Botschaften über die Bestimmung des Lebens, die unserem Glück die ›Hintergrundserfüllung‹ liefern könnten, ihre Auskünfte über das Glück nicht geltend machen können neben den Glücksversprechen der professionellen Verführer.

Viele Ausleger des Alten und Neuen Testaments zeigen sich von ähnlicher Furcht vor dem Glück der Sinnlichkeit erfüllt wie die weltflüchtigen unter den Philosophen. Das Glück der fleischlichen Lebendigkeit, das zusammenfließt mit der jauchzenden Hingabe an die Natur, an den Kosmos, ist von vielen Lehrern der christlichen Kirche engherzig und furchtsam unterdrückt worden: Das Hohelied erschien nur tragbar in der allegorischen Ausdeutung auf Heilswahrheiten; daß es von drastischer Weltfreude und konkreter Sinnlichkeit erfüllt ist, eine Volksdichtung voller Liebes- und Lebensglück, paßte vielen frommen Predigern nicht ins Konzept. Diese Schmälerung der Glücksvorräte der Testamente ist mitverantwortlich für den Geltungsverlust der christlichen Lehre in unserer Zeit. Statt dem Lustgewinnprinzip die Glückszustimmung dieser alten Liebeslieder entgegenzusetzen, wich die Kirche zurück in Entsagungspredigten. Wo hören junge Menschen in unseren Kirchen, daß ihr Glück, zu lauschen und zu schauen, zu essen und zu trinken, zu lieben, zu leben, sinnlich lebendig zu sein, ein gottgewolltes Glück ist? Wenn sie es irgendwo hören, dann jedenfalls zu selten, zu eingeschränkt, zu freudlos.

Hier liegt die große Versäumnisbilanz der abendländischen

Religion: daß sie die Askese wie einen erstickenden Mantel über die Freude am Kosmos und an unseren beglückenden Lebenssinnen geworfen hat. Wer predigt sie, diese sprühenden, lebenszugewandten Verse aus dem Hohelied:

Dein Wuchs ist hoch wie ein Palmbaum,
und deine Brüste gleich den Weintrauben.
Deine Liebe ist lieblicher denn Wein,
und der Geruch deiner Salben übertrifft alle Gewürze.
Deine Lippen, meine Braut,
sind wie triefender Honigseim:
Honig und Milch ist unter deiner Zunge...[124]

Gesang der Schönheit und der Liebe, ist das Hohelied von vielen Theologen vorwiegend auf seine allegorische Bedeutung zurückgeführt worden: die Braut als die Kirche des Erlösers, nicht als jene betörend schöne Frau, die geliebt wird und in ihrer Leiblichkeit dem Liebenden und Geliebten hohes Glück schenkt.

Hier ist die Einheit zwischen Sexualität und Eros Gestalt, hier ist die Geliebte Teil des Kosmos; sie ist wie ein Garten, heißt es, wie eine Quelle, umgeben von Granatapfelbäumen, ein Lustgarten mit Früchten und Blumen, deren Duft der Wind davonträgt (Kap. 4). Wo sind diese Feste der Liebe geblieben in der kirchlichen Botschaft? Ist diese Bestätigung der irdischen Schönheit als einer Quelle des Glücks verschollen bei den Auslegern? In welchen Kirchen hören wir diese Auskunft, daß die Erde und in ihr der Mensch uns beglücken soll? Hier haben die Kirchen über große Zeiträume wichtige Aufforderungen zum irdischen Lebensglück verschwiegen und umgedeutet.

Daß in den Schriften des Kanons keineswegs nur glücksferne Askese anzutreffen ist, keineswegs nur der Verzichtappell, die Sündenbeschwörung, das ist für unsere Zeit eine sehr verspätete Mitteilung. Wie könnte ein Schöpfer die Abwendung von der Geschöpflichkeit wollen? Wie könnte er die Verachtung des von ihm geschaffenen Leibes wünschen? Das umfassende Glück am Lebendigsein, das im Hohelied gepriesen und vorgesungen wird, ist von einer Plastizität, die den Sexualbefreiern bewußtmachen könnte, daß sie sich mit kläglichen Teilbeständen beschäftigen, wenn sie den Menschen auf eine einzige Funktion reduzieren. Glück ist der Genuß der Vollständigkeit unseres Daseins, mitsamt seiner Einbettung in einen Sinn; das machen diese Texte deutlich. Spezielle Glücksformen im Verzicht und in der Entsagung haben ihren spezifischen Sinn; jeder Ausleger der christlichen Lehre aber, der diese Verzichtformen absolut setzt, dezimiert diese Lehre um wesentliche Teile.

Solange die dogmatische Betrachtungsweise der Heiligen Schrift in Geltung blieb, wurde das Hohelied immer wieder von der geistlichen Allegorese unterdrückt, weil sich ohne diese sein Recht auf eine Stelle im Kanon der Sammlung der heiligen Schriften nicht verteidigen ließ. Verschärft wurde der Widerspruch gegen die wörtliche Auffassung des Buches durch die Herrschaft einer weltflüchtigen Anschauung, der seine derbe Sinnlichkeit bei der eigentlichen Auffassung einfach grob unsittlich erschien.[125]

So schildert der Theologe Karl Budde die Geschichte dieser Entstellung des christlichen Weltbildes. Der Kirchenvater *Origenes* nannte das Hohelied ohne alle Umschweife ein Hochzeitsgedicht; *nuptiale carmen.* »Mein Freund ist mein und ich bin sein«, heißt es in diesem Liebeslied, Glücksbewußtsein der beiderseitigen Liebe durchzieht die Verse, und die Trauer der neuzeitlichen, hochkompliziert mündig gewordenen Psyche wird erst verständlich auf dem Hintergrund eines solches Textes. Vollkommenes Liebesglück erstickt heute in den Ängsten um Selbstverwirklichung, Emanzipation und Erfolg. Die Glücksunbefangenheit wird gelähmt, wenn uns der Sinn unseres Lebens so unklar ist, daß wir einander nicht frei gegenübertreten, sondern als Gefangene unerklärter Sehnsüchte, in denen sich ungeklärte Befürchtungen ob der Unsicherheit unseres Daseins verstecken. Der Geliebte ist ein potentieller Gegner, er ist mein Rechtsrisiko, so lernen heute die wachsamen Liebenden. Der Staat schafft Gesetze, die uns von den Risiken der großen Liebe befreien sollen. Er verzehrt damit ein weiteres Stück unserer Glücksfähigkeit. In unseren Kalkulationen und Absicherungen verkümmert unsere Freiheit, und der innerlich Unfreie ist ein schlechter Liebender, weil er nicht glücklich lieben kann.
Die Glücksaufforderungen der christlichen Schriften wirken

in dieser Lage wie ein verspäteter Anruf aus der Vergangenheit, die es sich eher als wir heute leisten konnte, mit diesen Vorräten an Glücksversprechen, keineswegs nur an jenseitigen, sondern an Glücksappellen für diese irdische Welt, zu geizen. Heute könnten die Glücksversäumnisse und Entbehrungen, an denen wir zu leiden beginnen, eine Glückspredigt der Kirchen, nicht nur eine zu Fest- und Feiertagen, nicht nur eine auf das Jenseits hin, gebrauchen. Unser Glückshunger bedürfte einer solchen Glücksbotschaft, nachdem die Unzulänglichkeit des sozialen Glückstotalitarismus offenkundig geworden ist.

Kosmisches Liebesglück

Von der Freisetzung der Liebe hatte sich die Moderne besonders viel erhofft. Viel weniger Glück wurde greifbar, als man vom Bruch der Sexualtabus erwartet hatte: Es ist nicht gelungen, den ganzen Menschen in diese Feste der Leiblichkeit einzubeziehen, ja, viele mochten es für einen gelungenen Schachzug des emanzipierten Menschen halten, daß er sich nur stückhaft für das Abenteuer der endlich befreiten Liebe bereithielt. Aber dieses Abenteuer versagte ihm daraufhin das volle Glück. Die Kirche als die große Agentur der christlichen Auskünfte über das Leben schweigt und fordert Enthaltsamkeit, zu der sich fast niemand mehr imstande sieht.

Ohne hier zu fragen, ob die Kirche ihre Gläubigen damit überfordert, ob sie die Schriften richtig liest, kann man Auskünfte über das Glück dieses Lebens, über die Glücksbestimmung des Menschen bei den Kirchen vermissen, während die Evangelien solche anbieten. Wer das festliche Liebeslied im Alten Testament, das Hohelied, liest, wird im Metaphernreichtum dieser Dichtung jene Fehlbeträge des Liebesglücks wiederfinden, die wir entbehren, wenn wir uns eilig, modebewußt und trostlos zueinanderfinden. Glück ist Kontemplation, auch in der Liebe: Es ist zunächst die vorweggenommene Gewißheit in der Vorfreude, zu der heute kaum noch Liebende die Zeit finden. Liebesglück ist auch die Verehrung, nicht die Unterwerfung des geliebten Menschen, damit ist sie auch Achtung vor ihm, die Würdigung seiner Andersartigkeit, die uns hindert, ihn seiner Eigenart berauben zu wollen. Der Genuß der Verschiedenheit gehört zum Liebesglück.[126]

Wenn wir nun jeder Geborgenheit entbehren, müssen wir beim Geliebten Ersatz für diese fehlende Zuflucht suchen. Viele junge Menschen zehren auf diese Weise aneinander und fühlen deshalb ihre Verbindung als eine Last. Nur der Freie kann den Geliebten lassen, wie er ist, und sich an dessen Andersartigkeit erfreuen. ›Vor Liebe krank‹ wie die liebende Frau im Hohelied (Kap. 5, Vers 8) waren noch die mittelalterlichen Ritter und ihre Liebenden; todkrank vor Liebe war freilich auch noch Goethes Werther; und in der Ausweglosigkeit der Liebe sterben auch heute noch junge Menschen.

Aber die große Liebe hat den Beigeschmack der Torheit erhalten. Nicht weil wir in einem überlegenen Sinnbezug aufgehoben wären vor gefährlichen Leidenschaften, sondern weil das große Gefühl, auch der große Glaube übrigens, als irrationale Torheit gelten. Außer sich vor Liebe: ganz so zeigt das Hohelied den Liebenden und die Geliebte, die Liebende und den Geliebten. »Wende deine Augen von mir; denn sie verwirren mich«, sagt der Mann bei der Begegnung. ›Meine Taube‹ nennt er die Geliebte, und die Freude an ihr ist gleichbedeutend mit Freude am Kosmos, die eine geht in der anderen auf, ein Glück nährt das andere.

Liebe zu einem Menschen bedeutet Liebe zur Natur und ihren Pflanzen, Früchten, Bäumen und Lebewesen. Das Glück an der Liebe geht augenblicklich über in Lebensglück, das sich der Erde selbst zuwendet: »Schön wie der Mond, auserwählt wie die Sonne« (Kap. 6, Vers 10): Haben wir kein Pendant mehr zu dieser Vereinigung von Kosmos und Mensch, seit wir in den grauen Staub des leuchtenden Mondes unsere Füße gesetzt, seit wir die Sonnenexplosionen rational zu beobachten gelernt haben? Ist uns beim Erforschen und Beobachten des Kosmos die Liebe zu ihm vergangen?

Und unsere Liebe zum Menschen: hat sie mit diesen altehrwürdigen Bildern auch ihre Glücksfülle eingebüßt? Wer möchte diese glühenden Metaphern der Liebe in diesem vielen so fremden, strengen Buch vermuten:

Sein Haupt ist das feinste Gold,
sagt die Liebende vom Geliebten.
Seine Locken sind kraus, schwarz wie ein Rabe.
Seine Augen sind wie Augen der Tauben an den Wasserbächen,
mit Milch gewaschen ...
Seine Hände sind wie goldene Ringe, voll Türkise.
Sein Leib ist wie reines Elfenbein, mit Saphiren geschmückt ...
Seine Kehle ist süß ...
Dein Schoß ist wie ein runder Becher,
sagt der Liebende von der Geliebten,
dem nimmer Getränk mangelt.
Dein Leib ist wie ein Weizenhaufen, umsteckt mit Rosen.
Deine zwei Brüste sind wie zwei junge Rehzwillinge.
Dein Hals ist wie ein elfenbeinerner Turm.
Deine Augen sind wie die Teiche zu Hesbon ...
Das Haar auf deinem Haupt ist wie der Purpur des Königs, in Falten
gebunden.
Wie schön und wie lieblich bist du, du Liebe voller Wonne!
Dein Wuchs ist hoch wie ein Palmbaum, und deine Brüste gleich den
Weintrauben.
Ich sprach: Ich muß auf den Palmbaum steigen, und seine Zweige er-
greifen.
Laß deine Brüste sein wie Trauben am Weinstock und deiner Nase
Duft wie Apfel,
und deinen Gaumen wie guten Wein, der meinem Freunde glatt ein-
geht,
und der Schläfer Lippen reden macht.[127]

Was die Dichter über die Liebe zu sagen wissen, ist hier versam-
melt. Sie ist »stark wie der Tod«, nicht zu ertränken und nicht
auszulöschen durch Wasser; eine Flamme, eine feurige Glut
(Kap. 8). Eine Glücks- und Unglücksmacht, nicht ein gezähmtes
Tier, ist die Liebe auch in diesen Büchern, die Liebe, mit der so
viele Christen in ihrer Religion nicht unterzukommen glauben.
Liebe ist es, die zum Glück am Kosmos führt; die Freude an seiner Schönheit hat die Gestalt der Liebe, nicht eines blassen
Wohlgefallens.

Auch für diese Liebe und das Glück, das sie auslöst, gibt es in
den beiden Testamenten eine Fülle von Beispielen.

Der Himmel als ein ausgebreiteter Teppich – wie die Zeltdä-
cher des Nomadenvolkes Israel – und die Winde als die Flügel
des Gottes, wie sie der 104. Psalm beschreibt, das Licht als ein

göttliches Kleid: aus solchem Blick auf die Natur spricht keineswegs die Entsagung, sondern die Weltfreude, die Bewunderung der Schönheiten dieser Erde. Daß die Flüsse den Tieren Tränke sind, daß die Vögel in den Zweigen singen, daß der Tau fällt und die Früchte reifen (Psalm 104): alles dies ist Lebensglück, das zugleich Geborgenheit bedeutet, wenn diese Ordnung des Kosmos überzeugt. Auch der Wein gehört zu den Glücksspendern, sagt dieser Psalmensänger; daß er »des Menschen Herz erfreue«, hält er ohne alle Umstände für den Willen seines Gottes (Psalm 104, V. 15). Die Vogelnester und die Gebirgsverstecke der Gemsen, die Kaninchenhöhlen in den Steilküsten haben keinen geringeren Platz unter den Schönheiten dieser Erde als Sonne und Mond, als die wilden Tiere, als die Schiffe und Äcker der Menschen (Psalm 104, V. 17–23).

Welcher Art ist dieses Glück, das da besungen wird, sagt der moderne Mensch. Der Mensch ist wie Gras, steht da auch, er blüht wie eine Blume und wird vom Wind davongetragen, daß keiner mehr weiß, wo er gewesen ist (Psalm 103, V. 15, 16). Welcher Art ist ein solches Glück? Die modernen Kritiker solcher Weltfreude moralisieren gern, wenn sie solches Lob über den Kosmos hören, der keineswegs den spielenden Walfischen gehört, wie der Psalmist sagt (Psalm 104, V. 26), sondern von Hungersnöten gezeichnet und der unersättlichen Kriegslust des Menschen anheimgefallen ist, ein Kosmos, der Wüsten wachsen läßt – häufig genug mit unserer Hilfe –, in denen Menschen elend umkommen.

Das Glück der Lebendigkeit vor den Schönheiten von Wind und Meer, von Abend und Morgen, das für den Psalmisten Schöpfungsehrfurcht ist, wird dem modernen Menschen nicht deshalb schwer, weil er es nirgends mehr fände. Er hat sich allzusehr an sich selbst verloren, um noch ertragen zu wollen, daß er vieles nicht versteht, daß ihm nur für Weniges auf dieser Erde Sinn über seinen Verstand geliefert wird, daß er ›wie Gras‹ sein soll und zugleich ein Bewunderer dieses vergänglichen Kosmos.

Dieses Glück ist eine Frucht der bewältigten Ohnmacht, nicht der Allmacht des Menschen. Der Sänger, der den Kosmos lobt und seine Geliebte über alle Frauen dieser Welt stellt, ist nicht ein einfältiger Phantast, mythisch blind, sondern ein Mensch, der sich dem Kosmos ein- statt überordnet, der gelten läßt, daß er fast nichts von dessen Sinn versteht, der sich zufriedengibt mit der eigenen Vorläufigkeit ohne die moderne Folgerung, nun sei auch seine Würde dahin. Das Lustgewinnprinzip ist ein Prinzip gegen die Menschenwürde. Deshalb vernichtet es unser Glück. Menschenwürde, das ist Bewußtsein unserer Grenzen, nicht unserer Allmacht.

Glück ist Maß

Bei den Glückszuständen, die hier beschrieben werden, spielen die äußeren Verhältnisse des Glücklichen nur eine sehr geringe Rolle. Wir erfahren wenig von ihnen. Das Glück erscheint in den Texten der Testamente dicht mit dem Frieden verbunden: Glück ist Frieden, und der Friede bedeutet Glücksnähe. Mit diesem Begriff ist sowohl das äußere Faktum ›Frieden‹ wie auch die Abwesenheit inneren Zwiespalts gemeint. Frieden ist Einverständnis mit unseren Verhältnissen, die Einbettung in sie ohne Angst. Er umfaßt also auch unsere Demut und unseren Friedenswillen.

Kinder, nach dem Glück befragt, sprechen von Friedensmerkmalen des Glücks auffallend öfter als die Älteren. Recht abstrakt erscheint ihnen Krieg, aber auch er ist für sie ein Feind des Glücks. Friede mit den Menschen, bei denen sie leben, wünschen Kinder, wenn man sie nach ihren Glücksvorstellungen fragt. Friede, das heißt für sie: erleben, daß wir anderen gefallen, und deshalb mit uns selbst zufrieden sein. Gefallen wir uns selbst, dann haben wir auch die Freiheit, Wohlgefallen an anderen: Liebe zu entwickeln. Unser Glück entsteht also in dynamischen Wechselprozessen zwischen unserem Inneren und den äußeren Umständen.

Das Staunen über die Schönheiten der Natur scheint auch erst dann glücksmächtig zu werden, wenn wir uns ohne Herrschaftsinteresse dieser Natur nähern. Nur der schauende Beobachter kann von den Schwingen des Windes und von den Falten der Gebirge sprechen, zwischen denen die Bäche hinabrinnen, nur der auf Versenkung eingestellte *Beschauer*, nicht der *Benutzer*, wird so auf Naturbilder blicken. Nur er wird Glück davontragen aus seiner Vertiefung in diesen Anblick, ein Glück, das dem Eroberer, dem Verbraucher dieses Kosmos, verborgen bleibt.

So ist Erstaunliches von den Psalmsängern des Nomadenvolkes – das immerhin ein Wüstenvolk war, nicht eines der blühenden tropischen Vegetation – zu lernen: daß Glück aus dem Umgang mit dem Kosmos und mit dem Menschen nur auf dem Hintergrund einer – ja: schon ›geglückten‹ Grundeinstellung zu Mensch und Kosmos gelingen kann. Glück ist, wenn wir den dichterischen Metaphern dieser Liebes- und Preislieder lauschen, eher eine Frucht der bewundernden Distanz zum Menschen wie zur Natur, einer Distanz, die das Geliebte bei sich selbst läßt, um es anzuschauen, und es umarmt, um es in seiner Eigenheit, nicht als unseren Besitz zu bestätigen. Nähern wir uns der Erde als Eroberer und Unterwerfer, dann wird das Glück, das sie zu bieten hat, nicht frei. Benutzungsverhältnisse, seien sie mit dem Kosmos, seien sie mit dem Menschen eingegangen, bleiben glückssteril, weil sie ohne Achtung vor der Würde des Gegenübers begonnen wurden.

Glück, wie es die Sänger der Testamente besingen, Freude, wie sie der eingekerkerte Todeskandidat Paulus aus dem Gefängnis an seine Freunde schickt (Philipper 4 V. 4), ist ein Ergebnis angemessener Selbsteinschätzung. Das Glück hat es tatsächlich mit dem Angemesssenen zu tun. Ein Mensch, der seine Kräfte überschätzt, wird nicht glücklich. Epochen, die der Macht des Menschen zuviel oder Unangemessenes zutrauen, leiden an Glücksentbehrung. So wäre Glück nicht eine Angelegenheit der menschlichen Größe und Verfügungsgewalt über Mittel und Techniken, sondern ein Ergebnis seines Friedens mit sich selbst und der Erde, die er bewohnt. Glück wird damit auf ganz erstaunliche Weise unabhängig von äußeren Ausstattungen, ohne aber zu einem Akrobatenstück des Welt- oder Freudenverzichtes zu werden. Glück ist Genuß der Fülle in Bewunderung für diese Fülle: Das gilt für Liebesglück und für die Freude am geliebten Menschen, das gilt auch für den Umgang mit der Natur.

Die Bewunderung für die Schönheit und Gesetzmäßigkeit der Natur erreicht den Charakter des Glücks, wenn der Genießende sich zugleich geborgen – der moderne Mensch möchte sagen: *sicher* – weiß; der voraufklärerische Mensch hätte gesagt: wenn seine Bewunderung und Freude von *Gewißheiten* überwölbt wird. Wir haben den Unterschied zwischen beiden erörtert.[128]

Die Freude am Kosmos, die in diesen Texten zum glücklichen Jubel gesteigert wird, ist also im Grunde Schöpfergewißheit der Geschöpfe. Glück bricht aus, *weil*, nicht *obwohl* der Mensch seine Grenzen fühlt. Wenn die Kirchen die Freude am Kosmos zurückdrängen, weil sie glauben, damit zugunsten der Botschaft von seinem Schöpfer zu handeln, dann meiden viele Menschen auch deshalb den kirchlichen Bereich, weil sie die Erde lieben und glauben, diese bei den christlichen Predigern nicht so strahlend wiederzufinden, wie sie sie erleben. Wer zugunsten des Schöpfers die Glücksquellen der Schöpfung verschweigt, weil er meint, alle Glücksenergien auf diesen Gott hinlenken zu müssen, der handelt nicht als Zeuge der kanonischen Texte des Christentums. Wie viele Gläubige mag die Kirche irritiert und verloren haben im Laufe ihrer vielhundertjährigen Geschichte, weil sie die Weltflucht statt der Liebe zu dieser Welt predigte. Von dem Schöpfergott sagen die biblischen Schriften, daß er diese Erde so sehr liebte, daß er seinen Sohn für sie sterben ließ (Joh. 3, V. 16).

Wieviel von der ausbeuterischen Haltung zu diesem Kosmos mag in dieser Schmälerung der christlichen Lehre begründet sein! ›Ökologie‹ wäre immer schon eine vordringliche Aufgabe der christlichen Kirche gewesen. Ohne die Ehrfurcht vor einem Schöpfer können wir diese Erde offenbar nicht hinreichend bewundern, sondern nur benutzen. Die ökologische Krise und die ungeheuren Glücksverluste, die sie den Menschen zum Teil unwiderruflich gebracht hat, gehört mit in die Krise des Christentums, weil sie dem Allmachtswahn des aufgeklärten Menschen gefolgt ist.

Das zeitlose Problem jener Religionen, die nicht die Natur mit Göttern bevölkern – also nicht die Natur selbst vergöttlichen –, sondern einen persönlichen Gott anbeten, der über die Natur und den Menschen herrscht, ist die Balance zwischen Weltflucht und Weltliebe. Die mythische Weltsicht als eine vorwissenschaftliche Verehrung des Kosmos konnte ein ausbeuterisches Weltbild nicht entwickeln. Die griechische Vorstellung von der unberechenbaren Glücksverteilung durch alle Götter machte den Menschen nicht zum Herrn seines Glücks. Das Christentum, das den weltlichen Verführungen, insbesondere auch jenen, die in der Schönheit dieser Welt und ihrer Geschöpfe schlummern, ein ganz anderes Gewicht beimaß, weil es sie sittlich wertete, entwickelte zur Vereinfachung dieser Probleme aus dem aufgerissenen Zwiespalt seines Weltverhältnisses eher Weltabwehr denn Weltliebe. Die Erde war da, um überwunden zu werden; Glück sollte im Jenseits ausbrechen, Glück auf Erden war am sichersten aufgehoben ›in dem Herrn‹.

Der Weltflucht der christlichen Predigt entspricht nicht eine Weltflucht der christlichen Testamente. Glück über die Schönheit der Natur, Glück über die Anziehungskraft eines Menschen, Glück in der Liebe zu den Geschöpfen dieser Erde, Glück in der Liebe zwischen Mann und Frau: nicht als Entsagungsform, sondern als Genuß des lebendigen Lebens müßte sie im Christentum wieder mehr Raum finden. Die Religion müßte im Einklang mit den Glückskräften und Glückssehnsüchten der Menschen zur Bejahung des Lebens aufrufen – nicht nur durch die Abwendung ihrer Blicke auf ein Jenseits, der die Abwertung des Diesseits entspricht.

Vielmehr müßte eine Botschaft, die an einen Verursacher aller Lebensvorgänge glaubt, diesen Schöpfer auch in seinen Geschöpfen wiedererkennen und bewundern. Statt sich auf die Verbote zu konzentrieren, die den Fehltritten der Menschen begegnen, statt sie überwiegend mit den Sanktionen zu konfrontieren, die auf die zahllosen Verfehlungen und Mißbräuche der Liebe antworten, sollte die Kirche in Zeiten der Lustknechtschaft, wie den unsrigen, ihre Glücksquellen anbieten statt ihrer Strafregister.

Dem verfehlten Glück kann nur mit Korrekturen des Glücks begegnet werden, nicht mit Verheißungen des Gerichts.

Kapitel 15
Glück im Schauen

Glück als Distanz

Nicht ein Zuviel an Weltfreude läßt das Glück bei unseren Weltkontakten verlöschen, sondern ein Zuwenig. Das Lustprinzip kann kein Glücksprinzip werden, weil es nicht auf der Freude am Leben und an der Natur beruht, sondern auf der Habsucht, die Dingen und Menschen gilt. Glück wird nicht besessen, sondern genossen ohne Besitzinteresse. Das klingt, als sei der Glückliche im Vollbesitz der Tugend: keineswegs. Er ist aber frei; frei von Wünschen, weil im Zentrum aller Erfüllungen; frei von allem Zwang, den Profitinteressen auf uns ausüben. Nicht aus Tugend ist der Glückliche glücklich, sondern aus einem geglückten Verhältnis zu Welt und Mitmenschen.

Daß ein solches Glücksverhältnis sich kaum dauerhaft verwirklichen läßt, leuchtet ein. Daß es aber Menschen gibt, die sich dennoch dauerhaft und ganz allgemein glücklich nennen, dies zeugt von einer besonderen Fähigkeit, die uns das Glück vermittelt: es nicht zu jagen, aber zuversichtlich festzuhalten. Dem Glück Brücken zu bauen aus Erinnerung und Hoffnung, das heißt den Boden für immer neue Zustände des Glücks zu bereiten.

Wer sich kühn glücklich nennt, obwohl sein Alltag so unscheinbar scheint wie irgendein anderer, der spricht aber offenbar auch in einem überlegenen Bewußtsein, das Unterscheidung setzt zwischen dem Wesentlichen und dem Unbedeutenden. Glück, so läßt er uns wissen, ist also auch eine Frage der Vorzeichen, unter denen ich mein Leben sehe. Ungetrübtes Glück über die Kräfte der Natur, über die Schönheit einer Landschaft, über einen Menschen ist nur möglich in einem solchen Grundbewußtsein, daß wir über den Augenblick des Schauens, Lauschens und Schmeckens hinaus nicht Macht haben, dieses Glück zu nutzen oder zu ordnen. Nicht als Besitzer dieser Natur sind wir glücklich, sondern als ihre Bewunderer. Dasselbe gilt für den Menschen. Nicht wo wir ihn uns einverleiben und umgestalten wollen, macht er uns glücklich, sondern wo wir ihn anschauen, kann er uns glücklich machen.

Ein solches Anschauen von Natur und Menschen scheint interesselos nur möglich, wenn eine letzte Distanz uns zurückhält, verwüstend einzugreifen und zuzufassen. Solche Distanz machen Religionen leichter; deshalb hätte das Christentum die Nähe der Botschaft im Irdischen deutlicher zu vertreten, um dem Menschen seine Glücksbestimmung in der Welt klarzumachen. Der Umgang mit dem Glück verlangt, wenn er gelingen soll, die Versöhnung von Widersprüchen: Distanz und Umarmung in eins bringen das Glück am Kosmos und das Glück am anderen Menschen zur höchsten Blüte. Paul Heyse hat diese schwebende Qualität des Glücks so hoch eingeschätzt, daß er den Menschen solcher Genüsse kaum für fähig halten mochte:

Jedoch das Glück, wenn's wirklich kommt, ertragen –
Ist keines Menschen, wäre Gottes Sache.

Das Glück ›ertragen‹: das klingt nach Last, nach Anforderung, der man gewachsen ist oder auch nicht. Wir Heutigen wissen, daß Glück ein schwieriges Ding wird, wenn es allenthalben greifbar ist und wir nicht fähig sind, seine noble Größe zu ertragen. Genau dies ist das Problem der an Glücksmitteln reichen Zeit, in der wir leben: die Disposition, das Glück zu kosten, jene Glücksfähigkeit, der wir auf der Spur sind, kommt offenbar im gleichen Maße abhanden, wie die Glücksmittel sich vermehren.

Auch die Ursache für diesen Zusammenhang kennen wir: Mit dem Zuwachs der Glücksmittel verändern sich die Kategorien des Denkens und Wünschens; sie werden von diesen Mitteln gefangengehalten; die Freiheit, deren das Glück bedarf, wird ein rares Gut, wenn die Mittel, das Glück zu schaffen, überreichlich angesammelt werden. So ist der mit Glücksmitteln überhäufte Sehnsüchtige ein Gefangener seiner Mittel und damit unfähig zum Genuß des Glücks. Von unseren Gütern können wir uns nicht über Nacht befreien. Und auch diese Befreiung brächte uns nicht das Glück ins Haus. Unser Begriff vom Glück muß sich wandeln, damit wir uns unabhängig von äußeren Ausstattungen dem Glück nähern können.

Glück behält den Charakter des Unverhofften, des Unkalkulierbaren. Das muß das Zeitalter der Glücksplanung lernen, nachdem die gleichmäßige Verteilung des Glücks ein eher trübes Gemisch von gesteigerten und fehlgeleiteten Glückssehnsüchten erbracht hat, statt das Glück zu zwingen. Es bindet tatsächlich vielerlei Widersprüche, die jede Rechnung fruchtlos machen: Selbstvergessenheit und Selbstgenuß in einem, befreit es aus der Zeit und versichert den Glücklichen zugleich der Sinnhaltigkeit seines Daseins.

Macht,

so sagt Thomas von Aquin,

hat den Charakter des Anfangs, die Glückseligkeit
aber den von Ende und Ziel.

Das Glück ist nicht ein Ziel, das wir ansteuern können. Die Glücksplaner der Neuzeit müßten diese Lehre bereits erkannt haben. Wer das Glück, wer die Lust *an sich* erstrebt, verfehlt sie. Die Lustgewinngesellschaft ist deshalb eine Gemeinschaft der Glücksverluste, weil sie den Zusammenhang von Leben und Glück geringgeschätzt hat. Das Glück ist eine Folge, nicht ein zu erwirtschaftendes Gut. Schon läßt sich erkennen, aus welchen Vorbedingungen Glück folgt: Es scheint abhängig von unserer Weise, die Welt und die Menschen zu sehen; Glücksfähigkeit entsteht, soweit wir bis jetzt erkennen, aus der Bereitschaft, ohne Besitzwillen zu bewundern.

Glück hängt von unserer Fähigkeit ab, zu schauen. Es ist seiner Natur nach etwas Zweites, ein Ergebnis. Wenn wir uns hingeben an die Anschauung, dann erreichen wir mehr als einfachen Augenschein. Wir blicken durch das Zufällige eines Naturabschnitts, eines Lebensausschnittes, in dem wir einen Menschen anschauen, auf das Wesen der Natur, auf das Wesen dieses Menschen. Nur ohne Ziele und Zwecke können wir so schauen. Glück, das in solcher Anschauung frei werden kann, mischt sich aus der tiefen Befriedigung, daß wir von uns selbst absehen können, und der Lust, Zusammenhänge zu erkennen, Sinn zu fühlen, der für Augenblicke oder länger alle Ungewißheit bannt und alle Furcht verscheucht.

Es ist ja nicht eigentlich das ›Glück‹, was die Menschen, wenn sie von ihren Glückswünschen sprechen, suchen. Es ist der Grund zum Glücklichsein, den sie suchen. Soviel ahnt jeder, wenn er vom Glück spricht: Nicht ein bestimmtes Ziel wird unbedingt und notwendig mit dem Glück identisch sein; vielmehr erhoffen wir, daß diese oder jene Wunschrichtung in die Nähe des Glücks führen könnte, weil sie uns von Beschränkungen unseres Daseins freimacht. So kommt es zu dem Irrtum, Glück lasse sich über bestimmte Besitzmengen erlangen.

Freistellung von Begrenzungen unseres Daseins ist tatsächlich teilweise über Güterbesitz zu erreichen. Der Automatismus des Glücks aber ist ein Wunschbild, das sich so nicht kalkulieren läßt. Glück fällt nicht von außen auf den Glücklichen, sondern Innen und Außen verbinden sich in seinem Innern: Der Glückliche ist nicht nur ein Kind des Zufalls, sondern ein glücksfähiger Mensch, bei dem die Glücksanlässe tatsächlich Glück auslösen. So erklärt sich noch einmal die Relativität des Glücks: daß nicht gleiche Glücksmittel jedem ein gleiches Maß an Glück schenken.

Das Glück und das Gute

Wenn das Glück etwas ›Zweites‹ ist, einer Ursache folgend, dann müßten sich Ursachen aufzählen lassen, die uns glücklich machen. Wir wissen aber gerade aus unserer jüngsten Geschichte, daß die Vorstellungen der Menschen über das, was sie glücklich machen könnte, durchaus nicht zuverlässig sind. Unser Jahrhundert ist in seiner Glücksplanung dem Prinzip des Wünschenswerten gefolgt. Aber das Glück vermehrte sich nicht sonderlich, trotz dieser Verbindung von Wunschrichtungen und Glücksplanung. Wie zuverlässig sind also unsere Vorstellungen von dem, was uns glücklich machen könnte? Können wir uns nicht auf unsere Glückswünsche verlassen, wenn wir glücklich werden möchten?

Wer das Glück selbst als Ziel setzt, scheint es zwangsläufig zu verfehlen. Ist es so etwas wie eine Lebenszugabe, eine unverhoffte, die trifft, wen sie will – oder wen die Götter begünstigen wollen? Die antike Vorstellung von der Glückswillkür muß auf dieser Ratlosigkeit beruhen, in die unsere Berechnungen führen.

Kommen wir aber näher an das Geheimnis heran, wenn wir uns darauf einlassen, das Glück dem ›Guten‹ zu verbinden, wie Platon es tut?

Durch den Besitz des Guten sind die Glücklichen glücklich,

sagt Diotima in Platons ›Symposion‹. Kaum anders der Christ Thomas von Aquin:

Der Besitz des Guten ist die Ursache der Freude.

Was aber ist das Gute? Daß wir kein Organ besitzen, welches uns zuverlässig über solche Glücksquellen informiert, scheint erwiesen. Daß das ›Gute‹ uns in wechselnder Gestalt erscheint, von unseren Glückswünschen eingefärbt, wissen wir inzwischen zuverlässig genug. Daß der Glückliche sich aber tatsächlich ›im Guten‹ aufgehoben fühlt, in einem Klima ohne Angst und Zwang, ohne Wünsche, die an ihm zerren und ihn irreführen, ohne Schuldgefühle, ohne Unruhe und ohne Bewußtsein von Not, durchflutet von einem Empfinden des Einklangs mit der Welt und mit sich selbst; – daß der Glückliche niemandem etwas anderes als Glück schenken möchte, daß er eine Quelle der Freude ist, dies findet für den antiken Philosophen wie auch für den Christen keine andere Erklärung als jene, daß der Glückliche im Guten aufgehoben sei. Von ihm geht Gutes und Wohltuendes für seine Mitmenschen aus, also ist bei ihm das Gute. Platon hat die Götter als das Zentrum des Guten auf diese Weise beschrieben. Thomas von Aquin sieht den Glücklichen im Besitz des Guten, weil die Freude eine direkte Frucht der ungestörten Gottesbeziehung ist.

Wo soll ein pluralistisches Zeitalter nun seinen Glücksbegriff festmachen, während jedermann von dieser Welt und vom Menschen zu denken freigestellt ist, was immer er denken und glauben möchte? Sind unsere Glücksprobleme Gottesprobleme? Glück, soviel läßt sich in einem entgötterten Zeitalter erkennen, beschränkt sich nicht auf die Gläubigen. Auch der Gegner der christlichen Kirche kann glücksfähig sein; er hat es, wie wir erklärt haben, häufig sogar leichter mit den Zugängen zum Glück als ein Hörer entsagungsbetonter Predigten, in denen die Glücksbestimmung der Geschöpfe ins Jenseits verlegt wird.

Das Glück ist von unerschöpflicher Vielfalt; es nimmt so viele Gestalten an, wie es Menschen gibt, die Glück genießen können. Aber es hat dennoch Kennzeichen, denen wir folgen können; es zeichnet Spuren, die unverkennbar und lesbar sind. Es lohnt sich, den Spuren des Glücks zu folgen bis an ihre Auslöser und Anfänge, weil Glücksfähigkeit, soviel läßt sich ahnen, zwar nicht käuflich und nicht zu erwirtschaften, aber – lernbar ist.

Was Platon und Thomas, aus zwei sehr verschiedenen Denk- und Glaubenssystemen kommend, übereinstimmend den Kontakt des Glücklichen zum Guten nennen, das müßte sich auch unabhängig von Glaubenssystemen beschreiben lassen, wenn das Glück seine zeitlose Faszination zu Recht ausstrahlt. ›Im Guten‹: das bedeutet in Frieden mit sich selbst, in Übereinstimmung mit den Bedingungen des eigenen Daseinsaugenblicks, ohne Forderungen an das Leben, dankbar die Erfüllung des Augenblicks genießend. Im Guten ist der Glückliche, weil er nicht mehr verlangt, als er im Augenblick hat. Insoweit ist er einer, der ins Schauen vertieft ist, ohne in der Knechtschaft weitergehender Bedürfnisse zu sein.

Die Erlösung von unserer Unzufriedenheit, die wir im Glück schmecken, ist eine generelle Befreiung von den Zwängen unserer Unzulänglichkeit und von der Vergänglichkeit aller Dinge, mit denen wir umgehen. Wir erleben im kleinsten Glück der Hungerstillung wie im größten, das Liebe oder Begeisterung uns schenken können, die Erlösung von den Grenzen unseres Daseins. Glück wird zugleich aber nur möglich, wenn wir um die Grenzen dieses Daseins wissen und diese anerkennen. Wer sie überwinden will, wird auf der Jagd nach einem Glück, das ihm dieses dauerhafte Geschenk macht, nur im Rausch Linderung finden.

Das Glück erscheint auf seinem Gipfel als ein Gleichnis dessen, was wir eigentlich sind; als ein Durchblick aus dem sehr bedingten Dasein auf unsere Bestimmung. Wie der Einzelne ein solches Erlebnis füllt, das wird von seinen Glaubenshaltungen abhängen. Dieses Erlebnis aber ist es, aus dem Platon und Thomas folgerten, der Glückliche sei im Raum des Guten. Die Güterwelt in Richtung auf das Wissen um ein überlegenes Glück verlassen zu können, das ist für die Griechen Umgang mit den Göttern, denen das Gute gehört; nicht anders deuten christliche Denker wie Thomas von Aquin diesen ›Götteraugenblick‹: Das Bewußtsein von einer immateriellen Wahrheit jenseits der leiblichen bedeutet die Nähe des Gottes.

Beide Denker gehen davon aus, daß wir mit einem Glückshunger leben, der nur durch solche Glücksqualitäten gestillt werden kann. Wir kennen viele Sättigungen im Vorfeld des Glücks; was die Umgebung des Glücks betrifft, so sind wir mit reichen Erfahrungen ausgestattet: Das Glück selbst aber entwich unserem geübten organisatorischen Zugriff. Von der Enttäuschung darüber beginnen wir uns zu erholen. Wir erholen uns von ihr im gleichen Maße, wie wir unsere Verwechslung erkennen: Glück ist Gewißheit als erfülltes Dasein, nicht Sicherheit im Besitz von Glücksmitteln.

Insoweit ist Glück tatsächlich eine Form des ›Schauens‹: es ist Einsicht und Erkenntnis ohne Erkenntnismühe, Fülle ohne Besitzangst, Wohlgefühl ohne die Hitze der Lust; ausgeruhtes Wohlsein, in dem das Schöne und Gute zusammenfallen.

Unsere deformierten Begriffe vom Haben, das wir mit materiellem Besitzen gleichsetzen, machen uns den Begriff der Glücksfülle so rätselhaft. Wenn wir dabei nichts *haben*, nichts *behalten* können, was taugt uns dann das Glück? Eben weil wir nichts sächlich *haben*, sondern etwas *sehen* und erkennen, nicht über unseren Verstand, sondern in einer Einheit von Verstand und Gefühl, deshalb sind wir im Glückszustand unseren wie auch immer beschaffenen Verhältnissen überlegen. Das macht Glück aus: der Umklammerung durch das Zufällige unseres persönlichen Geschicks und unserer Fähigkeiten enthoben zu sein, nicht in Richtung auf Realitätsverluste, wie sie der Rausch herbeiführt, sondern in Richtung auf eine überlegene Fülle unseres Daseins. Sich ›gut‹ und in Ordnung fühlen, das gehört zum Glück. Solche Gewißheiten bedeuten einen Besitz, der die höchste Form des ›Habens‹ ausdrückt, weil er nicht verloren und nicht entwendet werden kann.

Glück ist also eine Form der Zustimmung zu uns selbst und zu unserer Umwelt, die deutlich macht, daß Glück eigentlich eine Form der Liebe ist. Uns selbst zu lieben – so haben vor den modernen Psychologen zwar die Religionen gelehrt, aber erst die modernen Psychologen wurden im aufgeklärten Zeitalter gehört –, uns selbst zu lieben, ist die Vorbedingung für unsere Fähigkeit, andere zu lieben. Glück ist als das freudevolle Schauen von Menschen und Welt nichts anderes als – die Liebe zu diesem Kosmos und zu seinen Menschen.

Glück: Überwindung von Gut und Böse

Nun zeigt sich, wie folgenreich unsere Verwechslungen auch auf diesem Felde sind: Mit verzerrten Liebesbegriffen experimentierend, können wir von Glück in der Liebe wenig berichten. Glück ist eine Frucht unserer Erwartungen, hier zeigt es sich wieder: Glücklich zu schauen statt zu *haben*, was wir lieben, das gelingt uns kaum, weil wir auf so vielen Gebieten unseres Lebens aufs Tatsächliche, aufs Dingliche konzentriert sind: wir wollen besitzen. Gewißheit, die Glück vermittelt, gilt uns daneben wenig.

Im Glück wie in der Liebe schwächt uns die Furcht vor verfehlten Hoffnungen. Wir wollen Sicherheiten für die Zukunft, wollen unsere Einsätze, unsere Gefühlsrisiken abgesichert sehen. Die Vorstellung vom lohnenden Einsatz hat sich im Industriezeitalter eng mit Nutzenvorstellungen verbunden, die in den wirtschaftlichen Bereich gehören. Das Glück und die Liebe, mit der alles Glück in irgendeiner Weise zu tun hat, können die Menschen des zwanzigsten Jahrhunderts deshalb kaum noch nutzenunabhängig, jenseits der Kategorien des Rechenbaren denken. Liebe läßt sich sowenig rechnen wie Glück.

Es ist uns nicht gelungen, das Glück säckeweise in dieses materiell reichste aller Zeitalter zu transportieren; ebensowenig konnte es gelingen, die Liebe nach den Marktgesetzen der Ökonomie ›erträglich‹ zu machen, um noch einmal auf Heyses vielsagendes Wort zurückzugreifen. So wenig ›erträglich‹ wie das Glück ist die Liebe für den, der rechnet und kalkuliert. Auch sie, von der das Sprichwort sagt, sie mache uns blind, macht sehend in einer höheren Form als die mittleren Gefühlslagen. Wirkliche Liebe ist reinste Erkenntnis, weil sie nichts anderes erstrebt als wunschlose und wunschgesättigte Anschauung. Auch in ihr kulminiert das Paradox, das im Zentrum des Glücks gilt: im Vollbesitz süßester Erfüllungen nichts und niemanden besitzen zu wollen, sondern den anderen ganz seiner selbst zu versichern.

Der Einwand trifft: daß Liebe selten in dieser reinen Gestalt gelingt. Auch das Glück ist flüchtig, aber seine Ahnung in Erinnerung und Hoffen ist so dauerhaft wie die Ahnung der Liebe, mit der die Menschen leben. Solange diese Ahnungen in uns wach sind, lassen wir uns nicht betrügen – weder mit Rauschzuständen um das Glück noch mit sexuellen Zwängen um die Liebe.

In einer Zeit freilich, in der all diese Maßstäbe offiziell ›verrückt‹ werden, gelingt es, junge Menschen in großer Zahl von ihren Glückshoffnungen wegzuführen, ihre Organe für Hoffnung fehlzuschalten, sie mit billigen Räuschen und faden Lüsten abzuspeisen, so als gäbe es kein anderes Glück als die öde Betäubung ihrer Sinne. Das noble Glück des Platon scheint uns hoch plaziert: Patrizierglück, das sich dem Guten der Götter verbindet. Offenkundig muß die platonische und die thomistische Idee, Glück heiße im Guten aufgehoben zu sein, erweitert werden.

Glück, als die Ahnung größerer und gültigerer Zusammenhänge, in denen unser zufälliges Dasein plötzlich Sinn erhält, Daseinsfülle, die alle Fragen überflüssig und alle Ängste stumm macht, Glück ist eigentlich mehr als die Gunst jener einen Welt- und Himmelshälfte, des Guten, dem immer noch ein Böses entgegensteht. Glück, als die augenblickskurze Befreiung von unseren Grenzen, ist besser beschrieben als die Aufhebung dieser

Gegensätze: jener von Gut und Böse. Ist es nicht das, was den Glücklichen sprachlos glücklich macht: daß er sich von der Antagonie zwischen Gut und Böse erlöst fühlt, daß er den gewohnten Entscheidungsräumen entrückt ist, nicht nur auf ihre lichte Seite geschoben, sondern ganz von dieser größten Unzulänglichkeit seiner Existenz befreit. Eben dies bedeutet: über sich selbst hinausgehoben sein im Glück.

Die Religionen sind mit ihren Glücksdefinitionen dem Grundbefund verpflichtet, daß zwischen Wegen gewählt werden muß: Schon im antiken Mythos spielt die Wahl zwischen diesen zwei Wegen eine lebensentscheidende Rolle. Die Zweiteilung der Welt in Finsternis und Licht prägt auch das Christentum; Gutes kämpft gegen das Verwerfliche, solange die Zeitlichkeit gilt.

Glück, als ein Blick über die zeitliche Enge hinaus, läßt den Beglückten gerade die Überwindung dieser dauernden Auswahlaufgabe fühlen: Er erlebt Zonen, in denen diese Frage nicht mehr gilt. Das ist mehr, als im Guten aufgehoben zu sein; es ist die Freistellung von der Zweideutigkeit des Lebens. Deshalb suchen die Menschen das Glück viel leidenschaftlicher als das Gute; Glück ist mehr als das Gute, es ist die Überwindung der Widersprüche, weil es alle Widersprüche in sich aufhebt. Nicht mehr Entscheidungsraum, auch nicht Entscheidung zum Guten, ist das Glück ein Vorgeschmack der Ewigkeit, weil es selbst die Tugend überholt, um in Bezirke zu führen, wo Verdienst und Anstrengung gegenstandslos sind. Nur deshalb begehren die Menschen das Glück so unermüdlich, weil es ihnen diesen unvergleichlichen Geschmack auf die Zunge legt: die Ahnung von der Überwindung aller Wertordnungen.

Sonderbar muß es anmuten, daß diese Gestalt des Glücks von den Deutern und Philosophen so scheu umschlichen wird: das Glück als die Überwindung der Tugend. Glück als ein absoluter Gnadenaugenblick, sagen götterfreundliche Jahrhunderte. Und die Gnade, auch jene des Christentums, ist nichts anderes als die Überwindung der Gegensätze von Gut und Böse. Sie schimmert durch in jedem Glücksaugenblick, sonst wäre das Glück nicht mehr wert als irgendeine andere Form des Wohlbefindens, und die Menschen hätten keine Götterlehren an das Glück verschwendet, keine Glücksgöttin ersonnen, nicht mit solcher ängstlichen Scheu die hohen Zäune der Askese um das Glück gezogen, wenn es ihnen nicht teuer und ein wenig unheimlich wäre, das Glück.

Glück, so fanden wir, ist die Erlösung vom Vergleich. Das bedeutet in der heutigen Zeit auch die Befreiung aus den Rivalitätskämpfen, aus den Wettbewerbszwängen, die sich bis ins private Leben eingefressen haben, in unser Denken und Handeln. Glück, so läßt sich jetzt hinzufügen, ist auch die Fortsetzung dieser Erlösung vom Vergleich auf einer höheren Ebene: im Bereich der Sittlichkeit. Im Zustand des Glücks sind wir nicht mehr abhängig von Urteilen; wir werden nicht verglichen, deshalb fühlen wir uns frei und unseres Wertes gewiß. Die Überwindung der Kategorien Gut und Böse ist zugleich die Fortsetzung der Erlösung von Rivalität und Vergleich auf der Ebene der Sittlichkeit.

Für uns ist das deshalb so wichtig, weil Lebensschicksale in der Wettbewerbswelt nach Marktkriterien entschieden werden. Wer nicht tauglich ist im Sinne der erbarmungslosen Kategorien des Erwerbs und Besitzes, der kann, so glauben die Glücksplaner des sozialen Jahrhunderts, nicht glücklich werden. Glück stellt aber gerade von diesen gnadenlosen Kategorien frei, weil es keinerlei Vorbedingungen aus den Marktkategorien kennt. Glück entmachtet das Rivalitätsdenken, Glück überspringt die Spirale der Bedürfnisse,[129] der wir, an Vergleiche gekettet, ausgeliefert sind. Glücksbereitschaft hängt also auch mit diesem Wissen zusammen: daß das Glück nicht degeneriert ist auf die Schemata der Rivalengesellschaft, auf die Klischees von Wohlstand und Prestige.

Glück ist Daseinsfülle

Die Suche nach dem Glück erscheint nach diesen Überlegungen unter einem anderen Gesichtspunkt: nicht als die Jagd nach Lustgewinn – welche vielmehr einer falschen Spur am Glück vorbei folgt –, sondern als das Verlangen der Menschen nach einem Lebenssinn. Wenn sich im Glücksgenuß die beschriebenen Durchblicke auf größere Zusammenhänge unseres Daseins öffnen, dann ist die Sehnsucht nach dem Glück nicht irgendein Interesse unter anderen. Glückssuche entsteht aus der Erinnerung und Hoffnung, die den Menschen an Herkünfte und Zukünfte bindet, von denen er im Glück einen Zipfel fassen kann: Herkünfte, deren er sich, je nach seinem Glauben, mit mehr oder weniger Gewißheit erinnert, und Zukunft, auf die er unter je verschiedenen Vorzeichen hofft, um seinem Leben ein Ziel zu geben.

Glück, so fühlen die Menschen, ohne es darlegen zu können, ist wie die Botschaft unserer weiterreichenden Bestimmung. Deshalb bannt es Furcht, löscht Ängste, beflügelt Hoffnungen, läßt uns ganz in uns und in der Umwelt ruhen. Die Suche nach dem Glück ist eben deshalb nicht irgendeine menschliche Aktivität unter anderen, sondern Ausdruck der menschlichen Würde, weil das Glück uns zum tiefsten und reinsten Bewußtsein unserer selbst bringt. Diese Augenblicke der Selbstgewißheit und der umfassenden Liebe zu suchen ist deshalb ein mitgeborenes, nicht von irgendeiner fortgeschrittenen Zivilisation erst unter uns verteiltes Recht. Die Glücksverteiler der Neuzeit sind auch deshalb eher hochmütig als sozial zu nennen, weil sie den noblen und überlegenen Charakter des Glücks geschmälert haben, um mit dieser Kostbarkeit hantieren zu können, als sei sie ein Konsumgut unter anderen.

Die Noblesse des Glücks beruht aber nicht in seinem elitären Charakter, wie es dem Leser philosophischer Glückstheorien erscheinen mag. Wir können die Sozialisierung des Glücks übrigens auch so lesen: als ein Mißverständnis über den Charakter des Glücks, als sei es schichtenabhängig wie alle anderen Güter, die man aufteilte, als sei es standesgebunden, eine Art Adelsprivileg wie die äußeren Mittel. Hätte diese Verwechslung nicht stattgefunden, man hätte nie an das irrige Unternehmen herangehen können, außer der Vertreibung der Armut auch das Management des Glücks in die Hand zu nehmen.

Glück, soviel haben wir unterdessen begriffen, stellt sich nicht schon durch die Abwesenheit des Negativen ein. Glück ist mehr als die Vertreibung des Mangels. Glück ist Fülle. Das heißt aber: Glück ist da, wo etwas uns ganz erfüllt. Das eben macht die Noblesse des Glücks aus: Es knüpft sich nicht an äußere Merkmale, sondern bleibt ihnen allen überlegen. Wo uns etwas ganz erfüllt: die Liebe oder das ›geglückte‹ Tun, da ist plötzlich Glück, sprachloses Jauchzen, fragloser Jubel, still oder offen, jedenfalls keiner Erklärung und keiner Bezeichnung mehr bedürftig. Kinder verfügen noch über diese Lustschreie, die Luftsprünge des sprachlosen Glücks; Erwachsene sind häufig stumm vor Staunen und Überraschung, denn das Glück ist scheu, es kommt plötzlich und will nicht beredet sein, es geht und läßt eine leuchtende Spur zurück. Jede Glückserinnerung ist Glückshoffnung.

Wie unabhängig von Umständen und Mitteln das Glück ist, das weiß wahrscheinlich jeder Mensch, ohne aus diesem Wissen ein deutliches Bewußtsein gemacht zu haben: Was sprachlos erlebt wird, als reiner Ansturm des Gefühls, das wird nicht sprachlich behalten; es fehlt deshalb in der inneren Chronik unseres Lebens. Nur die Künstler finden Wege, von diesen Höhepunkten der Daseinsfülle zu berichten: in Tönen, Farben, Formen und – die Dichter – in Worten. Jenes plötzliche Glück, das uns durchströmt in irgendeinem gleichgültigen Augenblick, von dem wir nichts Besonderes erhofften, scheint grundlos und deshalb zufällig; Einheit unseres Lebens mit allem, was uns umgibt, ein Zusammenklang von Mensch und Welt, der an die Stelle der schmerzhaften Reibung an Umständen und Dingen das umfassende Bewußtsein von Freiheit setzt. Solche Glücksstimmungen bestätigen uns, wer wir sind, gerade weil sie keinen Anlaß haben, der uns ablenkt. Plötzlich scheint alles, was geschah bis hierher und was um uns geschieht, von Zeichen erfüllt: Auch Liebende können von diesem Hochgefühl berichten, das alle Zufälle in Signale für Sinn verwandelt. Der Glückliche wird also auf eine wiederum glückspendende Weise sehend: Er entdeckt Sinn im Alltäglichen.

An dieser Stelle läßt sich eine der wesentlichen Qualitäten des Glücks erkennen: Glück macht glückswillig. Es stärkt nicht nur die Hoffnung auf weitere Glücksaugenblicke, sondern es macht uns geschickter, solche Augenblicke zu erkennen und zu genießen. Das Glück, das uns zuteil wird, hängt tatsächlich auch zusammen mit unserem *Willen* zum Glück. Wer könnte es leugnen, daß Menschen, die wir öfter im Zustand des strahlenden

Glücks antreffen, auf uns wirken, als hätten sie eine besondere Anziehungskraft für das Glück? Das Glück des Glücklichen erscheint uns dann wie ein rätselhaftes Talent, wie eine Begabung, nach deren Herkunft wir fragen möchten. *Lernbar* müsse irgend etwas auf dem Wege zum Glück sein, so erkennen wir im Umgang mit solchen Glücksbegabten.

Die Sehnsucht, daß alles zusammenstimmen, aller Zwiespalt in uns und alle Zwietracht um uns einmal schweigen möchten, ist tatsächlich Glücksarbeit. Wer sich nach solchen Augenblikken der Windstille sehnt, der wird sein eigenes Handeln auf sie ausrichten. Damit sind erste Schritte der Glückswilligkeit getan. Wir haben erörtert, wieviel Glücksfähigkeit aufgesogen wird durch die Verlagerung der Glückshoffnungen ins Jenseits. Eine solche Verschiebung der Anrechte auf Glück hinter die Zeitlichkeit schwächt unsere Organe für irdisches Glück, weil sie einem Verbot gleichkommt, hier und jetzt glücklich zu sein.

Wir haben gesehen, daß in den kanonischen Schriften des Christentums das Glück über die Schönheit dieser Erde und ihrer Geschöpfe den Menschen nicht nur zusteht, sondern wesensgemäß ist: nur ein Geschöpf, das sich hier seines Daseins freut, kann Ausblicke tun in weiterreichende Landschaften seiner Bestimmung. Jedes Glück auf dieser vergänglichen Erde ist ein gleichnishaftes Glück; aber es weist eben darin über sich hinaus. Nur von dem, was wir kennen, ausgehend, können wir Unbekanntes ermessen. Vielleicht ist der Mangel an Jenseitshoffnung bei vielen Menschen die direkte Folge aus ihrer Glücklosigkeit im Diesseits: Jenseitsglück als Abwesenheit zeitlichen Unglücks bleibt eine recht blasse Vision. Jenseitsglück aber als die überirdische Steigerung und die zeitlose Dauer dessen, was wir in irdischem Glück ahnen, das ergibt eine Vorstellung von endgültiger Glücksfülle.

Jedes Glück beschenkt uns mit dieser Ahnung des Vollkommenen; das Glück über unsere Liebe mit der Vision unendlicher Liebe; das Glück über die Natur mit der Idee der paradiesischen Fülle von Blüten, Früchten und Tieren; das Glück über eine Leistung mit der Zuversicht, daß unsere Kraft und Anstrengung über uns hinausreicht. Glück vermittelt uns immer dieses nicht beschreibbare Empfinden, als träte etwas zu uns, dessen wir uns nicht willentlich bemächtigen können. Die Griechen nannten es die Teilnahme der Götter am Glücklichen. Aus unscheinbaren Anlässen blüht das Glück so unerwartet auf, daß wir im Glück zugleich jedesmal unsere Glücksvorstellungen revidieren müssen: Wir hatten sein Geheimnis unterschätzt, als wir ihm auf der Spur zu sein glaubten. Friedrich Nietzsche, wahrhaftig ein Skeptiker des Glücks, hat dieses Unscheinbare der Glücksorte und -augenblicke angemessen zart beschrieben:

Das Wenigste gerade, das Leiseste, Leichteste, einer Eidechse Rascheln, ein Hauch, ein Husch, ein Augenblick – wenig macht die Art des besten Glücks.[130]

Mit Glück an solchen Orten unseres Lebens, im beliebigen Augenblick, können wir nicht rechnen. Dieser Umstand lehrt uns, daß die Glücksberechnungen überhaupt wenig Erfolg versprechen können. Glücksfähigkeit besteht vielmehr darin, jedem beliebigsten Moment dieses Aufblühen unerwarteten Glücks zuzutrauen. Glücksfähigkeit erweist sich damit als eine Haltung, die dem rationalen, ans Machen gewöhnten Menschen unseres Jahrhunderts besonders schwerfällt. Die Regeln, nach denen wir zu leben lernen, geben wenig Gelegenheit, solche Bescheidenheit zu üben. Glück hat insoweit tatsächlich etwas mit der Ehrfurcht und Scheu vor den Wundern des Kosmos und der menschlichen Seele zu tun. Für möglich zu halten, daß uns Unberechenbares zustößt – während die meisten von uns vollauf mit der Sicherheit und Berechenbarkeit ihrer Existenz beschäftigt sind und sie für das höchste Ziel halten –, ruhigen Mutes Raum zu lassen für das Unerwartete, ohne Furcht das Ungesicherte so vieler Lebensaugenblicke zu betrachten: das heißt Raum schaffen für Glück. Glücksfähigkeit ist damit beleuchtet in einem wesentlichen Zug: Sie bedeutet Realismus. Denn die Vorstellung, wir bekämen den ganzen Menschen und seine Lebensumstände perfekt in die Hand, ist realitätsblind. Die vorgebliche Rationalität entdeckt sich als irrationale Selbstüberschätzung. Sie ist es, die Glücksspielräume verriegelt.

Kapitel 16
Klima des Glücks

Kultur der Bedürfnisse

Fortes fortuna adiuvat: Jenes römische Sprichwort, das von der Schicksalsgunst für die Entschlossenen und Mutigen spricht, meint den Glückswillen der Menschen. Irrtümer über die Wege zum Glück entstehen immer dann, wenn die Glücksmittel zugleich zum Glücksziel erklärt werden. Dies scheint das Problem der wohlhabenden westlichen Welt zu sein: Unsere Ziele liegen nicht mehr außerhalb unserer Mittel; deshalb sind diese Glücksmittel in den Rang von Zielen gerückt. Güter als Selbstzweck sind nicht das Glück; sie können höchstens dem Glück dienen. Leistungsglück entsteht nur dann, wenn wir begreifen, daß unsere Leistung ganz wie das, was wir lieben, von uns entlassen werden muß: Nur dann werden auch wir nicht die Sklaven unserer Leistungszwänge.

Erziehungsleistungen machen diesen Zusammenhang deutlich: Was wir leisten, übersteigt uns selbst, es schlägt woanders Wurzel und wehrt sich gegen unsere Besitzansprüche. Unserem Durchsetzungsvermögen, das wie die Leistung zu den Wegmarken des Glückswillens gehört, muß unsere Selbstbeherrschung entsprechen: *fortes fortuna adiuvat*, der Glückswillige wird glücklich.

Das Denken in Glücksansprüchen hat uns an Grenzen nicht nur unseres Glücks, sondern inzwischen auch unserer Glücksmittel geführt. Eine Ethik der Ansprüche, wie sie die Bürger des Wohlstands zu leben versuchen, kann deshalb nicht befriedigen, weil ihnen ein absolutes Maß fehlt. Ansprüche gegen andere Ansprüche durchzusetzen, um vermeintliche Glücksvorsprünge anderer einzuholen, bedeutet zu Rastlosigkeit und Rivalität ver-

244

urteilt zu sein. Ansprüche können nur an einem Ideal, nicht an Armut oder Reichtum gemessen werden.

Die Spirale der Bedürfnisse erweist, daß der Mensch im nur Realen nicht endgültiges Genügen findet. Seine Bedürfnisse reichen weiter, aber durch die Fesselung an den Vergleich der realen Ungleichheiten sind die meisten Menschen daran gehindert, zu erkennen, daß ihr Ungenügen nicht beim Besitz des Reicheren, beim Prestige des Erfolgreicheren endet. Die Folgerung lautet aber keineswegs, das Glück sei nur in der Askese zu suchen. Askese heißt Einübung, und als Vorstufe zur Erkenntnis unserer Bedürfnisse hat Bedürfnisaskese reinigende Wirkung.[131]

Was wir erlernen müßten, ist die Kultur unserer Bedürfnisse. *Culter*, das ist das Messer, das die Weinrebe beschneidet, das Messer vor der Pflugschar. Bedürfniskultur ist die Bereitung des Bodens für Glück durch Bedürfniskontrolle.

Glück, so zeigt sich, wird möglich, wenn wir die empfindliche Balance zu halten lernen zwischen Leistungsdenken, Anspruchshaltungen und Bedürfniskontrolle. Wie schwer solche Gleichgewichtsaufgaben zu lösen sind, wenn kein absolutes Maß gilt, sondern Solidarität und Toleranz des Pluralismus, ist offenkundig.

Die gewollte Vielheit unter dem Motto der Vernunft: kann sie überhaupt gelingen, oder sind wir überfordert? Können wir noch lernen, um die gewaltigen Glücksverluste, die wir in der pluralistischen Demokratie in Kauf nehmen, auszugleichen? Pluralismus war immerhin auch ein Glücksentwurf, der möglichst vielen möglichst viel Glück garantieren sollte. Es muß uns interessieren, warum dieses Vorhaben die Glückschancen eher zu vermindern statt zu vermehren scheint – trotz sichtbarer Multiplikation der Glücksmittel.

Wir haben erfahren, daß Glück ein Zustand der Seinsfülle ist, des verdichteten Daseins. Der Pluralismus als das Prinzip der gleichberechtigten Diskussion und Existenz aller mit allen müßte im Konzept also glücksfreundlich sein, weil er allen möglichst breite Spielräume für Seinsfülle freimacht. Die optimistische Vision eines geglückten Pluralismus wirkt tatsächlich wie ein Schauplatz des Glücks:

Vielmehr ist nun zu sagen, was der absolute Inhalt der vernünftigen Diskussion ist . . .: die Verwirklichung größtmöglicher Identität des Wirklichkeitsgrades aller Menschen als zur Diskussion fähigen Wesen und aller Lebensweisen als in die Diskussion einbringbare Wirklichkeiten. Ich nenne dieses Ziel den *realen Pluralismus* im Gegensatz zu dem derzeitig praktizierten Scheinpluralismus, der von H. Marcuse so genannten ›destruktiven Toleranz‹, die in der freiheitlich-kapitalistischen Gesellschaft ideologische Funktion hat . . .

Ich wiederhole: eine wirklich pluralistische, auf die Vielfalt der Lebensmöglichkeiten aller Menschen ausgehende Gesellschaft würde jene Handlungstypen ausschließen, an die Verringerung der Lebensmöglichkeiten anderer Menschen geknüpft sind, wie zum Beispiel Ausbeutung. Insofern das Wahrnehmen des Anderen in seiner Andersartigkeit in der aktiv pluralistischen Gesellschaft die wesentliche Tugend ist, fallen Ethik und Ästhetik in ihr zusammen, die Andersartigkeit des Anderen wird also nicht nur ertragen, sondern als Bereicherung eigener Lebensmöglichkeiten erfahren und gewollt . . .

Jeder Einzelne ist freigesetzt-freisetzend: er ist dazu gehalten, den Anderen in seiner Andersheit zu erkennen, wahrzunehmen und anzuerkennen und diese Andersheit, Eigentümlichkeit des Anderen zu verwirklichen, sein Verhältnis zu ihr zu bestimmen – vorausgesetzt, diese Andersheit zielt nicht auf die Negation der Möglichkeit von Andersheit ab, beschränkt nicht die Lebensmöglichkeiten anderer Menschen, schafft nicht irreversibel unterschiedliche Wirklichkeitsgrade.[132]

In dieser Vision des ›realen Pluralismus‹ kehrt vieles wieder, was auf die Spuren des Glücks führt: die Fülle der individuellen Identität, ein Synonym für persönliche Freiheit; die Tugend, den anderen bei sich selbst zu lassen: ein Synonym der Liebe; die Lust an der Verschiedenartigkeit der Menschen, die jeden Umgang mit dem anderen zweiseitig, gebend-nehmend gestaltet. Der Autor, Heinrich Kutzner, meint freilich, eine solche dynamische Harmonie des Zusammenlebens, in der die Sittlichkeit mit der Schönheit zusammenfällt, das Sinnliche mit dem Geistigen und das seelische Bedürfnis mit der Tugend, der Vernunft der Menschen danken zu können, wenn sie nur erst zur entsprechenden Einsicht vorgedrungen wären. Die weisesten unter den Philosophen haben schon in der antiken Zeit vor dem Irrtum gewarnt, daß Einsicht unmittelbare Handlungsfolgen hätte: daß etwa die Lebensführung des Philosophen an seiner Lehre gemessen werden könne.

Pluralismus als gewolltes Miteinander der Verschiedenen

macht den Kampf, die Konkurrenz, das Rivalentum gegenstandslos. Gerade auf sie kann aber eine Epoche nicht verzichten, die die Existenzen aller nach Marktgesetzen regelt. Die zunehmende Verrechtlichung unserer Beziehungen ist ein Indiz
des immer differenzierteren Kampfes aller gegen alle. Das Prinzip des toleranten Miteinander hat sich also im Grunde zum
Prinzip des immer raffinierteren Gegeneinander aller entwik-
kelt: Schon in den privatesten Gefühlsbezirken wird nur noch,
und mit zunehmender Ermunterung durch die Legislative,
rechtlich gedeckt miteinander verkehrt, also in latentem Kampf.

Um nicht mehr gegeneinander zu kämpfen, müßten alle ein
gemeinsames Ziel haben. Die Ziele dürfen und sollen aber nach
dem Grundsatz des Pluralismus verschiedene sein. Gerade
hierin soll sich die einzelne Individualität entfalten. Gemeinsame Grenzen und gemeinsame Ziele, die alle verbinden, sind
formuliert in den Gesetzen des demokratischen Staates. Zugleich wird die Rechtsprechung zum Instrument des Unfriedens
und des Versuchs, den Rivalen zu vernichten, statt ihn in seiner
Andersartigkeit zu ehren.

Gerechtigkeitserlebnisse kann sie, je komplizierter die Gesetze werden, desto seltener vermitteln. Sie kann es auch deshalb nicht, weil uns die Norm über den Rechtsnormen fehlt.
Auf die Selbstverluste der Tauschgesellschaft, die nichts anderes
zusammenbindet als die Lust an der Besitzvermehrung, im sächlichen wie im geistigen Bereich, reagieren viele junge Menschen
mit ihren Fluchtunternehmungen in mystische und magische
Daseinserlebnisse. Daß Glück im Wettkampf aller gegen alle im
Namen des Geldes nicht zu haben ist, das wissen die Jungen
besser als die Alten, aber die Jungen haben zu wenig Refle-
xionshintergrund, um ihre Erkenntnis zu formulieren.

Alternative Glücksspur

Teile der Jugend handeln, um ihren Mangel auszudrücken und
zu beschwichtigen: Das sogenannte alternative Leben wird erprobt und diskutiert. Hier finden wir die Bedürfnisaskese wieder; das könnte zu der irrigen Folgerung führen, die Versuche
alternativen Lebens seien Kulturen der Tugend und Bedürfnis-

losigkeit. Führen mit den Spuren der Glückssucher auch Spuren des Glücks in diese alternativen Lebenslandschaften? Jenseits der Diskussion darum, was sich denn nun wirklich unter dem Motto des ›alternativen Lebens‹ sammelt, lassen sich hier Suchrichtungen erkennen, in denen das Glück vermutet wird.

Da die Verschiebung der Obergrenzen unserer Bedürfnisse an keine objektive Grenze stößt, setzen viele von den ›Alternativen‹ das Experiment der Unterschreitung von Untergrenzen dagegen. In diesen Räumen der äußeren Dürftigkeit gibt es entsprechend geringere Sorgenlasten; Glück blüht auf, weil wenig Interesse den Eintretenden belästigt. Eine Bedingung des Glücks wird offenbar: Glück heißt, ins Unbewohnte, Unverbrauchte kommen – auch in uns selbst die unverbrauchten Zonen wecken, mit den eingeschlafenen Sinnen Welt erobern, als gehöre sie uns. Erlösung vom Neid der Konkurrenz wird hier gefeiert, ein geheimer Luxus läßt sich leben: das Versagen der Komparative, die alle anderen ›draußen‹ treiben.

Säen und Ernten hätten natürlich diesen Luxuscharakter nicht, wenn sie die einzige ›Alternative‹ – und darum eben gar keine – zur Lebenserhaltung wären. Der Luxus des einfachen Lebens wird insoweit geistig mitfinanziert von der künstlichen Welt. Dennoch sind hier Richtungen erkennbar, in denen Glück nicht nur vermutet, sondern auch gefunden werden kann, wenn uns der Schritt über das Kontrastprogramm hinaus gelingt: die Einbürgerung derer, die sich ausbürgern. Dazu wird sich, sowohl was die Jugendhöllen von Rausch und Sucht betrifft wie auch angesichts der ›alternativen‹ Ideen, in den offiziellen Glücksprogrammen sehr viel ändern müssen.

. Viele ›Alternativen‹-Bewohner halten offenbar von einer unserer größten Errungenschaften nichts mehr: von der Freiheit zu geistiger Transzendenz der materiellen Existenz, die uns die Zivilisation bietet. Viele ehemalige Geistesarbeiter ernten nun und kochen, beschäftigen sich mehr mit den Erfordernissen des Leibes, als es ihre soeben vom Mangel befreiten Vorfahren bei geistigen Bedürfnissen getan hätten. Spricht das für einen übermächtigen Nachholbedarf im Bereich der sinnlichen Erfahrung? Für einen Verlust an *Sublimationsfähigkeit*? Für einen Verlust also auch der Organe für Sublimationsglück?

Ein sehr direktes, fast körperliches Glückserlebnis wird in den ›Alternativen‹ gesucht. Das biologisch gedüngte Korn und Gemüse steht ja nicht einfach für Gesundheitsfanatismus, sondern für einen Traum vom geheilten Leben in einer geheilten Welt. Ein unpolitisches Programm, soviel scheint gewiß, durchaus ein Lustgewinnprogramm übrigens, und ein besonders offensives, weil die Ziele nicht durch Arbeitsethos getarnt sind, sondern offengelegt werden nach der Formel ›Tunix‹. Sinnvolle Arbeit suchen die ›Alternativen‹, weil nur sie glücklich mache. Und doch wäre das weisere Glücksprogramm, seiner Arbeit Sinn zu geben – mit der bitteren Nachfrage, ob das in unserer Arbeitswelt bei jeder Arbeit gelingen kann. Nur für den unmittelbaren Bedarf zu arbeiten, das wird in einer technisierten Wohlstandswelt zum Luxus: Viel Wohlstand ist auf viel Entfremdung aufgebaut; ›das Feuer der Gestaltung‹, wie Karl Marx die Arbeit genannt hat, werden nur noch wenige Menschen in ihrem Arbeits-Atom erkennen.

Zerlegt wie seine Arbeit ist der Mensch, und die Glückssucher wählen den Weg in die Einheit, wenn sie den Zusammenhang zwischen dem, was sie essen und was sie säen, als Lust erleben. Freilich wird es dieser Schritt nicht sein, den alle nachvollziehen können, ohne daß zugleich jene Glücksmittel schwinden, in denen wir nicht ganz unglücklich umherirren.

Friedrich Engels hat in einem Brief 1875 erklärt, wie es zur Entfernung der Arbeitsanlässe und der Arbeit selbst von den unmittelbaren Erfordernissen des Lebens kommt:

Der wesentliche Unterschied der menschlichen von der tierischen Gesellschaft ist der, daß die Tiere höchstens sammeln, während die Menschen produzieren. Dieser ... kapitale Unterschied ... macht es möglich, daß ... der Mensch nicht nur den Kampf ums Dasein führte, sondern auch um den Genuß und für die Erhöhung der Genüsse ... Die Produktion der Menschen erreicht also auf gewisser Stufe eine solche Höhe, daß nicht nur notwendige Bedürfnisse, sondern auch Luxusgenüsse ... produziert werden. Der Kampf ums Dasein ... verwandelt sich also in einen Kampf um die Genüsse, um nicht mehr bloße Existenzmittel, sondern um Entwicklungsmittel, gesellschaftlich produzierte Entwicklungsmittel. (MEW, 34/170 f.)

Aufs Materielle konzentriert, läßt Engels die hohen geistigen Glücksgewinne aus, die bei der Organisation der Arbeit für die leiblichen Bedürfnisse frei werden. Die Degeneration der Bedürfnisse hat freilich bis heute ein so bedrohliches Ausmaß angenommen, daß sogar die geistige Konstitution überreicher Gesellschaften Verluste an Erkenntniskraft eingestehen müßte, wenn dazu das Unterscheidungsvermögen noch ausreiche.

Die Intelligenz der wohlhabenden Gesellschaften weicht freilich seit einiger Zeit in differenziertes Nichtglück aus, das weniger den Charakter von Unglück als vielmehr von *Glücksunlust* hat: als sei Glück etwas Vulgäres, das sich nur bei Lebewesen auf niedriger Stufe einstellt. In dieser Glücksabwehr geistiger Schichten spiegelt sich nicht nur elitärer Argwohn gegen das Gewöhnliche, sondern auch der hier besprochene Befund, daß die edleren Qualitäten des Glücks bei der Kanalisierung der Glückszugänge abhanden gekommen sind.

Die geistige Unlust angesichts des Glücks ist eine Protestform gegen das sozialisierte Kleinglück für jedermann. Hier meldet sich folgerichtig die Frage, ob das Glück überhaupt ein unschöpferischer Zustand sei: eine Fragestellung, die zur Künstlerproblematik gehört und für die Psychologie des Genies eine besondere Rolle spielt. Ist die Trauer, oder ihre edle dunkle Schwester, die Melancholie, fruchtbarer als das Glück? Beide Fragen: jene nach dem allgemeinen Glück und jene nach der Kreativität der Trauer, sind Fragen des säkularen Zeitalters. Glück und Unglück werden im Christentum dem Heil und der Sünde zugeordnet.

Bedeutet das Massenglück des Massenzeitalters also die Prostitution des Glücks? Da es sich aber nicht einstellen will: Das Glück ist offenbar nicht prostituierbar, ob wir es nun für göttlich oder für irdisch halten. Die Alternativensucher folgen also tatsächlich einigen irdischen Spuren des Glücks: Sie wollen die Arbeit wieder als unmittelbares Verhältnis des Menschen zur Natur entfalten. Arbeit nicht mehr als Sachzwang, sondern als erlebte Gestaltung der Welt. Glück der Unmittelbarkeit wird dabei frei, Glück, das ohne die Umwege der Künstlichkeit und nicht mehr gegen sie, sondern fernab von ihr genossen wird. Also wieder kein Glück für alle – wiewohl manche Alternativenanhänger meinen, ein solches könne es werden, wenn sich nur alle darauf einließen. Die Utopie einer solchen Vorstellung braucht hier nicht nachgewiesen zu werden.

Was die ›Alternativen‹ tun, ist die konkrete Gestaltung der Wünsche, mit denen viele Menschen leben. Der Wunsch nicht mehr als ›Partisan des Möglichen‹, sondern als offensive Alternative. Für viele Menschen hat gerade diese Direktheit etwas Ernüchterndes. Glücksträume leben von den Widerständen; wenn die Widerstände abgeräumt werden, müssen die Hoffnungen sterben. Dies zu begreifen fällt in unserem Zeitalter besonders schwer: daß wir Wünsche und Träume brauchen, und daß uns die Erfüllung aller Träume enttäuscht. Der Mensch ist ein hoffendes Wesen, dies gehört zu seiner Glücksdisposition. Auf Glück hin kann er nur wünschend und hoffend leben; sonst würde er niemals die Augenblicke des Glücks kosten.

Dennoch ist es eine Glücksspur, auf der die Alternativensucher sich bewegen, wenn sie den Zusammenhang von Wachstum und Nahrung erkennen und genießen möchten – nicht mehr ihrem eigenen Leib und der Natur entfremdet, nicht mehr Knechte abstrakter, undurchschaubarer Prozesse, an deren Stimmigkeit sie glauben sollen, sondern mit Sichtbarkeit –, mit lebendiger Ein-Sicht in die Vorgänge des Lebens Beschenkte. Arbeit wird so wieder das gut getane Werk, dessen Sinn sich darin zeigt, daß es uns überleben läßt, uns nährt und trägt. Der sinnlich erlebten Arbeit entspricht das konkret-sinnliche Ergebnis, das sich mit den Sinnen genießen läßt. Wir beobachten also eine Sehnsucht nach sinnlichen Erfahrungen, denen kein Gleichnischarakter für geistige Zusammenhänge mehr abverlangt wird.

Glück: Produktivität unserer Wünsche

Die übermüdeten Kinder von Wissenschaft und Abstraktion möchten aufhören, Schaltknöpfe zu drücken und Dosenkost zu essen, von der viele nicht einmal mehr wissen, ob sie auf Baum, Strauch oder Feld wächst. Der Fortschritt hat in den Bereichen der Alltäglichkeit – nicht in jenen des Luxus – für viele seine Faszination verloren, weil er uns so viele sinnliche Erlebnisse wegnimmt, die es uns erlauben würden, uns und die Welt in einem Zusammenhang zu erleben, der Daseinsgewißheit schenkt.

Glück als Erlebnis des Lebenszusammenhangs: das ist es, was viele Alternativensucher gewinnen möchten. Glück als die Erlösung von hundert Zufällen des Tages, als selbstgestaltetes Dasein: ein ungeheures Privileg, ein fast einsamer Luxus in dieser Zeit der genormten Lebensläufe, die man anzieht wie ein Kleid. Auch dieses Glück suchen die Auswanderer aus der künstlichen Welt: Glück des Zusammenhangs von Mühe und Genuß als sinnliches, nicht als Gelderlebnis. Arbeit, die nicht nur Mittel ist, sondern auch gelebtes und erfülltes Leben: solche Arbeit ersehnen viele Menschen in der Isolation ihres Lebens von ihrer Arbeit. Wunschkultur als Glückskultur gelingt vielen nicht mehr, weil sie von Scheinglück umstellt und erstickt werden. Sie werden es müde, zu unterscheiden, ob sie das Glück, von dem sie heimlich, über ihre Hoffnungen, wissen, jemals geschmeckt haben; auch ihre Wünsche werden müde: nicht mehr Partisanen, sondern angepaßte Kleinbürger. Wichtiger als extreme Erfüllungen auf Kosten anderer oder des Systems, dem wir uns verdanken, ist die Kultur aus Wünschen und Erinnerungen, den Wünschelruten der Glücksgänger. Erinnerung ist die Schlaflosigkeit der Seele, sie wird unserer Hoffnung Nahrung geben und nicht ruhen, bis wir wieder Glück gefunden haben: nicht das große, perfekte Glück der Glücksverkäufer, sondern das unverhoffte, das nur dem Hoffenden begegnet.

Was die Anhänger der Tunix-Formel wollen, ist das Glück ohne Umweg. Auch die Wissenschaft ist ein Umweg, so sagen sie.

Ob es dort [in ›Tunix‹, Verf.] auch Wissenschaft geben werde, wurde gefragt. Man war sich nicht einig, vor allem die schon oft geäußerte Angst machte sich breit, daß nämlich Wissenschaft mit der Fülle unserer Erfahrungen, mit ihrer Farbigkeit nicht anders umgehen könne als ein Botaniker, der Pflanzen in ein Herbarium preßt. Kaum daß ein Schatten ihrer lebendigen Gestalt erhalten bleibt. So erscheint Wissenschaft als ein Umweg, als ein Riesenstück Entfremdung.[133]

Lieber reden, wie einem der Schnabel gewachsen ist, sagt einer der ›Tunix‹-Jünger in diesem Gespräch, das Klaus Binder aufzeichnet.

Welche Angst eigentlich treibt in die Weigerung, den verschwimmenden Erlebnissen, unseren Erfahrungen Gestalt zu geben ...?

fragt Binder weiter.

Solche Gefühle ... scheinen unwiderleglich, Grund genug für die Tat, die Abhilfe schafft. Aber, so schien mir in Tunix, und nicht nur dort, solche Gefühle machen leicht besoffen und verhindern, was sie wollen. Sie suggerieren eine Bewegung, die noch gar nicht stattgefunden hat; versanden schließlich in Besserwisserei und Überheblichkeit. Darum ging es in Tunix sehr hermetisch zu, ohne Öffnung nach draußen. Am Stoff der so mannigfach geäußerten Wünsche wurde nicht gearbeitet; wo der nicht deutlicher wird, bleiben die Gefühle blauer Dunst.[134]

Wie werden Wünsche produktiv? – Das ist die Abschlußfrage dieses Zeugenberichtes. ›Besoffen‹ von Gefühlen: das sind die Jugendlichen, wenn sie ihre Musik hören, im Kopfhörer, der ihr Gehirn in Klänge verwandelt, oder in den Discotheken, wo die allgemeine Betäubung Programm ist.

Die Alternativgruppen geben dem ungeklärten Bedürfnis Ausdruck, das eigene Leben wieder hautnah zu fühlen, zu einer neuen Selbstgewißheit zu finden, wenn denn andere tragende Gewißheiten nicht mehr zu haben sind.

Glück also suchen die ›Alternativen‹ als authentisches Ichgefühl jenseits aller Reglements. Während ihre Eltern die perfekte Organisation des sozialen Wohllebens noch auf dem Hintergrund des Nachkriegschaos sehen, erleben diese jungen Menschen nur die Enge des Systems; seine Perfektion ist ihnen nicht Beruhigung, sondern eher Bedrohung – weil sie reale Bedrohungen ihrer Freiheit nicht kennen. Auch diese Bedrohung ist längst nicht mehr irreal; sie verändert unsere Bedürfnisse, macht uns zu passiven Objekten eines Freiheitsplanes statt zu handelnden freien Bürgern.

Das Glück der alternativen Bewegungen geht freilich in einem Gegenlustprinzip unter, solange sie nur re-agieren: auf die Zeit der Argumente, der Sachbezogenheit mit dem Motto der persönlichen Glaubwürdigkeit, gleichviel was die Argumente taugen, die einer vorträgt. Hier wird der schmerzliche Glücksverlust der intellektuellen Phase eingeklagt: nur der Wortschatz zählte, nicht die Individualität. Nun wollen sie hemmungslos individuell sein: Alle Sachen erhalten ihr Gewicht aus der Betroffenheit, die sie erzeugen, Abstand von den Dingen und den Menschen wird scharf sanktioniert, niemand darf für sich bleiben. Glück wird daher auf eine neue Weise schwierig, weil sich die Konturen des Denkens, Fühlens, ja des Seins verwischen: genau Gedachtes, diszipliniert Vorgetragenes weckt hier schon Verdacht.

Die Unfähigkeit zum Exemplarischen, eine Kardinalschwäche unseres Zeitalters, scheint bei den ›Alternativen‹ eher verstärkt als gemildert. Fixiert auf das Hier und Jetzt der Vorgänge, erreichen wir keine Durchblicke auf das Zeichenhafte der täglichen Vorgänge. Wir verkennen die Relativität unseres historischen Standortes und kommen daher zu Fehlurteilen über den Rang der Vorgänge, die uns fesseln. So ist alles, was uns geschieht, für nichts mehr Zeichen. Glück besteht aber in der Zeichenhaftigkeit des Augenblicks; Glück ist Grenzüberschreitung. Wenn die Weigerung, Dinge und Ereignisse dieser Welt als Zeichen zu erkennen, sich bei der neuen Generation verstärkt, dann werden die Augenblicke wahren Glücks noch seltener: Der Rausch wird zum einzig möglichen Abschied aus einer Wirklichkeit, die auf nichts mehr deutet. Glück heißt aber: Erfüllung des Zufalls im größeren Zusammenhang, der plötzlich durchschimmert und jede Beliebigkeit tilgt. Angst ist nichts anderes als die Verlassenheit des Menschen, dem nichts mehr Zeichen wird. Angst ist Abwesenheit von Sinn. Glück ist Sinnfülle.

Kapitel 17
Glück und Spiel

Kinderspiele: Schule des Glücks

Ist der spielende Mensch der Glückliche? Muß nicht das Spiel, das in den Glücksräumen von Kult und Fest seinen Platz hat, selbst Glücksenergien freisetzen? Trügt unser Eindruck, daß spielende Kinder sich ganz im Glück bewegen? Ernst und glücklich sehen sie aus; ihr Spiel ist Arbeit, die Sinn vermittelt: Welt in Besitz zu nehmen, arbeiten sie, und ihre spielende Einübung in die Gesetze der Gravitation, der Optik, der Akustik spendet ihnen Erfolgsglück. Der Ernst des Spiels beleuchtet für uns unerwartet auch den Ernst des Glücks. Tatsächlich verbindet beide, Spiel und Glück, eine Anzahl gleicher Kennzeichen.

Wenn Friedrich von Schillers häufig zitierter Ausspruch stimmt: Der Mensch ist nur da ganz Mensch, wo er spielt – und wenn wir das Glücksverlangen der Menschen als die Sehnsucht nach menschenwürdigem Dasein verstehen, dann müßte unsere Glücksfähigkeit mit der Spielfähigkeit zusammenhängen.

Daß die Liebe, eine der reichen Glücksquellen unseres Lebens, ohne Spiel nicht denkbar ist, auch dies beweist den Ernst des Spieles und seine Verbindungen zum Glück. Die Psychologie hat uns gelehrt, mangelnde Spielfähigkeit bei Kindern als Indizien von Leiden zu verstehen; wir wissen, daß mangelnde Gelegenheit zum Spiel Kindern den Weg in die Welt der Erwachsenen erschwert. Spielräume des Glücks: sie sind tatsächlich auch die Räume, in denen der Mensch zu sich selbst kommen darf im Spiel.

Die festlich-sorgenfreie Ausgrenzung dieser Spiel-Felder aus dem durchschnittlichen Alltag deutet ein Klima an, das auch dem Glück zugehört: Beurlaubung aus den Regeln des Erwerbs und Verzehrs zugunsten freier Erprobung unserer Kräfte. Spiel ist freiwillige Tätigkeit, es ist höchste Aktivität ohne Zwang. Die Spielregeln finden die Zustimmung jedes Mitspielers, sonst kann er dem Kreis der Spieler nicht angehören. Im Spiel der Kinder wird Leben vorgeübt, deshalb muß geglücktes Spiel mit geglücktem Leben zusammenhängen.

Jede neue Tätigkeit kann für uns zum Spiel werden, weil sie uns eine neue Seite unseres Könnens enthüllt; sie verbindet sich mit dem Bewußtsein eines Fortschritts unserer Personalität, eines Fortschritts, der allein im Handeln sichtbar wird ... Jedes einzelne Spiel oder vielmehr jede Partie läßt das Kind eines Fortschritts innewerden, der es begeistert; ...[135]

Spiel und Glück verquicken sich auf interessante Weise. Der Art ihrer Verknüpfung nachzugehen heißt weitere Spuren des Glücks zu finden: Viele Spielregeln sind Glücksregeln, und wer zu spielen versteht, so scheint es, bewegt sich auf den Spuren des Glücks. Spiel ist Einübung in den Gebrauch unserer Kräfte und in die Regeln des Lebens. Es verbindet insoweit die Kreaturen dieser Erde, denn auch die Tiere spielen, wenn sie nicht mit unmittelbaren Lebenserfordernissen beschäftigt sind. »Der Reichtum an Kraft«, so Friedrich von Schiller, spielt mit sich selbst, wenn das Tier nicht für seine Ernährung »arbeitet«.

Wenn Menschenkinder das Leben spielen, dann treiben sie Nachahmung und Selbstfindung zugleich:

Die Spieltätigkeit befreit das Leben des Kindes aus der blinden Zweckmäßigkeit des Instinkts und schafft eine Welt, in der das Kind herrscht und sich selbst wiederfindet. In dieser Tatsache liegt wohl auch eine der Ursachen des Spielgenusses ... das Spiel ist eine Verteidigung der spontanen individuellen Energien.[136]

Das Gleichgewicht der persönlichen Kräfte im Kind zu wecken, dies erscheint schon bei Plato, bei Aristoteles, bei Quintilian als die unersetzliche Funktion des Spiels.

Der Spielgenuß, von dem Johan Huizinga spricht, ist tatsächlich das Glück, bei sich selbst zu sein in einer Welt, die man versteht. Die Spielwelt, die das Kind sich aufbaut, ist deshalb eine Welt des streng gefügten und notwendigen Glücks, das zum

Wachsen und Gedeihen der geistigen wie der seelischen Fähigkeiten des Kindes ebenso unentbehrlich ist wie der Zuwachs an
handwerklichem Geschick, den es im Spielen einübt. Auch Erwachsene umgrenzen sich eine Spielwelt, wenn sie in die Regeln
eines Spieles eintreten.

Die Spielfreude ist unmittelbar. Das Spiel kalkuliert nicht wie die Arbeit; es hat keine langen Voraussichten; es lebt im Augenblick . . .
Spiele haben kein Ziel außerhalb ihrer selbst. Sie ziehen all ihren Wert
aus der Spielaktivität selbst; die Lust wird aus der Tätigkeit selbst geboren, ohne daß irgendeine Notwendigkeit des Voraussehens be-
stünde.[137]

Der Spielgenuß der Kinder hat nun obendrein die wichtige Bedeutung, lustvoll, nicht unlustbetont auf das Leben vorzubereiten. Das Kind kennt, wenn es ungestört leben darf, keinen hei-
ßeren Wunsch als den, erwachsen zu werden. Die Erwachsenen
begegnen diesem Wunsch nicht selten mit zynischen Bemerkun-
gen, als sei es nur die Ahnungslosigkeit des Kindes, die es wünschen läßt, die volle menschliche Lebenskraft und Übersicht zu
besitzen. Klüger handelten die Erwachsenen, wenn sie nachdenklich würden, ob sie vielleicht aus ihrem eigenen Leben, das
ihr Kind so wünschenswert findet, zu wenig gemacht haben.
Nicht wenige Erwachsene haben es bei der heutigen Jugend
durch ihre Klagen erreicht, daß diese jungen Menschen nicht
erwachsen werden wollen. Sie fliehen aus den Lebenszusam-
menhängen in abseitige Träume, weil die heißen Hoffnungen
ihrer Kinderzeit enttäuscht wurden: Kein spielend erobertes
Glück wartet auf sie. Schule müßte, wie Sigmund Freud es 1910
auf einem Kongreß zu bedenken gab, der wegen steigender
Zahlen von Schülerselbstmorden veranstaltet wurde, ebenfalls
ein ›Lebensspiel‹ sein, das Lust aufs Leben macht und nicht das
Fürchten lehrt. Wenn unsere Schulen weiterhin auf die Zahlen-
welt der Märkte gründlicher vorbereiten als auf die Menschlich-
keit im vollständigen Sinne: wenn sie die Ohren, Augen und
Empfindungen unserer Kinder auflösen in Formeln, ihnen die
gesamte Welt der Erwachsenen als ein Riesenpaket aus Formeln
ohne Sinnlichkeit vorstellen, ein Labyrinth der Abstraktion, in
dem man nur als Teilmensch vegetieren kann, dann verlieren

Kinder auf den Wegen ins Leben schon die Lust am Leben. Um die kostbarsten, die Lebensvorspiele, betrogen, werden diese Kinder auch später nicht mehr spielen und mit dem Ernst des Lebens sowenig umgehen können wie mit dem ernsten Glück des Spiels. Auf Proteste gegen die Spielregeln des Lebens festgelegt, werden sie in kein entspannendes und ermutigendes Spiel mehr finden. Spielverderber wie einst die Erwachsenen in ihren, den kindlichen Spielen, werden sie sein, geheime Rache werden sie nehmen an der pathogenen Pädagogik, die glaubte, ihnen vorspielen zu können, was sie spielen sollten: Lernspiele statt selbstdachter, erarbeiteter Spiele, in denen ›das Kind herrscht‹, wie Huizinga so treffend sagt, um sich auf spätere Verantwortungen für Zusammenhänge vorzubereiten.

Ein Spiel, das einzig dem Bedürfnis entspränge, überschüssige Energie zu entladen, könnte nur zügellos, unbeständig konfus sein; besser gesagt, es würde zwar spontane Aktivität sein, aber kein Spiel ... Es ist *die gleiche Energie*, die in beiden Fällen verwendet wird: hier im Spiel, dort in der Arbeit. Was die Spielaktivität charakterisiert, ist nicht die verwendete Energie, sondern die besondere Richtung, die dieser Energie gegeben wird ... Das Spiel ist ein Versuch *des Kindes, sich zu den höheren Aktivitäten der Erwachsenen zu erheben*, eine Ersatzhandlung, und deshalb verschwindet es – oder wird zu bloßer Zerstreuung – sobald diese höheren Aktivitäten erreicht sind.[138]

Spielen ist eine Schule des Glücks. Kinderspiele sind deshalb unbedingter Gegenstand unserer Ehrfurcht und Rücksicht, nicht der Herablassung. Sich auf Kinderspiele einzulassen, sei es im Zuschauen oder im anpassungsfähigen Mitspielen, das bedeutet, Auskünfte über das Glück zu sammeln. Keine der Regeln, die uns als Berufs-Teilmenschen definieren, stimmen hier: Es geht ohne sie. Wir erleben eine glücksbetonte Vollständigkeit unserer Person, die wir mit so einfachen Mitteln nicht glaubten herbeiführen zu können.

Glück erleben wir als Gäste des kindlichen Spiels auch deshalb, weil das Kind uns, die Staunenden, seinerseits bestaunt und mit Liebe überschüttet: Wir sind seine Helfer, unsere großen Hände sind wie lebendige Schüsseln für die Werkzeuge seines Spiels, es sucht unsere Augen und will nichts anderes von

uns als nur unsere Gegenwart: Verblüffend leicht ist es zufrie-
denzustellen. Wenn wir den Genuß des Kindes sehen beim Gelingen seiner Spielarbeit, seine Freude an allem, was es anfas-
sen, betasten, schmecken, belauschen, betrachten kann, dann
haben wir Anlaß, über unsere eigenen Glückserlebnisse nachzudenken. Warum sind alle diese Quellen versiegt? Hier entdek-
ken wir, wie einfach die Spuren des Glücks zu finden sind: lust-
volles Betasten, behutsames Schmecken, hingebungsvolles Lauschen, erfülltes Schauen, sie alle sind nicht in der Reizsteigerung, sondern in der Sparsamkeit mit Reizen zu suchen.

Das Kind lebt mit unverbrauchten Organen zur Entdeckung
dieser Welt. Nicht die Wiederholung seiner Erlebnisse ist es, die
es später stumpf und müde auf dieselben Dinge blicken läßt,
sondern die übermäßige Dichte der Reize. Sein Wunsch, selbst
mitzuwirken, bleibt unerfüllt. Fernsehen liefert solche Glücksangebote, die das Kind um seine wichtigste Fähigeit, die des
welterobernden Spiels, betrügen. Sie bannen es in unmenschliche Passivität und vereiteln seine spontane Welteroberung immer wieder, bis sie seine Lust, sich arbeitend vorzuwagen, vernichten. Hier entsteht die erste Phase der Mutlosigkeit gegenüber der Welt, in die das Kind hineinwächst: eine Welt, die
seine Arbeit überflüssig macht, eine Welt, die ihm nur vorspielt,
statt es lustvoll spielen zu lassen: Eine solche Welt ist nicht
mehr begehrenswert.

Ohne Zweifel kann ein sieben- bis achtjähriges Kind sagen, daß es
beim Küssen seiner Hand, beim Fingerlutschen oder beim Streicheln
eines Fells Vergnügen empfinde (*s'amuse*); aber es weiß schon, daß es
einen Unterschied gibt zwischen Vergnügen dieser Art und dem Spiel.
Es weiß ebenso das Vergnügen, das es bei einer Vorstellung des Pup-
pentheaters erfährt, gut zu unterscheiden von dem, welches es kostet,
indem es selber Puppentheater spielt... Und selbst wenn dieses Wissen von einem Unterschied bisweilen außerordentlich schwach ist, so
erscheint ihm doch die lustvolle Tätigkeit um so mehr als Spiel, je in-
tensiver sie ist, je mehr sie von ihm selbst ausgeht...
    Die Spielfreude ist, im Gegensatz zur sinnlichen Lust, aktiv...
    ... Die Freude, Ursache zu sein, führt zu einer Bestätigung des Selbst
(*affirmation du Moi*) durch das Spiel.[139]

Kleine Kinder können wir durch Spielentzug und fremdbe-
stimmtes Spiel schon früh zu Konsumenten machen, denen
Trauer und später Langeweile die unerfahrenen Augen trübt.
Wer die vitale Kraft des kindlichen Spiels je beobachtet hat,
wird es lernen, sie wie einen Schutzbezirk des Lebens zu achten
und zu hüten. Hier werden die Organe für Glück ausgebildet,
hier wird geübt, das Chaos zu ordnen, mit dem wir in und außer
uns kämpfen.

Glücksvorspiele

Die Harmonie mit der Welt, der Glaube, daß wir in dieser Welt
einen Platz finden werden, der zu uns paßt und den wir gestalten können, wird im Spielen des Kindes vorbereitet. Nicht das
von Erwachsenen erdachte Lernspiel kann diese Vorbereitung
auf Lebensglück liefern, sondern in erster Linie das vom Kind
selbst gewählte Spiel, in dem es sich mit seiner Eigenart unter-
bringt – was ihm in den von uns erdachten Spielen immer nur
zum Teil gelingt.

Welches Gewicht das ungestörte Spiel für das Glücksvermö-
gen des Menschen hat, für seine Kraft auf das Glück zu hoffen,
für seine Entschlossenheit, es zu ergreifen, das haben alle großen Denker der Antike und des ihr verpflichteten Abendlandes
in erstaunlicher Übereinstimmung betont. Heute, da die Wis-
senschaftsdisziplinen Verständigungsprobleme haben, sagt der
Pädagoge nicht unbedingt das Gleiche über den Wert des Spiels
wie der Philosoph. Ideologien trüben den pädagogischen wie
den philosophischen Verstand. Die Wünsche des mündigen
Menschen, wie er sein möchte, prägen seine Aussagen darüber,
wie er sei. Vieles, was Mediziner wissen, können die Pädagogen
deshalb nicht gebrauchen, weil es ihr ideologisches Konzept
stört. Da für die Erziehung und Ausbildung des spezialistischen
Teilmenschen in einer zerteilten Welt immer nur einzelne Wissenschaften verantwortlich sind, gelingt die Zusammenschau
der Ergebnisse nicht.

Wenn das Kinder-Spiel nicht gelingt, sogleich verplant wird
in Planspielen der Erwachsenen, in denen das Kind sich fremd
bewegt, dann gehen auch die späteren Glücksversuche in die

Irre: Wer nicht Spiel-Raum hatte, der ist unsicher bei der Gestaltung seines Lebensraumes. Das Leben soll dann, wie bei so vielen Süchtigen, das Spiel sein – und wenn es das nicht werden kann, wird der Süchtige *bewußt* das, was er längst ist: die Spielfigur; er setzt sich selbst aufs Spiel.

... das Leben hatte Spiel werden sollen, ein Spiel, das alle miteinander spielten und nicht mehr gegeneinander, das keine Schiedsrichter brauchte, so wie die Bands oben auf der Bühne keinen Dirigenten; aber immer noch waren die einen oben auf der Bühne und die anderen guckten von unten hoch. Die Guerillos würden eine andere Musik machen müssen: mit allen im Kreis; sie würden auch kein Hauptquartier mehr haben. Die Beat-Musik gehorchte inzwischen der gleichen Ästhetik, unter der Feldherren sich früher schöne Schlachten geliefert hatten, sie war zum Werbefeldzug verkommen; die Konsumenten wurden verheizt. Im Schankraum der Gaststätte lagen sie durcheinander und klagten über verletzte Erwartungen. Aus dem großen Spiel war nichts geworden. Da blieb nur, sich selber aufs Spiel zu setzen.[140]

Unsere Berufe sind dem Privatleben ferngerückt; die Kinder haben wenig Gelegenheit, das Leben ›vorzuspielen‹. Wenn sie, noch im neunzehnten Jahrhundert, die Berufe ihrer Väter nachspielten, so war das konkrete Vorbereitung auf Leben: das Leben ein Spiel im ernsten und hoffnungsvollen Sinne. Was das Kind schon ein wenig zu durchschauen begann, wovon es schon die ersten Handgriffe beherrschte, das ließ hoffen, es würde das Ziel, erwachsen zu werden, wirklich erreichen. Heute nageln wir die Kinder auf ihrer jeweiligen Daseinsstufe mit Gleichaltrigen fest; Krabbelkinder unter Krabbelkindern, Kindergartenkinder unter Kindergartenkindern, Schüler unter Schülern, kaserniert, behandelt nach Methoden, ›aufs Leben vorbereitet‹ nach Plan. Für eigene Erkundungen lassen wir ihnen zu wenig Spiel-Raum, und damit schmälern wir ihr Glück. Wenn in einer Umfrage unter zweihundertvierzig Schülern zwischen zehn und achtzehn Jahren, was ihnen das Glück bedeute, 80 Prozent zuerst die guten Schulnoten nennen, dann ist das eine eindrucksvolle Bilanz der gelungenen Gleichschaltung. Diese Kinder funktionieren bereits als Teilmenschen; selbst ihr Glück gehorcht Vorschriften.

Im Spiel der Kinder zeigt sich Spiel von der Seite des Übens, Vorbereitens, Einstudierens, wie es ein Musiker, ein Tänzer tut:

Vorübung des Lebens, die freiwillig, ohne Pflicht gewählt wird, Freiheit, die sich selbst zügelt, Freiheit von Zwecken, Freiheit zum Sinn. Spiel ist tatsächlich auch die Abwehr gegen krankmachende Faktoren; Kinder und Tiere spielen, solange sie gesund sind, um nicht in Krankheit ausweichen zu müssen: Sie leiten ihre Spannungen ab, indem sie in Szene setzen, was sie bedrängt. Die Psychologie greift deshalb auf Spielsituationen zurück, um nachträglich die Auflösung innerer Staus zu ermöglichen.

Die Sprache sagt uns, was Menschen im Spiel erkennen: das ›Spielen des Windes‹, der Wolken, der Wellen, das Spielen von Lichtern und Schatten: Die Natur selbst spielt, das heißt, sie bewegt sich ästhetisch und rhythmisch, das Zuschauen ist ein Genuß. Sie ›spielt‹ jenseits aller moralischen Kategorien, deshalb befreit uns das Zuschauen.

Der griechische Philosoph Heraklit (um 540 bis um 480 v. Chr.) sah die Weltzeit als ein spielendes Kind; das Spiel des Gottes *Zeus* mit sich selbst, so hat Nietzsche hinzugefügt.[141] Das Spiel des Kindes und des Künstlers ist diesem göttlichen Spiel mit dem Erdball am nächsten: ohne moralische Zurechnung, in gleichbleibender Unschuld. Der Gedanke, daß ein Schöpfer das Weltspiel spielt, kehrt bei verschiedenen Denkern wieder. Er läßt ablesen, daß den Menschen das Spiel als eine besonders edle, von Göttern vorgeprägte menschliche Tätigkeit erschien. Wie das Glück, so ließ auch das Spiel Göttliches durchschimmern.

Die Spieler dürfen sich von jeder Regel außer ihrer Spielregel, der sie freiwillig zustimmen, frei wissen. Das Spiel ist ausgesparter Raum, in dem die Lebenswirklichkeit schweigt. Die Spieler sind beurlaubt, ganz wie der Glückliche beurlaubt ist aus der Wirklichkeit. Nicht diese Befreiung macht den Spielgenuß, sondern die lustbetonte Einordnung in ein Regelsystem beglückt. Alle ächten einen Spieler, der die Regeln mißachtet: Da wird das Spiel Ernst, und das Spielglück verflüchtigt sich sofort, wenn jemand die Grenze überschreitet, die alle sich gesetzt haben.

Glück, wir haben es gesehen, gehorcht ähnlichen Gesetzen: Grenzüberschreitung, führt es in Räume, in denen alles, was wir sind und was uns umgibt, seinen Ort und seinen Sinn erhält. Eine sinnerfüllte Grenze ersetzt die beengenden Mauern, in denen wir leben müssen.

Die Spieltheoretiker treffen sich bei aller Variationsbreite ihrer Aussagen auch in diesem Befund: Gleichviel ob es nun als kultisches, also heiliges Spiel auftritt oder als irdisches Spielvergnügen, als Vorübung für das Leben oder als Nachvollzug von Erlebtem, als Kunst-Spiel oder als Improvisation auszählender Kinder, murmelspielender Knaben, Spiel ist gekennzeichnet durch eine innere Disposition der Spieler, durch ihre Spielbereitschaft, eine Seelenlage, die sie spielfähig macht.

Daß wir in dieser Disposition des Spielers die seelische Verfassung des glücksfähigen Menschen erkennen, zeigt sich, wenn wir den verschiedenen Merkmalen solcher Spielbereitschaft nachgehen. Das Spiel ist auch der lustvolle Nachvollzug von Lebensvorgängen im Raum der Freiwilligkeit. Von der Nützlichkeit befreit, machen diese Handlungen Freude, deshalb sind so viele Spiele nichts als geordnet wiederholte Ausschnitte des Lebens.

Im Spielbezirk wird auch der blinde Zufall genossen: das ›Glück‹ des Spielers, an dem er sich übermütig freut. Auch sein Unglück braucht er hier nicht zu fürchten: im Gegenteil, er ist ein guter Spieler, wenn er darüber mit den anderen lacht. Was im Spiel gefeiert wird, ist die Erlösung von den Spielregeln des Lebens. Der spielerische Nachvollzug all der Geschäfte und Händel des Lebens entlastet die Spieler von deren tatsächlichem Druck, von der Sorge: Das bedrängende Alltägliche unter freundlichen Vorzeichen nachzuspielen, dies befreit uns für kostbare Glücksminuten von seinen Zwängen. Kinder pflegen angstbesetzte Erlebnisse deshalb immer wieder nachzuspielen, bis sie von dem Druck der Erinnerung befreit sind. Die meisten Erwachsenen sollten also das Spielen wieder lernen: den lustvollen Zweikampf mit dem Ball, den intelligenten Wettstreit auf dem Schachbrett, um in Glücksräume vorstoßen zu können.

Spiel erscheint in dieser Beleuchtung als Glücksvorbereitung, weil es uns entspannt und jene Distanz von unseren Rollen schenkt, die glücksfähig macht.

Spiel gehört zum Menschen unabhängig von seiner kulturellen Prägung; wie er spielt und wie reichlich die Spielgelegenheiten sind, das liegt an seiner kulturellen Umwelt. Das Spielen gehört zu uns als eine biopsychische Ausstattung; seine Sublimationskraft ist offenkundig. Wie der Traum erlaubt es uns, Bedürfnisse abzureagieren, Ängste entlastend zu gestalten.

Jouer c'est jouir, sagt der französische Psychologe Jean Château, spielen heißt sich freuen. Das Wortspiel im Französischen mit den Assonanzen der beiden Wörter macht die Identität von Spiel und Freude deutlich.

Rohstoffe des Glücks

Die Spielbereitschaft der Spieler, ihre Zustimmung zu den Regeln, die den Einlaß in den umzäunten Spielbezirk bewirkt, ist durchaus eine sittliche Kategorie. Das Spielsystem mit seinen Regeln besteht auch für sich selbst, ohne daß Spieler sich in ihm betätigen: Ein Spielfeld wartet, Bälle ruhen; ein Kartenspiel liegt geordnet oder durcheinandergeworfen in seiner Schachtel oder irgendwo in einem Zimmer verstreut: Es bleibt ein Spiel, auch ohne Spieler. Wer sich aufs Spielen einläßt, gibt dem Spiel erst moralischen Rang:

Das bewegende Prinzip des Spiels ist also ein ›moralisches‹ Prinzip; die Spielfreude ist eine moralische Freude (*la jouissance ludique est une jouissance morale*) . . .[142]

Ähnlich verhält es sich mit den Rohstoffen des Glücks: mit den Schönheiten der Natur, mit der Stille, der Musik, der Liebe, der Kraft unseres Körpers. Sie liegen ausgebreitet oder verschüttet, greifbar oder versteckt, und wer sich ihnen mit dem Willen zum Glück nähert, ordnet sie nach der Maßgabe seines Glückswillens. Der Glückliche ist also auch ein Nutzer der Rohstoffe des Glücks, die überall verstreut liegen. In dieser Nutzung kann Erfahrung uns geschickter machen, so wie den kundigen Spieler die Übung geschickter macht. Mit dem Geschick steigt das Vergnügen des Spielers; er kostet das Glück, seiner Geschicklichkeit etwas zu verdanken, er lernt mit sich selbst umzugehen; er erkennt sich selbst.

Das Spiel verbindet sich dem Glück deshalb, weil es einem geistigen Antrieb entspringt und keinem unmittelbaren Zweck dient. Der Glücksspieler als Zweckspieler ist unfrei, er steht unter Zwang und gleicht dem Süchtigen, der den Rausch als Glücksersatz aufsucht. Das Sich-Einspielen ins Leben, das wir bei Kindern beobachten, ist ein geistiger Vorgang, der die sinnliche Sphäre verläßt, auch wenn er sich der sinnlichen Wahrnehmung bedient. Die Ziele, welche das Kind verfolgt, sind seinem Verstand noch nicht zugänglich. ›Es spielt‹ im Kind, und hier läßt sich erkennen, daß das Spiel mehr ist als das zufällige Subjekt – ebenso wie das Glück uns eines ›Mehr‹ vergewissert, das nicht eigentlich *wir* sind; deshalb erscheint uns das Glück als ein Geschenk von außen.

Im Spiel stellt der Mensch sich selbst auf die Probe: Beobachten wir Kinder, wenn sie mit höchster Spielanstrengung ihre Kräfte üben! Der Spieler überwindet sich selbst, er leistet Formen der Askese, des Triebverzichts im Spiel, die ihn als Akte der Befreiung von sich selbst beglücken.

Wenn die Freude des Spiels eine sittlich-geistige Freude (*une jouissance morale*) ist, so verlangt sie in der Tat, in strengen Proben aufgesucht zu werden. Das Vorhandensein dieser strengen Proben scheint auf den ersten Blick jeder Theorie zu widersprechen, die den Genuß zum Prinzip des kindlichen Spiels erklärt; und doch ist dies gerade eine gute Bestätigung, wenn man bedenkt, daß der Genuß des menschlichen Spiels nicht irgendein Genuß ist, und daß auch aus jeder bestandenen Probe ein Genuß entspringt, der sehr intensiv sein kann. Das Aufsuchen von Schwierigkeiten wird somit eines der Charakteristika des Spiels sein ...
Es gibt beim Kinde in der Tat ein vorbedachtes Ringen gegen Leiden, einen wahren ›ascétisme‹ ... Das Kind – unbeschadet kränklicher Ausnahmen – ... sucht im aufgesuchten und ertragenen Schmerz eine Bestätigung seiner Charakterstärke.[143]

Wir erkennen nun, daß wir uns spielend ins Glück einüben können. Wir können das Klima des Glücks, das sich nicht erjagen läßt, erspielen, um die Wände unserer Alltagszwänge zu durchbrechen, um erst einmal zu uns selbst vorzudringen. Fast niemand von uns ist mit sich selbst noch bekannt, wenn er sich allein den Rollen seiner Berufs- und Privatwelt ergibt. Unsere Glückssehnsucht hat häufig nur diese eine Gestalt: Wir möchten sehen, wie wir wirklich sind. Aber wir wissen nicht, wie wir sind und bleiben hilflos. Spiele mit jenen Kräften, die wir im Alltag unbeschäftigt lassen: vor allem Belastungen dieser Kräfte bis an ihre Grenze, führen uns plötzlich in andere Bezirke unseres Selbst.

Diese Ahnung prägte auch die Waldlauf- und Breitensportbewegungen, denn der *furor* des gesunden Lebens hätte uns nie so gefaßt, wenn wir nicht auch Glück witterten. Nur wenige Schritte freilich durften die Menschen unbehelligt von den Märkten radfahren und laufen, Ball spielen und schwimmen: Schon rückte die Phalanx der Märkte vor in die Wälder, auf die Langlaufpisten, in die Sporthallen. Auch das Glück der Spiele sollen wir kaufen. Die alltäglichen Zwänge von Kleiderprestige und *Know-how* rückten nach; die Profitjäger beziehen Posten auf den Spuren des Glücks; wir müssen für unser Glück bezahlen. Noch *können* viele Menschen bezahlen und sich freikaufen – in neue Vergleichszwänge; die Bedürfnisspirale wächst auch hier.

Aber das Glück der Spiele mit Luft und Wasser, mit unserer eigenen Kraft ist uns nicht ganz leicht abzukaufen, wenn wir es einmal gründlich geschmeckt haben. Plötzlich erkennen wir die Verschiebung unserer Wertbegriffe: unser *Dress* ist uns nicht wichtig, unsere ›Ausrüstung‹ (nicht von ungefähr ein militärischer Begriff!) darf durchschnittlich sein; wir treten mit niemandem mehr in Wettstreit um Äußerlichkeiten. Wir staunen über diese unerwartete Befreiung aus der Spirale der Bedürfnisse. Wir fühlen Glück, das sich mit nichts, was wir sonst irgendwo fühlen, vergleichen läßt. Wir ahnen hinter diesem Glück mehr und immer neues, weil wir uns auf eine Spur gesetzt fühlen: die sichere Spur des Glücks. Freiheit, endlich Freiheit – die wir längst haben, aber ständig teuer verkaufen.

Das Spiel ist deshalb eine umfassende Lebensmacht, weil es alle Schichten des Menschen beschäftigt und ergreift. Die Befriedigung, die es schafft, ist daraus zu verstehen: Wir sind ganz wir selbst im Spiel; schon das bedeutet Glück. In einer Welt, die uns in Teilfunktionen zerlegt, müßte daher das Spielen zur lebenserhaltenden Funktion werden, die Körper, Geist und Seele zusammenführt.

Tragend im Spiel ist immer die ›Es-Schicht‹; aber doch eben nur ›tragend‹: Das Spiel selbst kann bis in die geistige Schicht, ja bis in den ›Ichpunkt‹ hinauf reichen. Rothacker gibt folgendes Beispiel: Ich spiele Tennis; mein Leib agiert (physisch); das Es entspannt sich, was eine (psychische) Freude erzeugt; zugleich stellt sich die Person (geistig) auf Regeln ein, der Ich-punkt ›paßt auf‹. So sind alle Schichten am Spiele beteiligt . . .[144]

Spiel ist nicht irgendeine Möglichkeit des Lebens, sondern offenbar eine primäre Daseinsform. Ursprünglich und damit für uns Vergewisserung unserer selbst ohne den Ballast der Zufälle, mit denen wir leben.

Ein Urphänomen wie Kampf und Liebe

nennt Alfred Peters das Spiel. Und der Kulturhistoriker Johan Huizinga:

Im Spiel haben wir es mit einer für jedermann ohne weiteres erkennbaren, unbedingt primären Lebenskategorie zu tun, mit einer Ganzheit, wenn es je etwas gibt, das diesen Namen verdient.[145]

Johann Wolfgang von Goethe hat den Rang des Spiels noch entschiedener gefaßt: Das Spiel gehört für ihn zu den ›Urphänomenen‹; es ist etwas,

das unmittelbar an der Idee steht und nichts Irdisches über sich erkennt.[146]

Unmittelbar an der Idee, alles Irdische übertreffend, das sind Glückszustände. Auch im Glücksaugenblick haben wir Kontakt zu unseren Ursprüngen; wir fühlen uns ins Wesentliche unseres Lebens eingesetzt und erleben unser Dasein als sinnerfüllt, nicht als zufällig.

Die hohe Bedeutung des Spieltriebs für die Glücksfähigkeit des Menschen liegt eben darin: daß er einen Gemütszustand herstellt, der uns aus dem Zufälligen erlöst.

Der Spieltrieb . . . wird das Gemüt zugleich moralisch und physisch nötigen; er wird also, weil er alle Zufälligkeit aufhebt, auch alle Nötigung aufheben und den Menschen sowohl physisch als auch moralisch in Freiheit setzen.[147]

Der Spieltrieb bringt nicht nur die äußeren Gegensätze zum Schweigen; er versöhnt, so Schiller, auch die inneren. Unser geistiges und unser physisches Sein, deren gegensätzliche Wunschrichtungen wir fast ständig in uns erleben, ergänzen sich. Einen solchen Zustand innerer Harmonie kann man nicht anders als mit dem Wort *Glück* bezeichnen: Wir sind einig mit uns selbst, ohne zugunsten des einen Strebens auf das andere verzichten zu müssen. Die ›zwei Seelen‹ des Faust in gleichgestimmter Vereinigung: das ist Glück.

Glücksrhythmus im Spiel

In Jean Paul Sartres Gedanken über das Spiel zeigt sich besonders deutlich, warum das Spiel eine unersetzliche Kategorie der Annäherung an das Glück ist. Wir haben die Herkunft unserer zeitgenössischen Glücksverluste aus dem Mengenbesitz an Dingen erklärt. Sartre geht von dem Gedanken aus, daß der Besitz an objektiver Welt uns Freiheit kostet – während wir, so füge ich hinzu, von der Vorstellung ausgehen, er *schenke* uns Freiheit. Die nachaufklärerische Haltung des Beobachters und Erforschers der Natur, in der wir verharren, hat uns große Verluste an Bewußtsein – an Gewißheit unserer selbst – eingebracht, weil wir unser Sein objektiviert, in materielle Dinge abgeleitet haben.

Im Bestreben, Herrscher über die Dinge dieser Welt zu werden, sind wir zwangsläufig zu Untertanen dieser Dinge geworden. Was wir sind: unsere menschliche Substanz, unser Sein, ist uns in der Vervielfältigung des Habens abhanden gekommen. Wir haben erörtert, daß uns im Glückszustand Visionen der Freiheit von dieser Macht der Dinge gelingen. Jean Paul Sartre erklärt nun das Spiel zum Katalysator dieses Befreiungsprozesses; er sieht damit im Spiel eine Glücksmacht. Im Spiel geschieht jene Erlösung von den Zwecken unseres Tuns, die wir im Glück genießen. Im Spiel sind wir von der Herrschaft der Objekte frei. Im Spiel behaupten wir jene Freiheit, die wir im

›Ernst‹ unseres Lebens blindlings aufgeben. Im Spiel endlich ist jene Art unseres Lebensernstes überwunden, den wir der Wirklichkeit zu schulden glauben: Wir halten die Dinge und Umstände für wirklicher als uns selbst, deshalb erlangen sie soviel Macht über uns. Das Spiel bietet uns die Lizenz, unsere eigene Wirklichkeit ernster zu nehmen als jene der Objekte und der ›Welt‹: Es ist die Erlaubnis zur Subjektivität.

In diesen Spiel-Lizenzen erkennen wir die Merkmale des Glücks: ganz in uns sein, freigesetzt für den subjektiven Ernst unserer eigenen Wirklichkeit.

Was ist das Spiel anders als eine Aktivität, deren Ursprung der Mensch selber ist, deren Grundsätze er selber festlegt und die nur Folgen gemäß der angenommenen Grundsätze haben kann? Sobald der Mensch sich selbst als frei erfaßt und seine Freiheit gebrauchen will, so wird, welche Angst ihn auch sonst bedrückt, seine Tätigkeit zum Spiel: er ist in der Tat dessen Grundprinzip, hier entgeht er der *natura naturata*, bestimmt selbst den Wert und die Regel seines Handelns und willigt nur in eine Zahlung gemäß der Regeln ein, die er selbst gesetzt und bestimmt hat. Daher rührt die ›geringe Wirklichkeit‹ der Welt.[148]

Das Spiel übersteigt die materielle Welt und beschäftigt trotzdem alle unsere Kräfte: Sinnliches und Geistiges erscheint uns in einer Einheit, die wir in der materiellen Welt nur in Augenblicken antreffen, die wir *glücklich* nennen. Johan Huizinga hat diesen Doppelcharakter des Spiels beschrieben:

Schon in seinen einfachsten Formen und schon im Tierleben ist das Spiel mehr als eine rein physiologische Erscheinung oder eine rein physiologisch bestimmte psychische Reaktion. Das Spiel als solches geht über die Grenzen rein biologischer oder doch rein physischer Betätigung hinaus. Es ist eine sinnvolle Funktion. Im Spiel ›spielt‹ etwas mit, was über den unmittelbaren Drang nach Lebensbehauptung hinausgeht und in die Lebensbetätigung einen Sinn hineinlegt. Jedes Spiel bedeutet etwas. Nennen wir das aktive Prinzip, das dem Spiel sein Wesen verleiht, Geist, dann sagen wir zuviel, nennen wir es Instinkt, dann sagen wir nichts. Wie man es auch betrachten mag, in jedem Falle tritt damit, daß das Spiel einen Sinn hat, ein immaterielles Element im Wesen des Spiels selbst an den Tag.[149]

Dieses Immaterielle des Spiels bedeutet auch Befreiung von der biologischen Zweckmäßigkeit. Huizinga hebt diese Unterscheidung hervor:

Die Intensität wird durch keine biologische Analyse erklärt, und gerade in dieser Intensität, in diesem Vermögen, toll zu machen, liegt sein Wesen, steckt das, was ihm ureigen ist. Die Natur, so scheint der logische Verstand zu sagen, hätte doch alle die nützlichen Funktionen wie Entladung überschüssiger Energie, Entspannung und Kraftanstrengung, Vorbereitung für Forderungen des Lebens und Ausgleich für Nichtverwirklichtes ihren Kindern auch in der Form rein mechanischer Übungen und Reaktionen mit auf den Weg geben können. Aber sie gab uns gerade eben das Spiel mit seiner Spannung, seiner Freude, seinem Spaß.[150]

Dem rationalistischen Zeitalter sollten die Sätze besonderes Gewicht haben, mit denen Huizinga diesen Abschnitt schließt:

Das Dasein des Spiels bestätigt immer wieder, und zwar im höchsten Sinne, den überlogischen Charakter unserer Situation im Kosmos... Wir spielen und wissen, daß wir spielen, also sind wir mehr als bloß vernünftige Wesen, denn das Spiel ist unvernünftig.[151]

Die moderne Vernunftreligion will die Spiele ihrer Kinder ›vernünftig‹ regeln: rationell, zweckbestimmt – und analog das Glück. In solchen Würgegriffen stirbt das Spiel, entflieht das Glück.

Befohlenes Spiel ist kein Spiel mehr,

sagt Huizinga. Spiel ist Freiheit vom ›eigentlichen Leben‹. Selbst Kinder wissen schon sehr genau, daß sie ›nur so tun‹, und sie genießen diese Unterbrechung der Realität zugunsten einer höherstehenden Ordnung, über die sie selbst gebieten und die sie achten: die Verworrenheit der Welt ist außer Kraft gesetzt. So ist der Spielkreis formal nicht unterschieden von dem Bezirk geweihter Handlungen in einem Tempel. Daß dieser Bannkreis wirklich Glück hervorbringt, wird in seinen Eigenschaften klar:

Die Wörter, mit denen wir die Elemente des Spiels benennen können, gehören zum größten Teil in den Bereich des Ästhetischen. Es sind

Wörter, mit denen wir auch Wirkungen der Schönheit zu bezeichnen suchen: Spannung, Gleichgewicht, Auswägen, Ablösung, Kontrast, Variation, Bindung und Lösung, Auflösung.

Das Spiel bindet und löst. Es fesselt. Es bannt, das heißt: es bezaubert. Es ist voll von den beiden edelsten Eigenschaften, die der Mensch an den Dingen wahrzunehmen und auszudrücken vermag: es ist erfüllt von Rhythmus und Harmonie.[152]

Spielzauber ist Glücksklima, das steht nun außer Zweifel. Wie das Glück, so erscheint auch das Spiel in unserer Zeit in verführerischen Angeboten, die uns um die Freiheit, Schönheit und Festlichkeit des Spiels betrügen. Vielerlei Spiele werden uns angeboten – auf Rummelplätzen, auf schnellen Straßen, im Irrgarten der Lüste –, die unsere Glückssinne zu beleben versprechen: Sie löschen unsere Glückssehnsüchte, statt sie zu stillen. Und wir erwachen immer wieder aus diesen trügerischen eisernen Spielen des Maschinenzeitalters, um unsere ungestillte Glückssehnsucht neu zu entfalten.

Je schneller und ›besser‹ die Maschinen draußen werden, die in entfremdeter Arbeit bedient werden müssen ... desto umfänglicher auch die Maschinen des Rummelplatzes, mit denen sich die Menschen die brutalen Sensationen der zeitweiligen Selbstauslöschung verschaffen.[153]

Heinrich Kutzner, der diesen Zusammenhang beschreibt, sieht in den Maschinen des Rummelplatzes

Vorrichtungen, die die Selbstauslöschung auslöschen sollen, die den Arbeitern an den Akkordmaschinen widerfährt ... Der Rummelplatz ist ... »eine romantische Negation der kapitalistischen Maschinerie und des von ihr erzeugten versachlichten Lebens- und Zeit-›Gefühls‹, das von einer ›mechanischen‹ anstatt von einer ›atmosphärischen Uhr‹ kontrolliert wird«.[154]

Die maschinellen Spiele unseres Zeitalters sind, ähnlich wie die Discothekenhöhlen und die Filmbäder für die Jugend, Entsprechungen der Maschinenwelt, obwohl sie sich als deren Gegenbild anbieten. Die großen Automobilrennstrecken, unsere Autobahnen, sind weniger Spielfelder als Schauplätze rauschhafter Sensationen.

Die Freude an der Geschwindigkeit, in die sich in gewissen Fällen ein sexueller Rausch mischt, ist zweifellos eine Illusion der Entdinglichung: die Geschwindigkeit allein entspricht einer falschen existentiellen Dialektik.[155]

Hier fehlt fast völlig das Moment einer fröhlichen Selbstdarstellung ... Die Autobahnen sind heute das unfrohe Gegenbild der Konkurrenzgesellschaft, auf denen die Rollenzwänge abreagiert werden. In gewisser Weise ist das Automobil der Fetisch und die eiserne Maske des heutigen Menschen, es muß ihm die Illusion eigener Macht verschaffen, die doch nur allseitige Ohnmacht der konkurrierend Vereinzelten ist.[156]

Die Spielautomaten, deren Name schon sagt, daß sie anstelle des Menschen spielen und das Spielerische zunichte machen, sind in ähnlicher Weise eine Verlängerung der Einsamkeit, der Anspannung und der Reizstrapazen, denen die Spieler in ihrem Alltag ausgesetzt sind.

Die lösenden Qualitäten des Spiels entwickeln sich also nur, wenn die Spieler schon einen Teil ihrer Zwänge abgeworfen haben, wenn sie das Spielfeld betreten. Spielbereitschaft setzt sich aus denselben Elementen zusammen wie die Glücksfähigkeit.

Das Spiel ist nur möglich in einer Gruppe, die 1. keinen direkten äußeren Druck erleidet, unter keiner akuten Gefahr oder Bedrohung steht, die 2. – was häufig verbunden ist – keinen direkten und harten Mangel leidet, die sich ihre wichtigsten vitalen Bedürfnisse erfüllen kann und unter keinem deutlichen inneren Druck steht, und das Spiel ist 3. stets auch möglich in Gesellschaften von fortgeschrittener Intelligenz und Kritikfähigkeit.[157]

Wir könnten es uns also leisten zu spielen – wir könnten es uns leisten, glücklich zu sein; *wenn* es uns gelänge, den Druck der Rivalitäten und der Prestigejagden spielend zu vergessen. Spiel ist »alles das, was weder subjektiv noch objektiv ist und doch weder innerlich noch äußerlich notwendig« (Friedrich von Schiller). Der Spieler, der dem zweckfreien Raum des Spieles zustimmt, ist schon ›im Glück‹, weil er sich von den Fesseln der Vermarktung der Welt und seiner selbst befreit hat. Im Spiel kann auch das Bedrohliche zum Fest werden: Die großen Erinnerungsfeste nach Befreiungen aus Gefahr sind nichts anderes als Szenarien des Glücks, auf denen spielerisch der Durchbruch vom entfremdeten Vegetieren ins authentische Sein genossen wird.

Mit den Dingen zu spielen, das ist die höchste Form der Überwindung des Nutzungsverhältnisses zu ihnen, darum ist das Spiel Glückszeit, für die keine von den herkömmlichen Uhren gelten.

Glücksgleichnis Garten

Als Spiel mit zweckfreien Kräften ist auch der Garten ein Glücksraum: Wir entsinnen uns seiner utopischen Paradiesesgestalt, wir sehen seine Mauern und Hecken, wir genießen seine Wasserspiele: mit sich selbst beschäftigte Natur, die uns Geborgenheitsglück schenkt, der die Kunst ein wenig nur hinzutut, um den Spielgenuß der Elemente auf uns zu übertragen. Gärten sind Glücksräume, von den Mächtigen als Orte der Befreiung von ihrem Machtgeschäft ersonnen, das so weit von den Urprinzipien des Mutterschoßes wegführte: Hier umgab er sie wieder, zumindest als ferne Erinnerung. Glück als die Wiederherstellung unserer Herkünfte ist ein Heilungserlebnis, das von der Natur auf besondere Weise gefördert wird.

Die gestaltete Natur des Gartens – auch jene des künstlich verwilderten Gartens – hat nicht von ungefähr beide, die mönchischen Spaziergänge und die Umarmungen der Liebenden angezogen. Als ein Sinnbild des Kosmos bietet der Garten überschaubare Natur, die uns nicht durch Gigantisches und Monumentales ängstigt. Der erwachsene Mensch, dem die Liebe zum Inbegriff seiner Glückssehnsüchte wird, kann unter Menschen nie mehr zurückkehren in den Mutterschoß; aber der Garten ist ihm dafür ein Bild. Die ›mütterliche‹ Natur führt uns an Ursprünge, die uns, auch ohne daß wir diesen Zusammenhang bewußt erkennen, mit Glücksgefühlen belohnen, welche die meisten von uns nicht zu deuten verstünden. Nicht zuletzt darin beruht der Zauber des Glücks in einer gedeuteten Welt: Es entzieht sich den Deutungen.

Der Garten selbst ist ein Glückssymbol: Ausgegrenzt aus der wilden wie aus der nutzbringenden Natur, getrennt von Meer und Wald, von Fels und Acker, läßt er allen Zwang vergessen und verspricht Schutz statt Bedrohung, Begrenzung statt Weite, Muße statt Mühe. Wieder finden wir den Glücksgehalt der Grenze bestätigt.[158]

Ob der Rummelplatz oder der Garten, das Fest oder die Rauschdrogen eine Epoche bestimmen, bedeutet Auskunft über ihren Glücksbegriff. Auch die Glücksverfehlung kann in verfehlten Glücksmitteln zum Prinzip werden. Die Zeit der Glücksspiele ist eine magere Zeit für Glück; die Epoche der Parks und herrschaftlichen Gärten war freilich eine Zeit der ungleich verteilten Glücksmittel, soweit diese materiell sind. Daß das Glück selbst rarer gewesen wäre als heute, können wir in Kenntnis seiner immateriellen Bedingungen nun nicht mehr zu behaupten wagen.

Das Massenzeitalter kennt den Volkspark – und den Schrebergarten: Sinnbild der parzellierten Glücksansprüche. Eng wie unsere Wohnungen sind auch unsere materialisierten Träume vom Paradies geworden. Mit unerschütterlicher Blindheit haben wir den größeren Garten zerstört, der ein Gleichnis der elysischen Träume in vielen Kulturen ist: den Kosmos. Noch fahren wir in der planmäßigen Zerstörung dieser großformatigen Ressourcen des Glücks fort, weil wir glauben, weitere Glücksmittel dabei zu gewinnen. Zugleich bauen wir unsere kleinen nostalgischen Trostquadrate: heimliche Erinnerungen an das Glück im Schoß der Natur.

Glücksgleichnis ist der Garten auch deshalb, weil er uns ausgewogen beschäftigt, alle unsere Sinne anredet und berührt, sie lebendig macht und in ihren Nuancen der Wahrnehmung übt: Wir lassen Haar und Haut vom Wind streicheln und von der Sonne wärmen, unsere Augen trinken Licht und Farben, die Ohren schmecken zartes Zirpen und Summen, jeder Sinn vermischt sich mit dem anderen zu glücklicher Fülle. Das Glück ist Vollständigkeitserlebnis. Sinnbild der bergenden Natur, die uns mit allen Wahrnehmungskräften will, die uns in allen stimuliert, ist der Garten. Er ist auch: Gestalt gewordene Lust des Menschen, mit der Natur, die ihm gehorcht, zu spielen. Dieses Geben und Nehmen beider, der Natur und ihrer gestaltenden Gäste, macht die Vitalität des Glücks.

Der zerteilte Maschinenmensch wird im Glückszustand wieder zur lebendigen Seele; er kann sich einspielen ins Glück, wenn er seinen Kindern zusieht, die noch spielen können, oder er kann seine sinnliche Erlebniskraft in der Natur wiedersuchen, beginnend im Glücksgleichnis, dem Garten. Erst dann kann er es wagen, die Gleichnisse der Vollkommenheit in den Einigungsspielen der Liebe aufzusuchen. Die Liebe ist verborgen für die Kinder des verlorenen Glücks: Nur wer alles zu vergessen bereit ist, was die Glücksmaschinen und die Glücksverkäufer anbieten, wird das Glück finden.

Kapitel 18
Kontrastharmonien des Glücks

Das Glück, verschieden zu sein

Die Glücksstunde tränkt uns häufig zugleich mit Gegenwart, Vergangenheit und Zukunft: Unser Leben erscheint zu einer sinnvollen Einheit geordnet, die Angst schweigt. Glück stellt sich ein, wenn Träume unserer Jugend sich erfüllen oder wir doch glauben, was uns wiederfährt, in der Kindheit oder Jugend gewünscht zu haben. Ein Ring schließt sich, wir überwinden im Glück die Zeit.

Für die Menschen unserer Zeit hat diese Verbindung der Lebensepochen ihr besonderes Gewicht. Wir leben in unerbittlich getrennten Phasen: Säugling, Kindergartenkind, Schulkind, Lehrling, Student, Spezialist an einem der zahllosen Spezialistenplätze. Nur der Hilfsarbeiter hat noch das eigentliche Glücksmerkmal der Verfügbarkeit – in einer Zeit des parzellierten Glücks schlägt es ihm keineswegs zum Glück aus. Das Phasendenken ist an die Stelle des Standesdenkens getreten. Die Furcht vor dem Alter ist künstlich verschärft worden. Die vorgeschriebenen Phasen des Glücks sind fest umzirkelt: der Karriereabschnitt, als die Erfolgsphase, soll im Sinne der Rivalenkämpfe glücklich machen: wir *sind* jemand, sagt man dann von uns. Erst dann. Die Zielgruppen der Glücksanbieter sind jung; noch so jung, daß sie die Kraft für Wünsche haben und deshalb verführbar sind, nicht mehr so jung, daß sie noch nicht über Geld verfügten; denn das Glück unter uns ist käuflich.

Durch die Trennung der Lebensräume für die Lebensphasen: Krabbelstuben, Kindergärten, Vorschulen, Schulen, Büros, Fabriken, leere Wohnungen – Lebensräume, auf welche die Mitglieder der Kleinfamilie sich jeden Tag getrennt verteilen – versäumen wir das vitale Glück des Umgangs der verschiedenartigen Menschen miteinander: das Glück, verschieden zu sein. Dies ist der allgemeinste Name für alles das, was zwischen Eltern und Kindern, zwischen Ehepartnern, Liebenden, Geschwistern, Alten und Jungen an Liebe, Fürsorge und Zärtlichkeit, an Achtung, Respekt, an Gespräch und Auseinandersetzung, an Belehren und Lernen spielt: das Glück der Verschiedenen über ihre Verschiedenheit.

Nicht Gleichheitsglück, nicht Partnerwonne, nicht Emanzipationsdiskussion, sondern, sie alle aufnehmend, sie alle einordnend: das große Glück, verschieden zu sein; ein Glück, das Mann und Frau in unserem Jahrhundert verschleudern möchten, das Eltern und Kinder, Lehrer und Schüler leichtfertig weggeben, Lebenselixier aller Liebenden: denn auch Lehren und Lernen ist eine Form der Liebe; wir begreifen es langsam wieder. Die ›Sachbezüge‹ waren nicht verführerisch genug. Der Mensch, ob Lehrer oder Schüler, wollte geliebt werden, und die Sachen liebten ihn nicht, also fand er keine liebende Neugierde, kein *Interesse*. Das Glück will lebendigen Austausch, es ist eben darin mehr als ein ruhendes Spiel: Es braucht uns, um *unser* Glück zu werden.

Die Frauenbewegung wird von ihren Anhängern als einer der bedeutenden neuzeitlichen Kämpfe um das Glück verstanden. Auch hier dominieren Gegnerschaften: Das fehlende Glück der Frauen soll aus der Macht der Männer zurückgeholt werden. Die Idee von der gleichmäßigen Glücksverteilung hat hier dramatische Höhepunkte entwickelt. Die Lust, verschieden zu sein, mußte vergessen werden, wenn man im Kampf um die eigenen Glücksrechte die Männer als Gegner verstand.

Was diese Konfrontation von Männern und Frauen in der Mittel- und Oberschicht an Glücksgewinnen für Frauen gebracht haben mag, ist durch schwere Glücksverluste von Männern *und* Frauen erkauft worden. Viele Kinder müssen ihren Anteil an geminderten Glückschancen tragen, während ihre Mütter versuchen, Glücksgewinne zu machen. Tatsächlich scheint es so, als finde hier eine Umverteilung von Glück statt: Die Frauen holen ›ihre‹ Anteile an Glücksrechten bei den Männern und bei den Kindern.

Unsere sozialen Kleinzellen sind so aufgebaut, daß Rollenwechsel nicht folgenlos bleiben. Geht die Frau auf Glücksgewinne aus, die Veränderungen ihrer privaten Rollen voraussetzen, dann büßen die übrigen Mitglieder der Kleinzelle an Glück ein. Ob die Frauen sich Glücksgewinne verschaffen, die ihnen längst zustehen, ist eine andere Frage. Das Rollenensemble wird erschüttert, wenn jemand seine soziale Rolle wechselt.

Die wichtigste Frage ist, wie das Glück, verschieden zu sein, in solchen Erschütterungen unseres Selbstverständnisses überleben kann. Die Konfrontation der Geschlechter in Rivalitäten nach dem Muster der Märkte führt uns auch privat in die Vergleichszwänge, von denen wir in der Liebe zueinander – denn Liebe ist die Lust am Verschiedensein – ausruhen müßten.

Unsere Orientierungsprobleme in der technischen Welt sind verschärft worden durch diesen zusätzlichen Konflikt zwischen den Geschlechtern. Latent ist er in vielen Ehen und Familien wirksam; er erschwert den Frauen Entscheidungen, die sie aufgrund ihrer Zuneigung für einen Mann fällen möchten: Für Frauen scheint es zweierlei Glück zu geben, zwischen dem sie wählen müssen; für den Mann erscheint beiderlei Glück wie selbstverständlich vereinbar: Das Leben in der Welt und das Leben in der Liebe. Banaler ausgedrückt lautet die Formel: Familie und Beruf. Gemeint ist aber häufig: Familie und Erwerb.

Hier wird nicht über die Frauenbefreiung diskutiert, sondern über das allseitige größtmögliche Glück. Es wird für verschiedene Menschen ein sehr verschiedenes sein, dieses Glück; deshalb sind auch die Wege zu ihm verschiedene. Mit Sicherheit aber ist die Ablösung der ungerechten Geschlechterrollen durch Rivalität und Feindseligkeit der Geschlechter ein Verlust an Glück für alle Beteiligten. Nicht nur füreinander, sondern auch für die öffentliche Umwelt, in der wir alle leben, haben Männer und Frauen je verschiedene Beiträge zum Glück zu bieten. Die Frauen haben im Übereifer der Emanzipationsideologie viele unersetzliche Eigenarten ihres biologischen Geschlechtes zu mißachten gelernt.

Der Angleichungsprozeß der Geschlechter, soviel wissen wir, gehört in größere Zusammenhänge der Profilabflachung, die unser Jahrhundert im sozialen und im sittlichen Leben kennzeichnen. Der Gleichheitstraum der Frauen hat teil an beiden Aspekten: dem sittlichen und dem sozialen. Gewiß ist er ein Glückstraum, und es ist ergiebig, ihn unter diesem Blickwinkel zu betrachten. Mehr Glück: das heißt im Gedankenhaushalt der Feministinnen: Befreiung des einen Geschlechtes aus der Vorherrschaft des anderen. Ein begreiflicher Glückswunsch in Zeiten der steigenden Sensibilität für Gleichheitsfragen. Unter den Zwängen zum Vergleich aber, die nun auch die Geschlechter erfaßt haben, stirbt das Glück dessen, der sich als benachteiligt erkennt, gleichviel, ob der Gesichtspunkt, unter dem er sein Leben erblickt, sinnvoll gewählt ist.

Vielleicht war von den Frauen Ausgewogenheit ihrer Argumente nicht mehr zu fordern: Nur in radikaler Form konnte die Leidenschaft eines plötzlich erstarkenden Unrechtsbewußtseins sich Gehör verschaffen. Die Zeit war ohnehin für solchen Ausgleich reif. Aber die Systeme, in denen wir leben, sind zäh. Und die Fehler, die im Kampf um bitter entbehrte Rechte durch die Radikalisierung unterlaufen, sind so schwerwiegend, daß sie den Glücksgewinnen fast die Waage halten.

Ergänzungsglück

Die herkömmlichen Frauenrollen wurden von Männern als glückstragende Rollen verstanden: Das Glück der Familien, ihre sittliche Substanz, ruhte in der Frau. Nachdem viele Frauen diese Rolle verlassen haben und sich in der männlich geprägten Welt bewegen, suchen sie Beweise ihrer Tauglichkeit durch Anpassungsverhalten zu liefern. Statt die menschliche Verödung der Arbeitsprozesse und Arbeitsorte aufzubrechen, üben sich viele Frauen in männlicher ›Rationalität‹ und ›Sachlichkeit‹, Rollenklischees des ›Männlichen‹, die ebenso einseitig und unwahr sind wie die weibliche ›Emotionalität‹ und ›Irrationalität‹. Die Vergleichsgruppe Mann hat für viele Frauen nun den gleichen Stellenwert wie die nächsthöheren Gruppen in der Bedürfnispyramide; die eigenen Qualitäten werden verkannt, geringgeschätzt, verleugnet. Nicht Glück, sondern Glücksminderung ist die Folge.

In Wirklichkeit aber entsteht durch die Vermischung von

Männern und Frauen an den einst rein männlich besetzten Arbeitsplätzen ein neues Potential an Glücksmöglichkeiten. Frauen müssen Ausgleich für die Einseitigkeiten der Vermännlichung schaffen. Weibliche Problemsicht ist häufig unkonventioneller, weniger starr und systemblind als jene der Männer; Frauen verfügen über erlernte Vorräte an Elastizität und Diplomatie, wo Männer nur Rivalität und Machtkampf kennen. Frauen dürfen jemanden trösten, ohne als weichlich zu gelten, sie dürfen mit Wärme reagieren, wo Männer sich zur ›Härte‹ verpflichtet glauben. Frauen könnten ganze Wälle von Klischees der Männlichkeit in der Berufswelt zu korrigieren helfen.

In den Privatwelten der Männer und Frauen würde damit fortzündendes Glück verbreitet: das neue Glück an der Verschiedenheit. Männer können durch Frauen ermuntert werden, die Vollständigkeit ihrer Empfindungen wiederzubeleben. Die Ideologie der männlichen Härte ist so verfehlt wie jene der weiblichen Schwäche. Nicht länger Vorteile gegeneinander zu erkämpfen, sondern Glücksfortschritte miteinander zu tun, so müßte der Plan eines geglückten Umgangs der Geschlechter miteinander lauten.

Unser Umgang miteinander ist Lebensstoff für unsere Kinder. Das Aufleben ›weiblicher‹ Aspekte in unserer Kultur ist Reaktion auf einen Mangel, der uns viel Glück kostet: im Berufsleben und in den Familien. Die versachlichte, zerstückelte Welt der Techniker und Wissenschaftler ist Ergebnis männlich geprägter Neugierde und männlicher Experimentierfreude – gleichviel, ob diese kulturhistorisch geprägt oder biologisch angelegt sind. Frauen, deren kulturhistorische Rolle das Sammeln und Wärmen, das Hegen und Bewahren, nicht das Zerlegen war, haben ihre historische Chance bis heute verkannt, wenn sie nach dem Zerreißen ihrer Fesseln in Selbstbetrachtung verharren.

Ihre Rolle einfach der männlichen anzugleichen wäre ein kulturhistorischer Irrweg und ein Glücksverlust für Männer, Frauen und Kinder. Rollen, die in der wechselseitigen Ergänzung entstanden sind, gleichviel, ob man sie als ungleich oder gleichrangig beurteilt, sind nicht ohne Unglücksfolgen auseinanderzureißen. Die Unglücksfolge in diesem historischen Falle verschärft sich für die Kinder: Ihr Glück war der Frauenrolle zugeordnet. Die Verschiebungen der Rollen, ihre notwendig werdenden Überschneidungen geschehen historisch langsamer als der Ausbruch der Frauen aus den herkömmlichen Bezirken der Weiblichkeit. Die Glücksverluste der technisierten und wissenschaftshörigen Welt sind zu großen Teilen gleichzusetzen mit Verlusten an weiblichen Kategorien des Lebens. Statt sich rachedurstig in die männlichen Kostüme zu hüllen, sollten die Frauen voller Stolz ihren Anteil an weiblicher Weltsicht mitbringen.

Glück ist in der Leugnung der Geschlechterverschiedenheit weder für Männer noch für Frauen zu finden. Glück ist vielmehr *gestaltete* Verschiedenheit, dynamische Balance des Männlichen und Weiblichen. Das Zeitalter der Einebnung aller Unterschiede hat uns den Irrtum nahegelegt, auch die Zweiheit der Geschlechter sei überwindungsbedürftig, wenn wir alle gleichermaßen glücklich werden wollten. Als Utopie, als Jenseitswunsch hat dieser Traum seine Berechtigung: auch die christliche Jenseitshoffnung hat die Aufhebung aller Unterschiede zum Inhalt. Unser irdisches Glück hat aber irdischen Zuschnitt, der wahrscheinlich unserer Disposition entspricht.

Die Quellen des Glücks fallen mit jenen des Unglücks zusammen; das gilt auch für den Umgang der Geschlechter miteinander. Das Glück verlangt Sorgfalt und Maß, jene Tugenden, die uns in extremen Gefühlslagen unerreichbar scheinen. Deshalb das Ausweichen der modernen Glückssucher vor den Risiken der Liebe! Aber sie büßen mit den Risiken auch das *Glück* der Liebe ein.

Wieviel schöpferischer Austausch auf allen Spielfeldern des Lebens zwischen dem Männlichen und dem Weiblichen möglich ist, das können wir erst erfahren, wenn Frauen die männlich geregelte Arbeitswelt mit ihrer Lebenssicht bereichern. Freilich finden sich viele Männer und Frauen in dieser permissiven Epoche ungeübt in der Sublimation ihrer Spannungen; Unruhe entsteht an den einst männlich homogenen Arbeitsplätzen. Für Männer und Frauen wäre dieses neue Feld der Begegnung dennoch eine Chance, sich in entspannter Ergänzung des Männlichen und Weiblichen zu begegnen. Hier könnten Schonräume entstehen, die auch das private Glück wieder farbig und begehrenswert erscheinen lassen; Vorurteile dürfen ausruhen, Rachegelüste erweisen sich als unergiebig.

Schwierige Lektionen des Glücks

Glück können die Geschlechter nicht *gegeneinander* gewinnen. Sie werden es auch nicht erjagen in der trostlosen Angleichung aneinander. Sie müssen den Mut und die Kraft wiederfinden, in ihrer Verschiedenartigkeit das Glück zu entdecken. Die Einsamkeitsangst unserer Zeit ist mit dafür verantwortlich, daß die gleichgeschlechtlichen Bindungen sich vermehren, daß die Liebe zwischen Männern und Frauen so konfliktreich erscheint, daß sie weniger Geborgenheitshoffnungen auf sich zieht, weil der Kampf im Vordergrund steht, ein Kampf, den die Rechtsprechung ausdrücklich mit zunehmender ›Regelungsdichte‹ bestätigt.

Tragfähige Lebensformen jenseits der überkommenen Familie lassen sich noch nicht erkennen. Die Glückserlebnisse in der Familie haben abgenommen. Die Gründe hierfür sind vielfältig: Die Fixierung auf Lebensphasen, die unser Bildungswesen unterstützt, dividiert die Interessen der Familienmitglieder. Was sie zusammenhält, ist längst schwächer als das, was sie alle auf verschiedenen Wegen auseinanderführt. Trügerische Glücksangebote für die Kinder kommen von draußen, während im Innern der Familie das magische Medium Fernsehen die Verständigung erschwert oder verhindert.

Frauen kämpfen mit außerfamiliären Glücksträumen, Männer sehen ihre Erwartungen enttäuscht, die alten Lebensmuster von Beruf und Familie könnten unverändert tragfähig bleiben. Welches Glück hier wirklich verlorengeht, das bemerken die an verschiedenen Fronten kämpfenden Familienmitglieder nur gelegentlich: das Glück, zusammen die Vollständigkeit der Lebensstufen zu leben. Solange jeder sein Glück allein oder nur mit Gleichaltrigen sucht, bleibt die Unsicherheit über die eigene Zukunft, die uns an die Karriere-Ideale der Erwerbsgesellschaft fesselt. Unter jungen Menschen macht sich eine Gegenbewegung bemerkbar: Viele von ihnen wollen den Vorrang der Familie und des Privaten; Berufsrivalität und Karriere interessieren sie nicht mehr.

Wenn wir die Gelegenheit wahrnehmen, in den Lebensaltern unserer Eltern und unserer Kinder Auskünfte über das Leben einzuholen, lernen wir mehr über uns selbst, als wir von uns selbst erfahren könnten. Das Erinnerungsglück der Kindheit, das sich vielen Menschen nur zur Bitterkeit über seinen Verlust wandelt, wird lebendig in unseren Kindern. Die Ungewißheit vor unserem eigenen Alter können wir in Ruhe ordnen, wenn wir uns den Älteren zuwenden. Die Selbstverwirklichungsideologie dieses Jahrhunderts hat uns den Irrtum nahegelegt, auf uns selbst konzentriert könnten wir glücklich werden. Ob wir diese Konzentration auf uns selbst nun mit Christopher Lasch und anderen den neuen Narzißmus nennen:[159] unsere Lebensangst wird nicht geringer, sondern stärker, wenn wir nur mit uns selbst konfrontiert sind.

Nichts liefert uns so viele Einsichten über uns selbst wie der liebende Umgang mit anderen Menschen. Unsere Kinder, die wir nach den pädagogischen Rezepten der letzten Jahrzehnte vermeintlich zu vermehrter ›Selbstbestimmung‹ erziehen, werden in den Bildungssystemen mit Konkurrenzregeln empfangen, die ihnen als verwirrender Widerspruch zu den Freiheitsangeboten erscheinen müssen, die wir ihnen andererseits machen. Bruno Bettelheim beschreibt die Widersprüche, in denen wir uns bewegen, an einem einfachen Beispiel: Nicht Beherrschung der kindlichen Aggression lehren wir, so meint er, sondern ihre Verdrängung.

Warum spreche ich ausgerechnet von Verdrängung, wo doch die meisten Kinder in vieler Hinsicht früher viel strenger, mit viel weniger Autonomie erzogen wurden als heute? Gewiß, vor fünfzig Jahren durfte das Kind seiner Mutter nicht widersprechen. Aber das war eine Mutter, die es in seinen ersten Lebensjahren gestillt hatte; und sie hatte es nicht auf die antiseptische Art getan, wie heute Säuglinge gestillt werden... Unbewußte Erinnerungen an solche Intimität in den ersten Lebensjahren werfen im späteren Leben ihren Abglanz auf die zwischenmenschlichen Beziehungen und können später entfremdende Erfahrungen erträglicher machen. So ging in früheren Jahren langandauernde Triebbefriedigung am Beginn des Lebens den späteren Einschränkungen der Autonomie voraus.[160]

Unsere Geschenke an Entfaltungsraum, die wir den Kindern gewähren, setzen also keineswegs Selbstläufe des Glücks in Bewegung, solange die zusätzlichen Freiheiten keine Mitgift an Geborgenheit begleitet. Es sind Lehrstücke über das Glück, die wir in den letzten fünfzehn Jahren buchstabieren: Das Lernziel ›Emanzipation‹ in den Lehrplänen der Schule müßte von einem Lehrziel ›Zuwendung‹, besser noch: ›Liebe‹ begleitet sein, um den jungen Menschen zu beglücken. Nur aus der Wärme unserer Zuwendung entwickeln Kinder Entdeckerlust, fassen sie das Zutrauen, daß sie jemand werden können.

Wir sind in diesen Spielen von Zuflucht und Neugierde, die schon ganz kleine Kinder spielen, keineswegs nur die Gebenden, die verplanten Mütter und Väter, die ihre Zeit für Kinder opfern. Wenn wir unsere selbstbezogene Unruhe ablegen, kommen wir in den Genuß neuer Freiheiten, während wir am Schauspiel solcher Welteroberungen teilnehmen. Das Kind entfernt sich im Zimmer von uns: Es sucht auf eigene Faust mit der Welt der Sachen umzugehen. Es erprobt, wie weit seine Gewißheit, von uns beschützt zu sein, trägt.

Es muß zurückkehren können, es muß uns wiederfinden, um das Glück solcher Erkundungsabenteuer zu kosten. Sucht es uns vergebens, so erlischt alles Glück über den eigenen Mut; das Gefühl des Scheiterns bleibt zurück, das Kind wird zaghafter werden und keine großen Ausflüge mehr wagen. Es wird uns beobachten und überwachen, nachdem wir es enttäuscht haben. Mißtrauen wächst, wir werden Betrüger und fühlen uns als Gefangene dieser kleinen Kreatur. Wir haben das Lehrstück, das uns das Kind wie eine Glückserinnerung vorspielte, nicht begriffen.

Kinder führen uns nicht nur zurück in die eigene Kindheit, sie lehren uns manches zu verstehen, manche Verdrängung zu bereinigen, die uns selbst seit unserer Kindheit Glück kostet. Kinder führen uns auch auf unverwischte Spuren des Glücks, die wir vergessen oder übersehen haben, weil wir uns den glücksfremden Prinzipien der Rivalität angepaßt haben. Bei unserer eigenen Suche nach Glücksspuren sollten wir uns deshalb von Kindern begleiten lassen, weil sie wahrnehmen, was unsere Sinne nicht mehr spüren. Wir können uns ihrer Sinne bedienen, um die unsrigen wiederzuerwecken. Für Kinder entsteht dabei das Glück unserer Anteilnahme an ihren Erlebnissen. Bei uns wächst zugleich die Erkenntnis, daß wir entweder nachholen oder wiederholen müssen, was wir in der Kindheit an Naturverbindungen aufgenommen haben: Davon wird es abhängen, wie wir alle künftig mit der Natur verfahren.

In den Zukunftsspielen der ›Alternativ-Szene‹ fühlen sich viele der jungen Erwachsenen an ihre Kindheit erinnert: auch die Budenbauer auf den Kraftwerksbauplätzen mögen von ähnlichen Empfindungen bewegt sein. Sie würden die Provisorien ihrer Holzhäuser nicht mit solcher Inbrunst verteidigen, wenn sie, die Kinder des Wohlstands, nicht Nachholbedürfnisse am Wildwuchs, an Improvisation, an Kreativität – und an Primitivität hätten. Die Wohnstädte, wie sie Brokdorf bot, sind *auch* Abenteuerspielplätze für Erwachsene: verwirklichte Kindheitsträume von Selbstbestimmung, Unkonventionalität, Erfindergeist, Freiheit und Mut.

Was hinter kindlichen Bauten und Erfindungen steht – hinter dem Haus im Baum, der Bude auf dem unbewohnten Grundstück, die wir leichthin verbieten und wegreißen, ist nicht minder ernst als das, was die Erwachsenen bei ihren Protestbauten bewegt. Auch Brokdorf war ein wenig Glück auf eigene Faust: das Glück, sich ausdrücken zu dürfen, das Glück, seiner Meinung Monumente bauen zu dürfen. Der Abenteuerspielplatz selbst, den wir unseren Kindern als künstliche Wüste anbieten (in der der Versicherungsschutz versagt, wohlgemerkt), weil es an echten Wüsten fehlt, sagt über unseren mißlungenen Glücksplan mehr, als wir zugeben möchten. Er zeigt aber auch, daß wir von diesem Mißlingen etwas wissen. Daß frühes Zusammentreffen mit ungeplanter Natur unersetzlich ist, empfindet mancher Erwachsene im Zusammentreffen mit den alternativen Ideen. Helmut Hartwig erkennt

die grundlegende Bedeutung, die eine selbstverständliche Nähe zur Natur während der Kindheit für die Entwicklung der Bedürfnisse im weiteren Lebenslauf offenbar hat.
Die radikale Verstädterung produziert über die Massenkultur und die entfremdete Form, in der Natur darin ihre Stelle bekommt, ... die Erfahrung eines Mangels, aus dem heraus sich Individuen oder Grup-

pen wie in einem Horror Vacui auf die Natur stürzen in der Hoffnung, Basiserfahrungen nachholen zu können, die offenbar am ehesten unter den Bedingungen von Kindheit gemacht werden können: Erfahrung des Jahreszeitenwechsels, lustvollen Umgang mit Steinen, Pflanzen, Tieren und damit verbundene andere Zeit- und Körpererfahrungen usw. Aus der Perspektive einer sich auf diese Erfahrungsinhalte richtenden Begierde erscheinen dann plötzlich alle erweiterten kulturellen Bedürfnisse und Aneignungsweisen als oberflächlich, fremdbestimmt und von einer unerträglichen Mittelbarkeit und Abstraktheit. Es kommt also offenbar alles darauf an, was der einzelne bisher gelernt hat, welche Erfahrungen von Glück und Unglück, Vergrößerung und Verkleinerung seines Ichs jemand gemacht hat, und dabei spielen Kindheitserfahrungen eine große Rolle. Während für mich – wie ich jetzt erst richtig bemerke – die Wünsche, um deren Verwirklichung heute viele eine ›alternative Lebensform‹ suchen, einmal als Elemente des Alltags entwickelt und erfüllt worden sind, und ich mit ihrer vorübergehenden Wiederbelebung zufrieden bin, erfordert die Nachsozialisation offenbar ganz andere und eigentümlich befremdliche Anstrengung zur Totalität und Intensität.[161]

Die Erfahrungen von Glück und Unglück prägen unsere Glücksfähigkeit. Wenn ich vorschlage, versäumte, verhinderte oder verdrängte Erfahrungen nachzuholen oder auszugraben mit Hilfe von Kindern, dann sind bei diesen Versuchen Erwachsener, in ursprüngliche Glückslandschaften vorzudringen, die Kinder ein Hilfs-Ich, so wie die Mutter bei Welt-Erfahrungen das Hilfs-Ich des Kindes ist. Kinder erleben so an uns ihr eigenes Glück: das Glück unserer endlich nicht mehr nur herablassenden Nähe. Endlich reden wir nicht in Kindersprache zu ihnen, sondern in unserer eigenen, die angesteckt ist von ihrem Glück am Schauen, Tasten, Lauschen und Schmecken. Wenn wir auf diese Weise unserer Welt die ihrige und ihrer die unsrige hinzutun, dann ist das beiderseitige Glück genau jenes, das wir wiedersuchen müssen: das Glück der Verschiedenheit. Wenn das Männern und Frauen, Erwachsenen und Kindern gelingt, dann ›ist‹ jeder von ihnen in allen Lebensaltern gleichzeitig, sein Verständnis für andere klärt sich, seine Liebesfähigkeit wächst, seine Erfahrungen vervielfältigen sich, seine Ohnmachtsgefühle schwinden ebenso wie jene der Allmacht: er erkennt sein Leben und das Leben anderer unter einem menschenwürdigen Maß.

Glücks-Sprung über den eigenen Schatten

Glück ist tatsächlich eine Angelegenheit des Maßes: überraschend finden wir uns in ungeahnten Überflüssen, wenn uns das rechte Maß gelingt. In Zeiten des Überflusses und der Güterhörigkeit bedarf es offenbar einer gewissen Läuterung, bis wir die Spuren des Glücks wieder erkennen. Solche Läuterungsprozesse werden von Kindern auf verschwiegene Weise gefördert.

Ihre Erwartungen in uns, ihr Glaube an unsere Verläßlichkeit versetzt Berge in uns. Beschämt entdecken wir die verschobenen Prioritäten in unserem Denken und Wünschen: wie wir mit List unseren Kindern Stunden abkaufen wollen, um uns vermeintlich höheres Glück in der Erwerbswelt einzukaufen. Solange wir sie nicht korrupt gemacht haben, lassen sie sich unsere Anwesenheit nicht abkaufen.

Sie wissen es noch genau, daß die lebendige Gegenwart durch kein Ding zu ersetzen ist. Von ihnen können wir deshalb für unsere ›erwachsenen‹ Liebesbeziehungen lernen. Wir betrügen uns um Glück, wenn wir den Konsum, auch jenen von Nachrichten und Reisen, gegen die Begegnung mit dem Menschen setzen. Gegen den Menschen kommt nichts auf; was wir an Gütern zur Verfügung haben, soll uns dienen – nicht umgekehrt. Kinder sind in dieser Unterscheidung eine Weile ihres Lebens sehr sicher. An uns liegt es, von ihnen zu lernen – oder sie in unsere Techniken des Glücksverlustes einzuführen.

Wir müssen die spezifische Lage dieser Jahrzehnte erkennen. Die Erziehungsaufgabe heißt nicht mehr einfach: Kinder in die Welt der Erwachsenen einführen. Sie lautet: Kinder für ein System der veränderten Maßstäbe von unzähligen unserer Mißbräuche wegführen, weil nur dies heißen kann: mit ihnen aus unseren Verfehlungen auswandern, teils von ihnen geführt, teils sie führend. Die rauschsüchtige Jugend unserer Tage hat an einem solchen Bewußtsein der Erwachsenen noch nicht teilgenommen. Sie leidet mehr an dieser künstlichen Welt als ihre Eltern. Ihre Ausdrucksmittel sind destruktiv, am meisten für sie selbst. Es sind die versäumten Verantwortungen Erwachsener, für die sie Zeugnis ablegt.

Deshalb ist es hohe Zeit, diesen Wandel zu vollziehen: Kinder müssen auf die Wende, die wir wünschen, vorbereitet werden. Ihr Verlangen, in sauberer Luft, zwischen Bäumen groß zu werden, muß von uns gestärkt werden, sonst werden sie ihre Bedürfnisse vergessen und später nicht wissen, was ihnen fehlt. Jedes Verbot, auf Rasenflächen vor unseren Häusern den Fuß zu setzen, ist Glücksvereitelung. Die Erwachsenen müssen begreifen, daß dies nicht übertrieben ist!

Wenn unsere Kinder die Natur nicht mehr kennenlernen, wenn sie Bäume, Sträucher und Blumen nur als Kunstformen in steril geschorenen Wiesen sehen dürfen, nicht tasten, riechen, schmecken, dann werden sie als Erwachsene kein Verlangen mehr nach der Natur haben. Sie werden keinen Namen für ihre Trauer und Lebensenttäuschung finden. Sie werden ihre Kinder nicht streicheln, wenn wir sie nicht genug streicheln. Sie werden, aufs Vergleichen fixiert, in die Spirale der Bedürfnisse geraten, wenn wir nicht versuchen, mit ihnen dem Strudel der Rivalitäten und des sozialen Neides zu entkommen. Der Wille zum Glück ist also auch dies: Der Sprung über den eigenen Schatten.

Das ›Kindgemäße‹, auf dessen Erforschung wir uns soviel zugute halten, ist auch der intensive Umgang des Kindes mit Erwachsenen. Der Erwachsene hat im Glückshaushalt des Kindes einen so hohen Platz, daß viele Eltern erschrocken wären, wenn sie genau erführen, wie nachhaltig sie über Glück und Unglück ihres Kindes bestimmen. Als Personen und nicht über Spielprogramme müssen wir mit den Kindern sprechen. Allzuviel List diktiert den öffentlichen Umgang mit Kindern: der naiven Vorstellung folgend, Kinder bemerkten die pädagogische List nicht.

Warum will man auch dem Kinde so oft seine Aufgabe leicht machen?... Das Kind ist ein Wesen, das wächst, ein ›Kandidat‹ des Erwachsenwerdens ... Es macht Anstrengungen, um sich zu erheben. Seht, hier ist ein Wesen, das Demütigungen erträgt, um in der Gesellschaft der Älteren anerkannt zu werden, das seinen Ungestüm zügelt, sein Bedürfnis zu laufen, zu schreien, zu springen bändigt, um unbeweglich in einem Kreise zu verharren, weil es sich dort in Gesellschaft Großer befindet – und diesem Wesen wollt ihr eine Tätigkeit für ›Kleine‹ zumuten! Seht, da ist ein Wesen, das, um seine Willenskraft zu

zeigen, sich nicht scheut, Müdigkeit und sogar Schmerz zu ertragen ...
sich zu erschöpfen in Aufgaben, die es selbst gewählt hat – und diesem
Wesen wollt ihr Mühe ersparen! In seiner spontansten Tätigkeit, seinen
Spielen, die den wesentlichen Teil seiner vitalen Aktivität ausmachen,
bringt es ohne Unterlaß den größten Ernst auf – und dieses Wesen
wollt ihr mit dem Vergnügen ködern! In drei Vierteln seiner Betätigun-
gen verachtet es, was leicht ist, sucht es den Widerstand, findet es nur
an Heldentaten Genugtuung, träumt von nichts anderem als von Groß-
taten, Erfolgen und Kämpfen – und diesem Wesen wollt ihr die Wissenschaft als pure Zerstreuung darbieten! Seht, da ist ein Wesen, das erfüllt vom Gefühl seiner Würde aufsteigen will – und ihr seid im Begriff,
dieses Wesen zu erniedrigen unter dem Vorwand, es zu erziehen. Seht,
da ist ein Wesen, das Mensch sein will – und ihr behandelt es als ein
Kind![162]

Mit List behandelt zu werden demütigt ein Kind nicht weniger
als einen Erwachsenen. In den erwachsenen Liebespartnern des
Kindes ruhen seine Lebenshoffnungen, ruht sein Glück. Viele
Eltern machen sich das nur ungern klar. Wir sind lebende Bei-
spiele für Kinder, wie Leben sein kann. Wenn wir unzufrieden
und bitter sind, werden unsere Kinder es auch werden. Glück
will, wie die Liebe, geübt werden. Üben wir uns im Glück unserer Kinder, dessen Quellen wir fast vergessen hatten, so werden
sie uns häufiger glücklich sehen; denn unsere Maßstäbe werden
sich verändern. Aus nichtigen Situationen blüht plötzlich Glück
auf: das Glück, lebendig zu sein, mit dem wir uns wechselseitig
anschauen, ein grundlos scheinendes, übermütiges Gefühl, in
Ordnung zu sein, so wie wir sind, eine Lust an uns selbst und an
denen, die wir lieben, die neue Rangfolgen für Wunsch und
Verzicht schafft: Viele Fesseln fallen, die uns an Dinge banden.
Unsere Kinder beobachten uns viel aufmerksamer als wir wissen: Sie fühlen es, wenn wir frei um uns blicken. Sie spüren,
wann wir glücklich sind.

Die Erziehung der Kinder darf nicht eine Einführung in die
Ohnmachtserlebnisse der Erwachsenen sein. Der katastrophale
Entzug von Anschauung ist für Kinder bereits konkreter
Glücksverlust. Was wir ihnen nicht mehr tätig zeigen können,
das müssen wir durch bewußtes Aufsuchen von Anschauungser-
lebnissen ersetzen. Die Schulen müssen an dieser Aufgabe mit-
arbeiten, die Sinne der Kinder zu entfalten, ihre Beobachtungs-

gabe, ihren Ideenreichtum zu mehren, statt die anschauungsgesättigte Welt in Formeln einzufrieren. Das einfache Glück der täglichen Verrichtungen: wie sollen es Kinder von berufsbesessenen Eltern lernen, wenn ein jeder ›Streß‹ demonstriert, weil das nun einmal dazugehört? Die Kinder haben sich daraufhin den ›Schulstreß‹ aufreden lassen. Wer zeigt den Kindern der Erwerbsgemeinschaft Mann und Frau noch, wie ein Morgengruß lautet, wie ein Brötchen mit Gelee schmeckt, wie der sahnige Schaum auf dem Kakao wandernde Inseln zeichnet? Die Spitze des Eisbergs: Das Sterben der Alltagslüste, jener ganz und gar unschuldigen hohen Lust am Gewohnten, signalisiert den Tod unserer Sinne. Wie sollen solche Kinder der Künstlichkeit Wolken lesen lernen, ihre Lippen im Wind anfeuchten, ihre Finger in Bäche halten? So unerheblich sind die Anlässe des Glücks. So beliebig auch, so zahllos sind die Vorübungen des Glücks, mit denen unsere Tage uns beschenken: eine Hand auf unserem kindlichen Kopf, wenn wir einschlafen. Ein Lichtspalt, der Verständnis, Zuneigung meldet. Eine Stimme, die uns in Träume sinken läßt, eine, die uns aufweckt. Die ersten Blicke am Morgen.

Achten wir einmal darauf: auf die ersten Blicke am Morgen. Auf die letzten am Abend. Probieren wir die Ansteckung durch Glückssignale: eine winzige Wendung, ein leichtes Lächeln reichen aus, um viele Menschen daran zu erinnern – daß sie vergessen haben, glücklich zu sein. Moden der Unzufriedenheit, die wir uns in der heimlichen Gewißheit leisten, es sei immer noch alles zum besten bestellt. Aberglaube spielt mit: das Glück werde uns genommen, wenn wir es beim Namen nennen. Der Neid der Götter, immer noch zeichnet er seine Spuren. Aber auch Engherzigkeit spielt bei solchen Glücksverstecken mit, die sich die Menschen bauen: vielleicht wird es uns ein anderer wegnehmen, unser Glück? Die Neidkomplexe sitzen tief.

Mit Kindern sich einzulassen, das ist wie ein Glücksbad, in dem wir unsere Schwächen vergessen dürfen. Wie sich das Kind bei uns stark fühlt, so zehren wir von seiner Kraft – der Kraft zu bewundern, zu entdecken, zu erwarten, zu hoffen. Unbändig ist der kindliche Glückswille. Er reißt uns mit und lehrt uns die Belanglosigkeit der Glücksmittel zu erkennen: Glücksvermittler, das sind *wir füreinander.*

Kapitel 19
Glücksimpulse

Glücksübungen

Wohin wir blicken, erscheint uns die Spur des Glücks als eine Fährte der Mäßigung und der Behutsamkeit: Das Glück, jene scheue Kostbarkeit, vor der die antiken Griechen soviel Ehrfurcht hatten wie vor ihren Göttern, verlangt ähnliche Vorbereitungen in unserem Denken und Wünschen wie der Eintritt in einen Götterraum. Götterraum in diesem Sinne ist auch der traurig verwüstete Kosmos. Wie viele Vögel sind verstummt in diesem großen Garten, wie viele anmutige Tiere sind an der Glücksgier der Menschen ausgestorben; wie viele nährende Landschaften werden Kilometer für Kilometer, Tag für Tag, zu weiteren Wüsten, dem Allmachtswahn eines übermütigen und selbstherrlichen Menschen ausgeliefert.

Glücksfähig können wir nur werden, wenn wir die Irrationalität des menschlichen Handelns, die sich auch der Kostüme der Vernunft bedient, nicht länger für überwunden halten. Die großen alternativen Abenteuer jenseits der Wüsten des Konsums können nur protagonistische Experimente Weniger sein. Glücksspuren mögen hier abgetastet werden auf ihre Tauglichkeit; aber der Luxus des ›einfachen Lebens‹ kann nicht von heute auf morgen ein Trick für Massenglück werden. In dieser Welt der verkehrten Maßstäbe unsere Glückschancen zu erkennen und zu nutzen, das ist die schwierigere und alltägliche Aufgabe.

Im Konsum und in der Medienverwöhnung, umstellt von den irreführenden Glücksangeboten jener Industrien, die von unserer Sehnsucht und unseren Hoffnungen leben, lassen sich täglich erquickende Schritte auf den Spuren des Glücks tun, wenn wir uns entschließen können, genauer mit uns, mit unserer Zeit und mit den Menschen umzugehen – vor allem aber: sparsamer mit den Erlebnissen, die man uns anbietet und ökonomischer mit den Sachen, mit denen man uns in die Passivität locken will.

Auch der Mengenkonsum von Medien-Leben aus zweiter Hand gehört zu den Ablenkungen, die wir sparsamer als bisher genießen müssen, wenn Nischen für Glück entstehen sollen. Glück findet sich nicht beim passiv Wartenden ein; es begeistert den Tätigen, der seine Kräfte nutzt und sein Leben gestaltet, statt es durch Industrien gestalten zu lassen.

Das Glück besteht vor allem im Schaffenkönnen und in der Anerkennung des Geschaffenen,[163]

sagt Iring Fetscher. Wir müssen das Mißverständnis überwinden, unsere Freiheit sei gewährleistet, wenn wir nichts tun müssen und folglich nichts tun. Als Konsumenten von Unterhaltungs- und Nachrichtenware, denen Mehrheiten viele Stunden ihrer freien Zeit opfern, sind wir keineswegs ›frei‹, nur weil wir freiwillig zu handeln glauben. Freiheitserlebnisse, wie sie das Glück schenkt, können erst dann entstehen, wenn wir für sie frei sind, unsere Sinne unbesetzt halten, unsere Gedanken ohne Diktat aus den Medien bewegen.

Glück ist an unsere schöpferische Bereitschaft gebunden; es verlangt eine Disposition von seinen Anwärtern, die durch Verzichte gekennzeichnet ist. In diesem Sinne ist jedes ›Schaffen‹, jedes Tätigsein mehr als die freiwillige Fremdbestimmung, der sich die meisten Menschen in ihrer freien Zeit überantworten. ›Glücksarbeit‹ nenne ich deshalb die Herstellung der Glücksbedingungen, weil sie eine Unterscheidungsleistung voraussetzt, die wir uns abgewöhnt hatten: zwischen Fremd- und Eigenbeschäftigung, Passivität und Aktivität in den Stunden, die wir mit Muße gestalten können.

Die Kraft zu solchen Akten der Selbstbestimmung muß nach dem fremdbestimmten Arbeitstag neu gewonnen werden: Das Glück, die Vollständigkeit unserer Sinne nach der Teilexistenz des Arbeitstages abzutasten, weckt unsere Lust, etwas zu tun, statt in die abendliche Fremdbestimmung durch die Medien einzutreten. Mit unseren müden Augen aufmerksam schauen; die Ohren laben am veränderten Geräusch, wenn wir ins Freie treten, Träume ordnen, Wünsche innen ausbreiten wie einen Teppich der Ideen: laufen, große und kleine Schritte machen, an Bäumen vorbeigehen, die Glieder spüren, atmen, wo die Auspuffgase dünner werden, auf erste oder letzte Vögel horchen, in fremde Fenster schauen, das milde Licht der fremden Lampen in unerforschten Zimmern trinken: uns üben in der Vollständigkeit unserer Sinne, uns nicht auf die Zersetzung unserer Wünsche durch die Trägheitsangebote einlassen.

So entwickelt sich Entschlossenheit zum Glück, auf kleinsten Quadraten unseres Lebens vorgeübt. Das Unerhebliche, wie Nietzsche treffend sagt,[164] ist Glücksspur, nicht das riesengroße, umwerfende, lärmende Ereignis. Die Gedankenlosigkeit, das Desinteresse an allem, was uns umgibt, sind Feindhaltungen gegen das Glück. Das sittliche Klischee, das jenen glücklich preist, der sich für andere Menschen und, was daraus folgt, für die Verwendung seiner eigenen Zeit interessiert, bezeichnet eine sichere Glücksspur – wie so viele traditionelle Klischees, die wir verachten, weil wir ihren Anspruch fürchten.

Der Triumphbogen des Glücks, den das Spiel uns anbietet, verlangt auch kaum mehr als Gestaltungslust von uns: Schon das Spiel mit Möglichkeiten, auf die wir uns besinnen, wenn wir unsere Zeit nicht mehr fremdplanen lassen, macht uns glücklich. Wenn wir das Spielen verlernt haben, dürfen wir ehrfürchtig den Kindern zuschauen – oder den Ästen eines Baumes, den wechselnden Wolkenbildern des Himmels, den Wellen eines Baches, den Wogen eines Kornfeldes oder eines Flusses. Kinder sprechen mit ihrem Körper zu uns; wir vermehren ihr und unser Glück, wenn wir diese Sprache wieder zu verstehen lernen.

Das Glück der Wiederholung

Als Ökonomen unserer Zeit haben wir überraschend viele Minuten am Tage, um dieser Sprache, wenn Kinder um uns sind, mit den Augen zu lauschen. Ihr Spiel mit den Gesetzen dieser ihnen neuen Welt läßt vieles für uns plötzlich unberührt und frisch erscheinen. Wieviel Glück haben wir verschleudert, als wir alles dies vergaßen: die Rundung des Balls, die Köstlichkeit eines Apfels, die unerschöpfliche Lust der Wiederholung, an die uns Kinder erinnern.

Das verführerische Prinzip des Neuen, immer anderen, das unser Erleben und Wünschen diktiert, ist ein Profitprinzip, das mit unseren Bedürfnissen nur wenig zu tun hat. Es ist nur partiell ein Glücksprinzip, eher eines der Reizsteigerung. Diese Kategorien des Wechsels und der Steigerung werden fragwürdig, wenn wir das Spielen der Kinder beobachten und wenn wir selbst beginnen zu spielen. Die Wiederholung gehört auch im Kult und in den Gesetzmäßigkeiten des Kosmos zu den stabilisierenden Prinzipien. Wiederholung begründet Hoffnung und Gewißheit, weil sie Wiederkehr verspricht.

Die Wiederkehr des Gleichen, ein Geborgenheitsprinzip ersten Ranges, sollte mit den modernen Glücksmitteln abgelöst werden von der unendlichen Steigerung. ›Wachstum‹ nennen wir unrichtig dieses Prinzip. Wachstum als das Grundgesetz im Materiellen ist reine Utopie. Das Kreisen der Lebensvorgänge in Wachsen und Vergehen läßt sich durch solche Ideen nicht verändern.

Wir sind unsicher über den Sinn unseres Lebens geworden, seit wir uns mit utopischen Wachstumsprinzipien über die Gesetzmäßigkeiten des Lebens hinwegtäuschen wollen. Unsicherheit, in der sich Ungewißheit über uns selbst verbirgt, bedeutet Glücksverlust. Die Wiederholung des Gleichen ist unter der Herrschaft des Prinzips ›unendlichen‹ Wachstums in Verruf geraten. Wenn wir uns von den gebieterischen Glücksangeboten der wachstumsorientierten Anbieter freimachen, entdecken wir bald die Glücksreserven, die im Gleichmaß wiederholter Abläufe schlummern. Die Verläßlichkeit der Rhythmen, in denen uns Tag und Nacht, Morgen und Abend, Arbeit und Muße bergen, schärft unser Sensorium für die Glücksergiebigkeit der immer neuen Aufbrüche und Ankünfte. Nichts anderes zeigt uns das Kind, wenn es das erfahrene Glück im gleichen Spiel immer wieder aufsucht: Es übt sich im Glücksgenuß, und es wird von Mal zu Mal geschickter. Dasselbe gilt für den Erwachsenen, obwohl er nicht mehr spielt, um zu lernen: Er erlernt in einer Welt der Steigerungen, die ihn mit Vergleichszwängen knechtet, den Steigerungslügen in der lustvollen Wiederholung zu entkommen.

Unsere Glückswünsche werden bescheidener, je mehr heimliche Spielarten des Glücks wir aufspüren. Viele Glücksträume, die wir gehegt haben, erweisen sich als Masken unserer Neidkomplexe, als getarnte Rivalitätsprobleme, die wir erfolgreich gegen andere lösen wollten: immer verwundert, daß sich mit dem Erfolg nicht auch das erhoffte Glück einstellte.

Glücksarbeit ist zu großen Teilen die Mäßigung unserer Glückswünsche, ihre Reinigung von den kämpferischen Interessen an der Überrundung eines sozialen Gegners, an der Schwächung eines Prestige-Rivalen. Glück, als die Befreiung von diesen Machtkämpfen, kann nicht in Erfolgen auf dem Kampfplatz der Vergleichszwänge gefunden werden.

Das Kind, beobachten wir es doch, spielt mit der ganzen Welt. Es widmet sich jedem Schritt in diesem Spiel ganz. Es spielt in logischen Schritten, weil es von fremden Zwängen frei ist. Es spielt ein Leben vor, das es bei uns sieht: Wie bald es deshalb nur noch Rivalitäts- und Profitspiele probt, das wird von uns abhängen, von unseren Kindergärten und Schulen. Hier programmieren wir die Glücksfähigkeit der nächsten Generation.

Glück, so läßt sich sehr einfach sagen, beruht auf dem Sinn für das Wesentliche. Es verlangt Unterscheidungsleistungen, so sagten wir, Unterscheidungsleistungen zwischen dem Wesentlichen und dem Unwesentlichen. Die Glückschance ruht in der Betätigungschance, nicht in der Versorgung des passiven Menschen. Das spielende Kind ist aktiv mit allen Sinnen; passiv machen wir es, wenn wir es mit Spiel-Lieferungen von außen ablenken.

Der Boden für Glück ist eine gewisse Abstinenz von den offiziellen Glücksmitteln. Wir müssen aufhören, uns der kollektiven Verwaltung unserer Glücksträume zu fügen. Wir haben keinen Anlaß, den Glücksversprechen jener zu glauben, deren Profit in dem uns angebotenen Glück beruht. Wir müssen aktiver zu leben beginnen auch in diesem Sinne: uns die Spielarten des Glücks nicht mehr diktieren lassen.

Abstinenz gegenüber den angebotenen Glücksmitteln bedeutet für viele Menschen zunächst einmal Zurückhaltung gegenüber den Verführungen zur Passivität, die unter dem Vorwand an uns verkauft werden, unsere Muße, sozusagen an unserer Statt, aktiv zu gestalten. Was wir nicht selbst mitgestalten, kann unser Glück niemals werden. Wir müssen also tatsächlich zu leben lernen ›auf eigene Faust‹. Es gibt niemanden, der unser Glück fertig an uns verkaufen kann.

Wir dürfen aus einer Fülle von Näherungswerten zum Glück aussuchen, und wir dürfen unsere eigenen Erfahrungen sammeln, nicht die Erfahrungen anderer schlucken, um festzustellen, welche von diesen Näherungswerten des Glücks uns als Glücksmittel taugen. Zunächst bedürfen wir aber der Schonung unserer Sinne. Schonung bedeutet: Sparsamkeit; mit Erlebnissen, mit Reizen, mit Höhepunkten.

Wir spüren erschrocken und verwundert – viele werden sagen: ängstlich –, wie unsere Sensibilitäten wieder erwachen, Nuancen fühlbar werden für Augen, Ohren, Hände, Zunge; Zwischenwerte, von denen wir nichts mehr wußten. Im gleichen Maße wächst die Skala eines ungeahnten Glücksvorrates in uns. Mit jeder verfügbar werdenden Nuance der Wahrnehmung machen wir Entdeckungen an unscheinbarem Glück: Wir tasten das Frottéetuch am Morgen, wir streicheln den warmen Bauch einer Kanne, wir horchen auf den Atem eines Menschen, beobachten seine schlagenden Wimpern, seine Fingerspitzen.

Der tägliche Überdruß an den Menschen und Dingen, der die Aufbrüche am Morgen, die tristen Heimkehrszenen am Nachmittag prägt, wird freilich nicht aus purer Lust am Horchen und Schauen mit ausgeruhten Sinnen aufgebrochen. Der Überdruß und ausweglose Zorn, mit dem viele Menschen sich gegenübersitzen, müsse zwangsläufig in den Glücksbetrug von Rausch und Reiz führen, so meinen viele Menschen.

Glück zu empfinden und zu verbreiten, wenn wir das Alltäglichste tun und die alltäglichen Gesichter der Menschen sehen, mit denen wir leben, muß also mehr voraussetzen als nur ein waches Auge, ein optimistisches Ohr, eine tastfreudige Hand. Glückswille führt uns über das hinaus, was der Augenblick in Zeichen vor uns ausbreitet. Nur auf dem Hintergrund einer umfassenden Zustimmung zum Sinn unserer eigenen Lebendigkeit jetzt und hier erblicken wir das Belanglose im Licht eines uns selbst verwundernden Glücks: unser Interesse am Streit erlischt, unser Eifer zur Auseinandersetzung schweigt, unsere Argumentationskraft bescheidet sich. Wir sind, für Augenblicke, befreit von uns selbst.

Auch dies ist Glück: uns selbst in solchen Augenblicken zuzuschauen. Die Erinnerung an Momente des unverhofften Glücks macht uns geschickter, neue ähnliche Momente zu erleben. Was uns in solchen Szenen auch glücklich macht, ist die Windstille eines oder mehrerer Schicksale. Wir erkennen uns und unsere Alltagsgeschäfte in einem größeren Zusammenhang, der die Anlässe unseres Leidens klein erscheinen läßt, die Gründe für unser Mißfallen hinwegspült. Wir dürfen, Augenblicke lang, von höherer Warte auf uns selbst und andere hinabschauen und, was uns quälte, unerheblich finden. Es gelingt uns später, ein wenig von dieser befreiten Sicht auf unser Treiben zu beleben, wenn wir in den falschen Wichtigkeiten zu ersticken drohen.

Glücksenergien

Solche Übungen auf den Spuren des Glücks sind es, die manchen sagen lassen: mein Leben ist glücklich. Nicht, weil er dem Glück befehlen könnte, aber weil er es ergreift, wo es sich flüchtig nähert, kann sich der Glückswillige einen ›Glücklichen‹ nennen. Er beschreibt damit eher sein Zutrauen zur eigenen Tatkraft als einen Dauerzustand jubelnden Glücks: Seiner Kräfte sicher zu sein, seiner Abwehrkräfte insbesondere gegen die Magie der Glücksbetrüger, das ist mehr als ein Glückszufall, den unberechenbare Götter schenken und entziehen. Wir erkennen uns also doch im Sinne des alten Sprichwortes als Schmiede unseres Glücks, wenn wir Glücksfähigkeit so begreifen.

Gleichzeitig läßt sich in diesen geheimnisvollen Bedingungen des Glücks erkennen, daß es über seine augenblicklichen Anlässe und Gaben hinausreicht. Es hebt uns auf eine andere Stufe unserer Existenz, so als stünden wir auf einer Anhöhe und überschauten die Zufälligkeiten im Bewußtsein überlegener Zusammenhänge, die uns tragen und glücksgewiß machen. Glücksgewißheit ist also zugleich Vertrauen in die Bedeutung unseres unscheinbaren Lebens; wir sehen uns bergenden Grenzen zugeordnet und müssen uns nicht länger übermannt fühlen von den schwindelerregenden Glücksversprechen unserer Zeit.

All jene sinnlichen Anlässe des Glücks, die ich beschrieben habe: die Sinnenkultur selbst, die uns erst Glück zu fühlen fähig macht, ist nur eine Vorstufe des Bewußtseins, das den Glücklichen mit weiterreichenden Gewißheiten versorgt. Das Glück der selbstbewußten Auswahl ist in unserer Epoche ein Genuß der tätigen Askese. Nicht schmerzlicher Verzicht, sondern die freie Wahl zwischen vielen Möglichkeiten macht das Glück dieser Askese aus. Sie wird erst möglich, wenn die Untauglichkeit der Überflüsse und der Glücksverwaltung für unser Glück erkannt ist.

Mit dieser Fähigkeit zur Beschränkung werden wir nicht zu Privatisten unseres persönlichen Glücks, sondern zu besseren Bürgern unseres Staates. Die Sparappelle der Politiker werden nicht befolgt werden, solange niemand den Bürgern zu sagen wagt, daß sie in tätiger Mäßigung ihr Glück, nicht weniger als dies: ihr Glück vermehren können. Warum sagt das kein Politiker? Nicht allein, weil ihm nur wenige glauben würden. Die Politiker schweigen von diesen Spuren des Glücks auch deshalb, weil sie mit dem Image der Glücksplaner aufgetreten sind und diesem Selbstportrait das Zutrauen unzähliger Menschen verdanken. Sie finden erst auf Umwegen, unauffällig, vom Bürger am Ende wahrscheinlich sogar unbemerkt, zu Abwandlungen dieses Angebotes, das eine so hoffnungsgesättigte ideologische Geschichte hat.

Die Zeichen für Retuschen am Bilde des Glückstechnikers stehen günstig, weil so viele Glücksversprechen der Politik nicht eingelöst werden können. Deshalb stehen auch die Zeichen günstig für unseren Zuwachs an Glück.

Wir könnten, während der Wachstumsfetischismus widerlegt wird, zu mehr eigenen Initiativen für unser Leben ermuntert sein. Von den dann freiwerdenden Glücksimpulsen angespornt, werden wir Zutrauen zur Gestaltung unseres Lebens, zur Selbstverwaltung unserer freien Zeit fassen; unser Ideenreichtum wird schneller anwachsen als unser Reichtum an Sachwerten.

Unsere Urteile über das politisch und sozial Notwendige werden nicht mehr Glücksansprüchen, sondern Abwägungen des Möglichen entspringen. Unerwartet wird sich statt befürchteter Freiheitseinbußen viel mehr Freiheit einstellen, als kollektiv an passive Konsumenten geliefert werden konnte. Wir werden dann die Bedingungen des Glücks neu definieren: eigene Erfahrungen machen; nicht *mehr erleben*, als wir *bedenken* können; unsere Sinne und die Natur schonen; ökonomisch sein mit der uns so reichlich zufallenden Zeit; den Elementen lauschen und zuschauen. Wir werden auch den Menschen selbst aufmerksamer anschauen; den verwüsteten Kosmos ausruhen lassen; uns üben in der Kleinarbeit des Glücks: uns spielend erproben in geregelter Freiheit, in aufmerksamer Liebe zum Alltäglichen (denn das Besondere zu lieben ist leicht). Aufmerksamkeit ist nichts anderes als Hingabe; sie muß an die Stelle unserer Forderungen nach ferngelenktem Glück treten.

Der Anspruchsbürger, den die sozialen Wohlstandsstaaten erzogen haben, vernichtet nicht nur den Wohlstand durch seine Anspruchshaltungen; er vernichtet auch sein eigenes Glück. Für nachfolgende Generationen vernichtet er mehr: die objektiven Glücksmittel, aus deren Restbeständen wir uns noch bedienen können: Luft und Wasser, Wiesen und Wald werden für sie nicht mehr genießbar sein, wenn wir in deren Mißachtung fortfahren. Wenn wir heute die Natur zu schonen beginnen, dann schaffen wir Glücksräume für uns selbst und bereiten Glücksquellen vor für unsere Kinder und deren Kinder.

Wie groß unsere Entscheidungsfreiheit ist, das werden wir erst wieder erkennen, wenn wir die vielen täglichen Entscheidungen zu treffen beginnen, die wir uns heute noch abnehmen lassen: durch die Vergnügungsindustrie, durch die Unterhaltungsmedien, durch Konsumgewohnheiten und Ablenkungsmanöver aller Art. Von uns selbst und von den Menschen abgelenkt, die mit uns leben, haben wir für niemanden Zeit, auch nicht für uns selbst. Unser Glück wird verwaltet und fällt überraschend schal aus.

Herren so vieler Stunden unserer Tage, haben wir tatsächlich die Glücksmittel in Fülle, entscheidungsfrei und tätig unsere Sinne zu entfalten, unsere Kräfte zu üben, die Natur und jene

Menschen zu bewundern und zu lieben, mit denen wir leben. Tun wir das mit ausgeruhten Sinnen und mit wachem Verstand, dann kann uns die Rolle des passiven ›Verbrauchers‹, wie das verräterische Wohlstandswort der Profitindustrien lautet, nicht mehr als unsere wesentliche erscheinen.

Das Materielle unseres Lebens tritt zurück in die Rolle des Notwendigen, das Ausreichende erhält eine neue Würde, und was wir ohne lähmende materielle Überflüsse sind, wird uns jetzt glücksbetont bewußt: Leib und Seele, Geist und Sinne sind mehr als die Summe der Glücksangebote, die uns bedrängen.

Die Jugend braucht nicht mehr zu fliehen in die lärmenden Bäuche der Discotheken und in die illusionären Bilderwelten der Comics und Filme, wenn sie mit glücksfähigen Erwachsenen leben darf, die ihr bei den Vorspielen des Lebens helfen. Die Beschränkung, von der hier die Rede ist, bewirkt nichts anderes als unsere Befähigung für Glück: Sie stimuliert unser Selbstgefühl, sie intensiviert unsere Empfindungen.

Wenn alles von außen Kommende nicht hinreicht, was reicht dann hin, um von einem Menschen sagen zu können, daß er glücklich ist?
Stoiker, Epikureer und Christen sind darüber verschiedener Ansicht. Das Ziel unterscheidet sich, und mit ihm der Weg. Ist ihnen etwas gemeinsam? Dieses wohl, daß sie vor das Glück den Verzicht setzen, das heißt die Grenze, durch die es sowohl eingeschränkt wie gefestigt wird.[165]

Diese Glücksimpulse der Selbstbeschränkung, die früheren Jahrhunderten als eine Selbstverständlichkeit bekannt waren, sind in der Lustprinzip-Epoche vergessen worden. Wir haben, erschrocken über die Vielteiligkeit der uns verfügbaren Welt, mit Vereinseitigung reagiert. Sie bringt Glücksverluste für Gruppen wie für den Einzelnen mit sich. Auch für die Askese gilt das rechte Maß: Auch sie kann uns in Rauschzustände und Fanatismen steigern, wie wir sie an den Kindern des Überflusses als Frucht der Glücksentbehrungen beobachten.

Im Übermaß der äußeren Freiheit haben wir begonnen, die innere Freiheit geringzuschätzen. Deshalb ging sie verloren. Der Bedürfnisspirale zu entkommen, bedeutet einen unvermuteten Zuwachs an Freiheit. Die bewußte Beruhigung unserer Tagesläufe entlastet uns so gründlich, daß wir die neugewonnene innere Freiheit als reines Glücksgefühl erleben. Zugleich verleiht die freigesetzte Energie uns einen spielerischen Zuwachs an Kraft: Es gelingt uns, in derselben Erlebnis- und Konsumsparsamkeit fortzufahren. Viele Aggressionsstaus lassen sich in solcher schöpferischen Bescheidung ableiten. Unvermittelt treten sie als Glücksenergien wieder hervor.

Kapitel 20
Das Glück und das Schöne

Das Schöne – sichere Glücksspur?

Glück: Füllhorn der Widersprüche, zeitlos geronnene Stunde, Ewigkeitsaugenblick; ein scheuer Schmetterling, der nur im Schauen Lust gewährt, wenn wir ihn fangen, seinen Glanz an unseren Fingern läßt und grau entschwebt. Das zarte Glück, dem die Menschen so viele sehnsüchtige Namen gegeben haben: Es hat sein Geheimnis auch im technischen Zeitalter bewahrt.

Als Traum und Wirklichkeit ist das Glück so alt wie die Menschen, so alt wie ihre Liebe zueinander und zum Kosmos – so alt wie die Schönheit, die in Bäumen und Meeren, am Sternenhimmel und im Antlitz der Kreatur aufblüht. Schönheit sammelt sich auch in Kunstwerken, ob sie aus Holz oder Stein, aus Farben, Tönen oder Worten gemacht sind: Das Schöne – ist es vielleicht der einzige verläßliche Nistplatz des schillernden Glücksvogels?

Das Schöne wirkt im Ganzen auf uns, noch ehe wir wissen, warum es uns ergreift. Über uns selbst hinausgehoben, genießen wir Malerei und Dichtung, Plastik und Musik; geistige Ordnungen und die Ordnung des Kosmos können beglückende Schönheit ausstrahlen. Das Kunstschöne genießen wir nicht alle gleich; es scheint ein Glück für Gruppen, das sich im Kunstgenuß entwickelt. Das Schöne als sicherer Glückszugang: im zwanzigsten Jahrhundert gibt es das verbindlich Schöne nicht mehr; es ist zerschlagen wie die uns umgebende Welt. Fragen des Ermessens, sagt der Kunstgenießer nachdenklich, wenn ihn melancholisch stimmt, was andere beglückt.

Das Glück und das Schöne scheinen dennoch dicht benachbart, da sie so viele Kennzeichen miteinander teilen: die Harmonie, das Maß, die zeitenthobene Dauer. Müßten wir uns mit Schönheit umgeben, um glücklich zu sein? Sind die Energien des Glücks am Ende hier zuverlässig verwahrt: im Schönen, sei es nun Natur oder Kunst? Über das Schöne wird wenig gesprochen in einem Jahrhundert der Zahlen. Es läßt sich nicht errechnen, sowenig wie das Glück. Aber es strahlt Ordnung aus, beruhigt und sammelt unsere Sinne, scheint also wirksam auf den Spuren, die zum Glück führen. Das Schöne ist, ganz wie das Glück, den Massenanbietern in die Hände gefallen. Tausendfach reproduziert, betrügt so viel schöner Schein unsere glückshungrigen Sinne, daß wir das naive Zutrauen, im Schönen begegne uns eine Glücksmacht, nicht mehr fassen können. Das Gute und Angemessene, mit dem das Schöne sich für den antiken Dichter Homer und für den Philosophen Platon noch wie selbstverständlich verband, will sich dem Schönen nicht mehr notwendig verbinden. Wie das Glück und das Gute war auch das Schöne für die Griechen Göttergeschenk: wie nur im Guten das Glück aufblühte, so auch die Schönheit; Genuß und Wohlgefallen waren geborgen im Sittlichen. Noch Immanuel Kant hat im achtzehnten Jahrhundert versucht, diese Bindung zu beschwören.

Die Bande zwischen dem Guten, dem Schönen und dem Glück, das sie auslösen, sind zerrissen. Waren für den Griechen Homer die zu ihrem Zwecke tauglichen Dinge notwendig schön, so suchen wir heute umständlich nach Verbindungen von Zweckmäßigkeit und Schönheit, von Lebenssinn und Lebensglück. Ihr Zusammentreffen scheint zufällig, bar jeder Notwendigkeit. Die Götter haben sich aus allen diesen Köstlichkeiten zurückgezogen, weil der aufgeklärte Mensch sie dort nicht brauchen kann: Er regelt selbst, was ihm guttut, organisiert sein Glück und teilt das Schöne unter tausend gleichberechtigte Geschmäcker auf, als sei es eine nutzlose Zutat zum Leben.

Mit dem Glückshunger meldet sich der Durst nach Schönheit: der ›Zweckbau‹ ängstigt unsere glücksbedürftigen Sinne, das Übermaß an reproduzierter Plakat- und Verpackungsschönheit macht dieselben Sinne mißtrauisch und unsicher: Wohnt das Schöne nicht mehr auf den Spuren des Glücks? Die tausendfach reproduzierte Schönheit prostituiert das Glück. Trauer lähmt uns, wenn wir ihr begegnen. Die Schönheit, eine Schwester des Glücks, wiederholt in solchen Akten der Verflüchtigung die Fluchtspur des Glücks: Das reproduzierte Kunstwerk, ein vervielfältigtes Glücksmittel, bleibt glückssteril, wenn wir uns ohne Glücksfähigkeit nähern. Das Schöne, sagte Platon – und fünfzehnhundert Jahre galt dieses Urteil –, weist über sich hinaus. Es hebt uns aus dem Augenblick und läßt uns durch die flüchtigen Erscheinungen schauen. Wir erkennen das Leben, gedeutet, in Sinn gefügt, geordnet, gültig: alles tritt zusammen zu einem harmonischen inneren Bild, das Glück auslöst.

Das Schöne, wie Platon es sah, wie fünfzehn Jahrhunderte abendländischer Geschichte es nach ihm noch gesehen haben, trägt alle Merkmale des Glücks; es beruhigt und befreit durch Grenze und Maß, durch Ausgewogenheit und Überlegenheit. Aber es lebt nur durch den bewegten Beschauer, dieses Schöne, so wie das Glück nicht die Summe der Umstände oder Mittel ist, sondern ihr Zusammentreffen mit unserer Glücksbereitschaft. Diese Glücksbereitschaft, so fanden wir, ist nirgends käuflich. Glücksmittel überfluten uns und scheinen alle Tugenden überflüssig zu machen.

Neue Fundorte des Glücks

Das Schöne an das Gute zu binden, gar die Öffnung unserer Sinne, die Befreiung von uns selbst als eine Frucht des Schönen zu begreifen, die uns zum Guten fähig mache: dies könnte uns noch gelingen, wenn wir uns noch einig wären, wo das Gute wohne und welche Gestalt es hat.

Bei welchen Göttern sollen wir uns geborgen wissen? Wer verwaltet unsere Ideen vom Schönen, vom Guten, vom Glück? Ist die Verborgenheit des Glücks ein Ergebnis der Verflüchtigung des Schönen? Sind dennoch alle Spuren des Glücks, auf denen wir uns bewegen, Spuren des Schönen und des Guten zugleich? Fanden wir doch das Glück im liebenden Anschauen, in der ausgeruhten Hingabe an das Unauffällige, in der Ökonomie des Erlebens, die üppige Überflüsse des mühelosen Erkennens freisetzt.

Glück in der Schonung unserer Sinne; Glück in der Aufmerksamkeit für den Hauch des Windes, für flüchtigste Blicke und Gesten, für das Nicken einer Blume, das Wehen eines Vorhangs, für den leichten Wimpernschlag einer Geliebten: was ist es anderes als Glück über das Schöne? Glück, dem das Weltatom zum Zeichen für die Fülle dieser Welt wird. Glück, das ohne Nachweis Zutrauen zur Ordnung unseres Lebens schenkt, Gewißheit, die auch das Unverstandene in Frieden aufhebt.

Der Glückliche, so meinte Platon, ist im Guten.[166] Das Gute, so fand er, ist dem Schönen noch überlegen, aber das Schöne setzt uns außer uns selbst, so daß wir zum Genuß des Guten fähig werden. Das Schöne hat vielerlei Gestalt; es lebt im Eros, in Natur und Kunst, im Werk Einzelner wie im sozialen Gefüge. Den Traum, das Schöne befähige zum Guten, mochten noch die Kunstphilosophen des neunzehnten Jahrhunderts nicht fahrenlassen. Dem zwanzigsten freilich, dessen Hunger nach dem Glück vielfältig irritiert ist, leuchtet ein solcher Gedanke nicht mehr ein.

Das Schöne läßt sich heute an unverbrauchten Orten nieder, an denen die Glücksprogramme schweigen. Eine offizielle Kategorie ist es längst nicht mehr, eher ein peinliches Relikt. Wer Kunst nach ›Schönheit‹ beurteilen will, gilt als hoffnungsloser Fall. So führt auch Kunst nicht mehr umstandslos zum Glück: Sie verbreitet Unverständnis und Schrecken bei vielen, deprimiert und ängstigt, wie die Terrorakte dieser gleichen Zeit.

Das Schöne: wir fühlen seine Mitwirkung im Glück, aber es gibt kein Monopol der Kunst auf das Schöne. ›Schön‹ ist auch der Glücksaugenblick selbst jenseits aller Anschauung. Er ist schön im abstrakten Sinne, so wie Träume schön sein können, wie Empfindungen uns entzücken, ohne gestalthaft sichtbar zu sein. Das Schöne hat sich, wie das Glück, zurückgezogen vor den Märkten der Eitelkeiten, die uns beides überlaut versprechen. Das Glücksschöne hält sich versteckt in den unscheinbaren Augenblicken: im Huschen einer Eidechse, wie es schon Nietzsche gesagt hat.[167] Das Schöne flieht den schönen Schein, es verweigert dort die Wirkung, die wir von ihm erhoffen. Es blüht in anderen Bezirken auf, wo es nicht prostituiert wird; es läßt sich ebensowenig vulgarisieren wie das Glück.

Die Meinungsverschiedenheiten unserer Zeit über das Schöne treffen sich mit jenen über das Glück: Massenhaft reproduziert, vom Sittlichen abgelöst, ist es nur mehr flüchtige Schmeichelei für unsere Sinne. Das Erhabene verweigert sich dem Programm; das Glücksgeheimnis schweigt dort, wo die Märkte lärmen.

Die Kunst spiegelt diese zerrissene Zeit. Das Glück aber ist uns näher gerückt, es hat seine goldenen Käfige verlassen, ist atomisiert wie unser Leben und überall anzutreffen. Wer abhängig von der Natur lebte, atmete Wiese und Wald nicht so glücksbetont, wie wir es heute können. Wer mit den Mitteln der Natur handwerklich tätig war, strich nicht mit solcher Inbrunst über seidige Hölzer wie wir es dürfen. Der Eichelhäherschrei war ihm Warnlaut, der Abendwind und die Wolkenbilder Wettermeldung. Wir kehren durstig an diese Quellen des Glücks zurück und erfahren Glück nach Maßgabe unseres Durstes. Die Kinder der Künstlichkeit brauchen das Naturschöne, um von der künstlichen Schönheit auszuruhen.

Das Schöne hat die offiziellen Umschlagplätze verlassen; es findet in unseren ausgeruhten Sinnen einen neuen Anfang. Je mehr offizieller Verschleiß des Schönen, je mehr kollektive Glücksplanung, desto verschwiegener werden die Nistplätze des Schönen, die Fundgruben des Glücks.

Es hat also eine Neuverteilung der hohen Güter Schönheit und Glück stattgefunden: Jenseits der Tempel der Technik bereitet sich inkognito das Glück vor, für jedermann, der es greifen will mit geschonten Sinnen. Glücksklima können wir jederzeit atmen: die Ehrfurcht vor den Gesetzen des Neides und der Rivalität ablegen; den Multiplikatoren von Schönheit und Glück mit Sparsamkeit begegnen; den Menschen und diese Erde mit Hingabe anschauen, uns selbst und andere nicht fürchten, niemals in der Ablenkung das Glück suchen.

Das Schöne ist so genau wie das Glück: Es läßt sich der Warenwelt der Werbespezialisten zwar täuschend einpassen, aber seine Macht entflieht, wo sie Verführern dienen soll. Zweckbezogen reproduzierte Schönheit ist kein Gefäß für Glück.

Das Glück: allgegenwärtig

Wir sehen die Jugend mit der ihr eigenen sprachlosen Genauigkeit auswandern aus den Schönheitsschablonen der Kleidermacher und Möbelverkäufer. Sie steigen in die schmuddelige Schablone um, der sie vertrauen, weil sie die Schönheit nicht prostituiert. Wenn das Schöne so verwechselbar wird wie in unserer Warenhauskultur, sät es Trauer statt Glück. Der jugendliche Affekt gegen die Welt der Erwachsenen ist auch aggressive Trauer über den Verlust des Schönen, nach dem sie sich sehnen. Daß sie zugleich der Welt des Glücksbetrugs wehrlos verfallen, entspricht der Macht ihrer Sehnsüchte. Nicht mehr, was ein Ding *ist,* fragen sie, sondern was es *bedeutet.* Schönheit ist nicht mehr Glück für diese Jugend, auch dort nicht, wo sie, nach den Maßstäben der sterbenden Traditionen des Schönen, Glück bedeutet. Ihr Anhauch versagt im neuen Lebenszusammenhang. Gefragt ist die Funktion, der Zweck, das Mittel.

Schönheit verblaßt vor solchen Fragen, die ihr Zusammentreffen mit dem höchsten Zweck nicht mehr erfassen. Namenlos lebt sie in den Fugen der offiziellen Bewertungen wieder auf: eine Schwester des Glücks, das durchtränkt ist von der List unserer unstillbaren Sehnsüchte: Partisanen des Möglichen, finden sie die vergessenen Pforten zum Unverhofften wie der mittelalterliche Held die verborgenen Tore zum paradiesischen Garten.

Das Schöne ist mit dem Glück den Zuhältern irdischer Glückseligkeit durch die Hände geschlüpft. Vogelfrei wie eh und je, keiner Ideologie zu verpflichten, keiner Theorie des Schönen untertan, blüht es am Wege, weht in den Wipfeln, tanzt mit den Wellen, singt mit den Winden, tropft auf Kinderköpfe wie süßer Honig, setzt sich zu uns in unsere Zimmer wie ein verflogener Schmetterling – wenn wir mit den Fingern sacht über das Haar unserer Kinder streichen, über den Halsbogen der Geliebten, erwartungsvoll, nicht fordernd: Dann kommt es, das Glück. Und das Schöne umgibt uns in solchen Augenblicken unteilbar.

Anmerkungen

1 Vgl. dazu Robert von Ranke-Graves, Griechische Mythologie. Quellen und Deutung (= Rowohlts Enzyklopädie), 2 Bde. Reinbek b. Hamburg 1961. Hier: Bd I, 32 pass. (S. 110–112).

2 Vgl. Ranke-Graves, aaO., Bd I, 32 pass.; 62 pass. (S. 110–122; 184 bis 186).

3 Vgl. dazu Martin P. Nilsson, Die Griechen, § 9: Auflösung und Umbildung. In: Chantepie de la Saussaye, Lehrbuch der Religionsgeschichte. 2 Bde. Tübingen ⁴1925. Hier: Bd 2, S. 406.

4 Zwischen Glück und Spiel gelten tatsächlich Verbindungen, die weit über diesen Gedanken hinausgehen. S. dazu u. S. 259–277.

5 Ebda.

6 Vgl. Martin P. Nilsson, aaO., Bd 2, § 8, Die bürgerliche Religion, S. 376.

7 Sophokles, Antigone, vv. 454 f.

8 Vgl. Nilsson, aaO., Bd 2, § 8, S. 376 f.

9 Inschrift am Apollotempel zu Delphi.

10 Zur Plotinschen Lehre vgl. Ludwig Deubner, Die Römer. § 7: Philosophie und Religiosität. In: Saussaye, aaO., Bd 2, S. 486 f.

11 Vgl. Claudia Henn-Schmölders, Die Kunst des Gesprächs (= dtv-bibliothek Literatur / Philosophie / Wissenschaft). München 1979.

12 Seneca, Vom glückseligen Leben. Auswahl aus seinen Schriften. Hrsg. v. Heinrich Schmidt. Stuttgart 1978, S. 19, 20, 22.

13 Seneca, aaO., S. 212, 213, 215, 216.

14 Vgl. dazu Vilhelm Grönbech, Die Germanen. In: Chantepie de la Saussaye, aaO., Bd 2, § 2, S. 556.

15 Vgl. V. Grönbech, aaO., S. 575.

16 Vgl. V. Grönbech, aaO., S. 579.

17 In Wirklichkeit enthält der christliche Kanon reiche Darstellungen des Glücks im Kosmos und mit den Kreaturen. Siehe dazu u. S. 222–232.

18 Hartmann v. Aue, Erec vv. 8715–8753.

19 Vgl. Ernst Robert Curtius, Europäische Literatur und lateinisches Mittelalter. Bern u. München ³1961, S. 131.

20 Vgl. Ranke-Graves, aaO., Bd 1, 15 (S. 48 f.).

21 Vgl. Ranke-Graves, aaO., Bd 2, 152a (S. 227 f.).
22 Vgl. dazu Otto F. Best, Das verbotene Glück. Kitsch und Freiheit in der deutschen Literatur. München/Zürich 1978, S. 80. Außerdem vgl. Arnold Gehlen, Moral und Hypermoral. Eine pluralistische Ethik. Frankfurt/Main ³1973, S. 66.
23 S. dazu unten S. 216 bis 219.
24 Zum Vorrang des Erlebens s. u., S. 79–91.
25 Siehe dazu S. 120–123.
26 O. F. Best, Das verbotene Glück, aaO., S. 64 f.
27 Vgl. dazu Arnold Gehlen, Moral und Hypermoral. Eine pluralistische Ethik. Frankfurt/Main ³1973, S. 70.
28 Henning Haft, Moderne Rationalität bei Jugendlichen. Vortrag aus der Reihe »Jugend in der offenen Gesellschaft«, RIAS Berlin, Funkuniversität, Sendung 24. 11. 1980, Manuskript S. 4.
29 Vgl. Herbert Marcuse in: Historisches Wörterbuch der Philosophie, hrsg. v. Joachim Ritter, 3 Bde. Basel/Stuttgart 1971 ff., Bd 3, S. 706.
30 Arnold Gehlen, Das entflohene Glück. Deutung der Nostalgie. In: Was ist Glück? Ein Symposion. München ²1978, S. 29.
31 Otto F. Best, Das verbotene Glück, aaO., S. 80.
32 Zur Verwechslung von Gewißheit und Sicherheit in der Moderne, s. unten S. 105.
33 Arnold Gehlen, Moral und Hypermoral. Eine pluralistische Ethik. Frankfurt/Main ³1973, S. 61.
34 Moral und Hypermoral, aaO., S. 64.
35 Andreas Henatsch in: Dossier Moral-Kurs. In: Kursbuch 60, Juni 1980, S. 21.
36 Unter den ›Alternativen‹ bewegen sich einige auf den Spuren des Glücks: siehe dazu unten S. 251–255.
37 S. o. S. 54.
38 Zum Problem der Vergleichszwänge s. u. S. 206, ›Die Spirale der Bedürfnisse‹.
39 Georg von Stackelberg, Der ferngelenkte Mensch? Möglichkeiten und Grenzen von Propaganda, Werbung und sozialer Kommunikation. München 1970, S. 107 f.
40 Horst Meixner, Manipuliert die Werbung? In: Was braucht der Mensch, um glücklich zu sein. Bedürfnisforschung und Konsumkritik. Hrsg. v. Klaus M. Meyer-Abich und Dieter Birnbacher. München 1979, S. 95.
41 Klaus Buske u. a., Mehr Glück, mehr Freiheit – oder mehr Angst? Werbung heute. Bremen 1977, S. 35.
42 Horst Meixner, Manipuliert die Werbung? In: Was braucht der Mensch..., aaO., S. 94.
43 Horst Meixner, Manipuliert die Werbung? In: Was braucht der Mensch..., aaO., S. 91.
44 Georg von Stackelberg, Der ferngelenkte Mensch? aaO., S. 136.

45 Klaus Buske u. a., Mehr Glück, mehr Freiheit . . . aaO., S. 46.
46 Hans-Ekkehard Bahr, Liebe, Glück: Zunehmende Verlassenheit –
   neue Solidarität. In: Anders leben – überleben. Hrsg. v. H.-E. Bahr
   u. Reimer Gronemeyer, Frankfurt/Main 1978, S. 34 f.
47 Hans-Ekkehard Bahr, Liebe, Glück. . . , aaO., S. 35 f.
48 Zur Glückssuche der Jugend s. u. S. 129–203.
49 Vgl. Pascal Bruckner und Alain Finkielkraut, Die neue Liebesun-
   ordnung. Übs. v. Hainer Kober. München/Wien 1979.
50 Ernesto Grassi, Macht des Bildes: Ohnmacht der rationalen Sprache. Köln 1970, S. 54.
51 Zitiert bei H.-E. Bahr, Liebe, Glück . . . aaO., S. 41 f.
52 Viktor E. Frankl, Paradoxien des Glücks. In: Was ist Glück? aaO.,
   S. 118, 119, 120.
53 H. Kutzner, Erfahrung und Begriff des Spieles (Diss.). Berlin 1973,
   S. 117.
54 S. dazu unten S. 297.
55 Michael Rutschky, Erfahrungshunger. Ein Essay über die siebziger
   Jahre. Köln 1980, S. 163, 164.
56 Walter Benjamin, Ursprung des Deutschen Trauerspiels. Hrsg. v.
   Rolf Tiedemann (= Suhrkamp Taschenbuch Wissenschaft 225).
   Frankfurt 1978, S. 19.
57 S. dazu unten S. 176–189.
58 Michael Rutschky, Erfahrungshunger. Ein Essay über die siebziger
   Jahre, aaO., S. 206.
59 O. F. Best, Das verbotene Glück, aaO., S. 72.
60 Bruno Bettelheim, Erziehung zum Überleben. Zur Psychologie der
   Extremsituation. Stuttgart 1980, S. 24.
61 Bruno Bettelheim, aaO., S. 18.
62 Bruno Bettelheim, aaO., S. 19.
63 Otto F. Best, Das verbotene Glück, aaO., S. 287.
64 Zu diesen Glücksversuchen s. u. S. 248–258.
65 S. 280–290.
66 H. Kutzner, Erfahrung u. Begriff des Spieles, aaO., S. 225.
67 Otto F. Best, Das verbotene Glück, aaO., S. 74.
68 Otto F. Best, Das verbotene Glück, aaO., S. 74 f.
69 Bruno Bettelheim, Überlegungen zur Privatsphäre. In: Erziehung
   zum Überleben, aaO., S. 372.
70 Bruno Bettelheim, Überlegungen zur Privatsphäre, aaO., S. 324.
71 Bruno Bettelheim, Überlegungen zur Privatsphäre, aaO., S. 378.
72 Von diesen Glücksorten ist weiter unten, S. 286–295, die Rede.
73 Klaus Binder nennt unsere Wünsche die ›Partisanen des Möglichen‹: K. B., Wir bewegen uns, auch wo wir bewegt werden. Zur
   Praxis der Wünsche. In: Kursbuch 52, Mai 1978, S. 47.
74 Daß die Wortwahl aber noch einen besonderen Mißgriff bedeutet,
   erläutert ein Mitbetroffener: Bruno Bettelheim. Vgl. dazu ›Erziehung zum Überleben‹, aaO., S. 103–105.

75 Vgl. Sigmund Freud, Das Unbehagen in der Kultur. Studienausgabe Bd IX (Conditio humana. Ergebnisse aus den Wissenschaften von Menschen, hrsg. v. A. Mitscherlich u. a.) Frankfurt/Main 1974, S. 208.

76 Vgl. Arnold Gehlen, Das entflohene Glück. Deutung der Nostalgie. In: Was ist Glück?, aaO., S. 32.

77 Arnold Gehlen, aaO., S. 34.

78 Vgl. dazu: Marie Winn, Die Droge im Wohnzimmer. Aus dem Amerikanischen v. Brigitte Stein. Reinbek b. Hamburg 1979; Jerry Mander, Schafft das Fernsehen ab! Deutsch von Walle Bengs. Reinbek b. Hamburg 1979.

79 Zur Musik s. u. S. 151–166.

80 Roman Bleistein S. J., Jugendreligionen – Zum Problem der metaphysischen u. ethischen Bedürftigkeit Jugendlicher. RIAS Berlin, Funkuniversität, Sendung 29. 10. 80, Manuskript S. 6.

81 Zitiert bei Dieter Baacke, Die 13- bis 18jährigen. München/Wien/Berlin ²1979, S. 176f.

82 Eduard Parow/S. Hegi/H. H. Niemeyer/R. Strömer, Über die Schwierigkeit, erwachsen zu werden. Rauschmittel und Adoleszenzkrise. Frankfurt 1976, S. 233.

83 Vgl. Marie Winn, Die Droge im Wohnzimmer, aaO.

84 Zur Sprache der jungen Generation s. u. S. 176–189.

85 Theodor W. Adorno, Einleitung in die Musiksoziologie (= Suhrkamp Taschenbuch Wissenschaft 142), Frankfurt 1975, S. 44.

86 Siehe dazu unten, Teil III, S. 205–312.

87 Vgl. dazu S. 206–219.

88 Theodor W. Adorno, Einleitung in die Musiksoziologie, aaO., S. 40.

89 Theodor W. Adorno, Einleitung in die Musiksoziologie, aaO., S. 41.

90 Theodor W. Adorno, Einleitung in die Musiksoziologie, aaO., S. 42.

91 Theodor W. Adorno, Einleitung in die Musiksoziologie, aaO., S. 43.

92 Theodor W. Adorno, Einleitung in die Musiksoziologie, aaO., S. 45.

93 Tibor Kneif, Jugendmusik als Sozialisationsinstrument?, RIAS Berlin, Funkuniversität, Sendung 17. 11. 80, Manuskript S. 6.

94 Horst F. Neißer/Werner Mezger/Günter Verdin, Jugend in Trance? Diskotheken in Deutschland. Heidelberg 1979, S. 72–74.

95 Neißer/Mezger/Verdin, Jugend in Trance? aaO., S. 59.

96 Tibor Kneif, aaO., S. 9.

97 Neißer/Mezger/Verdin, Jugend in Trance? aaO., S. 78.

98 Neißer/Mezger/Verdin, Jugend in Trance? aaO., S. 79f.

99 Tibor Kneif, aaO., S. 12.

100 Zur Glücksfähigkeit s. u. S. 296–298.
101 Hartmut von Hentig, zitiert bei Dieter Baacke, Die 13- bis 18jährigen. München/Wien/Berlin ²1979, S. 175.
102 Dieter Baacke, Die 13- bis 18jährigen, aaO., S. 162 f.
103 Bruno Bettelheim, Erziehung zum Überleben, aaO., S. 368, 369.
104 Bruno Bettelheim, Autonomie und Entfremdung. In: Erziehung zum Überleben, aaO., S. 364.
105 Siehe dazu den Abschnitt: Die Spirale der Bedürfnisse, u. S. 206–208.
106 Dieter Baacke, Die 13–18jährigen, aaO., S. 188 f.
107 Uwe Pörksen, Jugendsprachen: Kommunikationswandel und neue Sprachsensibilität. RIAS Funkuniversität, Sendung 10. 11. 80, Manuskript S. 6 f.
108 Dieter Baacke, Die 13- bis 18jährigen, aaO., S. 185.
109 Arnold Gehlen, Die Seele im technischen Zeitalter. Sozialpsychologische Probleme in der industriellen Gesellschaft. Reinbek b. Hamburg ¹¹1969, S. 92.
110 Uwe Pörksen, aaO., S. 8.
111 Eduard Parow u. a., Über die Schwierigkeit, erwachsen zu werden, aaO., S. 238.
112 Uwe Pörksen, aaO., S. 14.
113 FAZ vom 4. Dezember 1980.
114 Stephanie Hansen und Hans-Joachim Veen, Auf der Suche nach dem privaten Glück. In: Die Zeit Nr. 37 v. 5. September 1980, S. 16.
115 Ebda.
116 Dieter Baacke, Die 13- bis 18jährigen, aaO., S. 185.
117 Die hier folgenden Ergebnisse beruhen auf einer Umfrage der Autorin in einem Gymnasium.
118 Vgl. dazu unten S. 289 f. den Bericht von Helmut Hartwig über kindliche Naturerlebnisse im Zusammenhang der ›Alternativszene‹.
119 Dieter Birnbacher, Was wir wollen, was wir brauchen und was wir wollen dürfen. In: Was braucht der Mensch . . ., aaO., S. 49 f.
120 Interview mit der Menschheit. Basler Versicherungsgruppe (Hrsg.), Basel 1978, S. 24, 25.
121 Zitiert bei Herbert Gruhl, Ein Planet wird geplündert. Frankfurt/Main 1975, S. 267 f.
122 Zitiert aus Dokumenten der Indianerbewegung. In: Literaturmagazin 5, hrsg. v. P. Piwitt und P. Rühmkorf. Reinbek b. Hamburg 1976, S. 82.
123 Pier Paolo Pasolini, Die anthropologische Revolution in Italien. 1978, S. 37 f.
124 Altes Testament, Das Hohelied Salomos. Kap. 7, v. 8; Kap. 4, vv. 10, 11.

125 K. Budde. In: A. Bertholet (Hrsg.), Die Heilige Schrift des Alten Testaments, Bd 2, Tübingen 1923, S. 390.

126 Siehe dazu unten S. 280 den Abschnitt über ›Das Glück, verschieden zu sein‹.

127 Hohelied, Kap. 5, vv. 11, 12, 14, 16; Kap. 7, vv. 3–10.

128 S. o., S. 105–110.

129 Zur Spirale der Bedürfnisse s. o., S. 206–208.

130 Zitiert bei Ulrich Hommes in: Was ist Glück?, aaO., Nachwort, S. 238.

131 Siehe dazu unten S. 300 f., 303.

132 Heinrich Kutzner, Erfahrung und Begriff des Spieles, aaO., S. 258, 259, 260.

133 Klaus Binder, Wir bewegen uns . . ., aaO., S. 58 f.

134 Klaus Binder, Wir bewegen uns . . ., aaO., S. 59.

135 Jean Château, zit. bei: Hans Scheuerl (Hrsg.), Theorien des Spiels. Weinheim u. Basel 1975, S. 107.

136 Johan Huizinga, Homo ludens. Vom Ursprung der Kultur im Spiel. Reinbek b. Hamburg ⁴1961, S. 206.

137 Jean Château, zit. bei: Hans Scheuerl (Hrsg.), Theorien des Spiels, aaO., S. 105.

138 Jean Château, zit. bei Hans Scheuerl (Hrsg.), Theorien des Spiels, aaO., S. 107.

139 Jean Château, zit. bei Hans Scheuerl, aaO., S. 105.

140 Eduard Parow u. a., Über die Schwierigkeit, erwachsen zu werden, aaO., S. 236.

141 Nietzsches Paraphrase zu Heraklit findet sich in seiner Frühschrift ›Die Philosophie im tragischen Zeitalter der Griechen‹.

142 Jean Château, zit. bei Hans Scheuerl, aaO., S. 107.

143 Jean Château, zit. bei Hans Scheuerl, aaO., S. 106 f.

144 Hans Scheuerl, Das Spiel. Untersuchungen über sein Wesen, seine pädagogischen Möglichkeiten und Grenzen. Weinheim u. Basel 1979, S. 112.

145 Johan Huizinga, Homo ludens, aaO., S. 11.

146 Joh. Wolfgang v. Goethe, Farbenlehre, 1. Teil, § 741. Sämtliche Werke Bd 40, Stuttgart u. Berlin o. D. (Cotta) S. 84.

147 Friedrich von Schiller, Sämtliche Werke hrsg. v. G. Fricke u. G. Göpfert, Bd 5, München ³1962, S. 613.

148 Jean-Paul Sartre, Das Sein und das Nichts. Reinbek b. Hamburg 1962, S. 729 f.

149 Johan Huizinga, Homo ludens, aaO., S. 9.

150 Johan Huizinga, Homo ludens, aaO., S. 10.

151 Johan Huizinga, Homo ludens, aaO., S. 11.

152 Johan Huizinga, Homo ludens, aaO., S. 18.

153 Heinrich Kutzner, Erfahrung und Begriff des Spieles, aaO., S. 44.

154 Heinrich Kutzner, Erfahrung und Begriff des Spieles, aaO., S. 45.

155 Joseph Gabel, Ideologie und Schizophrenie, Frankfurt 1967, S. 53.
156 Heinrich Kutzner, Erfahrung und Begriff des Spieles, aaO., S. 46.
157 D. Kerbs, Das Ritual und das Spiel. Zitiert bei Heinrich Kutzner, aaO., S. 115.
158 Ich erinnere an die Überlegungen zum Grenzverlust, oben S. 95–97.
159 Vgl. Christopher Lasch, Das Zeitalter des Narzißmus. München 1980.
160 Bruno Bettelheim, Entfremdung und Autonomie. In: Erziehung zum Überleben, aaO., S. 362 f.
161 Helmut Hartwig, Kompost und Kritik. Zur Ästhetik der Alternativszene. In: Ästhetik und Kommunikation, Jg 9 H. 34 (1978), S. 57 f.
162 Jean Château, Askese, Selbstdisziplin und Ordnungsliebe im Kinderspiel (1946). Zit. bei: Hans Scheuerl (Hrsg.), Theorien des Spiels. Weinheim und Basel 1975, S. 111.
163 Iring Fetscher, Was brauchen Menschen, um glücklich zu sein? In: Klaus M. Meyer-Abich/Dieter Birnbacher (Hrsg.), Was braucht der Mensch, um glücklich zu sein? Gütersloh 1979, S. 106.
164 S. o. S. 247.
165 Friedrich Georg Jünger, Glück und Unglück. In: Was ist Glück?, aaO., S. 21.
166 Zur Bindung des Glücks an das Gute, s. o. S. 236–240.
167 Nietzsches Glücksdefinition s. o. S. 247.

Fremdwörterverzeichnis

Abstraktion, abstrakt (lat.):	vom Dinglichen gelöst; unwirklich, nur gedacht
Agape (gr.):	Gottes- und Nächstenliebe
ästhetisch (gr.):	schön, ansprechend; sittliche Kriterien treten zurück
Allegorie, allegorisch (gr.):	rational faßbare Darstellung eines Begriffs in einem Bild (z. B. Personifizierungen: die Eitelkeit als Frau, die Gerechtigkeit als weibliche Figur mit verbundenen Augen und der Waage in der Hand)
Antagonie (gr.):	Gegensatz, Gegnerschaft
antizyklisch (gr.):	gegen das Regelmaß, gegen den regelmäßigen Kreislauf
artifiziell (lat.):	künstlich, gekünstelt
Askese (gr.):	Verzicht; strenge Lebensweise zur Verwirklichung sittlicher und religiöser Ideale
authentisch (gr.):	echt, zuverlässig, verbürgt, glaubwürdig
Autonomie (gr.) – hier:	Fähigkeit, die Gesetze des sittlichen Handelns selbst zu bestimmen
Code (frz.):	Schlüssel, Verschlüsselung (von Nachrichten, Botschaften)
Coolness (engl):	Kühle, Kaltblütigkeit, Frechheit
dekretieren (lat.):	verfügen, befehlen
diffus (lat.):	zerstreut, ungeordnet
disponibel (lat.):	verfügbar
Disposition (lat.):	vorgegebene (angeborene) Anlage zu typischem Verhalten, das sich immer wieder durchsetzt
Effizienz (lat.):	tatsächliche Wirksamkeit, Nutzbarkeit, Nutzen
egalitär (frz.):	gleichheitsbezogen

315

Elite,	
elitär (lat.):	Auslese der Besten, zu den Besten gehörig, auf die Besten bezogen
Elysium (gr.):	in der griechischen Mythologie (→ M) Gefilde der Seligen
Eros (gr.):	griechischer Gott der Liebe; Liebe der Geschlechter zueinander; Gegensatz zu Agape (→ A)
Erosion (lat.):	Abtragung, Abschleifung
Ehtik (gr.):	Sittenlehre; die das sittliche Wollen und Handeln der Menschen situationsbezogen untersuchende praktische Philosophie
Fortuna (lat.):	römische Schicksalsgöttin, der griechischen Tyche (→ T) gleichgestellt; auch Glücksgöttin
Häresie (gr.):	von der kirchlichen Lehre abweichende Glaubensüberzeugung
Hedonismus (gr.):	in der Ethik: Glückszustand als höchstes Ziel
homogen (gr.):	gleichartig
Imagination (lat.):	Einbildungskraft; schöpferische Phantasie
Improvisation (lat.):	Kunst, etwas ohne Vorbereitung aus dem Stegreif darzubieten
Impuls (lat.):	Antrieb
kollektiv (lat.):	gruppenhaft, mit gemeinsamen Vorstellungen
Komponente (lat.):	Bestandteil eines Ganzen, eines Systems, einer Größe
Kult (lat.):	sichtbare Form religiösen Erlebens einer Gemeinschaft gegenüber ihrem Gott. Gebunden an Regeln und heilige Orte, als Gottesdienst, Opfer und Gebet
Libertinage (lat.-frz.):	Freizügigkeit, Zügellosigkeit
Lizenz (lat.):	Genehmigung, Erlaubnis
Magie,	
magisch (pers.):	Praktiken und Auffassungen, nach denen durch geheime Mittel die geheimen Kräfte der Natur und der Welt nutzbar und dienstbar gemacht werden könnten
Mentalität (lat.):	Denkweise, Geisteshaltung
Minne (mhd.):	im 12.–14. Jahrhundert Liebe zur unerreichbaren (verheirateten) Frau; sittliche Läuterung des entsagenden Mannes
Mysterium (gr.-lat.):	Geheimnis, Glaubensgeheimnis

Mythos (gr.):	Sage und Dichtung von Göttern und Helden aus der Urzeit eines Volkes
Nemesis (gr.):	griechische Göttin der ausgleichenden Gerechtigkeit
Neurose (gr.):	Verhaltensanomalie aufgrund gestörter Erlebnisverarbeitung
Nivellierung (frz.):	Einebnung, Verflachung
Nostalgie (gr.):	von griech. nóstos, die Heimkehr und álgos, algíon, schmerzlich, schmerzlicher; Heimweh
Paradox, paradox (gr.):	Widersinn bergend; Widerspruch in sich, widersinnig
partizipieren (lat.):	teilnehmen an, teilhaben an etwas
Parzellierung (frz.):	Aufteilung in kleine Teile
Passepartout (frz.):	wörtlich: überall passend
Pathos (gr.):	leidenschaftliche Ergriffenheit, Gefühlsüberschwang
Phalanx (gr.):	Schlachtordnung, Schlachtreihe
pragmatisch (gr.):	sachbezogen, auf Tatsachen beruhend
rehabilitieren (lat.):	wieder einsetzen in früheren Stand, in ehemalige Rechte
Réplique (frz.):	Wiederholung, Entsprechung
Ressourcen (frz.):	Hilfs- und Erwerbsquellen, Zufluchtsorte
Rétouche (frz.):	Überarbeitung zur Beseitigung von Fehlern oder störendem Beiwerk
reüssieren (frz.):	Erfolg haben, sich durchsetzen
säkular (lat.):	weltlich (Gegensatz: geistlich)
sekundär (lat.):	zweitrangig, abgeleitet
Solidarität (lat.):	Übereinstimmung, Gemeinsinn, gegenseitige Verpflichtung, Hilfsbereitschaft
Sublimation, sublimieren (lat.):	Umsetzung von Triebregungen in kulturelle Leistungen, Vergeistigung
Superlativ (lat.):	höchste Steigerungsstufe beim Vergleich (Bsp.: am schönsten); Unübertrefflichkeitsformel
Surrogat (lat.):	Ersatz, Ersatzstoff, Behelf
Stimulans (lat.):	Anreiz, Anregung, Ermunterung
Stoa (gr.), Stoiker:	um 300 vor Christo begründete philosophische Lehre. Leben in Übereinstimmung mit der Natur, nur auf Tugend ausgerichtet; sprichwörtliche ›stoische‹ Unerschütterlichkeit der Stoiker

Tabu (polynes.):	hier: gesellschaftliches Phänomen, das als unantastbare Selbstverständlichkeit in einer Gemeinschaft gilt und diese formt
Transzendenz, transzendent (lat.):	die Grenzen der sinnlichen Wahrnehmung und Erfahrung überschreitend
Trivialisierung, trivial (lat.):	abgedroschen, seicht, in sich unwahr, ohne weiterweisenden Sinn
Tyche (gr.):	Schicksals- und Glücksgöttin im späteren griechischen Mythos

Literaturverzeichnis

Adorno, Theodor W.: Einleitung in die Musiksoziologie. Frankfurt/ Main 1975.

Alain: Die Pflicht, glücklich zu sein (Propos sur le bonheur). Frankfurt/Main 1975.

Augustin: Auf der Suche nach dem Glück. Gedanken aus seinem Werk. Hrsg., eingel. und mit Anmerkungen von Ulrich Wienbruch. Mainz 1975.

Baacke, Dieter: Beat – die sprachlose Opposition. München 1972.

Baacke, Dieter: Die 13- bis 18jährigen. Einführung in Probleme des Jugendalters. München/Wien/Berlin ²1979.

Bahr, Hans-Eckehard/Reimer Gronemeyer (Hrsg.): Anders leben – überleben. (= Brennpunkte, Jg 8 Bd 10). Frankfurt/Main 1978.

Bahr, Hans-Eckehard: Liebe, Glück: Zunehmende Verlassenheit – neue Solidarität. In: Anders leben – überleben . . . Frankfurt/Main 1978, S. 27–51.

Baier, Lothar: Wer unsere Köpfe kolonisiert. In: Literaturmagazin 9, Mai 1978, S. 74–87.

Berne, Eric: Spiele der Erwachsenen. Psychologie der menschlichen Beziehungen. Reinbek bei Hamburg 1970.

Bertholet, A. (Hrsg.): Die Heilige Schrift des Alten Testaments. Bd 2. Tübingen 1923².

Best, Otto F.: Das verbotene Glück. Kitsch und Freiheit in der deutschen Literatur. München/Zürich 1978.

Bettelheim, Bruno: Erziehung zum Überleben. Studien zur Psychologie der ›extremen Situationen‹. Stuttgart 1980.

Bezzel, Chris u. a.: Das Unvermögen der Realität. Berlin 1975.

Bien, Günther (Hrsg.): Die Frage nach dem Glück. Stuttgart 1978.

Binder, Klaus: Wir bewegen uns, auch wo wir bewegt werden. Zur Praxis der Wünsche. In: Kursbuch 52, Mai 1978, S. 37–60.

Birnbacher, Dieter: Was wir wollen, was wir brauchen und was wir wollen dürfen. In: Was braucht der Mensch, um glücklich zu sein. Bedürfnisforschung und Konsumkritik. Hrsg. v. Klaus M. Meyer-Abich und Dieter Birnbacher. München 1979, S. 30–57.

Bisky, Lothar u. a.: Massenmedien und ideologische Erziehung der Jugend. Berlin 1976.
Buske, Klaus u. a.: Mehr Glück, mehr Freiheit – oder mehr Angst? Werbung heute. (= Schriftenreihe der Hochschule für Wirtschaft Bremen, Bd 4), Bremen 1977.
Bussiek, Hendrik: ›Saturday Night‹-Philosophie, oder: Eine Jugend auf der Flucht. In: Die überflüssige Generation. Hrsg. v. Claus Richter. Königstein 1979, S. 64–87.

Capellmann, Othmar (Hrsg.): Gedanken über das Glück. Aphorismen. Steyr 1977.
Curtius, Ernst Robert: Europäische Literatur und lateinisches Mittelalter. Bern/München ³1961.

Dammann, Bernd: Tendenzwendungen oder Die Kunst der Bildungsverwaltungen, sich die Hände zu binden. In: Alternative, Jg 20 (1977) H. 112, S. 32–43.
Deutz, Monica u. a.: Alternativ oder Konservativ? Zur jüngeren Geschichte der Alternativbewegung. In: Ästhetik u. Kommunikation, Jg 10, H. 37 (1979), S. 29–42.
Dorner, Rainer: Tu was du willst. In: Kursbuch 52 (Mai 1978), S. 121–131.

Eccles, John/Karl Popper: The Self and its Brain, Berlin/Heidelberg/London/New York 1977.

Fauser, Jörg: Trotzki, Goethe und das Glück. München 1979.
Fetscher, Iring: Was brauchen Menschen, um glücklich zu sein? In: Was braucht der Mensch, um glücklich zu sein. Bedürfnisforschung und Konsumkritik. Hrsg. v. Klaus M. Meyer-Abich und Dieter Birnbacher. München 1979, S. 101–110.
Fourier, Charles: Über die Hindernisse, die sich den Erfindern von Utopien entgegenstellen. In: Kursbuch 52 (Mai 1978), S. 133–145.
Franz, Udo: Was von Andrea K. in den Schulakten steht. Materialien zur Schülerwahrnehmung. In: Ästhetik und Kommunikation, Jg 9 (1978) H. 31, S. 75–89.
Freud, Sigmund: Das Unbehagen in der Kultur. Studienausgabe Bd. IX, hrsg. v. Alexander Mitscherlich u. a. (= Conditio humana. Ergebnisse aus den Wissenschaften vom Menschen). Frankfurt/Main 1974, S. 193–270.
Frings-Kammerichs, Edith/A. Hellmut Schüller: Die schwierige Generation. Jugendkrise – ein Zeichen von Hoffnung. Freiburg i. Br. 1975.

Gabel, Josef: Ideologie und Schizophrenie. Formen der Entfremdung. Frankfurt/Main 1967.

Gehlen, Arnold: Die Seele im technischen Zeitalter. Sozialpsychologische Probleme in der industriellen Gesellschaft. Reinbek bei Hamburg [14]1975.

Gehlen, Arnold: Moral und Hypermoral. Eine pluralistische Ethik. Frankfurt/Main 1973.

Gehrmann, Hans-Joachim: Bedürfnisorientierungen und Freizeitverhalten von Jugendlichen. Weinheim/Basel 1979.

Glucksmann, André: Die Denk-Herren. In: Alternative, Jg 20 (1977) H. 116, S. 188–195.

Was ist Glück? Ein Symposion. Mit Beiträgen von Friedrich Georg Jünger, Arnold Gehlen u. a. München 1976.

Gottschalch, Wilfried: Die Träume vom Morgen und die Fesseln der Vergangenheit. In: Kursbuch 52 (Mai 1978), S. 173–184.

Grassi, Ernesto: Macht des Bildes: Ohnmacht der rationalen Sprache. Köln 1970.

Gronemeyer, Reimer: Selbstbestimmung innerhalb der Grenzen des Wachstums. In: Anders leben – überleben . . . Frankfurt/Main 1978, S. 53–70.

Gruenter, Rainer: Glück. Anmerkungen eines Historikers. Nachdruck des Festvortrags zum 75jährigen Jubiläum der ENKA-Glanzstoff AG am 19. 9. 1974.

Gruhl, Herbert: Ein Planet wird geplündert. Die Schreckensbilanz unserer Politik. Frankfurt/Main 1975.

Habermas, Jürgen (Hrsg.): Stichworte zur ›Geistigen Situation der Zeit‹. 2 Bde. Frankfurt/Main 1979.

Hartung, Klaus: Über die langandauernde Jugend im linken Getto. Lebensalter und Politik – Aus der Sicht eines 38jährigen. In: Kursbuch 54 (Dez. 1978), S. 174–189.

Hartwig, Helmut (Rez.): Gegentheorie: die Alternativen als Konsumentenavantgarde? (Über: Alan Gartner/Frank Riessmann: Der aktive Konsument in der Dienstleistungsgesellschaft. . .). In: Ästhetik u. Kommunikation Jg 9 H. 34 (1978), Frankfurt/Main 1978, S. 111f.

Hartwig, Helmut: Jugendkultur. Ästhetische Praxis in der Pubertät. Reinbek bei Hamburg 1980.

Hartwig, Helmut: Kompost und Kritik. Zur Ästhetik der Alternativszene. In: Ästhetik u. Kommunikation Jg 9 H. 34 (1978), S. 57–71.

Heimbrock, H. G.: Glück zwischen Vergangenheit und Zukunft. Psychoanalytisch inspirierte Überlegungen zu einem religionspädagogischen Problemfeld der Sekundarstufe I. In: Der evangelische Erzieher, Jg 29 (1977), H. 3, S. 225–232.

Henn-Schmölders, Claudia (Hrsg.): Die Kunst des Gesprächs. Texte zur Geschichte der europäischen Konversationstheorie. München 1979.

Herdt, Ludwig/Günter Holl: Ideen zur traurigen Utopie des Subjekts. Eine Liebeserklärung an den emotionalen Untergrund. In: Kursbuch 52 (Mai 1978), S. 101–118.

Heygster, Anna Luise/Alois Schardt (Hrsg.): Fernseh-Kritik. Die verhinderte Wirklichkeit. Gewohnheit – Zwang – Tabu. (= Mainzer Tage der Fernseh-Kritik Bd V). Mainz 1973.

Hollstein, Walter: EGO-Trip oder soziale Veränderung? Zur Zeitgeschichte der gegenkulturellen Bewegung. In: Ästhetik und Kommunikation Jg 9 H. 34 (1978), S. 18–23.

Honneth, Axel u. a. (Hrsg.): Jugendkultur als Widerstand. Milieus, Rituale, Provokationen. Frankfurt/Main 1979.

Huizinga, Johan: Homo ludens. Vom Ursprung der Kultur im Spiel. Reinbek bei Hamburg ⁴1961.

Jaïde, Walter: Achtzehnjährige – zwischen Reaktion und Rebellion. Politische Einstellungen und Aktivitäten Jugendlicher in der Bundesrepublik. Opladen 1978.

Jungk, Robert: Neue Solidarität – erste Strukturen einer brüderlichen Gesellschaft. In: Anders leben – überleben ... Frankfurt/Main 1978, S. 149–157.

Kaltenbrunner, Gerd-Klaus (Hrsg.): Die Macht der Meinungsmacher. Die Freiheit zu informieren und informiert zu werden. Freiburg/Basel/Wien 1976.

Kapferer, Norbert: Aktualität des Konservatismus? In: Ästhetik und Kommunikation, Jg 10 H. 37 (1979), S. 61–72.

Kepes, Gyorgy: Sprache des Sehens. Mainz/Berlin [1970] = Repr. von [1944].

Klugmann, Norbert: Selten allein. Szenen einer WG. In: Kursbuch 54 (Dez. 1978), S. 163–173.

Kowatzki, Irmgard: Der Begriff des Spiels als ästhetisches Phänomen. Von Schiller bis Benn. Bern/Frankfurt/Main 1973.

Kraußlach, Jörg u. a.: Aggressive Jugendliche. Jugendarbeit zwischen Kneipe und Knast. München 1977.

Kreutzer, Leo: Unbeherrschte Erfahrungen eines Anhängers der Vernunft, der an der Unvernunft hängt. In: Literaturmagazin 9 (Mai 1978), S. 114–128.

Krieg, Robert: Kinofilm und Fernsehfilm – Und was die Phantasie mit Filmemachen zu schaffen hat. In: Ästhetik und Kommunikation Jg 10 H. 36 (1979), S. 135–143.

Křivohlavý, Jaro: Zwischenmenschliche Konflikte und experimentelle Spiele. Bern 1974.

Küpper, Marianne/Heinz K.: Schülerdeutsch. Hamburg/Düsseldorf 1972.

Kunkel, Klaus: Trautes Heim – Glück allein? Darstellung und Interpretation einer qualitativen Untersuchung bei verheirateten Arbeitern über Ehe, Familie, Freizeit, Gesundheits- und Sozialprobleme. Köln 1977.

Kutzner, Heinrich: Erfahrung und Begriff des Spieles (Diss.). Berlin 1973.

Lasch, Christopher, Das Zeitalter des Narzißmus. München 1980.

Lay, Rupert: Manipulation durch die Sprache. München 1977.

Levy, Bernard-Henri: Der Intellektuelle als Anti-Barbar. In: Alternative Jg 20 (1977) H. 116, S. 213–214.

Liedloff, Jean: Auf der Suche nach dem verlorenen Glück. Gegen die Zerstörung unserer Glücksfähigkeit in der frühen Kindheit. München 1980.

Lindner, Rolf: »Punk rules, o. k.!«. In: Ästhetik und Kommunikation, Jg 9 H. 31 (1978), S. 57–63.

Löw-Beer, Peter: Industrie und Glück. Der Alternativplan von Lucas Aerospace. Berlin 1979.

Löw-Beer, Peter: Das Recht auf Arbeit, die den Menschen nützt. Die konkrete Utopie von Lucas Aerospace. In: Kursbuch 53 (Sept. 1978), S. 109–124.

Lohmann, Hans: Krankheit oder Entfremdung? Psychische Probleme in der Überflußgesellschaft. Aus dem Schwedischen von H.-G. Schneider, München 1979.

Lübbe, Hermann: Eine Sondermoral führt ins Abseits. In: FAZ Nr. 75 vom 28. 3. 1980, S. 10.

Lukács, Georg: Zur Ontologie des gesellschaftlichen Seins. Die Arbeit. Neuwied/Darmstadt 1973.

Mander, Jerry: Schafft das Fernsehen ab! Eine Streitschrift gegen das Leben aus 2. Hand. Dt. v. Walle Bengs. Reinbek bei Hamburg 1979.

Mann, Golo: Mein lieber Pierre, Spielen wir denn, als ob . . . In: Spiele und Vorspiele. Hrsg. v. Hansgerd Schulte. Frankfurt/Main 1978. S. 125–128.

Marcuse, Ludwig: Philosophie des Glücks. Von Hiob bis Freud. Zürich 1972.

Mary/Doris: »Wenn ich 'ne Karre hab, verzicht ich auf alles.« Die ›Dark Ladies‹ in Berlin. In: Kursbuch 54 (Dez. 1978), S. 88–96.

Matthias, Dieter: Wahrnehmung und Sprachgebrauch. Eine empirische Untersuchung der Filmwirkung auf die Sprache des Kindes. Köln 1978.

Meixner, Horst: Manipuliert die Werbung? In: Was braucht der Mensch, um glücklich zu sein. Bedürfnisforschung und Konsumkritik, hrsg. v. Klaus M. Meyer-Abich und Dieter Birnbacher. München 1979, S. 78–97.

Meyer, Manfred/Ursula Nissen (Bearbeiter), Internationales Zentralinstitut für das Jugend- und Bildungsfernsehen (Hrsg.): Wirkungen und Funktionen des Fernsehens: Kinder und Jugendliche. Eine Bibliographie ausgewählter Forschungsliteratur der Jahre 1970–1976. München [1977].

Meyer-Abich, Klaus M./Dieter Birnbacher (Hrsg.): Was braucht der Mensch, um glücklich zu sein. Bedürfnisforschung und Konsumkritik. München 1979.

Michel, Karl Markus: Schön sinnlich. Über den Teufel und Seinesgleichen, das Fummeln, Schnüffeln und anderen Kitzel. In: Kursbuch 49 (Okt. 1977), S. 1–35.

Miller, Alice: Das Drama des begabten Kindes und die Suche nach dem wahren Selbst. Frankfurt/Main 1979.

Moeller-Gambaroff, Marina: Utopie der Treue. In: Kursbuch 52 (Mai 1978), S. 24–36.

Negt, Oskar: Intellektueller Abgesang. In: Alternative Jg 20 (1977) H. 117, S. 215–224.

Neißer, Horst F./Werner Mezger/Günter Verdin: Jugend in Trance? Diskotheken in Deutschland. Heidelberg 1979.

Die sogenannten »Neuen Philosophen«: Bibliographie. In: Alternative Jg 20 (1977) H. 117, S. 280.

Ankunft der ›Neuen Philosophen‹ in der BRD. Dokumentation. In: Alternative Jg 20 (1977) H. 116, S. 220–221.

Oltmanns, Reimar: Du hast keine Chance, aber nutze sie. Eine Jugend steigt aus. Reinbek bei Hamburg 1980.

Parow, Eduard u. a.: Über die Schwierigeit, erwachsen zu werden. Rauschmittel und Adoleszenzkrise. Frankfurt/Main 1976.

Pasolini, Pier Paolo: Freibeuterschriften. Die Zerstörung der Kultur des Einzelnen durch die Konsumgesellschaft. Berlin 1978.

Picht, Georg: Das Weltspiel und seine Deutung durch Nietzsche. In: Spiele und Vorspiele, hrsg. v. Hansgerd Schulte. Frankfurt/Main 1978, S. 93–98.

Piwitt, Hermann Peter: Anstelle eines Vorworts: 11 Thesen zum Vergehen von Hören und Sehen. In: Literaturmagazin 5 (Juni 1976), S. 9–17.

Preußer, Norbert: Zwangsalternativen: Zur Dialektik von Subkultur und Hinterwelt. In: Ästhetik und Kommunikation. Jg 9 H. 34 (1978), S. 5–17.

Rancière, Jacques: Utopisten, Bürger und Proletarier. In: Kursbuch 52 (Mai 1978), S. 146–158.

Ranke-Graves, Robert von: Griechische Mythologie. Quellen und Deutung. (= Rowohlts deutsche Enzyklopädie 113/114). 2 Bde. Reinbek bei Hamburg 1961

Rapoport, Anatol: Kämpfe, Spiele und Debatten. Darmstadt 1976.

Richter, Claus (Hrsg.): Die überflüssige Generation. Jugend zwischen Apathie und Aggression. Königstein/Ts. 1979.

Richter, Claus: Uneingelöste Versprechen – oder: Wie eine Generation im Stich gelassen wird. In: Die überflüssige Generation, hrsg. v. Claus Richter. Königstein/Ts. 1979, S. 3–33.

Rutschky, Michael: Erfahrungshunger. Ein Essay über die siebziger Jahre. Köln 1980.

Sartre, Jean Paul: Das Sein und das Nichts. Versuch einer Phänomenologischen Ontologie. Reinbek bei Hamburg 1962.

Sattes, Hannes: Der Traum vom Glück. In: Schopenhauer-Jahrbuch Jg 57 (1976) S. 1–11.

Saussaye, Chantepie de la: Lehrbuch der Religionsgeschichte. 2 Bde. Tübingen ⁴1925.

Schaeffler, Richard: Fähigkeit zum Glück. Zürich/Einsiedeln/Köln 1977.

Scheuerl, Hans: Das Spiel. Untersuchungen über sein Wesen, seine pädagogischen Möglichkeiten und Grenzen. Weinheim/Basel 1979.

Scheuerl, Hans (Hrsg.): Theorien des Spiels. Weinheim/Basel 1975.

Schiller, Friedrich von: Sämtliche Werke. Hrsg. v. G. Fricke u. G. Göpfert, Bd 5, München 1962.

Schlesak, Dieter: Optimismus – Diesseits der Gegenwart. In: Literaturmagazin 9 (Mai 1978), S. 88–113.

Schneider, Michael: Von der alten Radikalität zur neuen Sensibilität. In: Kursbuch 49 (Okt. 1977), S. 174–187.

Schneider, Wolf: Glück – was ist das? Reinbek bei Hamburg 1981.

Schulte, Hansgerd (Hrsg.): Spiele und Vorspiele. Spielelemente in Literatur, Wissenschaft und Philosophie. Frankfurt/Main 1978.

Schulz-Hageleit, Peter: Jugend, Glück, Gesellschaft. Heidelberg 1979.

Seneca, Lucius Annaeus: Vom glückseligen Leben. Auswahl aus den Schriften. Hrsg. v. Heinrich Schmidt. Stuttgart 1978.

Simpson, Robert W.: Happiness. In: American Philosophical Quarterly, vol. 12 (1975), n. 2, p. 169–176.

Spiegler, Norbert: Das Leben spielen. Phänomene jugendlichen Verhaltens. Konsequenzen für die Jugendarbeit. Gütersloh 1978.

Spindler, Wolfgang: »Rock me!« Diskotheken, Buden, Läden. In: Kursbuch 54 (Dez. 1978), S. 1–12.

Stackelberg, Karl Georg von: Der ferngelenkte Mensch? Möglichkeiten und Grenzen von Propaganda, Werbung und sozialer Kommunikation. München 1979.

Stöss, Richard: Konservative Aspekte der Ökologie- bzw. Alternativbewegung. In: Ästhetik und Kommunikation Jg 10 H. 36 (1979), S. 19–28.

Taylor, Gordon R.: Das Experiment Glück. Entwürfe zu einer Neuordnung der Gesellschaft. Frankfurt/Main 1978.
Toffler, Alvin: Der Zukunftsschock. München/Zürich 1974.

Ulmann, Gisela: Sprache und Wahrnehmung. Frankfurt (Main)/New York 1975.

Vernon, M. D.: Wahrnehmung und Erfahrung. München 1977.

Wawrzyn, Lienhard: Szenen aus der ›scene‹. Zum Umgang mit Rock-Musik am Beispiel einer Diskothek. In: Ästhetik und Kommunikation Jg 9 H. 31 (1978), S. 4–12.
Welter, Ernst Günther: Die Sprache der Teenager und Twens. Frankfurt/Main 1968.
Willis, Paul E.: Symbol und Realität. Zur gesellschaftlichen Bedeutung der Popmusik. In: Ästhetik und Kommunikation Jg 9 H. 31 (1978), S. 44–55.
Winn, Marie: Die Droge im Wohnzimmer. Aus d. Amerikan. v. Brigitte Stein. Reinbek bei Hamburg 1979.

Ziehe, Thomas: Warum sich mir die Feder sträubt. Bedenken über den Zusammenhang Neue Lebensformen – Neuer Sozialisationstyp. In: Ästhetik und Kommunikation Jg 9 H. 34 (1978), S. 49–54.

Namensregister

Adam und Eva   31
Adorno, Theodor W.   142 f., 150
Aischylos   24
Antigone   24
Aphrodite   22, 37 f.
Aquin, Thomas von   231, 233 ff.
Ares   37
Aristoteles   256
Athene   37

Baacke, Dieter   152, 172, 178
Benjamin, Walter   86, 184
Bernhard von Clairvaux   35
Bernhard von Morlas   35
Bettelheim, Bruno   92 f., 111, 166, 171, 283
Bloch, Ernst   103
Budde, Karl   220
Buske, Klaus   61

Château, Jean   264
Courths-Mahler, Hedwig   120

Descartes, René   89
Dingler, Hugo   107

Eliade, Mircea   100
Engels, Friedrich   250
Eros   35–39, 81

Fetscher, Iring   292
Fichte, Johann Gottlieb   179

Fortuna, Göttin   22, 81
Frankl, Viktor E.   76
Freud, Sigmund   118 f., 257
Fried, Erich   187
Friedrich, Caspar David   121

Gehlen, Arnold   48, 51 f., 100, 123, 179, 211
Geibel, Emanuel   42
Goethe, Johann Wolfgang von   201, 267
Grassi, Ernesto   72

Hartmann von Aue   32
Hartwig, Helmut   285
Hegel, Georg Wilhelm Friedrich   104, 179
Helena   37
Henatsch, Andreas   54
Hentig, Hartmut von   162 f., 172
Heraklit   262
Heyse, Paul   230
Hiob   30
Hobbes, Thomas   107, 213
Homer   303
Horkheimer, Max   115 f.
Huizinga, Johan   256, 258, 269 f.
Hutcheson, Francis   49

Kant, Immanuel   217, 303
Kleist, Heinrich von   117
Kneif, Tibor   153, 158

Kreon, König 24
Kutzner, Heinrich 246, 271

Lasch, Christopher 283
Luther, Martin 107

Mann, Thomas 49
Marcuse, Herbert 47, 100, 246
Marx, Karl 104
Mobutu, General 207

Nemesis 22ff., 39
Nero 28
Nietzsche, Friedrich 243, 293, 305
Nilsson, Martin P. 23
Nolde, Emil 58

Ödipus 24
Okeanos 22
Origines 220

Packard, Vance 59
Palamedes 22
Paris 37f.
Pasolini, Pier Paolo 212
Paul, Jean 42
Pindar 23f.

Platon 19, 233ff., 237, 256, 304f.
Plotin 25
Pörksen, Uwe 183

Quintilian 256

Réage, Pauline 75
Reich, Wilhelm 70
Robespierre, Maximilien-François-Isidore de 44
Rutscky, Michael 83ff., 87

Saint-Just 51
Sartre, Jean Paul 268
Scheler, Max 43
Schelsky, Helmut 65
Schiller, Friedrich 255f., 277
Seneca 26ff., 41
Shakespeare, William 108
Sokrates 27
Sophokles 23
Spengler, Oswald 86
Strümpel, Burkhard 203

Tyche 21ff., 37, 39, 81

Vico, Giovanni Battista 107

Zeus 22, 37, 262

Sachregister

Agape 71
Alternative (Lebensform) 50,
54 ff., 247 f., 251 ff., 285, 291
Altes Testament 36, 96, 218,
221, 225 f.
Anerkennung 57, 59, 63, 69
Angst 20, 22, 27, 61, 71, 74,
77 f., 82, 88, 93 f., 110, 124,
128, 145, 217, 220, 233, 240,
254, 263, 276, 282
Anspruch 38, 49 f., 52, 70, 72,
78, 138, 245, 299
Arbeit 36, 54, 62, 77, 88 ff.,
98, 101, 149, 167, 249, 251 f.,
255 f.
Askese 25, 28, 30, 39, 41, 45,
54, 62, 217, 219, 239, 245,
265, 298
Aufklärung 15, 52, 86, 94
Autonomie 168, 170 f., 173,
185, 208

Bedürfnis 17, 41, 44, 58, 70 f.,
75, 97, 202, 206, 208, 239,
244 f., 247, 250, 254, 266,
279, 288, 300
Bild, Bilder 61, 126–147, 181,
300
Böse, das 23, 85, 127, 133,
136, 236–239

Christentum, Christen 25 f.,
29–32, 34 ff., 39, 52, 54, 68,
106, 218, 221, 223, 227 f.,
230, 234, 238 f., 242, 250, 300

Comic 126 f., 129 f., 132 f.,
137, 139, 145, 178, 194, 300
coolness 70, 141, 148, 152,
183, 185

Discothek 125, 137, 147 ff.,
153–159, 165 ff., 170, 178 f.,
192 f., 253, 300

Egalität, egalitär (s. a. gleich,
Gleichheit) 111, 113
Elysium 30, 32
Entfremdung 168, 170, 173,
185, 208, 252
Epikureer 300
Erfahrung 79–90, 93, 97, 100,
109, 137, 140, 142, 144, 286
Erfolg 54, 62, 65, 73 f., 128,
140, 199, 220
Erlebnis 69, 77, 79, 81, 83,
87 f., 97, 104, 124, 138, 142,
146, 168, 292, 296
Eros 68, 71, 74 f., 78, 305
Erwachsene 62, 111, 116,
118, 125 f., 139, 141, 145,
152, 157–160, 164 f., 169,
172 f., 188 f., 193–196

Fernsehen 126 f., 137, 139,
146, 148, 178, 207, 259
Film 82, 87 f., 127, 132, 136 f.,
140, 142, 145, 147, 157, 178,
189, 194, 300

Französische Revolution 15,
52 f.
Frau 17, 21, 38, 64 ff., 80,
112, 116, 192, 225, 228, 277–
282, 286, 290
Freiheit 17, 43, 46 f., 50, 53 f.,
63 f., 70, 86, 103, 116, 211,
214, 220, 225, 229, 241, 253,
266, 268, 285, 299 ff.

Garten 20, 32 f., 101 f., 116,
271, 273 f., 307
Geschlecht 17, 278, 281 f.
Gewißheit 49, 93, 103, 105,
107–110, 227, 298
Glauben 15, 21, 23, 49, 61,
64, 93 f., 107, 222
gleich – Gleichheit 15, 38, 40,
53, 70, 111, 213, 277, 279
Glücksspiel 24
Gott, Götter 15, 20–26,
29–32, 34–41, 43, 45, 50, 53,
61, 68, 81, 94 f., 99, 102,
106 f., 109 f., 115, 183, 218 f.,
224, 227 f., 230, 234 f., 239,
243, 290 f., 303 f.
Grenze 67, 92, 95 ff., 99 ff.,
104 ff., 108, 112, 114 f., 225,
254, 262, 298, 300
Griechenland, Griechen 15,
24, 28, 31, 35, 37, 53, 228,
235, 243, 262, 303
Gute, das 23, 54, 85, 127, 133,
136, 164, 233–239, 303 ff.

Haben 95, 102 ff., 235, 268
Handlung, Handeln 88 ff.,
95, 126, 193, 211, 242
Hiroshima 94
Hohelied 218–223
Holocaust 119
Hybris 24

Judentum 30
Jugend 16, 104, 124, 126 f.,

134 f., 137 f., 141, 144,
151–169, 173–176, 178 f.,
181, 183 ff., 187–196

Kind 17, 62, 83, 111 f., 116,
118, 125, 127–130, 133, 138,
140 f., 145, 159, 166, 172,
186, 193, 197 ff., 209, 225,
255–263, 265, 270, 275, 277,
280, 283–290, 293 f., 307
Kino s. Film
Kirche 64, 218 f., 221, 227
Kosmos 17, 31, 75, 101 f.,
107, 213, 218, 222 f., 226 f.,
230, 243, 294, 299, 302
Kult 61, 106
Kunst, Künstler 31, 130, 150,
241, 294, 302 f., 305 f.

Liebe 17, 28, 30, 34 ff., 54, 62,
68, 70–78, 80, 104, 116, 128,
154, 183, 188, 198 f., 213,
219–228, 236, 241 f., 246,
255, 264, 267, 273, 277 f.,
281, 284, 287, 289, 299, 302
Lust 15, 23, 30, 43, 54 ff., 64,
70 ff., 75, 77, 80, 82 f., 93,
101, 104, 123, 128, 199, 218,
231, 235, 239, 253, 277 f.,
289, 300

Mann 17, 65, 80, 116, 228,
277, 280 ff., 290
Maß 45, 52, 73, 95, 225, 287,
300, 302
Mauer 94 f., 97, 101, 116, 173,
262
Medien 79, 82, 85, 170, 292
Mythos, mythisch 21, 30, 34,
36 f., 81, 102, 109, 238

Natur 26, 36, 99 f., 102 f., 122,
172, 198, 207, 222, 225 f.,
228 f., 242, 264, 270, 273 f.,
285, 288, 302, 305 f.

330

Neues Testament 218, 225 f.
Nostalgie 119 f., 122 f., 125,
206

Ökologie 198

Paradies 20, 22, 30, 32, 34,
42, 50, 86, 96, 117, 135, 143,
161, 274, 307
Philosophie, Philosoph 15,
21, 24–29, 31 f., 36–39, 44,
49, 53 f., 62, 70, 84, 97, 99,
131, 218, 238, 240, 246, 260,
262, 305
Politik, Politiker 16, 42, 47,
50–53, 97, 204, 210, 298

Rationalismus 24
Reise 25, 83, 121
Religion 23, 25, 27, 34, 36,
40, 42, 49, 60, 94, 218 f.,
227 f., 230, 238
Rivalität, Rivale 17, 56, 74,
78, 116, 167, 205, 213, 239,
244, 278, 295, 306
Rom, Römer 15, 25, 35

Schauen 17, 229 f., 234 f.
Schöne, das 302–307
Schöpfung 30, 75, 227
Schule, Schüler 98, 104, 145,
162, 167, 171, 196 ff., 209,
257, 261, 289, 295
Sehnsucht 16, 21, 29 f., 32,
46, 49, 60, 69, 75, 90, 113,
116, 119–123, 135, 147, 149,
159, 167, 173, 176, 192, 231,
242, 307
Sein 95, 102 f., 205, 268
Sexualität 64 ff., 68–78, 85,
104, 114, 116
Sicherheit 49, 105–109, 243
Sinn 42, 45, 79, 86 f., 91 f., 94,
96, 105, 109, 188, 225, 231,
234, 255, 263

Sinne 17, 30, 70, 77, 80, 83,
116, 122, 129, 137, 140, 171,
176, 257, 292 f., 295 f., 304 f.
Spiel, Spieler 17, 28 f., 37, 39,
86, 116, 138, 213, 255 f., 258,
260–273, 289, 293
Sprache 72, 86 f., 128–131,
152, 173–183, 186, 191
Staat 38, 41, 43 f., 47, 50, 52,
63, 89, 179, 213, 215, 220,
298
Stoa, Stoiker 15, 25 f., 43, 54,
300

Tabu 20, 36, 64, 67 f., 115 f.,
149, 170
Technik 16, 43, 47, 50 f., 77,
90, 110, 132, 211, 280 f., 302,
306
Traum, Träumer 17, 33, 60,
63, 70, 82, 88, 90, 93, 97, 113,
116, 118 f., 124, 132, 134,
137 f., 141, 147, 154, 156 ff.,
169, 191, 209, 249, 251, 257,
274, 279, 281, 302, 305
Tugend 15, 44, 57 f., 70, 78,
137, 189, 229, 238, 246, 304

Überfluß 55, 68, 89, 146
Unfreiheit 42, 44, 63, 100
Unglück 15, 21, 23 ff., 30,
35 f., 53, 65, 74 f., 92, 94, 99,
101, 199, 205, 263, 280, 286

Verführung, Verführer 25, 87,
92, 137, 218
Vergleich 41, 53, 205,
212–215, 239, 266
Verzicht 41, 50, 73, 217, 265,
300

Ware 42, 49, 56 ff., 61 ff., 66,
70, 80, 89, 102, 116, 153, 292,
306
Werbung 16, 49, 51, 56 ff.,
60 ff., 65, 97, 306

331

Wert 95, 103, 142, 161, 163 f.,
172, 188, 208, 239
Wissen 31, 44, 53, 82 f., 104,
109, 206

Wissenschaft 16, 20 f., 36, 46,
53, 60, 78, 81, 99, 104, 106 f.,
136, 251 f., 260, 280 f.